观 古 今 中 西 之 变

周鼎 著

井邑无衣冠

地方视野下的唐代精英与社会

四川人民出版社

目　录

绪　论

一、问题缘起

　　阅读汉魏六朝史传，学者普遍注意到一个关键词——"乡里"。在国家选举制度中，自两汉的察举、辟召，到魏晋以降的九品官人法，"乡论"及由之衍生的"乡品"（中正品）都扮演了至关重要的角色。所谓"修之乡曲，升诸朝堂"，正是基于这样一种机制。可以说，乡里构成了汉魏六朝时期国家与社会互动的主要场域，而内生于"古老的农村结构根源"[①]的地方大姓，及其衍生形态——士族，则成为地方秩序的主导者，也是国家政权的参与者。[②]

　　隋唐之际，士人阶层开始了一段"中央化"的转型历程。他们纷纷迁徙、著籍两京（长安、洛阳）周边，并世代营葬于此，与乡里日渐疏离。唐人所谓"士无乡里，里无衣冠"，[③]"仕家不著籍于乡间"，[④]"里间无豪族，井邑无衣冠，人不土著，萃处京畿"，[⑤]描述的正是这一时代变局。乡里在士人政治生活中的地位也趋于黯淡。以选举制度言，自隋废乡官、罢九品中正，士无乡里之选，"大小之官，悉由吏部"。唐代科举虽冠以"乡

---

① 唐长孺：《东汉末期的大姓名士》，收入《魏晋南北朝史论拾遗》，中华书局，1983，第25页。

② 关于汉魏六朝士人（士族）与乡里社会的关系，实证研究及相关学理性探讨均为数甚夥，以下两种论著对此做过梳理：中村圭尔：《六朝贵族制研究》第三篇第三章《「郷里」の論理》，風間書房，1987，第139—170页；王德权：《为士之道——中唐士人的自省风气》"序论"，台北：政大出版社，2012，第1—53页。

③ 《新唐书》卷一九九《儒学·柳冲传》，中华书局，1975，第5678页。

④ 《全唐文》卷七三四《对贤良方正直言极谏策》，中华书局，1983，第7579页。

⑤ 《通典》卷一七《选举》，中华书局，1988，第417页。

贡"之名，但以举子投牒自荐为起点的礼部贡举，制度精神实与乡选里举存在根本差异——后者"询之乡里"，前者则"决于有司"。

上述情形也深刻影响了史书的编排与撰述，相比前代正史，两《唐书》中对传主乡里生活鲜有记录，近乎结构性缺失。这里不妨以中唐士人刘禹锡、白居易为例，《旧唐书·刘禹锡传》：

> 刘禹锡字梦得，彭城人。祖云，父溆，仕历州县令佐，世以儒学称。禹锡贞元九年擢进士第，又登宏辞科。禹锡精于古文，善五言诗，今体文章复多才丽。从事淮南节度使杜佑幕，典记室，尤加礼异。[①]

文中先记传主郡望，以及父祖两代名讳、宦履，以下便直叙其应举、仕宦经历。至于刘禹锡的早年经历，乃至在何处居止，传中皆未着一词。《旧唐书·白居易传》：

> 白居易字乐天，太原人。北齐五兵尚书建之仍孙。……初，建立功于高齐，赐田于韩城，子孙家焉，遂移籍同州。至温徙于下邽，今为下邽人焉。居易幼聪慧绝人，襟怀宏放。年十五六时，袖文一编，投著作郎吴人顾况。况能文，而性浮薄，后进文章无可意者。览居易文，不觉迎门礼遇曰："吾谓斯文遂绝，复得吾子矣。"贞元十四年，始以进士就试，礼部侍郎高郢擢升甲科。[②]

《白居易传》叙事稍详，在先世谱系外，还记载了家族迁徙经历，以及本人应举时的一则轶事，不过同样一语未及乡里生活。刘、白两传绝非特例，翻检两《唐书》相关传记，大多存在类似情形。这种叙事结构，正映照出政治生活中乡里语境的消失。

不过，有迹象表明，传统乡里关系消失后，唐代士人与地方社会仍维

---

① 《旧唐书》卷一六〇《刘禹锡传》，中华书局，1975，第4210页。
② 《旧唐书》卷一六六《白居易传》，第4340页。

系着某种纠葛。还是以刘、白二人为例。虽然先世都著籍两京周边，但刘禹锡自幼侨居苏州、湖州，白居易早年先后流寓徐州、苏州、杭州等地——他们都有过漫长的地方生活经验。[①]这也是唐后期士人的一种常见人生经历，即著籍两京而侨居地方。只不过撰述行状、编修国史之际，此类履历多被删削、遗落。唐代文献存世总量远超前代，但如果仅就两《唐书》来看，不仅"乡里"消失了，连带"地方"的图景也显得晦暗失色。

史传叙事重心迁移，并不意味着此间发生的历史也无关宏旨，相反，这正是值得探究的问题：重重掩映之下，唐代地方社会呈现出何种形态？士人究竟在其间扮演了何种角色？所谓"里闾无豪族，井邑无衣冠"，应置于怎样的历史情境下理解呢？

如果再联系唐宋之际的社会转型，对以上问题的探究还有另一重意义。一般认为，在唐宋之际，统治阶层内部发生了一次"新陈代谢"式的嬗替，累世冠冕的中古士族迅速消亡，出身庶民的官僚士大夫则代之而起，成为士人阶层的主流形态。宋代士人对经营地方倾注了更大热情，他们大多起自乡间，拥有清晰的地域认同意识，积极投身地方文教、公共事业；与宗族的依存关系也更为紧密，热衷兴建义庄、编修族谱等"收宗敬族"活动。上述情形在南宋以后越发成为主流，学者称之为精英的"地方化"。[②]这当然只是粗线条的勾勒，但就士人与地方、乡里的关系而言，唐、宋两代确实差异显著，称之为一次"变革"或许并不为过。

应进一步追问的是，为什么会出现这种时代差异呢？"变革"在地方层面究竟是如何发生的？这些问题关涉唐宋社会历史的诸多层面，而理解"变革"前夜的中晚唐社会无疑是其中关键一环，这也是本书研究的重心。

---

① 参瞿蜕园《刘禹锡集传》，刘禹锡：《刘禹锡集笺证》，瞿蜕园笺证，上海古籍出版社，1989，第1555—1556页；朱金城：《白居易年谱》，上海古籍出版社，1982，第1—19页。

② Robert Hymes, *Statesmen and Gentlemen: The Elite of Fu-chou, Chiang-his, in Northern and Southern Sung,* Cambridge University Press, 1986.

二、概念界说

本书的研究对象，是活跃在地方社会的几类人群，以士人为中心，兼及军将、胥吏、商人等。他们所属阶层不一，职业背景各异，甚至可能兼具多重身份。为便并置讨论，书中以"精英"一词作为统摄。很显然，这是个易引起歧义与争议的概念，在此有必要做一些说明与界定。

作为现代政治学术语的"精英"（elite）一词，是伴随与大众民主相对立的保守主义政治思潮而出现的，指有别于一般平民，对政治、社会进程起主导作用的少数上流阶层。在中国史研究中，欧美汉学界多以"精英""地方精英"（local elite）指称帝制时代晚期以士绅（gentry）为代表的地方支配阶层。①

不过在宋以前，尤其唐代地方社会中是否广泛存在士绅型精英，还是个有待研究的课题。本书在使用"精英"一词时，采用的是一种较为宽松的外延界定：特定地域内，在社会资源分配机制中居于优势地位，自身活动对社会秩序产生明显影响的人群，并不特指士人阶层。这样一来，汉魏以降的衣冠旧族、南北朝以来的仕宦之家，自可作为士人精英囊括在内，而军将、胥

---

① 在对帝制晚期中国社会的研究中，西方汉学界最初借用英语中的Gentry对译汉语固有的"士绅""绅士""缙绅"等语汇，以指代这一群体，八十年代以降的相关研究中，他们倾向使用更具身份包容性的"地方精英"（local elite）一词。不过，至少在近代以前，两者指涉的主体人群大体一致，即居乡官员、生员等士人精英。对相关概念、学术史的讨论，参何炳棣《明清社会史论》，徐泓译注，台北：联经出版事业股份公司，2013，第43—45页；Joseph Esherick &Mary Rankin, *Chinese Local Elite and the Pattern of Dominance,* University Of California Press, 1990, pp.2-25. 李猛：《从"士绅"到"地方精英"》，《中国书评》1995年第5期；黄克武：《从"士大夫""士绅"到"地方精英"：二十世纪西方汉学界对清末民初中国社会领导阶层之研究》，《反思现代——近代中国历史书写的重构》，四川人民出版社，2020。对地方精英形态的简要描述，可以参看孔飞力《中华帝国晚期的叛乱及其敌人》，谢亮生等译，中国社会科学出版社，1990，第3—5页。

吏等地方有力人群，至少在地方层面，也可作为非身份性精英纳入视野。①

　　这种界定下的"精英"，并不指向特定阶层或职业人群。但笔者相信，设定一个宽泛而具弹性的讨论框架，虽不无"失焦"之虞，却有助于观察某些身份光谱模糊的中间人群，而在既有知识体系中很难找到其位置。另外，这也便于将分属不同学术脉络的命题拆解重组、并置齐观，进而构筑新论域。

三、学术史与本书视角

　　涉及本书处理的主要课题，前人研究可以归纳为两条学术史脉络：其一，士人迁徙及由此引发的社会秩序变迁；其二，地方新兴阶层及其在唐宋之际的存续样态。本节先据此梳理前人研究成果，最后介绍本书研究视角。

（一）士人迁徙与唐代社会秩序变迁

　　在观察中古社会秩序变动时，唐代士人与乡里关系的疏离是个引人注目的现象。二十世纪五十年代，陈寅恪在对李栖筠家族个案的研究中发现，汉魏以来衣冠萃居的河北地区，至唐玄宗时期，因胡族大量涌入以及随后"安史之乱"爆发，士族多迁离原籍，"舍弃其祖宗之坟墓故地，而改葬于李唐中央政府所在之长安或洛阳"。②差不多同期，竹田龙儿在探讨唐代郡望问题时，也注意到士人多迁离旧贯，由此出现日常生活中郡望与籍贯的分离。③

　　相比基于个案的描述，毛汉光在实证层面更为全面、清晰地揭示出上述

---

① 谭凯（Nicolas Tackett）对唐后期社会中"精英"的类型与概念界定做过讨论。以财富、地位、权力等要素为主要指标，同时考虑居住形态、社会关系网络的差异，他将唐代精英区分为"中央型+身份性"（capital-based elite）与"地方型+经济性"（local elite）两种类别，前者对应中央化的旧士族或官僚世家，后者对应军将、地主、富商等地方精英人群。而在区分精英与一般民众时，他提出了一项更为直观的判断指标，即有能力营造墓室、镌刻碑志的家庭，大多出身上流阶层，或至少是经济上的富裕阶层，都属于广义的精英范畴。参Nicolas Tackett, *The Destruction of the Medieval Chinese Aristocracy*（胡耀飞、谢宇荣中译本《中古中国门阀大族的消亡》，社会科学文献出版社，2017），Harvard University Asia Center, 2014, pp.8-9, pp.24-25. 本书对此有所参考。
② 陈寅恪：《论李栖筠自赵徙卫事》，《中山大学学报》1956年第4期，收入《金明馆丛稿二编》，生活·读书·新知三联书店，2001，第2页。
③ 竹田龍兒：《唐代士人の郡望について》，《史学》24（4），1951。

历史进程。在对千余方士族墓志进行统计、分析后，他指出：伴随着王朝选官体制的变革，为仕宦便利计，唐代十姓十三家大士族多已在"安史之乱"前由原籍迁徙至两京周边定居。他将这种"具有地方性格的郡姓'新贯'于中央地区并依附中央的现象，称为'中央化'；而又将代表性格转变为纯官吏性格的现象，称为'官僚化'"。士族"在中央化与官僚化的螺旋进程中交互推移，最后成为纯官僚而失去地方性"。[①]这一结论很快成为研究唐代士族，乃至理解中古社会变迁的典范性论述，受其影响，相关个案研究不胜枚举。

不过，毛汉光的这项研究也不无可议之处，如过分强调基于社会科学方法的数理统计，以及观点预设之下对反证的忽视，便遭到研究者批评。[②]因此，关于士族迁徙的研究此后续有推进。举其要者，如室山留美子基于对唐以前出土墓志的统计、分析，将士族迁居京师的趋势上溯到北朝后期。[③]长部悦弘、韩昇认为唐代士族的迁徙所向，更准确说是从乡村向城市移动，即虽然脱离了乡里社会，但实际居住地是不限于两京的各级城市。[④]另外，是否所有士族房支都迁居两京了呢？反例显然是存在的。毛汉光自身也注意

---

① 毛汉光：《从士族籍贯迁移看唐代士族之中央化》，《"中研院"历史语言研究所集刊》第52本第3分，1981，收入《中国中古社会史论》，上海书店出版社，2002，第333页。类似认知也见于日本学者的相关论著，如相对六朝贵族，他们将唐代士族称为"官僚贵族"，认为其逐渐丧失地方性。参福岛繁次郎《科第赵家と官僚贵族の成立》，收入氏著《中国南北朝史研究》，教育书籍，1962；礪波護：《宋代士大夫の成立》，收入《中国文化史丛书8　文化史》，大修館书店，1968。

② 卢建荣：《欠缺对话的学术社群文化——二十世纪石刻史料与中国中古史的建构，1935—1997》，《中华民国史专题论文集第四届讨论会》，台北："国史馆"，1998；韩昇：《中古社会史研究的数理统计与士族问题——评毛汉光先生的〈中国中古社会史论〉》，《复旦大学学报》2003年第5期。

③ 室山留美子：《北朝时期汉族官僚在首都的居住——以东魏北齐官僚迁葬地选择为线索》，《中日学者论中国古代城市社会》，三秦出版社，2007；《隋開皇年間における官僚の長安・洛陽居住——北人・南人墓誌記載の埋葬地分析から》，《都市文化研究》12，2010。值得一提的是，同期南朝社会也出现了类似现象，参胡宝国《从会稽到建康——江左士人与皇权》，《文史》2013年第2辑。

④ 長部悦弘：《隋の辟召廃止と都市》，《東洋史研究》44（3），1985；韩昇：《南北朝隋唐士族向城市的迁徙与社会变迁》，《历史研究》2003年第4期。

到，"安史之乱"后，仍有不少大士族定居河北。①在此基础上，渡边孝、牟发松、冯金忠等对这一群体进行了更为深入的考察。②在基于墓志的区域社会史研究中，张正田同样观察到，泽、潞、邢、洺等四州境内不少官僚家族并未迁葬两京。③伍伯常对士人迁徙活动做了进一步分疏：在唐前期，不少世家大族对"中央化"仍持保留态度，一开始便积极顺应这一潮流的多是寒门小姓。④

作为近年来的新动向，有学者注意到，"中央化"之后，士人家族形态、与地方社会的关系均呈现出更为复杂的样态。郑雅如在对范阳卢氏卢宝素家族的研究中发现，虽然卢氏入唐后很快"中央化"，并世代营葬两京，但在唐后期，他们日常生活中其实并未定居两京，往往生前寓居地方州县，卒后归葬两京祖茔。⑤伍伯常、张葳、谭凯（Nicolas Tackett）等基于出土墓志，对这一现象做了更深入的揭示。结论表明，唐中期以降，由于政治、经济资源竞争的压力，士人家族普遍出现了从两京移居地方州县（尤其是南方）的趋势。⑥

---

① 毛汉光：《论安史乱后河北地区之社会与文化——举在籍大士族为例》，淡江大学中文系主编《晚唐的社会与文化》，台北：学生书局，1990。

② 渡边孝：《滎陽鄭氏襄城公房一支と成德軍藩鎮—河朔三鎮の幕職官をめぐる一考察—》，《吉田寅先生古稀記念アジア史論集》，吉田寅先生古稀記念論文集編集委員會，1997；牟发松：《墓志资料中的河北藩镇形象新探——以〈崔氏合祔墓志〉所见成德镇为中心》，《陕西师范大学学报（哲学社会科学版）》2008年第3期；冯金忠：《唐后期河北藩镇统治下的世家大族》，《唐代河北藩镇研究》，科学出版社，2012。

③ 张正田：《唐代泽潞区的"从旧贯葬"与"不仕"》，《中国历史学会史学集刊》第37期，2005；《由墓志看唐代河北"邢洺"区家族迁葬状况》，《东华人文学报》第11期，2007。

④ 伍伯常：《"情贵神州"与"所业唯官"——论唐代家族的迁徙与仕宦》，《东吴历史学报》第20期，2008。

⑤ 郑雅如：《"中央化"之后——唐代范阳卢氏大房宝素系的居住形态与迁移》，《早期中国史研究》第2卷第2期，2010。

⑥ 伍伯常：《"情贵神州"与"所业唯官"——论唐代家族的迁徙与仕宦》，《东吴历史学报》第20期，2008；张葳：《唐中晚期北方士人主动移居江南现象探析——以唐代墓志材料为中心》，《史学月刊》2010年第9期；前揭Nicolas Tackett, *The Destruction of the Medieval Chinese Aristocracy*。

　　张泽咸处理的虽是阶级结构、赋役制度等传统社会经济史课题，但也与此密切相关。早在二十世纪七十年代，他便专门探讨过"寄庄户"群体。他指出，随着唐代庄园经济的发展，离任官员往往在任官地购置庄园，并举家寓居于此，被称为"前资寄庄户"。[①]证诸史实，唐后期的"寄庄户"，其实很大一部分就是自两京迁居外州的士人家族。

　　显然，唐后期士人家族向地方迁徙的动向，已经逸出士族"中央化"的解释射程。这种转向对士人家族产生了何种影响？而地方秩序又因此发生何种变化？在笔者看来，这是现阶段研究再出发的起点。

　　毛汉光在对唐前期士族迁徙的研究中，所据墓志多为西安、洛阳附近（唐代两京）的出土品。构筑其上的历史解释，自然难以涵盖唐前期两京以外地域与人群的多元样态。就此而言，值得特别提出的是两项早期研究。矢野主税较早关注到两京以外的出土墓志，据此考察了唐代襄州、相州、潞州等地的社会结构。他从志主籍贯入手，指出这些地方官僚家族大多是先世因官迁徙而来，彼此通婚，构成了隋唐时期"乡邑社会"的上流阶层。他认为，唐代地方支配阶层与东汉以降的地方豪族存在很大差异，前者对中央政权呈现出更强的寄生性，这也是其致力论证的六朝隋唐士族"寄生官僚论"的一环。[②]就视角与史料运用而言，这项完成于二十世纪七十年代的研究，今天仍颇具启发性与前瞻性。不过论证中的问题也很明显，例如，对墓志所记志主籍贯不加辨别，径视为原籍地，忽视了郡望观念在唐代的普及与泛滥。爱宕元关注唐初江南社会，以仪凤二年《润州仁静观魏法师碑》为线索，考察了南朝士族后裔在唐初江南地区的存续样态。研究表明，作为南朝侨姓士族，任城魏氏在唐初以道教信仰为媒介，继续扮演着地域社会主导者

---

① 张泽咸：《唐代的寄庄户》，《文史》第5辑，1978，后收入《一得集》，兰州大学出版社，2003。

② 矢野主税：《隋唐時代の上層郷邑社会》（2），《第一经大論集》第8卷第4号，1979。

的角色。①这项研究关照到南北朝至唐初历史脉络的延续性，在笔者看来，正是"中央化"视角所忽视的面向。

（二）"唐宋变革论"与地方新兴阶层

与士族研究形成对照的另一条脉络，是对唐宋之际新兴社会阶层的探讨。这类研究的起点，可追溯至内藤湖南首倡的"唐宋变革论"。按内藤湖南的理解，唐宋之际的社会变革中，中世贵族趋于消亡，庶民出身的近世士大夫代之而起，成为统治阶层的主流形态。二战后，围绕唐宋变革与中国历史分期问题，日本东洋史学界展开了一系列实证研究，并逐渐将视线聚焦到一些关键议题。其中之一，便是对宋代统治阶层社会源流与形成机制的研究。对此，他们普遍将目光投向晚唐五代的地方新兴阶层。

这类研究中，具有开创性的当推栗原益男和松井秀一，他们的考察基于东京学派的历史分期主张（宋代中世封建说）而展开。松井秀一以唐后期的江淮、四川地区为个案，注意到其中被称为"土豪"的人群，他认为土豪阶层多是伴随均田制崩溃与商品经济发展而崛起的地主、富商，通过寄身于官僚机构末端，产业得以壮大，并与破产农民结成父家长式的庇护关系。②栗原重点研究了唐末韦君靖集团，与松井的看法基本一致，认为土豪具有封建领主色彩。③二十世纪六七十年代以降，围绕土豪的研究续有推进，一度成为晚唐五代史研究的重要课题。关于日本学者晚唐五代土豪研究之得失，本书第四章会有专门讨论，此处从略。

作为京都学派对这一问题的回应，爱宕元聚焦到五代宋初临淄县的麻氏

①　爱宕元：《唐代江南における宗教的関係を媒介とした士人と地域社会—「潤州仁静観魏法師碑」を手がかりに—》，《中国士大夫階級と地域社会との関係についての総合的研究》，昭和57年度科学研究費総合研究成果報告書，1983，后收入《唐代地域社会史研究》，同朋舍，1997。

②　松井秀一：《唐代後半期の江淮について》，《史学雑誌》66（2），1957；《唐代後半期の四川—官僚支配と土豪層の出現を中心として—》，《史学雑誌》73（10），1964；《唐末の民衆叛乱と五代の形勢》，《岩波講座　世界歴史》6，岩波書店，1971。

③　栗原益男：《唐末五代の土豪地方勢力について—四川の韋君靖の場合—》，《歴史学研究》243，1960。

一族，基于对多种文献的细致爬梳，他勾勒出了一个身兼地主、商人、科举官僚"三位一体"的宋代（近世）新兴官僚家族形成史。在他看来，作为宋代官户的临淄麻氏，初始形态可追溯至唐末五代地方社会中的新兴地主。①除了个案研究，爱宕元也对地方新兴阶层做过整体性考察。②

与上述取径有所不同，砺波护注意到唐后期制度变革对社会流动的影响。以"牛李党争"为线索，他指出，在官僚贵族党争的背后，是地方新兴阶层的崛起，通过与贵族的结托，他们渐次进入国家体制中，而藩镇辟召制则充当了社会流动的阶梯。③受砺波护启发，渡边孝对使府辟召制做了更为细致的考察。他指出，唐后期藩镇僚佐实际分为上、下两个层级：以判官、掌书记等为代表的上级文职僚佐，其构成主体仍是官僚贵族层；而随军、要籍、逐要、驱使官等下级幕职、吏职，则被地方新兴阶层占据。随着官僚贵族层在唐末的衰落，至五代、宋初，地方新兴阶层最终进入官僚体制的上层序列。④

对唐后期的新兴阶层，中文学界同样不乏关注。学者一般从地主阶级内部的士、庶之别来加以把握，认为士族地主在唐代整体呈现出衰落的趋势，非身份性的庶民地主则顺势崛起。⑤值得专门提出的是以下几种研究。孙国栋通过统计正史中晚唐至宋初官员的家世背景，勾勒出门阀士族衰落、士大夫阶层兴起的历程，是一项重要的实证研究成果。⑥张泽咸重视以唐中叶为界的社会变革，他考察了唐后期新出现的社会阶层——"衣冠户"与"形势

---

① 爱宕元：《五代宋初の新興官僚—臨淄の麻氏を中心として—》，《史林》57（4），1974，收入《唐代地域社会史研究》。

② 爱宕元：《唐代後半における社会変質の一考察》，《東方学報》42，1971。

③ 礪波護：《中世貴族制の崩壊と辟召制—牛李の党争を手掛かりに—》，《東洋史研究》21（3），1962，收入《唐代政治社会史研究》，同朋舎，1986。

④ 渡辺孝：《中晩唐における官人の幕職官人仕とその背景》，《中唐文学の視角》，創文社，1998；《唐後半期の藩鎮辟召制についての再検討—淮南・浙西藩鎮における幕職官の人的構成などを手がかり—》，《東洋史研究》60（1），2001；《唐代藩鎮における下級幕職官について》，《中国史学》2001年第11卷。

⑤ 胡戟主编《二十世纪唐研究》，中国社会科学出版社，2002，第801—808页。

⑥ 孙国栋：《唐宋之际社会门第之消融》，《新亚学报》4（1），1959，后收入《唐宋史论丛》，上海古籍出版社，2010。

户"，指出：所谓"衣冠户"，是通过科举获得合法免役特权的官僚士大夫，构成了宋代"官户"的前身；而与之大抵同时出现的"形势户"，则是以职掌人、胥吏等为代表的地方"有力人户"，他们利用各种手段规避徭役，但直到宋代，始终未获官方承认。[①]这一研究对理解唐后期的社会结构颇具启发。

另外，近年研究中，林文勋、谷更有关注唐宋乡村社会中的富民阶层，强调其作为唐以后"社会中间层"的历史地位。[②]江玮平从政治、军事层面梳理了唐末五代南方地区土豪势力的发展史。[③]黄玫茵关注的时段、地域与江玮平相近，考察对象则主要是文人官僚。[④]李碧妍、蔡帆在对唐后期江淮藩镇的研究中，同样注意到作为"官僚层"对立面的"土豪层"，并对其活动展开考察，指出：在中晚唐江淮政局平静期，以胥吏、富商等为代表的土豪层势力逐渐壮大，并在唐末动乱中作为主导力量登上历史舞台。[⑤]这继承了前述松井秀一等人的观点。

最后值得提出的是陈弱水、吴修安的研究。以中晚唐福建地区为个案，陈弱水考察了一个地域性士人社群融入全国性精英网络的进程。研究表明，唐后期福建地区的文士大多出身本土大姓，具有高度的文化垄断性和清晰的地域认同意识。在与其他精英群体的互动中，他们以地方新兴阶层的面貌走

---

① 张泽咸：《"唐宋变革论"若干问题的质疑》《唐代的衣冠户和形势户——兼论唐代徭役的复除问题》，均收入《一得集》。

② 林文勋、谷更有：《唐宋乡村社会力量与基层控制》，云南大学出版社，2005；林文勋：《中国古代"富民"阶层研究》，云南大学出版社，2008；谷更有：《唐宋国家与乡村社会》，中国社会科学出版社，2006；《唐宋时期的乡村控制与基层社会》，天津古籍出版社，2013。

③ 江玮平：《唐末五代初长江流域下游的在地政治——淮、浙、江西区域的比较研究》，台湾大学硕士学位论文，2007。

④ 黄玫茵：《唐宋间长江中下游新兴官僚研究（755～960A.D.）》，台湾大学博士学位论文，2006。

⑤ 李碧妍：《危机与重构——唐帝国及其地方诸侯》，北京师范大学出版社，2015，第522—530页；蔡帆：《朝廷、藩镇、土豪——唐后期江淮地域政治与社会秩序》，浙江大学出版社，2021，第62—151页。

向中央，开启了应举、仕宦之路。①吴修安同样讨论福建地方精英在有唐一代的成长历程，只是他更为细致地区分了福建沿海与内陆间社会发展程度差异。②这类地方士人群体，文化面貌迥异于同时期的土豪，社会关系有别"中央化"的士族，似乎更接近宋以后的士绅阶层。究竟这是福建地区特有的现象，还是其他地区亦复如此，只是囿于史料，我们所知甚微？现在还不易断言。但这至少提醒我们重视唐后期地方精英的多元形态。

（三）"地域社会论"与中古史研究

本书以"地方"作为观察唐代精英与社会的主要视角，这在一定程度上受到了中国史研究中"地域社会论"的启发。下面想结合相关学术动向，对本书的研究视角做一些说明。

标举以地域社会的视角研究中国历史，是二十世纪八十年代初出现于日本的一股学术思潮。最早明确界定"地域社会"的概念，并对其研究旨趣做出论述的是明清史学者森正夫。③"地域社会论"批判性继承了二战后日本国内几种重要的中国史阐释理论，如谷川道雄的"豪族共同体论"，重田德等人的"乡绅支配论"等，与同期美国学者施坚雅（G. W. Skinner）、郝若贝（Robert M. Hartwell）等人提倡的区域研究取向遥相呼应，对中国史研究范式转型产生了深远影响。④

"地域社会论"并非一套严密的理论体系，学者基于自身研究实践，对相关概念的理解、取径的选择不尽相同，难以一概而论。至于其共通的取向，依笔者浅见，似可归结为以下两个层面：1.相较以地域发展均质性为前提的传统社会经济史研究，"地域社会论"强调不同区域间社会发展程度上

---

① 陈弱水：《中晚唐五代福建士人阶层兴起的几点考察》，《唐代文士与中国思想的转型》，广西师范大学出版社，2009。

② 吴修安：《福建早期发展研究——沿海与内陆的地域差异》，稻乡出版社，2009年。

③ 森正夫：《中国前近代史研究における地域社会の视点》，《名古屋大学文学部研究論集·史学》28，1982，中译文载沟口雄三、小岛毅主编《中国的思维世界》，江苏人民出版社，2006。

④ 参冈元司《地域社会史研究》，收入遠藤隆俊、平田茂樹、浅見洋二编《日本宋代史研究の现状と课題—1980年代以降を中心に—》，汲古书院，2010；常建华：《日本八十年代以来明清地域社会研究述评》，《中国社会经济研究》1998年第2期。

的差异性、文化上的多元性，因而立足长程历史变迁的区域研究方法得到重视，这也是与欧美学界区域社会研究旨趣相通的一面。[①] 2.在对国家与社会关系的把握中，"地域社会论"批判了作为国家"缩微版"的地方史、政区史研究传统，认为相较于国家权力，内在秩序感与地方性知识是将社会凝聚、整合成一个有机体更重要的力量源泉。因此主张自下而上观察地域内部的秩序生成机制，侧重挖掘共同体成员共有的思维方式、价值观念等要素。按照上述第二种理路，"地域"便从特定的空间范畴中抽离出来，成为一种方法论，即森正夫所言"广义的地域社会"。[②]

二十世纪九十年代以降，日本的六朝隋唐史研究也受到上述学术思潮辐射。[③]六朝史领域，可举出中村圭尔《六朝江南地域史研究》一书，[④]另外近年来北村一仁的系列论文也颇受瞩目。[⑤]唐史研究中，也可举出佐竹靖彦《唐宋变革の地域的研究》、[⑥]爱宕元《唐代地域社会史研究》[⑦]等颇具分量的著作。

这类研究大多能清晰看到"地域社会论"的影响痕迹。如中村圭尔在前揭论著中专辟一章，结合自身六朝史研究实践，对森正夫的"地域社会论"予以回应。北村一仁在对南北朝边境地域（河南、河东等地）的研究中，运

① 冈元司：《地域社会史研究》；须江隆：《日本宋代「地域」史研究が具有する"足枷"》，伊原弘等编《中国宋代の地域像—比较史からみた専制国家と地域》，岩田书院，2013。

② 前揭森正夫《中国前近代史研究における地域社会の视点》；岸本美绪：《明清交替と江南社会》序，东京大学出版会，1999。

③ 相关学术史梳理，还可参看伊藤宏明《六朝隋唐时期地域社会研究动向》，秦欣译，《中国史研究动态》1996年第7期。对近年晚唐五代相关研究的回顾，参山崎觉士《五代十国史研究》，《日本宋史研究の现状と课题—1980年代以降を中心に—》。

④ 中村圭尔：《六朝江南地域史研究》，汲古书院，2006。

⑤ 北村一仁：《"荒人"试论—南北朝前期の国境地域》，《东洋史苑》60、61，2003；《南北朝国境地域社会の形成过程及びその实态》，《东洋史苑》63，2004；《南北朝后期颍川地区の人々と社会—石刻史料を手挂かりとして—》，《龙谷史坛》129，2008。北村氏近年围绕这一主题的研究成果为数甚夥，此不备列。

⑥ 佐竹靖彦：《唐宋变革の地域的研究》，同朋舍，1990。

⑦ 爱宕元：《唐代地域社会史研究》，同朋舍，1997。

用佛道造像等材料，对当地交通网络、居民结构、信仰形态进行了深入剖析，并着力分析了当地人群叛服无常的行为模式。穴泽彰子以碑刻题名为线索，探讨了唐五代基层社会的秩序变迁、人际结合的样态，并侧重挖掘其背后的意识形态问题。①佐竹靖彦的研究最成体系，他认为经历唐宋变革后的中国近世社会中，以农业和手工业为依托的大小诸地域，实为一个个具备重层再生产构造的单位；各地域间天然存在的分权倾向与中央政权的统制力同时并存，两者间的张力决定了中国近世社会的特质。基于以上认识，他对唐宋之际华北、江南、江西、四川、福建等区域分别进行了实证研究。

近年国内中古史研究中，对"地域社会"及与之相关的"区域""地方"等议题的兴趣也在呈明显增长态势。②如侯旭东利用北朝佛教造像，采取自下而上的考察视角，对华北基层聚落形态、地方民众的宗教信仰与国家认同等课题进行了深入探讨。③鲁西奇致力从区域视角重新审视汉唐间社会演进脉络，对长江中游的族群与聚落形态、滨海地域的居民生计与社会秩序等问题做过不少开创性的研究。④魏斌聚焦朝碑刻与宗教文献，围绕山岳景观及地方信仰体系的建构等议题，对六朝地域社会做出了一系列别开生面的研究。⑤夏炎利用唐代南方各地的祭祀类碑刻，探讨了九世纪以降区域治理与地方精英互动关系的新变化。⑥徐畅的研究围绕唐代京畿乡村社会展开，

① 《唐宋変革期における社会的結合に関する一試論—自衛と賑恤の"場"を手掛かりとして—》，《中国−社会と文化》14，1999；《唐・五代における地域秩序の認識—郷望の秩序から父老の秩序への変化を中心として—》，《唐代史研究》5，2002。
② 参徐畅《对近年来唐代区域史研究的概览与思考》，《中国社会历史评论》第十七卷（上），天津古籍出版社，2016。
③ 侯旭东：《北朝村民的生活世界》，商务印书馆，2005。
④ 鲁西奇：《人群・聚落・地域社会——中古南方地初探》，厦门大学出版社，2012；《中古时代滨海地域的"水上人群"》，《历史研究》2015年第3期；《汉唐时期滨海地域的社会与文化》，《历史研究》2019年第3期。鲁西奇、宋翔：《中古时代滨海地域的"鱼盐之利"与滨海人群的生计》，《华东师范大学学报》2016年第4期。
⑤ 魏斌：《"山中"的六朝史》，生活・读书・新知三联书店，2019。
⑥ 夏炎：《唐代石刻水旱祈祷祝文的反传统表达及其在地方治理中的功用》，《史学月刊》2021年第5期；《唐代地方官府水旱祈祷与水利资源控制——以泉神祠庙石刻为中心》，《史学集刊》2021年第6期；《白居易〈冷泉亭记〉所见唐代杭州官方建亭立石与区域治理》，《唐史论丛》第36辑，三秦出版社，2023。

涉及基层治理模式、社会流动等诸多议题。①孙齐、陆帅、林昌丈分别利用
山西、河北、江苏、浙江等地新出石刻，探讨地方家族的信仰形态、基层
聚落复原、侨旧居民结构等议题，在史料层面拓展了中古地域史研究的边
界。②徐畅、吕博等借鉴"人生史"的研究视角，利用出土文书与墓志，聚
焦小人物的个体生命历程，深化了对唐代地方人群生存境遇的认知。③张天
虹以社会流动的视角重新审视唐后期河朔藩镇，通过量化分析，探讨了军将
等精英家族的再生产机制。④仇鹿鸣处理的虽是政治史课题，但以大型碑刻
的制作为线索，考察了政治景观营造中权力与观众的互动关系，由此揭示出
唐代河北藩镇内部的权力结构与群体心态。⑤

　　不过正如前文所言，学者对"地域社会""地方社会"的理解，落实在
各自研究实践中其实颇有差异，这在六朝隋唐史领域似尤为明显。同样以中
村圭尔为例，他对六朝江南地域社会的观察方式，正如魏斌所言，是对不同
地理单元"结构—功能"式的分析，这仍是基于王朝国家立场"鸟瞰式的外

① 徐畅：《长安未远——唐代京畿的乡村社会》，生活·读书·新知三联书店，2021。
② 孙齐：《芮城道教三百年史——以北朝隋唐造像为中心的考察》，荣新江主编《唐研
　究》第24卷，北京大学出版社，2019；《一座消失的石窟：河北宜务山石窟研究》，
　《文史》2022年第3辑。陆帅：《"青齐土民"与南朝社会——以五六世纪摄山千佛
　岩为中心》，《东南文化》2015年第6期；《南京江宁出土刘宋罗氏家族买地券研
　究——南徐州侨民与晋宋之际的建康社会》，《东南文化》2018年第2期。林昌丈：
　《政区与地方社会的融汇——以秦汉六朝时期的剡县、鄮县为例》，《历史研究》
　2014年第6期。
③ 徐畅：《唐前期一位京畿农人的人生史——以大唐西市博物馆藏〈辅恒墓志〉为中
　心》，《社会科学战线》2018年第12期。吕博：《践更之卒，俱授官名——"唐天宝
　十载制授张无价游击将军告身"出现的历史背景》，《中国史研究》2019年第3期；
　《唐西州前庭府卫士左憧喜的一生》，荣新江主编《唐研究》第24卷，北京大学出版
　社，2019。
④ 张天虹：《中晚唐五代的河朔藩镇与社会流动》，社会科学文献出版社，2021；《唐
　代藩镇研究模式的总结与再思考——以河朔藩镇为中心》，《清华大学学报》2011年
　第6期。
⑤ 仇鹿鸣：《长安与河北之间——中晚唐的政治与文化》，北京师范大学出版社，2018年。

部视角"，与森正夫提倡的从社会内部出发的研究旨趣明显有别。①又如爱宕元对唐代地域社会的研究，虽然于社会流动等议题有所触及，但更多的篇幅，或者说作者真正的兴趣还是作为实体空间的"地域"。书中对两京乡、里地望的辑考，对华北乡村聚落、扬州等地方城市空间的复原，严格说来都属于历史地理层面的研究。至于我国学者近年对地方、地域社会议题的兴趣，自有其独立的问题意识与学术脉延，在研究方法上，可能更多受到华南区域史研究、历史人类学等理论范式的启发。②

在中古史研究中，无疑须考虑到史料的制约，以及社会形态与宋以后的显著差异。实践中对既有研究范式重加审视，对分析工具进行调整、改造，都势所必然。上述研究实践中显露的共通取向，如对王朝国家历史叙事的突破，对传统命题及相应解释框架（如贵族制）的反思，对史料拓展与方法论革新的自觉，已构成了近年中古史研究中重要的学术增长点，一个隐没于官方编纂史料的历史世界正逐渐展现在我们面前。

最后对本书标题中的"地方视野"略作说明。笔者这里对"地方"的理解，是基于这样一个判断：作为精英的活动场域，唐代社会整体呈现为一种"央—地"二元格局。两京是国家权力的辐射中心，集聚了庞大的人口与资源，尤其是士人的"中央化"，塑造了两京都市圈独特的居民结构、区位功能与治理模式，在社会运作上与地方州县形成深刻分野。③另一方面，各州县虽然彼此悬隔、风貌各异，但因受跨地区性的国家权力规约、形塑，至少在治理逻辑相近的疆域内，又形成了某些共通的秩序与规则，这对特定人

---

① 魏斌：《中村圭爾〈六朝江南地域史研究〉评介》，《中国中古史研究》第2卷，中华书局，2011。此外，葭森健介的书评也对中村的研究视角提出过批评，文载《法制史研究》57，2007。葭森氏自身对"地域社会论"的理解，参《「地域社会の視点」・「共同体論」・「基層社会」——九八一中国史シンポジウム再論—》，《名古屋大学東洋史研究報告》25，2001。

② 参陈爽《垒壁与交集：中古士族研究中的历史人类学借鉴》，《史学月刊》2019年第3期。

③ 笔者曾对唐后期长安社会做过初步研究，与这里的判断可相印证，参《"清流"之外——中晚唐长安的"非士职"官僚及其家族网络》，《中国中古史研究》第10卷，中西书局，2023。（收入本书附录二）另参徐畅《长安未远——唐代京畿的乡村社会》，第326—343页。

群的行为模式产生影响。从这个意义上说，唐代的"央—地"分野可能比各地域间的横向差异更为显著。因此，"地方"自可作为观察历史的视角与方法，而不只是实体概念。①

具体来说，本书旨在探究唐代精英在"地方"这一场域下的活动样态，他们的空间迁徙、人际网络、生存策略等，都是笔者关心所系；探寻这背后的社会机制与秩序原理，更是贯穿全书的核心问题意识。至于山川形便、城邑聚落、行政区划等实体空间，作为人群活动的载体，研究中必然会触及，但并非重心所在。

四、核心史料及运用

以新旧两《唐书》《唐六典》等为代表的官方编纂史料，构成了唐史研究的基本素材。在这类以政治精英活动、王朝典章沿革为中心的文献中，地方与民间的图景往往是缺失的。如前所言，两《唐书》所记传主生平，仕宦生涯占据了其中主要篇幅，而入仕前的民间生活经历大多缺略。至于各类并未进入官僚体系的地方人群，更是难觅其踪影。这便要求我们拓宽视野，开掘更多类型的史料。下面针对本书研究所依托的两类核心史料做一些说明。

（一）石刻文献

石刻文献门类众多，金石学家基于其形制、功用、文体等，做过细致的类型学讨论。不过本书视角与之有别，关注的是石刻作为史料的地域性。

从分布地域来看，唐代石刻文献中，最引人注目的无疑是西安、洛阳一带出土的墓志，史料价值丰富，体量也最为庞大，占存世唐志的绝对多数。二十世纪九十年代以前的出土品，图版、录文已集中收录于《唐代墓志铭汇编附考》（台北"中研院"历史语言研究所，1984—1994）、《唐代墓志汇编》（上海古籍出版社，1992）、《唐代墓志汇编续集》（上海古籍出版社，2001）、《隋唐五代墓志汇编》（天津古籍出版社，1991—1992）等书中。进入新世纪后，随着考古事业的发展，尤其城市基础设施建设的

---

① 这种理解路径，或许趋近上述作为方法的"广义地域社会"，但在国家与社会关系的理解上不尽相同。

推进，新出唐代墓志数量增长迅猛。①目力所及，集中载录这类墓志的重要出版物有如下一些：《邙洛碑志三百种》（中华书局，2004）、《河洛墓刻拾零》（北京图书馆出版社，2007）、《西安碑林博物馆新藏墓志汇编》（线装书局，2007）、《洛阳新获墓志续编》（科学出版社，2008）、《长安新出墓志》（文物出版社，2011）、《秦晋豫新出土墓志搜佚》（国家图书馆出版社，2011）、《洛阳新获七朝墓志》（中华书局，2012）、《洛阳流散唐代墓志汇编》（国家图书馆出版社，2013）、《西安碑林博物馆新藏墓志续编》（陕西师范大学出版社，2014）、《秦晋豫新出土墓志搜佚续编》（国家图书馆出版社，2015）、《西安新获墓志集萃》（文物出版社，2016）、《长安高阳原新出隋唐墓志》（文物出版社，2016）、《洛阳新获墓志 二〇一五》（中华书局，2017）、《洛阳流散唐代墓志汇编续集》（国家图书馆出版社，2018）、《陕西省考古研究院新入藏墓志》（上海古籍出版社，2019）、《秦晋豫新出土墓志搜佚三编》（国家图书馆出版社，2020）等等。这些墓志的墓主，大多出身中央化的官僚家族，其中不乏跻身史传者。志文主要篇幅是对谱系、仕履的铺陈，但本书关注的是志主的地方生活经历，这在由亲友撰写的中晚唐墓志中有不少反映。此外，唐人文集中也保存了不少同类型碑志。这构成了本书二、三两章研究的主要取材对象。

两京以外出土的唐代碑志，如果合计《金石萃编》《八琼室金石补正》等清人金石书所载，以及近年各地新出者，体量也相当可观。试分地域举隅：1.山西。山西省域出土的唐代石刻，数量仅次于陕西、河南。清人胡聘之《山右石刻丛编》、罗振玉《山右冢墓遗文》等书续有载录。《隋唐五代墓志汇编·山西卷》、《三晋石刻大全》（三晋出版社，2009年—）、《大同新出唐辽金元志石新解》（三晋出版社，2012）、《晋阳古刻选·隋唐五代墓志》（文物出版社，2013）、《汾阳市博物馆藏墓志选编》（三晋出版社，2010）等书又陆续刊布了大批新出碑志。尤其令人瞩目的是晋东南长治、晋城两市（唐泽、潞二州），历

---

① 对近年墓志刊布情况的一项概观，参仇鹿鸣《十余年来中古墓志整理与刊布情况述评》，《唐宋历史评论》第4辑，社会科学文献出版社，2018。另，氣賀澤保規《唐代墓誌所在綜合目錄》（汲古書院，2017）、中华书局籍合网"历代石刻总目数据库·唐五代墓志"对唐代墓志篇目、著录信息做了系统整理，颇便利用。

年出土而流散各地的唐代墓志，据不完全统计，总量应不下1000方。这一史料群无疑是研究当地社会的绝佳史料。2. 河北、北京。早期出品见于清人沈涛《常山贞石志》、罗振玉《京畿冢墓遗文》《邺下冢墓遗文》等书，此后如《河北金石辑录》（河北人民出版社，1993）、《新中国出土墓志·河北［壹］》（文物出版社，2004）、《河北新发现石刻题记与隋唐史研究》（河北人民出版社，2006）、《邯郸地区隋唐五代碑刻校释》（中国文联出版社，2014）、《房山石经题记整理与研究》（文物出版社，2021）等续有收录。上述文献构成了河北藩镇研究的重要资料，相关研究近年已有显著推进。3.江苏、浙江。南方地区的出土品历来不多，但个别区域仍颇为可观。作为唐代长江下游最为繁盛的都市，扬州地区出土的墓志值得重视，缪荃孙《江苏通志稿·金石志》、罗振玉《广陵冢墓遗文》等曾收录若干，此后出土者，多见于《隋唐五代墓志汇编·江苏山东卷》（天津古籍出版社，1991）、《扬州博物馆藏唐宋元墓志选辑》（广陵书社，2018）、《隋唐五代扬州地区石刻文献集成》（凤凰出版社，2021）等书，据统计，刊布总量应在100方以上。浙江地区出土的唐代碑志，清人阮元《两浙金石志》等间有著录。近年出土品主要集中在宁绍平原一带，《宁波历代碑碣墓志汇编》（上海古籍出版社，2012）、《越窑瓷墓志》（上海古籍出版社，2013）两书共荟集唐五代墓志100余方。其中尤为珍贵的是慈溪县上林乡附近出土的瓷质墓志，志主身份多为土著居民。以上只是一个概观，难免挂一漏万。

不过利用这类地方性石刻进行研究，往往令人有"无处着力"之感。以墓志言，地方居民的墓志大多篇幅简短、文辞稚陋，且高度程式化，缺乏能与史传直接印证的信息，因此史料价值往往不为世所重。不过它们正是反映唐代地方人群活动样态的第一手史料，本书第五章考察唐后期地方军将、胥吏、商人等群体，将主要取资于此。除了记载个人生平的墓志、墓碑，石刻文献中另一类引人注目的是大型宗教碑刻及公共设施碑刻。其碑阴多镌刻有捐资人、参与者题名，对其姓氏分布、家庭构成、职衔类别展开排比、分析，是观察地方人群结构的有效途径。

宋元以降方志、族谱中著录的散佚碑志，也是一个重要的史料群。与出土碑志不同，地方文献中载录的早期史料往往真伪难辨，即便可信渊源有自，经辗转传抄、点窜，久已不复旧貌。或许正因此，长期以来，中古史研究者对这类文献的态度是颇为犹疑的。然而近年学界研究实践表明，近世地方文献之于中古史研究的意义值得重估，围绕其中收录的官告、谱牒等，剥离晚近羼入的内容，一批珍贵的唐代一手文献得以重见天日。①本书第一章处理的相关地域与家族个案中，对此也有所尝试。

在对石刻文献的运用中，本书的基本立场是从经验事实入手，注重史料解读与个案分析。这接近社会科学领域的定性研究方法，而对基于样本统计的定量方法，本书持审慎立场。这主要是鉴于统计样本在分布地域上的偏差，以及碑志本身的文本特征。以墓志为例，如前所述，西安、洛阳等地的出土品占存世唐代墓志的绝对多数，据此简单统计卒葬地等信息，研究唐代精英的地域分布，自然很容易得出"萃处京畿"的印象。实际上，士人有侨寓地方经历者，至少在唐后期绝不在少数，简单的统计只会遮蔽更为复杂的历史面向。可取的做法或许是对墓志进行更细致的数据筛选、采集，进而按卒葬时地、迁徙经历、社会关系、仕宦路径等进行多向度的统计与回归分析。②但面对体量过万的唐代碑志，这样的数据处理已超出笔者的学术训练。

（二）笔记小说

笔记小说的史料价值素来为世所重，在唐史研究中，自陈寅恪以降，小说证史很早便形成了一个学术传统。③

---

① 代表性研究如：刘安志：《关于唐代钟绍京五通告身的初步研究》，《新资料与中古文史论稿》，上海古籍出版社，2014；李军：《清抄本〈京兆翁氏族谱〉与晚唐河西历史》，《历史研究》2014年第3期；顾成瑞：《〈新安文献志〉收录唐户部鄳牒考析》，《安徽史学》2015年第3期；堀井裕之：《唐朝政権の形成と太宗の氏族政策：金劉若虚撰「裴氏相公家譜之碑」所引の唐裴滔撰「裴氏家譜」を手掛かりに》，《史林》95（4），2012；刘丽：《〈裴氏家谱〉的复原及相关问题研究》，《唐研究》第25卷，北京大学出版社，2020。

② 类似方法在谭凯近年的研究中有所呈现，其数据处理方法较前人有很大改进（参Nicolas Tackett, *The Destruction of the Medieval Chinese Aristocracy*，尤其是所附"唐五代人物传记与社会网络资料库"及30余种统计图表）。但据此得出的观点仍不无可议之处，对此，本书相关章节会有回应。

③ 参宁欣《笔记小说的演变与唐宋城市社会史研究》《20世纪80年代以来笔记小说与隋唐五代史研究综述》，均收入《唐宋都城社会结构研究——对城市社会与社会的关注》，商务印书馆，2009。

从文本性质来看，唐人小说大多是基于真实经验，同时糅合了文学想象与再创作的复合型文本。如何把握虚实分际，恰如其分地加以运用，是一个颇费思量的难题。在前人研究实践中，一种常见取径是立足文本细读与结构分析，进而"去粗取精"，对作品主旨的时代性、思想性加以阐发。这适用于文学史、思想史乃至政治史领域对传奇类作品的解读，但本书取径与之有别。

从文学史角度看，"有意为小说"的传奇只是唐代小说的一个门类，且并不占主流。除此之外更多的作品，或志鬼怪以宣教起信，箴规世风，或笔录见闻以为朋辈谈资，其题材庞杂，难以一概而论。不过可以确定的是，这些作品以写实风格居多，往往直叙所闻，结构并不复杂，非"有意为小说"。从本书处理的一些案例来看，虽然小说主人公多名不见经传，但时代背景、所涉次要人物多于史有征，甚至有碑志存世，具有相当的写实性。正如学者所言，"唐代小说的作者从事了一种如同现代报道文学式的工作"。[1]也因此，为取信于时人，在怪诞、离奇的核心情节外，作者往往会缘饰以真实的日常情境。这看似是一种冗余信息，实则有助于作品传播，今天看来，更是一种宝贵的"无意识史料"。

基于以上认识，在对小说作品的运用中，本书采取"去精取粗"的做法，即抽离作者所欲展示的主题与原创情节，着力开掘、拼缀其间碎片化的"无意识史料"。对同时代作品中反复出现的母题，本书将予以特别关注，因为这意味着相关叙事元素是某类结构化社会情境的再现，最能映照出所谓"通性之真实"。[2]以此为线索，由点及面地拓宽视野，往往能发现某些不易察觉的历史现象。本书第三章、第六章对侨寓士人生存境遇的考察中，对此有集中呈现。

笔记小说往往会记叙前代人物故实，应如何把握这类史料的属性呢？这很难一概而论，须具体分析。试举一例，晚唐成书的《续玄怪录》中记录了这样一则故事，称唐初名相房玄龄、杜如晦二人，未出仕前曾一同投宿旅

---

[1]　内山精也：《隋唐小说研究》，复旦大学出版社，2010，第11页。

[2]　陈寅恪：《唐代政治史述论稿》，商务印书馆，2011，第273页；又，石泉、李涵：《听寅恪师唐史课笔记一则》，《陈寅恪集·讲义及杂稿》，生活·读书·新知三联书店，2001，第492页。

店，夜间无意中听到阴间吏卒的一番对话，其中一人有言：

> 吾被界吏差直二相，蒙赐酒肉，故不得去。若常时闻命，即子行吾走矣。①

所谓"界吏"，据本书第五章研究，是一类由藩镇军将充任的基层吏职。如果按照以上记载，似乎隋代便已出现，但这与隋唐之际的基层管理体制明显不相符，在文献中找不出其他佐证。因此，这里的"界吏"只能视为《续玄怪录》成书时代的史料。当然，如果作者撰述之际确有传承有序的史料来源则另当别论，这类情形也不乏例证。

最后，关于本书利用的唐代笔记小说文本，也略作交代。宋代编修的《太平广记》一书是唐人说部之渊薮，重要性自不待言。此外的传世单行本，版本系统复杂，近年大多已有高质量整理本问世，收录于《唐五代笔记小说大观》（上海古籍出版社，2000）以及《唐宋史料笔记丛刊》（中华书局）、《古体小说丛刊》（中华书局）等书系中。另外，周勋初《唐人轶事汇编》（上海古籍出版社，2006）、陶敏《全唐五代笔记》（三秦出版社，2012）、李时人《全唐五代小说》（中华书局，2014）、李剑国《唐五代传奇集》（中华书局，2015）等，属于集成性整理成果，编纂体例不一，收录作品的标准也不尽相同，优点是将相关文献裒为一编，并附校勘、辑佚，颇便利用。同一作品，不同版本、文献中文字往往互有异同，本书引用之际择善、择便而从，个别重要的字句，会出注说明取舍依据。

---

① 牛僧孺、李复言：《玄怪录·续玄怪录》卷三"房杜二相公"条，程毅中点校，中华书局，2006，第179页。

第一章 乡里与两京之间：唐前期的江南士人家族

在江南区域发展历程中，唐前期的百年历史显得颇为黯淡。随着江左政权的终结，建康城被隋朝统治者"平荡耕垦"，昔日王都，沦为"江南一邑"。作为王畿腹地的江南地区，也经历了由中心而边缘的蜕变，地位急遽坠落。至于后世经济重心南移的进程，此时则远未告成，江南在全国经济版图中也并不起眼。

相比前后时代，对唐初江南社会的研究也显得相对沉寂，某些重要议题，或未得到充分关注，或尚存误解。例如，对以南朝士族后裔为代表的江南士人，唐史研究中虽不乏关注，但多侧重其迁徙北方后的动向，尤其是在两京一带的仕宦、交游。[①]而涉及其乡里生活，多语焉不详，或径认为江南士族，无论侨姓、吴姓，在江南已基本不复存在。此间轩轾，一方面受制于史料存佚之多寡，而深层次原因，恐怕还在于士族"中央化"的典范论述确立后，研究焦点也随之发生迁移。

作为衔接江南区域发展脉络的一环，唐前期江南百年史，自有其独立的

---

① 相关概况，参唐长孺《魏晋南北朝隋唐史三论》，中华书局，2011，第356—359页。实证研究如：毛汉光：《从士族籍贯迁移看唐代士族之中央化》《隋唐政权中的兰陵萧氏》，均收入《中国中古社会史论》，上海书店出版社，2002；顾向明：《关于唐代江南士族兴衰问题的考察》，《文史哲》2005年第4期；吴书萍：《七、八世纪唐代江南地域的士人研究：特论其政治与社会背景》，台湾大学硕士论文，2009；刘子凡：《唐代徐氏家族及其文学家传》，《唐研究》第17卷，北京大学出版社，2011；周晓薇、王其祎：《流寓周隋的南朝士人交往图卷——新出隋开皇八年〈朱幹墓志〉》，《陕西师范大学学报（哲学社会科学版）》2014年第4期；小林聡：《北朝・隋唐における南朝系人士についての基礎的考察：理論的な枠組みの提示を中心に》，《埼玉大学纪要 教育学部》66，2017。

历史意义，值得探究。频经王朝鼎革与政区置废，区域社会内部究竟发生了怎样的秩序变动？地方人群如何因应时代变局？作为独立的地理单元，江南足以构成观察南北朝到隋唐社会转型的样本，据此也可检视、修正既有认知框架。本章将借助散落各地的石刻文献，探讨唐前期江南士人的存续形态。

"江南士人"是个宽泛的概念，站在唐初的时间点上，其内部存在显著的阶层与地域分野。其中，侨姓高门士族在江陵陷落、陈朝灭亡后，多被强制迁徙关中，及至唐初，在江南故地确已难见踪影。至于侨姓低级士族，他们携乡里宗族南渡，久已完成土著化；此外还有为数众多的吴姓土著家族，他们世代植根江南乡里，自然不会悉数迁徙两京。以上两类人群是唐前期江南士人的主体，也是本章考察的主要对象。

最后，想对考察涉及的地域做一些说明。思考唐初江南社会的相关问题，自然绕不开六朝时期形成的历史传统。从居民结构、区位功能等方面看，六朝江南社会主要呈以下地缘结构：吴郡、会稽等三吴地区是江左政权的经济腹地，也是作为土著势力的吴姓士族聚居地。侨姓士族中，高门鼎族多萃居首都建康；而人数更为庞大的侨姓低级士族与普通流民，多侨居建康以东的广陵—京口—晋陵一线，东晋南朝政府在上述地区相应设置了一系列侨州郡县。[①]以上地缘格局大体延续到陈朝灭亡前夕，也构成了我们认知唐代江南社会的起点。有鉴于此，本章将聚焦以下两个区域：1.唐润州以及宣州的部分区域，对应原建康都城圈周边；2.常州、苏州、湖州、越州等地，对应原三吴腹地。在唐前期行政区划中，上述区域大多属于江南东道。

第一节　家族、地域与信仰：《魏法师碑》再研究

唐代润州治京口故地丹徒县，如前所述，是东晋南朝政权安置流民的主

---

① 参谭其骧《晋永嘉丧乱后之民族迁徙》，《长水集》，人民出版社，2009；田余庆：《东晋门阀政治》，北京大学出版社，2005，第61—82页；中村圭尔：《六朝江南地域史研究》，汲古书院，2006，第69-156、271—322页；胡阿祥：《东晋南朝侨州郡县与侨流人口研究》，江苏教育出版社，2008，第312—330页；胡宝国：《从会稽到建康——江左士人与皇权》，《文史》2013年第2辑。

要区域，更是侨姓低级士族的萃居之所。此外，纵观有唐一代，作为六朝旧都的建康，其实并未常设州级行政建制，而是长期隶属于润州。①因此，唐代润州一地实涵盖了东晋南朝建康与京口这两大士族聚居区，无疑是观察相关人群活动的理想样本。史称：

> 丹阳旧京所在，人物本盛，小人率多商贩，君子资于官禄，市廛列肆，埒于二京，人杂五方，故俗颇相类。京口东通吴、会，南接江、湖，西连都邑，亦一都会也。②

所叙虽为隋代的情况，但唐前期大抵类似，应该有不少南朝旧族萃居于此。作为长期以来地域秩序的主导者，他们的生存境遇发生了哪些变化呢？

在以上问题关照下，进入我们视野的是《大唐润州仁静观魏法师碑》（以下简称《魏法师碑》），尤其镌刻于碑阴的大批信众题名，为解答上述问题提供了重要线索。下面先对《魏法师碑》的著录与研究情况做一番回顾。

一、《魏法师碑》概况

《魏法师碑》，唐胡楚宾撰文，张德言书，高宗仪凤二年（677）刻立于润州丹徒县境内。碑阳高184厘米，宽74厘米，碑阴高194厘米，宽82厘米。碑额篆书"魏法师碑"四字，额下有穿。碑阳正文32行，满行75字，碑阴有题名17列。③原石今藏镇江焦山碑林。

目力所及，传世文献中，《魏法师碑》最早著录于《嘉定镇江志》卷

---

① 参《隋书》卷三一《地理志》"丹阳郡"条，中华书局，1973，第876页；《旧唐书》卷二〇《地理志》"润州上元县"条，中华书局，1975，第1584页；《新唐书》卷四一《地理志》"昇州江宁郡"条，第1057页。
② 《隋书》卷三一《地理志》，第887页。
③ 以上信息据北京图书馆金石组编《北京图书馆藏历代石刻拓本汇编》第16册，中州古籍出版社，1989—1991，第62页。

九，差不多同期成书的《舆地纪胜》卷七中亦有提及。①可知自立碑迄南宋，石皆存于世。此后元明时期，罕见文献著录，当是久佚。②至清乾、嘉之际复出，偶有拓本流布。③据清末叶昌炽在《语石》中记载："《魏碑》沈湮已久，王可庄（仁堪）修撰出守镇江，始拓寄挚下。"由此方为世所知，时在光绪十九年前后。④此后，缪荃孙《江苏通志稿·艺文志》最早据拓片收录全文，⑤今人所编诸类石刻资料中，陈垣编纂《道家金石略》、陈尚君辑校《全唐文补编》、吴钢主编《全唐文补遗》（第六辑）等书也有录文，但于碑阴题名多所删略。笔者根据拓片，对《魏法师碑》及碑阴题名重新做了校录，见本书附录一。

　　长期以来，《魏法师碑》为世所重，主要因其"初唐妙品"的书学鉴赏价值，作为史料，却并未引起足够重视。管见所及，较早从历史学角度注意到《魏法师碑》，尤其是碑阴题名意义的当推佐竹靖彦，⑥但他的着眼点在于唐宋之际宗族形态的演变，对史料属性的理解与本书存在很大差异。此后，就此做过专门探讨的是爱宕元《唐代江南における宗教の関係を媒介と

---

① 《嘉定镇江志》卷九《道观》丹徒县条："华阳观在城东北五十里丹徒乡马墅村，宋元嘉初置曰'仁静观'。（原注：唐《魏法师碑》在观内，胡楚宾文。）"（《宋元方志丛刊》第3册，中华书局影印本，1990，第2383页）《舆地纪胜》卷七《镇江府·人物》："唐魏法师，名隆，字道崇，本任城人。……后居润之仁静观，其卒也，葬马迹山。崇文馆学士胡楚宾为之铭。"（中华书局，1992年，第428页）

② 按，元《至顺镇江志》卷一九《人材》亦载魏法师事迹，文字与《舆地纪胜》略同（《宋元方志丛刊》第3册，第2876页）。然考同书卷一〇《道观》，无华阳观（仁静观）条，盖其时观废碑圮，书中记魏法师事，照录旧志原文而已。

③ 孙星衍：《寰宇访碑录》卷三，系据仁和赵氏拓本，《石刻史料新编》第1辑第26册，台北：新文丰出版公司，1982，第19884页；另参徐树钧《宝鸭斋题跋》卷下，《石刻史料新编》第2辑第19册，台北：新文丰出版公司，1979，第14359页。

④ 叶昌炽：《语石校注》，韩锐校注，今日中国出版社，1995，第189—190页。又，《缘督庐日记》光绪十九年四月廿六日条："王旭庄（仁东，仁堪弟——引者）来，赠《润州魏法师碑》《政和七年勅华阳观劄子》。"（台北：学生书局，1964，第212页。）

⑤ 《石刻史料新编》第1辑第13册，第9517—9524页。

⑥ 《唐宋変革期における江南東西路の土地所有と土地政策——義門の成長を手がかりに》，初刊《東洋史研究》31（4），1973，后收入《唐宋変革の地域的研究》，同朋舍，1990，第327—336页。

した士人と地域社会—「潤州仁静観魏法師碑」を手がかりに—》一文，[①]
对碑主家世、师承以及碑阴题名均有细致分析，读来令人颇受启发，不过仍
有剩义待发。下面主要以爱宕元的研究为起点展开讨论。

二、任城魏氏的谱系与信仰

根据碑文记载，魏法师名降，[②]字道崇，先世为任城樊县人。《元和姓
纂》卷八"任城魏氏"条：

> （魏）无知曾孙不害，生汉任城太守，因家焉。不害孙相，汉丞
> 相、高平侯。裔孙舒，晋司徒。[③]

以此对照碑文，其中"据河按部，入于贤臣之传"一句，以及篇末铭
文"高平建侯"云云，皆指西汉名臣魏相。按《汉书》本传，魏相并非任城
人，他与任城魏氏的关系应是后世谱牒、姓氏书所附会。不过魏氏确是汉晋
之际的任城著姓，如东汉魏应，以儒术进用，官至上党太守；[④]三国时期的
魏衡，官至吏部郎，"有名当世"；其从侄魏舒最为显贵，位列西晋佐命
元勋，官至司徒，爵封剧阳子。[⑤]《魏法师碑》篇末铭文中"剧阳封子"一
句，正是指魏舒。魏法师家族未必是魏舒之裔，但他们当属同族。

碑文又称魏法师祖先"浮江树勋，显于《中兴》之录"。这应该是
指，原居青州任城的魏氏一族在永嘉之乱中南渡，并出仕东晋政权。"《中
兴》之录"，是指专记东晋一朝史事的《晋中兴书》。据考，此书在体例

---

① 初刊《中国士大夫階級と地域社会との関係についての総合的研究》，昭和57年度科学研究費総合研究成果報告书，1983，后收入《唐代地域社会史研究》，略有增补。
② 关于魏法师名讳，缪荃孙《江苏通志稿·艺文志》、爱宕元前揭文等皆录作"隆"；陈垣编纂《道家金石略》、陈尚君辑校《全唐文补编》等录作"降"。笔者曾于2020年1月赴镇江焦山碑林勘验原碑，比照同碑"降""隆"二字，区别显然，此处当作"降"无疑。魏降，字道崇，盖名、字相反相成，取"降己"以"崇道"之意。
③ 《元和姓纂（附四校记）》卷八，中华书局，1994，第1199页。
④ 《后汉书》卷七九下《儒学·魏应传》，中华书局，1965，第2571页。
⑤ 《晋书》卷四一《魏舒传》，中华书局，1974，第1185—1186页。

上将纪传体史书的"纪、表、志、传"易为"典、注、说、录"，而其中的"录"，即冠以郡望的士族家传，如"琅琊王录""陈留阮录""太原王录"等。①因此，碑文中"《中兴》之录"一句，当即《晋中兴书》中的"任城魏录"。诸家旧晋史今多亡佚，但唐初其书尚存，碑文所述当有所本。南渡后，魏氏一族应长期聚族定居京口一带。这一点，晋宋之际魏咏之兄弟的活动事迹可为佐证，他们是北府宿将，也是刘裕京口举义元从，正是定居京口的任城侨民。②

侨居京口的魏氏在南朝社会中处在怎样的位置呢？首先，他们应该是南朝京口侨姓士族婚姻集团中的一员。如齐、梁时期侨居京口的裴子野，其生母据推测即为任城魏氏，而裴氏与陈郡殷氏、乐安任氏、兰陵萧氏、东莞刘氏等又存在着错综复杂的联姻关系。③这些侨姓家族中，来自青、徐一带的占了很大比例。就仕宦而言，碑文载魏法师曾祖任梁安城王国侍郎，祖父任陈长沙王国将军，虽无显宦，但也绝非一般民庶。因此，任城魏氏在南朝社会中当属于典型的侨姓低级士族。从碑阴题名所见魏氏诸人的居住地来看，及至唐初，他们已经完全土著化。

关于魏法师本人，据碑文记载，早年"托于茅山之观"，师从"道门领袖"徐昂。徐昂其人不见于传世文献，爱宕元据其生平事迹，考订为隋唐之际茅山道教宗师王远知弟子，④并据唐人李渤所撰《真系·唐茅山升真王（远知）先生传》："潘师正、徐道邈同得秘诀，为入室弟子。"⑤推测徐

① 姚振宗：《隋书经籍志考证》，《二十五史补编》第4册，中华书局，1955，第5247—5248页。另参聂溦萌《晋唐间的晋史编撰——由唐修〈晋书〉的回溯》，《中华文史论丛》2016年第2期。

② 《晋书》卷八五《魏咏之传》："魏咏之，字长道，任城人也。"（第2217页）又《宋书》卷一《武帝纪》"元兴三年二月"条载其欣之、顺之（中华书局，1974，第5页）。

③ 《南史》卷三三《裴松之附曾孙子野传》："生而母魏氏亡，为祖母殷氏所养。"（第865页）林宗阅结合东晋南朝裴氏婚媾对象的身份背景，推测裴子野生母应为同寓京口的任城魏氏。见《裴松之家族与东晋南朝的"京口集团"》，甘怀真主编《身分、文化与权力：士族研究新探》，台北：台大出版中心，2012，第112—113页。

④ 前揭《唐代江南における宗教の関係を媒介とした士人と地域社会—「潤州仁静観魏法師碑」を手がかりに—》，第336页、第350页注释6。

⑤ 张君房：《云笈七签》卷五《真系》，中华书局，2003，第80页。

道邈或即徐昂，此人名昂字道邈。其说大体可从，这里还可以补充一些旁证。其一，关于徐道邈其人，《郡斋读书志》"徐注《西升经》二卷"条："右徐道邈撰。句曲人，未详何代。"①按，句曲即润州句容县，茅山正在其境内，这与徐昂早年行迹相符。其二，《魏法师碑》所载诸弟子中，祁行则之名又见于乾封二年（667）立于茅山的《华阳观王先生碑》，而碑主王轨正是王远知嫡传弟子。②这也透露出，徐、魏师徒与二王师徒同处一个区域性信仰网络中。

王远知在隋唐易代之际附会图谶，积极为李唐皇室从事政治宣传，因此备受唐初统治者尊崇。③贞观九年，徐昂于王远知去世之际受召入京，并获太宗礼遇，当是依凭这层关系。而此后不久，魏法师本人续获其师举荐，也一度被征召入京。不过他最终还是选择回归乡里，在润州仁静观正式出家。他随即大兴土木，重建毁于隋末兵燹的仁静观，同时继承其师衣钵，在乡布道，声望日隆。碑文称，历任润州刺史李厚德、卢承庆、乔师望等均"闻风致礼，披云投谒"，"极师资之敬"，碑阴题名中还有一位前扬州长史殷雅，④应该也是魏法师生前信众。此外，碑文称："总章二年，诏于茅山修福，精禋茂典，并委于师。天后又降殊恩，赐山水纳岯一缘。"看来在此期间他还是维系着师、祖两代与最高统治者的良好关系。

除了获得官方尊崇，魏法师在乡里还拥有大批信众，碑文称其去世时"远近攀号，人将万数，擗标哀送，凌蔽山原"，这或有夸饰之嫌，但从碑阴题名来看，计有道士、女官（冠）、僧侣、官员、居民五百余人，信徒

① 晁公武：《郡斋读书志校证》卷一六，孙猛校证，第746页。按，徐道邈又作徐邈，著述除《西升经注》二卷，尚有《老子注》四卷。参蒙文通《校理〈老子成玄英疏〉叙录——兼论晋—唐道家之重玄学派》，收入《蒙文通全集》第5册《道教甄微》，巴蜀书社，2015，第116页。

② 缪荃孙：《江苏通志稿·艺文志》，《石刻史料新编》第1辑第13册，第9528—9530页。

③ 参陈国符《道藏源流考》，北京，中华书局，2012，第45—48页。关于王远知及其家族的最新研究，参雷闻《茅山宗师王远知的家族谱系——以新刊唐代墓志为中心》，《隋唐辽宋金元史论丛》第4辑，上海古籍出版社，2014。

④ 扬州武德九年置大都督府，例后以亲王遥领，而庶姓长史知府事，因此扬州长史实即都督、刺史。

人数之众、分布阶层之广，均可见一斑。更重要的是，据爱宕元统计，在这批题名者中可推定为魏法师宗族亲属的有七十余人，其中现任流内官一人（越州诸暨县尉魏德文），前资官五人（前瀛洲清苑县令魏鹭、前六合县令魏□约、前濠州司法参军魏锴、前□州司户参军魏□、前括州括苍县尉魏仕颢），文散官四人（将仕郎魏□，文林郎魏智□、魏子彦，登仕郎魏德□），勋官七人（上柱国魏孝孙、魏太平、魏孝礼，骑都尉魏德礼、魏文旷，上骑都尉魏智瓒、魏仪）、品子四人（六品子魏士贤、魏令孙、魏豪孙、魏满孙）。虽然鲜有达官显宦，[①]但魏氏在润州当地的影响力还是不容小觑。历任州刺史对魏法师的礼敬，应该也是基于对其宗教影响力与宗族势力的双重考量。

任城魏氏的道教信仰是渊源有自的，并非始于魏降。东晋南朝时期，道术一直是侨姓低级士族藉以实现自身政治诉求的方式之一，晋末的孙恩、卢循之乱就是一种极端表现形式。[②]而在常态秩序下，这更多表现为通过信仰传布来提升自身政治、社会地位。具体到魏法师家族及其信众聚居的京口、句容一带，近年魏斌对梁普通三年《九锡真人三茅君碑》的研究表明：随着侨民的涌入，东晋中期以降，句容茅山地区兴起了三茅君等具有北方背景的神灵信仰（作者称之为"神仙侨民"），与之相应，东晋南朝道教经典传授中也存在吴人以侨民为师的叙事。类似现象折射出侨民南渡后在江南社会中的优越地位。[③]这一研究提示我们，唐初润州以侨姓后裔为核心的信仰网络应该是由来已久的。

---

① 魏氏诸人前资、现任官中品级最高者为六品（县令）。我们知道，在唐代品阶序列中，五、六品之间是一条重要的分界线，官至五品则意味着迈入高级官员的序列，本人及家属均能享受种种政治经济特权。因此从社会分层的角度来看，它实际取代了过去的士、庶界线（参张泽咸《唐代阶级结构研究》，中州古籍出版社，1996，第88页）。止步于六品，或许也是魏氏这类久居乡里的士族在现实政治秩序中所处位置的直观体现。当然，作为旧族之裔的任城魏氏，品官人数还是明显多于一般地方家族。
② 陈寅恪：《天师道与滨海地域之关系》，《金明馆丛稿初编》，生活·读书·新知三联书店，2001；田余庆：《东晋门阀政治》，第252—264页。
③ 魏斌：《句容茅山的兴起与南朝社会》，《"山中"的六朝史》，生活·读书·新知三联书店，2019。

这同样有迹可循，爱宕元注意到，魏降家族与道教神祇中的南岳魏夫人，原籍地均为任城樊县，他们很可能存在某种渊源。^①这是一个非常敏锐的观察，惜语焉未详，以下试做几点补充。据道教文献记载，魏夫人名华存，为司徒魏舒之女，"年二十四，（父母）强适太保掾南阳刘文，字幼彦，生二子，长曰璞，次曰瑕。幼彦后为修武令"。魏夫人西晋末年"自洛邑达江南"，"为女官祭酒，领职理民"。同时她也是陶弘景《真诰》所载江南上清经传授谱系的源头，在茅山道教神祇序列中地位崇高。^②由于没有其他世俗文献可供佐证，道典中对魏夫人的记载是否应该采信，一度引起研究者犹疑。^③而据南京所出东晋太和六年（371）《王健之妻刘媚子墓志》：

> 故夫人南阳涅阳刘氏，字媚子，春秋五十三，泰和六年六月戊戌朔十四日辛亥，薨于郡官舍。夫人修武令乂之孙，光禄勋东昌男璞之长女。^④

比照上引志文，至少可以判定，《南岳魏夫人传》等书对魏夫人家庭成员的记载绝非向壁虚构，其夫刘乂、子刘璞都是真实存在的历史人物，^⑤只是后世传抄中将刘乂之名误作"文"。^⑥因此，剥离宗教神异色彩，魏夫人也应确有其人。她携子南渡、布道江东的经历，恰符合时人心目中"神仙侨民"教化吴土民众的宗教叙事，因此其形象在东晋以后逐渐被神格化。

① 前揭《唐代江南における宗教的関係を媒介とした士人と地域社会—「潤州仁静観魏法師碑」を手がかりに—》，第348页。

② 《太平广记》卷五八"魏夫人条"引《集仙录》《魏夫人传》，中华书局，1961，第356—358。另参陈国符《道藏源流考》，第29—30页。

③ 参爱宕元《南嶽魏夫人信仰の変遷》，吉川忠夫编《六朝道教の研究》，春秋社，1998。

④ 罗新、叶炜：《新出魏晋南北朝墓志疏证》，中华书局，2005，第20页。

⑤ 参堂薗淑子《南嶽魏夫人の家族と琅邪の王氏—王建之妻劉媚子墓誌を中心に—》，《桃の会論集（小南一郎先生退休紀念論集）》三集，2005；周冶：《南岳夫人魏华存新考》，《世界宗教研究》2006年第2期。

⑥ 唐人窦臮《述书赋》载："刘璞，字子威，南阳人，晋光禄勋，即得道南岳魏夫人之子。夫人魏舒女。父乂，晋河内修武令。"（《法书要录》卷五，辽宁教育出版社，1998，第89页）盖先讹为"义"，进而讹作"文"。

继魏夫人之后，南朝时期魏氏成员中也应不乏道门领袖，对此，下面这条材料值得重视。《法苑珠林校注》卷六二引《冥祥记》：

> 刘龄者，不知何许人也。居晋陵东路城村。颇奉法，于宅中立精舍一间，时设斋集。元嘉九年三月二十七日，父暴病亡。……邻家有道士祭酒，姓魏名巨，常为章符，诳化村里。①

魏巨其人不见于其他文献记载，②但值得注意的有两点：1.此人身份是道士祭酒，与魏夫人在世时所任"女官祭酒"类似，都是区域性教团领袖。2.其活动地域位于毗邻京口的晋陵，也属侨民聚居地，更是后来茅山道信仰的主要传播区域。

如果将以上史料透露的信息连缀起来，不难看出：两晋之际的"女官祭酒"魏夫人、刘宋时期的"道士祭酒"魏巨，以及唐初仁静观道士魏降，既是同姓，活动地域也基本重叠。这恐非偶然，笔者认为，他们应该出身同一宗族，即侨居江南的任城魏氏，他们在茅山周边的宗教活动自东晋、南朝一直延续至唐初。碑阴题名所见魏姓道士、女冠尚有魏法瓘、魏净敏、魏法泉、魏法静、魏法真、魏法成、魏法俨、魏智修、魏智暹、魏法惠等十人，另外碑正文还提到犹子魏元昶、门人魏法恽等。不难想见，南岳魏夫人族裔的身份，长期以来都是魏氏一族扩大影响力、维系家族地位的重要资源。

三、碑阴所见其他侨姓奉道世家蠡测

除魏氏一族外，碑文撰写者胡楚宾家族也值得留意。胡楚宾两《唐书》有传，他以文学进身，高宗时历任中书右史、崇贤馆直学士等职，长期参与

---

① 释道世：《法苑珠林校注》卷六二《占相篇》，周叔迦、苏晋仁校注，中华书局，2003，第1865—1866页。

② 按《太平广记》卷一一三"刘龄"条引《法苑珠林》作"魏巨"（第784—785页），未详孰是。

武后主持的诸项典籍编纂，跻身炙手可热的"北门学士"之列。①

这位京中新贵为什么会为远在江南的魏法师撰写碑铭呢？爱宕元注意到碑阴中胡姓诸人题名，据此认为胡楚宾受同族信众的请托为魏法师撰写碑铭，但这一推测仍未达一间。其实胡楚宾文中有自述："丹徒魏行斌，我之自出，法师曩昔，情深宗眷，感惟永往，须余制文。"由此可知，胡楚宾是魏法师族人魏行斌的母家戚属，胡、魏两家存在姻亲关系。②本传记载胡楚宾为宣州秋浦县人，其地与润州相距不远，这两个家族日常应该有不少互动。对此，碑阴出现的多名胡姓题名可为明证，其中一人名胡楚妃，应为胡楚宾的同族近属，另外正文中的胡思简，则系魏法师入室弟子。凡此均可见两家关系非同一般。

更进一步说，笔者推测，胡氏与魏氏社会身份相近，也属南朝侨姓士族后裔。这一点可以从碑首、碑阴中胡楚宾、胡楚妃所署的"安定"这一郡望看出端倪。此外，从碑阴题名所见胡姓诸人的职衔来看，胡智辩为前湖州武康县令，胡党子、胡行德、胡元凯等人均为勋官，官职类型及品级大体与魏氏相当，两家社会身份应该是相近的。

除魏、胡二姓外，我们在碑阴题名中还能发现一些南朝侨姓奉道世家，试条列如下，并做考辨。

（一）"天师属蜀郡繁县都乡上移里十五代孙张文礼、男绍仙、男道彦、男道颙、男道嵩"（第四列，崇玄观）

"张文礼"一名又见于碑正文以及碑阴题名第二列，身份是魏法师弟子、仁静观道士，与此处的崇玄观道士、天师后裔张文礼当非一人。南朝时期，江南与蜀地先后出现不少自称天师后裔的道教徒，他们频繁参与当地宗教活动，如梁普通三年茅山《九锡真人三茅君碑》题名中有天师九世孙一

---

① 参《旧唐书》卷一九○《胡楚宾传》，第5011—5012页；《新唐书》卷二○一《胡楚宾传》，第5744页。

② 爱宕元似将"我之自出"一句错会为魏法师口吻，进而忽视了胡、魏两家的通婚关系（前揭《唐代江南における宗教の関係を媒介とした士人と地域社会—「潤州仁静観魏法師碑」を手がかりに—》，第338页、345页）。实则此句典出《左传》成公十三年"康公我之自出"，即外甥之意。在唐代碑志中，这类表述颇为常见，皆是指涉两姓间的姻亲关系。

人、十世孙与孙女九人；[①]天师十二代孙张道裕在吴郡虞山营构招真馆；[②]天师十三世孙张辩曾在蜀地活动。[③]当然，圣贤后裔从来不乏伪冒，这在讲究出身、标榜阀阅的中古社会中更是司空见惯。这里引人注目的是张文礼所署"蜀郡繁县都乡上移里"这一里籍。我们知道，汉代的蜀郡繁县在三国时期便已更名为新繁县，[④]此后南北朝、隋唐的行政区划中也都作"新繁"。因此，"蜀郡繁县都乡上移里"显然是其相承已久的东汉里籍。[⑤]类似籍贯书法常见于东晋南朝侨姓士族墓志，一般不易伪冒。[⑥]

东汉时期，天师张陵长期在蜀中传教，而繁县则是早期天师道教团的根据地。据载，张陵在蜀地曾创立二十四治，以祭酒"领户治民"，其中居于首位的阳平治，以及鹿堂山治、漓沅山治、葛璝山治均在繁县境内，而阳平治又例由张陵及其嫡系子孙直接统辖。[⑦]及至汉末，张陵之孙张鲁又转居汉

① 《茅山志》卷九《采真游篇》，上海古籍出版社，2016，第249页、253页。其中张智明、张子华二人籍贯皆署"蜀郡"。按，《茅山志·采真游篇》部分人名即《九锡真人三茅君碑》题名。参前揭魏斌《句容茅山的兴起与南朝社会》；孙齐：《唐前道观研究》，山东大学博士学位论文，2014，第142—155页。

② 《虞山招真治碑》，陈垣编纂《道家金石略》，陈智超、曾庆瑛校补，文物出版社，1988，第28—29页。

③ 《受箓次第法信仪》，《正统道藏》第32册，第222页。对南朝涌现的天师后裔的讨论，参刘屹《敬天与崇道——中古经教道教形成的思想史背景》，中华书局，2005，第606—607页。

④ 《旧唐书》卷四一《地理志》"新繁县"条："汉繁县，属蜀郡，刘禅时加'新'字"。（第1665页）

⑤ 关于天师张陵的籍贯，存在沛国丰县与蜀郡两说，参唐建《天师张陵族系及里籍考辩》，《宗教学研究》2005年第3期。按，即便张陵本人是沛人，其传教活动主要在蜀地，家族后裔此后也长期定居蜀地，著籍于此自是顺理成章。

⑥ 参中村圭爾《六朝贵族制研究》第四篇第一章《南朝贵族の本貫と僑郡县》，風間書房，1987，第421—456页；胡宝国：《从南京出土的东晋南朝墓志推论侨旧之别》一文附表，《魏晋南北朝隋唐史资料》第31辑，上海古籍出版社，2015。

⑦ 参《三洞珠囊》卷七《二十四治品》引《张天师二十四治图》，《正统道藏》第25册，文物出版社、上海书店、天津古籍出版社，1988，第332页；另参陈国符《道藏源流考》，第328页。按，早期天师道教团是否具备"二十四治"这类整齐划一的建制，学者常所置疑，这姑且勿论，上述记载起码透露出繁县确是天师道在蜀地传播的核心地域。

中，建立政教合一的割据政权。建安二十年（215），张鲁归降曹操，旋即
举族迁往邺城，从此再未南返故地。①署"繁县"而非"新繁县"，或许正
曲折透露出这一家族历史。因此，张文礼等人即便不是张陵直系子孙，也很
可能是汉末随张鲁自巴蜀北迁的族属之裔，西晋末他们又避乱迁往江南，定
居京口一带。

（二）"青州乐安任隆"（右侧补刻）等任姓十九人

乐安任氏是魏晋时期的青齐大姓，《魏法师碑》碑阴题名所见任姓诸
人应该是西晋末年自青州迁徙而来。对此，我们找到了如下佐证。《三洞珠
囊》卷一《救导品》引《道学传》：

> 任敦，字尚能，博昌人。永嘉中投云阳山。云阳山者，即茅山也。服
> 赤石脂。时复出入人间，皆手执经科，教示愚民。于是远近穆然从化。②

《道学传》成书于南朝末，载录历代道流事迹而尤详于东晋南朝。③编
撰者马枢也是侨姓士族出身，南朝末久居茅山与京口一带，备谙其间人物故
实。④上引文称任敦为博昌人，按西晋博昌县属乐安郡，名臣任恺即乐安博
昌人。任敦于西晋永嘉之乱中渡江，寓居句容茅山并长期在此传教。虽然史
无明言，但准以当时惯例，任氏应该是举族而来。此后，南朝梁普通三年句
容茅山《九锡真人三茅君碑》题名中也有一位"福林馆主博昌任彦净"，⑤
可见乐安任氏应有奉道传统。另据镇江句容出土的南朝齐《刘岱墓志》：

> 南徐州东莞郡莒县都乡长贵里刘岱，字子乔。……春秋五十有四，
> 以永明五年太岁丁卯夏五月乙酉朔十六日庚子遘疾终于县解。粤其年秋

---

① 参唐长孺《魏晋期间北方天师道的传播》，《魏晋南北朝史论拾遗》，中华书局，1983。
② 《正统道藏》第25册，第296页；参陈国符《道学传辑佚》，收入《道藏源流考》，第456页。
③ 《道藏源流考》，第237页。
④ 参《陈书》卷一九《马枢传》，中华书局，1972，第264—265页。
⑤ 《茅山志》卷一五《采真游篇》，第618页。

九月癸未朔，廿四日丙午，始创坟茔于扬州丹扬郡勾容县南乡麋里龙窟山北。……夫人乐安博昌任女晖，……父文季，祖仲章。①

刘岱出身东莞刘氏，也属侨姓低级士族。②他既葬在句容县，表明家族聚居地也在此附近。作为其通婚对象的乐安任氏，也应寓居附近。虽然无法断定《魏法师碑》碑阴所见任姓诸人是否即其后裔，但起码说明乐安任氏自东晋南朝便已在这一带定居，并且他们素有道教信仰的传统。

（三）桓姓道士、女冠六人

碑阴题名中，桓姓计六人，分别为洞清观道士桓文发（碑阴第二列），通真观道士桓敬真（第三列），云阳观道士桓文祭（第三列，又见于碑文），齐乡馆女官桓法舍、桓文傅、桓文俨（以上第七列），人数虽不多，但都是道门中人。桓氏显然是当地颇有影响的奉道之家，其家族历史值得探究。

按，唐中宗朝宰相桓彦范，《旧唐书》本传记其籍贯为润州曲阿，③这为推考题名中桓姓诸人的来历提示了线索。《新唐书·宰相世系表》载其谱系：

> 后汉有太子少傅桓荣，世居谯国龙亢。荣八世孙彝，晋宣城内史。五子：云、温、豁、秘、冲。冲，荆州刺史、丰城公，生嗣、谦、脩。脩，晋护军将军、长社侯，过江居丹扬。生尹，尹生崇之，崇之七世孙法嗣。④

桓法嗣即桓彦范祖父，他是隋末唐初人。据此，则唐代桓彦范家族出自东晋一流高门谯国龙亢桓氏，是桓彝的直系后裔。

不过比照其他文献，这一谱系是令人生疑的。《世系表》此条应本自

---

① 赵超：《汉魏南北朝墓志汇编》，天津古籍出版社，2008，第24页。

② 参中村圭尔《〈刘岱墓志铭〉考》，刘俊文主编《日本中青年学者论中国史（六朝隋唐卷）》，上海古籍出版社，1995。

③ 《旧唐书》卷九一，第2927页；又，其堂兄《桓师鲁墓志》亦称："今为润州曲阿人。"吴钢主编《全唐文补遗》第8辑，三秦出版社，2005，第319页。

④ 《新唐书》卷七五上《宰相世系表》，第3255—3256页。

《元和姓纂》卷四"谯国桓氏"条：

> 桓荣后有司徒桓虞。荣八代孙彝，晋宣城内史，生云、温、豁、秘、冲。……冲，荆州刺史、丰城公，生嗣、谦、<u>循。晋护军将军、长社侯桓</u>，过江居丹阳，生尹。尹生崇之。唐郇王谘议桓法嗣，《状》称崇之七代孙也。法嗣生思敏，少府丞。思敏生彦范，侍中、扶阳王；臣彦范，京兆尹。[①]

《姓纂》此条文字多有舛误，难以卒读。岑仲勉取《世系表》与之对勘，注意到两者间的文字歧异，如《姓纂》讹"脩"为"循"，当据《世系表》改正。不过他又据清人叶酉之说指出，"护军将军、长社侯"是《晋书》所载东晋桓景官爵，而非桓脩，桓伊也是桓景之子，《世系表》亦有误。岑氏进而推测：《姓纂》于"晋护军将军、长社侯桓"后夺"景"字（上引文画线处）；《世系表》撮抄《姓纂》时，在"晋护军将军、长社侯桓"前误增一"脩"字，文后又误删"桓"字（上引文画线处），遂将桓脩与桓景混而为一。

据岑氏意见厘正后的文字如下：

> 荣八代孙彝，晋宣城内史，生云、温、豁、秘、冲。……冲，荆州刺史、丰城公，生嗣、谦、（循）［脩］。
> 晋护军将军、长社侯桓［景］，过江居丹阳，生（尹）［伊］。（尹）［伊］生崇之。
> 唐郇王谘议桓法嗣，《状》称崇之七代孙也。法嗣生思敏，少府丞。思敏生彦范，侍中、扶阳王；臣（彦）范，京兆尹。[②]

如此一来，桓法嗣、桓彦范祖孙便成了东晋桓景之裔，与桓彝一支无涉。桓景、桓伊父子是谯国铚人，与谯国龙亢桓氏同源而异流，事迹附见于《晋

---

① 《元和姓纂（附四校记）》卷四，第510—511页。
② （ ）内为原文，［ ］内为岑仲勉校正后的文字。

书·桓宣传》。①

　　经岑氏校勘后的文字，显然更契合史实，却未必符合史料原貌。谱牒与史传，是两类性质有别的文献，据后者校改前者，尤当审慎，否则可能去史料原貌益远。这里问题的关键在于，桓氏家状、谱牒中如何记叙自身谱系？有没有比《姓纂》《世系表》更原始的记述呢？据《大唐故朝议郎行右卫率府长史上柱国桓府君墓志》：

> 　　君讳弘仁，字知微，<u>谯郡龙亢人</u>。十三代祖彝，晋中书侍郎，运属永嘉，迁于建业。自兹厥后，子孙家焉，□为润州曲阿人也。祖法嗣，……父思简（后略）。②

志主是桓法嗣之孙、桓彦范堂兄，墓志所记当本自其家状、谱牒，与《姓纂》同源。志文明确称其"谯郡龙亢人"，并以桓彝为十三代祖。略作推算即可知，这一世代数与《宰相世系表》"崇之七世孙"一句正相合。由此可见，在唐代桓氏家状、谱牒中，其祖先正是桓彝，而非桓景，《宰相世系表》文字显然更接近史料原貌。

　　如果《宰相世系表》文字不误，那么岑仲勉指出的，桓景与桓脩二人官爵、亲属关系张冠李戴的现象应如何解释呢？其实这并不难理解，正可视为唐人撰作谱牒、家状时，对不同谱系拼接、糅合而露出的"马脚"。类似现象在中古碑志中所在多有，学者已揭出不少事例。③进言之，笔者认为，《姓纂》所记桓氏谱系的文字原貌，与《世系表》并无二致，至于今本的文

---

① 《晋书》卷八一《桓宣　附族子伊传》，第2115页；参田余庆《东晋门阀政治》，第122—123页。

② 赵文成、赵君平编《秦晋豫新出墓志蒐佚续编》，国家图书馆出版社，2015，第485—486页。

③ 参陈勇《汉唐之间袁氏的政治沉浮与籍贯变迁——谱牒与中古史研究的一个例证》，《文史哲》2007年第4期；仇鹿鸣：《"攀附先世"与"伪冒士籍"——以渤海高氏为中心的研究》，《历史研究》2008年第2期。

字歧异，皆后世传抄中的手民之误。①

要之，桓彦范家族谱系存在明显的建构痕迹，他们谯国桓氏的身份很可能出于伪托。②那么，这一家族的真实来历究竟如何呢？这里也可以做一点推测。如前所述，《魏法师碑》所见奉道家族多为侨民后裔，而其原籍多为青、徐一带。循此线索，我们发现，南北朝时期确有一支原籍徐州东海郡、兰陵郡（西晋末从东海郡分置）的桓姓人群。其代表人物可以举出桓康，《南齐书》有传，称其"北兰陵承人"，官至青、冀二州刺史。③相比侨姓高门谯国桓氏，东海/兰陵桓氏以地方豪右的面貌活跃于青、徐一带。见诸南北诸史者，还有桓富、桓和、桓磊魂等人，屡次在乡里起兵反抗北魏统治。④桓和后归降南朝政权，历任青、冀、兖等州刺史，长期在南北边境领兵作战。⑤

有迹象表明，东海/兰陵桓氏部分族裔曾南渡江左，并深受茅山道教影响。如陶弘景弟子桓法闿，《茅山志·采真游篇》称其"东海丹徒人"；⑥又，同书所录《九锡真人三茅君碑》题名有"凤台道士兰陵桓方开"。⑦按，南朝以降，南徐州东海郡长期侨置于京口，丹徒是其属县，⑧所谓"东海丹

---

① 上述引起争议文字，南宋邓名世《古今姓氏书辩证》卷八"桓氏"条作："生嗣、谦、修。修，晋护军、长社侯"云云（江西人民出版社，2006，第122—123页），文字与《宰相世系表》略同，同样也应该抄自《姓纂》。

② 在先期发表的《家族、地域与信仰——〈唐润州仁静观魏法师碑所〉见唐初江南社会》（《史林》2019年第1期）一文中，笔者将桓彦范家族归为谯郡桓景后裔，不确，今特作更正。

③ 《南齐书》卷三〇《桓康传》，中华书局，1972，第557页。

④ 《魏书》卷七《高祖纪》太和四年十月条："兰陵民桓富杀其县令，与昌虑桓和北连太山群盗张和颜等，聚党保五固，推司马朗之为主。"（中华书局，1974，第149页）按，兰陵、昌虑二县皆是西晋东海郡属县。桓磊魂，见《南齐书》卷二八《崔文仲传》："淮北义民桓磊魂于抱犊固与虏战，大破之。"（第521页）文中称其"淮北义民"，活动地点抱犊固，当即北魏兰陵郡承县境内的抱犊山，同样是西晋东海郡故地。

⑤ 《南齐书》卷七《东昏侯纪》，第102页；《梁书》卷一《武帝纪上》，中华书局，1973，第12页；同书卷三《武帝纪下》"太清元年三月"条，第92页。

⑥ 《茅山志》卷九《采真游篇》，第247页。

⑦ 《茅山志》卷九《采真游篇》，第254页。按，桓方开或即桓法闿。

⑧ 《宋书》卷三五《州郡志》，第1038页。

徒"，乃侨民土断后的落籍地。桓法嗣家族著籍曲阿县，此地与丹徒相毗邻，东晋时期，东海郡部分属县曾寄治于此。及至南朝末，曲阿又成为东海郡实土属县，①可知也是侨民落籍之所，桓法嗣家族或许是从丹徒迁徙至此。

综合以上分析，桓法嗣家族以及《魏法师碑》题名所见桓姓道士、女冠，应出自东海/兰陵桓氏，自南朝以降，他们世代侨居南徐州境内的丹徒、曲阿一带，逐渐土著化。不过直至唐初，东海、兰陵始终未成为有影响力的桓姓郡望，或许正因此，在撰述谱牒、家状时，他们转而伪托曾经的侨姓高门谯郡桓氏。

东海/兰陵桓氏虽非高门，也久沾宦绪，这从桓康、桓和等人可窥见一二。另据唐开元九年《桓归秦墓志》，桓法嗣之父名子玉，陈员外散骑常侍，②可知直至南朝末期，东海/兰陵桓氏还是维系了士族身份。

奉道传统在桓法嗣身上也有体现，据《隋书》卷八五《王（世）充传》：

> 有道士桓法嗣者，自言解图谶，充昵之。……法嗣云："杨，隋姓也。干一者，王字也。居羊后，明相国代隋为帝也。"……充大悦，……即以法嗣为谏议大夫。③

桓法嗣的身份是一名道士，他在隋唐易代之际附会图谶、干谒权贵的举动，实与王远知之于李渊父子如出一辙。这似乎是陈亡后仕宦无门的南朝士族采取的一种生存策略。桓法嗣原籍曲阿，所尊奉的自然也应是陶弘景、王远知一脉的茅山道教（上清派）。据《唐国师昇真先生法主真人立观碑》："（王远知）贞观九年四月至（茅）山，敕文遣……太子左内率长史桓法嗣等，送香油、镇彩、金龙、玉璧于观所，为国祈恩。"④唐太宗派桓法嗣陪

---

① 《宋书》卷三五《州郡志》，第1038—1039页；胡阿祥、孔祥军、徐成：《中国行政区划通史·三国两晋南朝卷》，复旦大学出版社，2017，第1378页。

② 《唐故楚州司马桓府君墓志铭并序》，周绍良主编、赵超副主编《唐代墓志汇编》，上海古籍出版社，1992，第1236页。志主桓归秦亦为桓彦范堂兄。

③ 《隋书》卷八五，第1898页。

④ 《道家金石略》，第53页。

同王远知还山，可能是考虑到二人同乡兼同道的背景。桓法嗣此番回乡，与徐昂、魏降师徒也应有交集，因为如前所述，王远知回山后旋即离世，徐昂同年受诏赴京。在此期间，负责居中接引的应该正是桓法嗣，他此时恰好身在茅山。凡此种种，均透露出桓法嗣与王远知教团间的渊源。

此后桓法嗣久宦京师，历任太子左内率长史、雍王府参军、弘文馆学士等职，看来已弃道从俗，其子孙也多仕宦、营葬两京，逐渐"中央化"。①不过从《魏法师碑》题名来看，桓氏更多族人仍留居原籍，且延续着奉道传统。

四、旧秩序的终结

以上在前人研究基础上对《魏法师碑》做了进一步探讨，其中对碑阴题名的考察，囿于史料，不免有推测之辞。但总的来看，碑文及题名所见信众群体，还是能清晰反映出东晋以降京口一带侨旧混居的历史痕迹。侨姓士族后裔在其中占据了主导地位，他们先世大多来自青、徐一带，南渡后世居京口一带，至唐初已完全土著化。这批侨姓士族后裔大多没有（或尚未）迁徙两京，而是留居乡里，以婚姻关系及共同的宗教信仰为媒介，长期以来，彼此间形成了错综复杂的家族网络，这为他们的发展、存续提供了保障。历经江山易代、政区废置等历史演进中的疾风骤雨后，地域社会内部可谓波澜不惊，居民结构与人际结合的方式呈现出静态感、延续性的一面。

但这种平静毕竟不能持久，结构性的变化正在潜移默化中发生。正如本书下章将要揭示的，及至"安史之乱"后的大历、贞元之际，活跃在润州的是另一批士人家族，南朝侨、吴旧姓多已难觅踪影。在此期间，润州地区的精英家族究竟出现了怎样的动向呢？

《丹阳集》一书作者群体为我们提供了另一个观察样本。《新唐书》卷六○《艺文志》"包融诗"条原注：

---

① 如桓师鲁宅在洛阳合宫乡清化坊，卒后葬于合宫县平乐乡；桓归秦宅在洛阳通远坊，葬于洛阳县清风乡之原；桓彦范则在长安通济坊、洛阳陶化坊分别置有宅第。徐松：《最新增订唐两京城坊考》，李建超增订，三秦出版社，2019，第136、432、510、566页。

（包融）润州延陵人。历大理司直。二子何、佶齐名，世称"二包"。何，字幼嗣，大历起居舍人。融与储光羲皆延陵人；曲阿有余杭尉丁仙芝（之）、缑氏主簿蔡隐丘（希逸）、监察御史蔡希周、渭南尉蔡希寂、处士张彦雄、张潮、校书郎张晕、吏部常选周瑀、长洲尉谈戢，句容有忠王府仓曹参军殷遥、硖石主簿樊光、横阳主簿沈如筠，江宁有右拾遗孙处玄、处士徐延寿，丹徒有江都主簿马挺、武进尉申堂构，十八人皆有诗名。殷璠汇次其诗，为《丹杨（阳）集》者。①

《丹阳集》是一部地域性诗歌总集，收录润州本地文士作品。据考，应成书于开元末、天宝初，作者大多活跃于武后至玄宗年间。②这十八人家世背景虽不得一一确考，但可以肯定其中有不少江南旧族，如蔡氏兄弟三人，出身陈留蔡氏，世仕江左，③马挺为陈代大儒马枢玄孙，出身扶风马氏，④皆为谱系可考的侨姓士族后裔。另外，包氏是见于姓氏书的丹阳旧姓，⑤殷氏、徐氏见于《魏法师碑》题名，或为侨姓士族之裔，已见前述。丁仙芝（之），据新出墓志称，"爰自魏晋，实繁人物"，其曾祖伯春是陈朝秀才，隋晋陵太守，⑥也是久沾宦绪的士人家族。

值得注意的是，至迟到天宝年间，以上诸人不少已定居、营葬两京一

---

① 《新唐书》卷六〇，第1609—1610页。

② 参陈尚君《殷璠〈丹阳集〉辑考》，《唐代文学丛考》，中国社会科学出版社，1997；杨琼、胡可先：《新出墓志与〈丹阳集〉诗人考辨》，《陕西师范大学学报（哲学社会科学版）》2014年第2期。

③ 参《元和姓纂（附四校记）》卷八"丹阳蔡氏"条岑校，第1252页；《唐故朝请大夫尚书刑部员外郎骑都尉蔡公墓志铭并序》，周绍良、赵超主编《唐代墓志汇编续集》，上海古籍出版社，2001，第606页。

④ 《唐故河南府济源县主簿马公墓志铭并序》，赵君平、赵文成编《秦晋豫新出墓志蒐佚》，国家图书馆出版社，2011，第661页。

⑤ 《古今姓氏书辩证》，第157页；另参《后汉书》卷七九下《儒林·包咸传》，第2570页。

⑥ 杨琼：《〈丹阳集〉诗人丁仙之墓志考释》，《中华文史论丛》2020年第1期。

带。如包融在洛阳置有宅第，二子何、佶皆仕宦显达，葬于洛阳；[①]蔡希周于天宝五载（746）葬于洛阳"先茔"；[②]殷遥有宅在许州附近，卒后葬于长安，当在天宝年间；[③]马挺"天宝四载终于（洛阳）永丰里私第"。[④]储光羲、申堂构、孙处玄等人也曾长期活动于两京一带，或是应举，或是游宦。[⑤]其中丁仙之的情况颇具代表性。据墓志记载，他于天宝三载卒于丹阳私第，生前应久居乡里。但其子则自幼生长于洛阳，并于天宝十载将其迁葬于此，[⑥]可见其后裔已决意定居两京一带。

以上这些事例透露出，开元、天宝之际，润州地区的士人家族出现了向两京迁徙的风潮。其余盘桓乡里者，中唐以后日渐湮灭无闻。如魏氏，《元和姓纂》"任城魏氏"条称其族裔"今绝"，[⑦]这显然不是血脉断绝，而是因家族中无人在朝任官，谱牒、家状不得达于史官之故。

第二节　溧阳史氏事迹钩沉

溧阳是唐代江南西道宣州属县，而在历史上则长期统属于丹阳郡，是六朝政权的京辇之地。从历史传统来看，唐初溧阳的社会风貌应与润州更为接近。

唐前期政坛上，溧阳史氏短暂崛起，又转瞬陨落，是个并不引人注目的

---

① 孟浩然《宴包二融宅》诗："闲居枕清洛，左右接大野。门庭无杂宾，车辙多长者。"（《全唐诗》卷一五九，中华书局，1960，第1622页。）是知包融定居洛阳。此后，其孙包陈于大和二年葬于洛阳，盖其先茔在此，见《国子祭酒致仕包府君墓志铭并序》，《唐代墓志汇编》，第2102页。

② 《唐故朝请大夫尚书刑部员外郎骑都尉蔡公墓志铭并序》，周绍良、赵超主编《唐代墓志汇编续集》，上海古籍出版社，2001，第606页。

③ 辛又房：《唐才子传校笺》卷三，傅璇琮等校笺，中华书局，1987，第503—504页。

④ 《唐故河南府济源县主簿马公墓志铭并序》，赵君平、赵文成编《秦晋豫新出墓志蒐佚》，国家图书馆出版社，2011，第661页。

⑤ 参《唐才子传校笺》，第211—220页；前揭杨琼、胡可先《新出墓志与〈丹阳集〉诗人考辨》。

⑥ 前揭杨琼《〈丹阳集〉诗人丁仙之墓志考释》。

⑦ 《元和姓纂（附四校记）》卷八，第1199页。

官僚家族。其代表人物史务滋，两《唐书》有传，但都极为简略。据载，史务滋活跃于高宗、武后之际，天授元年（690）九月拜相，次年正月获罪自杀。①此后，溧阳史氏几乎在史传中失去踪影。不过，关于其家世，谱牒文献中还存留了一些线索。《元和姓纂》卷六"宣城史氏"条：

> （史）丹孙均。均子崇，自杜陵受封溧阳侯，遂为郡人。崇裔孙宋乐乡令璟。璟九代孙务滋，唐纳言、溧阳子；孙翙，御史大夫。又江州刺史史元道，亦云崇后也。②

以上所本应为唐代史氏谱牒、家状类文献。其中称其先世出自西汉外戚杜陵史氏，因受封溧阳侯，徙家江南。这一记叙于史无征，类似的世系攀附与伪托，在讲究门第的中古社会不足为奇。不过这至少透露出他们很早便在溧阳定居，是典型的江南土著。

值得注意的是清人所编《全唐文》中收录的两通墓碑，为考索溧阳史氏的家族历史提供了重要线索。《全唐文》例不注出处，这两通碑不见于传世总集、别集，且原石、拓片俱佚，因此首先要对其史源做一番梳理。

先来看题史仲谟所撰《后汉溧阳侯史崇墓碑颂》（以下简称《史崇碑》），收录于《全唐文》卷一六二。据作者小传，史仲谟贞观十四年（640）官越王府东阁祭酒、常州长史。碑文称："隋末大乱，避地闽越，碑坏再立。其颂曰：（后略）。"其后为四字一句的韵文，知所录仅为碑末铭文，并非全篇。《史崇碑》在宋代文献中多有著录，其中《景定建康志》卷四三著录信息最为详备："后汉史君崇墓在溧阳县北三十里。……有神道碑，在墓所，晋永和八年立，唐贞观十四年十八代孙越王府东阁祭酒、常州长史仲谟题云：'隋末大乱，避地闽越，碑坏再立，其颂曰（后

① 《旧唐书》卷九〇本传，第2923页。
② 《元和姓纂（附四校记）》卷六"宣城史氏"条，第823页；另参《新唐书》卷七四上《宰相世系表》"史氏"条，第3155—3156页。

略）。’”①当是《全唐文》所本。

宋元以降，虽然唐碑原石不存，但碑文内容并未亡佚，据《（嘉庆）溧阳县志》卷三《碑》"东汉骠骑将军溧阳侯赠司空史崇神道碑"条：

> 案原碑，顺帝时尚书令左雄撰，至晋已涊，永和八年十三世孙宁朔将军中郎将援重立，石具列汉、吴、晋三朝史氏累叶勋爵。隋末大乱，子孙避地闽越，祠坏碑破，唐贞观十四年，十八世孙东阁祭酒仲谟率诸院弟侄，仿旧镌题。久之，唐碑又废，至明嘉靖二十二年，……又重立石，文盖贞观之旧也。碑今存史侯祠。

据此，明嘉靖年间因唐碑久废，曾重新刻石树立，文字一仍其旧。明碑在清代修志时尚存，《（嘉庆）溧阳县志》卷四据此节录了部分文字，正是《全唐文》中缺失的碑序部分。至于完整的录文，其实也尚存于世。管见所及，江苏地区的史氏族谱中，光绪三十四年（1908）刊刻的九福堂本《史氏宗谱》便完整载录了碑序与碑铭。

与《姓纂》的相同，《史氏宗谱》所载碑文首先也将族源追溯到杜陵史氏，次叙史崇生平及迁居溧阳始末，进而详细开列史崇以下"汉、吴、晋三朝，史氏累叶勋爵"，计二十余人。②这其中不乏仕宦显贵者，却无一见于史传，不得不令人生疑。不过，拟构这样一份首尾完备的谱系绝非易事。碑中所记官爵名号，如孙吴史嵩任平越中郎将，苍梧、郁林二郡守，史爽为五兵尚书，两晋时期史隐为本国大中正，史韶任交州属国都尉，史辉为积射将军，史晁任轻车将军、南蛮校尉、长沙太守，这些职官名号颇具时代特征，与汉晋典制大体相符，不似晚近族谱所能杜撰者。或许正如县志编者所言，

---

① 《景定建康志》卷四三《风土志·诸墓》，《宋元方志丛刊》第2册，第2022—2023页。参见陈思编《宝刻丛编》卷一五"唐再立后汉史公神道碑"条，浙江古籍出版社，2012，第969页；《舆地纪胜》卷一七《江南东路·建康府》，中华书局，1992，第792页。

② 《史氏宗谱》卷二《汉司空溧阳侯史公庙碑》，光绪三十四年刊本。据卷首谱序，系明洪武至清光绪年间递修本。

"碑文即非尽东晋，亦必贞观之旧也"。

对此，出土墓志提供了更为关键的证据。据近年西安所出《唐故大理司直杜陵史公墓志铭并序》：

> 公讳承式，字遵度，其先本居杜陵。远祖崇，佐汉世祖有功，封于溧阳，子孙因家焉，今为宣城溧阳人也。后代历晋、齐、梁、陈，皆为大官，备于史书。至唐越王府 东 阁祭酒仲蓄，即公之高祖。仲蓄生务本，务本道高行高，不羁于时。务本之弟曰务滋，实为纳言，黉亮于天后之朝。务本生公烈祖曰处场，任寿州唐山县尉。处场生公烈考曰俊，任监察御史。……公……春秋卅九，以贞元十二年九月廿八日终于京兆招国里之私第。……以贞元十四年八月十三日葬于京兆府万年县义善乡凤栖原，袝先茔也。①

碑、志对照，可以确认以下几点：其一，史仲谟（蓄）确有其人，他是史务滋之父，据此可补《元和姓纂》《新唐书·宰相世系表》之阙。其二，史务滋活跃于武后时期，据此逆推，其父当为太宗、高宗时人，墓志载史仲谟官越王府东阁祭酒，与碑文贞观十四年题衔若合符契，《史崇碑》确应为"贞观之旧"。其三，墓志称史氏"历晋、齐、梁、陈，皆为大官，备于史书"，而如前所述，溧阳史氏不见于前代史传，此句所指向的显然是仅见《史崇碑》的"累叶勋爵"。这也能从侧面印证，史氏早期谱系在唐代已经完成建构。作为家族记忆与地方性知识，它们通过碑铭、家状、谱牒等，在子孙中代际传承。

《全唐文》还收录了溧阳地区的另一通碑，即卷二七六《晋山阴侯史府君（宪）神道碑》（以下简称《史宪碑》）。作者史巍，小传称其溧阳人，事迹不详。碑文叙东晋史宪生平仕履，兼及高祖史光以下名讳、官爵，皆见于前揭《史崇碑》。此碑在宋代文献中同样有著录，《宝刻丛编》卷一五据《复斋碑录》："晋建安太守山阴侯史公神道碑，从孙巍（巍）撰，从孙处

---

① 赵力光主编《西安碑林博物馆新藏墓志汇编》，线装书局，2007，第575页。

权正书，景龙四年二月立，在溧阳。"①此外，《景定建康志》卷四三亦有著录，并据原石摘录碑末铭文。②是知迄南宋末，碑石尚存。此后虽未见正式著录，但明清方志多有称引。其中，嘉庆十八年编修的《溧阳县志》对碑文有节录，并载其存佚始末：

> 案碑旧在土山干原诸吕村西侯墓侧，明宣德己酉，裔孙建宁知府常洗得完具者三百九十三字，至嘉靖庚子，裔孙文选司主事际始从居民购得此碑，移立始祖庙。今存，额有丽牲之窍者是也。③

据此，宋元之际，《史宪碑》似曾一度亡佚，至明代宣德年间重新发现，清人修志所据，或为唐碑原物。因此，《史宪碑》原石今虽不存，但从历代著录情况来看，在地方文献中传承有序，《全唐文》所据史源虽不能确知，④但应可信渊源有自。

其次，从内容来看，碑文中的前代人物虽属无稽，但立碑之际的唐代人物却于史有征。其中"中散大夫、太子洗马、弘文馆学士、江州刺史元（玄）道"，名见于上引《元和姓纂》，事迹散见唐代文献。史玄道以学识著称，活跃于高宗年间，历任弘文馆学士、太子洗马、江州刺史等职，经李义府举荐，预修《显庆姓氏录》，又奉诏与许敬宗、上官仪、李善等人为太子李弘侍讲《孝经》。⑤值得注意的是，史玄道在两《唐书》中并无专传，碑文所记官职与文献基本相符，可以印证碑文的可信度。

---

① 《宝刻丛编》卷一五"唐立晋建安太守史宪神道碑"条，第972页。参见《舆地纪胜》卷一七《江南东路·建康府》，第792页。
② 《景定建康志》卷四三《风土志·诸墓》，《宋元方志丛刊》第2册，第2028页。
③ 《（嘉庆）溧阳县志》卷三《碑》，光绪二十二年刊本。
④ 夏婧认为《全唐文》此篇系辑自《（嘉庆）溧阳县志》（《清编全唐文研究》，复旦大学出版社，2019，第134页）。今检原书，称"唐景龙四年史嶷撰神道碑，文繁，铭辞不载。节录碑记如后"云云［《（嘉庆）溧阳县志》卷四《舆地志·墓》］。两相比照，《全唐文》所录更为完整，且字句间有异同，知别有所据。
⑤ 参《旧唐书》八二《李义府传》，第2769页；《册府元龟》卷二六〇《储宫部·讲学》，中华书局，1960，第3094页。

　　通过以上文献梳理，我们大体可以勾勒出溧阳史氏的基本面貌。史氏一族世代定居溧阳，六朝时期事迹不闻，仅见唐代撰述的碑状、谱牒类文献。入唐后，史仲谟在贞观年间官至越王府东阁祭酒、常州长史（从五品上），其子史务滋进而在武后时期官至司宾卿、纳言（正三品），其孙史惟肖官至清河县令（从六品上）。其他房支中，史玄道历任弘文馆学士、太子洗马、江州刺史（从三品）等职，①史叔豪曾任散官文林郎（从九品上），史巊曾任散官宣义（议）郎（从七品下），史处权曾任润州江宁县尉（从九品上），②都已进入品官序列。学者曾对唐前期地方州县中官僚人口比例做过大致估算，户数过万的县域政区中，九品以上流内官平均不过数十人。③就此而言，史氏应该算溧阳境内首屈一指的官僚家族。作为先世不显，且在中央官界缺乏根基的江南土著，史氏何以能取得如此不俗的仕宦业绩呢？原因应该在于他们自身的儒学素养，这从史仲谟、史玄道等人仕途不难看出。④溧阳史氏先世虽未必像他们自己宣称的那样显赫，但绝非一般百姓，在南朝社会，他们应该属于正在崛起中的寒人家族。

　　唐前期，溧阳史氏的部分成员应已迁离原籍，如史务滋便在长安道德坊置有宅第，⑤但他们与宗族乡里的关系并未疏远。贞观十四年（640），因先祖史崇"殿宇崩摧，旧碑压破"，在外为官的史仲谟"率诸院子孙"修葺旧

---

① 《（嘉庆）溧阳县志》卷一一据《史氏宗谱》，称玄道为仲谟之子。参以《元和姓纂》所载，似不足信。

② 史巊、史处权结衔，见《（嘉庆）溧阳县志》卷四所引碑文；史惟肖，据《新唐书·宰相世系表》。按，《（嘉庆）溧阳县志》卷一一据旧志、族谱还载录了朝议大夫、轻车都尉史净滋，朝散大夫、上柱国、新州司马史大熹，朝散大夫、上骑都尉、国子博士史璨，朝请大夫、上柱国、汝州新城令史处寿，集贤院待制兼直学士史惟则，御史中丞史子珉，国子祭酒史拱等人。从职衔来看，或有所本，姑附识于此。

③ 参看宕元《唐代前半期の華北村落の一類型——河南修武県周村の場合》，《唐代地域社会史研究》，第259—260页。

④ 史玄道曾任国子博士、弘文馆学士，参与典籍编撰与朝堂礼仪活动，这无疑需具备较高的儒学修养。史仲谟所任亲王府东阁祭酒，品阶虽不高，却是文儒之士常见的起家官，不失为仕宦清途，如唐初大儒马嘉运，"贞观初，累除越王东阁祭酒"（《旧唐书》卷七三本传，第2603页）；韦陟"始十岁，拜温王府东阁祭酒，加朝散大夫"（《旧唐书》卷九二本传，第2952页）。

⑤ 《最新增订唐两京城坊考》，第404页。

茔，并重新刻石立碑。景龙四年（710），史氏一族又为西晋史宪立碑，碑文载其缘起：

> 从孙中散大夫、太子洗马、宏文馆学士江州刺史元道，文林郎叔豪，参训质疑，遵仪克选，忠临畏道，业擅长衢。嗣孙义谦、宝俊、君逸等，价重南金，美逾东箭，敦行不怠，在家必闻。未能州县之劳，深体邱园之逸，以为家声世业，若被于管弦，相质披文，未宣于金石。畴资故实，爰命小人，虽仁不让师，而意非称物。潘黄门之藻思，敬述源流，谢康乐之才华，恭陈祖德。①

史义谦、史宝俊、史君逸等人应为史宪嫡系子孙（嗣孙），也是活动的发起者。碑文称其"未能州县之劳，深体邱园之逸"，看来久居乡里，没有官职。参与者则有史玄道、史叔豪，以及碑文作者史巚、书丹史处权等人，他们都拥有官僚身份，应不在原籍居住，此时应约襄赞其事。

值得注意的是，溧阳史氏在乡里的树碑活动应该不止以上两次。据宋元方志记载，溧阳东北方位集中分布着史氏汉晋以降的多处墓茔建筑。其修建时间虽不能一一确考，但就宋人所见，梁兖州刺史史府君神道碑，其中有武周新字，②晋冠军将军史爽墓，有唐代所立墓碑。③结合史崇、史宪两碑的情况，不难推想，其中很大一部分可能都不是汉晋之旧，而是唐代前期陆续营建（重建）的。我们看到，在崇祀祖先的活动中，史氏乡居与宦游的宗族成员间形成了密切协作，而史仲谟、史玄道等在外为官者卒后也归葬乡里。④相比同期举家迁居两京的士人家族，溧阳史氏始终维系着深厚的宗族、乡里根基。

---

① 《全唐文》卷二七六《晋山阴侯史府君神道碑》，第2803页。

② 《宝刻丛编》卷一五"梁史府君（此字为武周新字——引者）神道"条："梁故假节散骑常侍兖州刺史建昌县开国侯史府君（此字为武周新字——引者）之神道正书二十四字。有武后时字，恐武后时立。"（第966页）

③ 《至正金陵新志》卷一二下《碑碣》"冠军将军史爽石柱"条，《宋元方志丛刊》第6册，第5757页。

④ 《宝刻丛编》卷一五"唐史祭酒碑"条："唐贾曾撰，徐浩书，李阳冰篆额，代宗时立，在溧阳。"（第982页）参见《景定建康志》卷四三《风土志·诸墓》，第2032页。

第三节　三吴地区的士人与乡里

一、唐前期的三吴旧姓

六朝时期，以吴郡四姓、会稽四姓为代表的江南高门士族长期活跃在历史舞台。一般认为，入唐后，他们或迁离故土，或沉寂乡间，同于民庶，普遍已趋于没落。[①]但唐前期百年，三吴地区的仕宦之家中，依然有不少吴姓高门后裔，他们与乡里的关系也并未完全疏离。

首先来看会稽虞氏的例子。如所周知，虞氏是两汉以来的江东大族，同时也是会稽四姓之一。作为这一家族的代表人物，虞世基、虞世南兄弟在隋代即已迁徙关中，隋、唐两代均仕宦显贵，很快就实现了"中央化"。但其他房支则不尽然，《大唐故安州云梦县令虞府君墓志》：

> 君讳照乘，字宾辉，余姚人也。高门景族，历史昭备。祖荷，银青光禄大夫、绵州刺史。父哲，通议大夫、醴陵县令。……君……解褐台州司法，转长城丞，历滑州司户、云梦令。……天长代短，委运冥言，以景龙三年十二月九日终于里第，春秋六十有二。夫人河间刘氏，武州刺史玄恽之女。……粤以景云元年岁次庚戌十一月戊申朔十九日景寅，同窆于此山，礼也。……嗣子希庄、光寓等，茕茕靡托。[②]

《虞君墓记》：

> 君讳希乔，□□□□□□刺史。祖哲，醴陵□□□□惟绪，玉食锦

---

① 冻国栋：《六朝至唐吴郡大姓的演变》，《中国中古经济与社会史论稿》，湖北教育出版社，2005。

② 章国庆编著《宁波历代碑碣墓志汇编（唐五代宋元卷）》，上海古籍出版社，2012，第1页。

衣。……夔州长史谯□□□□息女，……以证圣元年六月亡。①

以上两方墓志分别藏于绍兴市古越阁与浙江省博物馆，虽然具体出土地不详，但从材质（均为瓷质）与造型特征来看，基本可以判定为余姚、慈溪等地所出。②墓志中的虞荷，据《隋书·炀帝纪》，大业年间曾任上谷太守，③其子哲、孙照乘、曾孙希乔、希庄、光寓等，均不见于史籍。据《嘉泰会稽志》卷一六《碑刻》："《虞荷碑》，永兴公世南撰，释某书。贞观六年大□（太中？）大夫致仕，其年卒于会稽县。"④可知虞荷与虞世南关系匪浅，世南父名荔，二人或为兄弟行。虞荷一支子孙虽然也世代为官，但祖孙四代人均选择终老或归葬乡里，直至睿宗景云年间，会稽故土仍是其家族根基所系。另外，虞世南与乡里的关系也值得注意，除为族人虞荷撰写碑文外，他还与会稽虞氏渊源颇深的越州龙泉寺撰写过碑铭。⑤综合这些迹象看来，虞世南一支虽然久已迁居长安，并最终陪葬昭陵，但在日常生活中与远在江南的乡里宗族仍不乏互动。

三吴地区其他旧族中也存在类似情形，如吴郡顾氏的顾胤，太宗、高宗两朝久宦京师，乾封二年（667）归葬苏州昆山县。⑥吴郡陆氏的陆象先、

① 厉祖浩编著《越窑瓷墓志》，上海古籍出版社，2013，第46页。按原石损泐严重，今人修复时臆补了若干文字，今据厉祖浩意见删去，阙字处以"□"表示。
② 近年余姚、慈溪一带陆续出土了不少唐代瓷质墓志，从造型与材质上看，均带有浓厚的地域特征，较易判别。详参《越窑瓷墓志》，第5—20页。
③ 《隋书》卷四《炀帝纪下》"大业九年九月"条，第85页。
④ 《嘉泰会稽志》卷一六《碑刻》，《宋元方志丛刊》第7册，第7019页。
⑤ 《会稽掇英总集》卷一六载虞世南《大龙泉寺碑》："龙泉寺者，晋咸康二年县民王汤及、虞宏实等之所建立。二人以宿植之良因，修未来之胜果。爰舍净财，兴斯福事。"［《景印文渊阁四库全书》第1345册，（台北）商务印书馆，1986，第120页］知龙泉寺为东晋虞宏实等人捐资所建，虞世南此时为其撰写碑铭或寓有缅怀先人旧业之意。按，此碑《全唐文》卷九八九亦有收录，题阙名，当据此移正。
⑥ 赵明诚：《金石录校证》卷二四，金文明校正，广西师范大学出版社，2005，416页。另参《旧唐书》卷七三本传。

陆景倩兄弟，父子两代仕宦显达，卒后皆归葬乡里；[①]陆元感，景云二年
（711）葬于苏州昆山县；[②]陆齐望一支，虽久居京中，但在苏州嘉兴县一直
保有宅第，家眷亦有留居江南者。[③]会稽贺氏的贺知章，进士及第后，生平
大大半时光游宦京师，晚年"上疏请度为道士，求还乡里"，"至乡无几寿
终"。另外，从史料记载来看，贺知章家族在山阴一直保有旧宅。[④]吴兴沈
氏的沈待援、沈缙，[⑤]从墓志出土地来看，起码在中唐以前，卒后都是葬于
故土。

甚至到了晚唐，还是能看到个别栖迟乡里的吴地旧族。如顾谦，其
家"汉魏以降，蔚为茂族"，但父、祖辈担任的都是中下级州县官员。他
本人早年以明经出身，因仕进无门，一度宦游河北，后归乡，咸通十三年
（872）卒于苏州华亭县私第。这一家族应该自唐初以来一直居住在苏州故
里，并未迁徙。值得注意的是顾谦的内外姻亲，据墓志，其母为吴郡陆氏，
长女适吴郡张氏，次女适吴兴姚氏，[⑥]似乎还维系着江南旧士族间的联姻传
统。当然，此类事例鲜见于文献，应属个例。

二、"新兴"家族的发展轨迹

唐高宗、武后以降，朝堂上还涌现出一批"以文藻盛名"、依托科举
起家的江南士人。从姓氏来看，他们大多不是此前的吴地旧姓，时人以"寒

---

① 《宝刻丛编》卷一四"陆景倩妻徐夫人墓志"条，868页；《吴郡志》卷三九《冢
墓》，《宋元方志丛刊》第1册，第971页。另参《旧唐书》卷八八本传，第2876—
2877页。

② 《至元嘉禾志》卷二一《唐朝散大夫护军行黄州司马陆府君墓志铭》，《宋元方志丛
刊》第5册，第4571页。另参《旧唐书》卷一八八《陆南金传》，第4932页。

③ 《宝刻丛编》卷一四"唐宝花寺碑"条，第944页；欧阳修：《集古录跋尾》卷八
"唐贺兰夫人墓志"条，《石刻史料新编》第1辑第24册，第17902页。

④ 《旧唐书》卷一九〇《文苑·贺知章传》，第5033—5035页；《全唐文》卷三〇七
《送贺秘监归会稽诗序》，第3121页。

⑤ 《宝刻丛编》卷一四"唐吏部常选沈待瑗墓志""唐宣州博士深潜墓志"，第896—
897页。

⑥ 《唐代墓志汇编》，第2462—2463页。

俊"目之，学者也多将其归入"新兴阶层"行列。①他们何以能脱颖而出，显达于朝堂？此前又是以何种面貌活跃于江南社会呢？下面想重点围绕两则个案做一些讨论。

（一）会稽康氏

首先来看康希铣家族的事例。据大历十一年（776）颜真卿所撰《银青光禄大夫海濮饶房睦台六州刺史上柱国汲郡开国公康使君神道碑铭》：

> 君讳希铣，字南金。……《史记》云："成王长，用事，举康叔为周司寇，赐卫宝祭器，以彰有德。"封子康伯，支庶有食邑于康者，遂以为氏。周代为卫大夫，至汉有东郡太守超，始居汲郡。超之裔孙魏强弩将军权，权生晋虎贲中郎将泰，泰生（阙）太守威，威生兰陵令、奋节将军翼，随晋元帝过江，为吴兴郡丞，因居乌程，事见山谦之《吴兴记》。翼生豫章太守镇，镇生征虏司马、建武将军钦信，钦信生宋晋熙王兵曹参军黯，黯生南台郎高，高生齐骠骑大将军孟真，孟真生梁散骑侍郎僧朗，僧朗生陈给事中、五兵尚书宗谔，为山阴令，子孙始居会稽，遂为郡人焉。曾祖孝范，江夏王府法曹、临海县令。祖英，随齐王府骑曹、江宁县令，皇朝随郡王行军仓曹。父国安，明经高第，以硕学掌国子监，领三馆进士教之，策授右典戎卫录事参军，直崇文馆、太学助教，迁博士、白兽门内供奉、崇文馆学士，赠杭州长史。②

以上康希铣家族的迁徙经历，与南宋邓名世《古今姓氏书辩证》中所记大体相近，或系节引今已散佚的《元和姓纂》会稽康氏条而成，同本于谱牒、家状类文献。根据这一记载，康氏为卫康叔之后，先祖在汉代"居汲郡"，及至西晋末，康翼任兰陵令，随晋元帝南渡，"因居（吴兴）乌

① 吴书萍：《七、八世纪唐代江南地域的士人研究：特论其政治与社会背景》，第52—57页。
② 颜真卿：《颜鲁公文集》卷一〇，《丛书集成续编》第123册，台北：新文丰出版公司，1989，第337页。

程"，①南朝末期又因官迁居会稽，此后便著籍于此。

如所周知，康姓是粟特人常见姓氏，出自中亚康国（撒马尔罕），学者也多将康希铣一族视为粟特移民后裔，②碑中所记谱系、阀阅不免令人生疑。不过康氏在江南的定居、仕宦经历应非向壁虚构，如文中称其家南渡经历"见山谦之《吴兴记》"，其书唐代尚存，所载故实应为时人所知，③不易作伪。更重要的是，颜真卿先祖颜含，也是此时扈从晋元帝渡江——他熟谙这段家族历史。

康氏南渡后定居吴兴乌程县，也应为实录。据《太平寰宇记》卷九四《江南东道·湖州》"乌程县"条引《括地志》："（黄浦）亦名庚浦，盖康浦也。以其左右有上康、下康村。晋殷康为太守，百姓避其名，因更康为庚也。"④殷康为东晋晚期人，这说明至迟到东晋，乌程县境内可能已存在以康姓为主体的自然村。又《高僧传》卷七《宋吴虎丘山释昙谛传》："姓康，其先康居人，汉灵帝时移附中国，献帝末乱，移止吴兴。"⑤《广弘明集》卷二三《道士支昙谛诔》称："法师肇胤西域，本生康居。……徙于吴兴郡乌程县都乡千秋里。"⑥按，释昙谛为晋末宋初时人，传中称其先世于汉末南渡，未必可信，但足以说明，康氏定居吴兴乌程县的时间应在南朝之前。及至唐代，他们早已成为江南土著。

关于康氏一族在江左政权中的仕宦情况，也于史有征。颜真卿在湖州刺史任内撰有《湖州石柱记》，条列境内山川名胜，其中乌程县条有梁司

---

① 《古今姓氏书辩证》称康氏"远祖过江，居丹阳，又徙会稽"（第221页），与碑文略有不同。

② 参程越《从石刻史料看粟特人的汉化》，《史学月刊》1994年第1期；陈海涛、刘慧琴：《来自文明十字路口的民族——入唐粟特人研究》，商务印书馆，2006，第270页；荣新江：《北朝隋唐粟特人之迁徙及其聚落》，《中古中国与外来文明（修订本）》，生活·读书·新知三联书店，2014，第57—58页；龙成松：《唐代粟特族裔会稽康氏家族考论》，《新疆大学学报（哲学·人文社会科学版）》2017年第45卷第3期。

③ 参姚振宗《隋书经籍志考证》，《二十五史补编》第4册，第5389页。

④ 《太平寰宇记》卷九四《江南东道·湖州》，第1885页。

⑤ 《高僧传》卷七，中华书局，1992，第278页。

⑥ 《大正新修大藏经》第52册，台北：新文丰出版公司，1983，第263页。

空康绚缜墓、陈五兵尚书康宗墓。据《嘉泰吴兴志》，又有陈黄门侍郎康旦墓。①因此，从仕宦经历来看，康氏在南朝起码可跻身士族行列，迥异于当时从事丝路贸易，或在南北边境领兵作战的粟特移民。另外，从敦煌出土姓氏书来看，及至唐代，康氏确已跻身越州会稽郡郡姓。②

入唐后，会稽康氏在婚、宦、学三途均有不俗业绩，颜真卿在碑文中称：

> 君之四代祖至于大父，为诸王掾属者七人，历尚书郎、给事中、侍御史者二人。君之先君崇文学士府君（国安）有文集十卷，《注驳文选异义》二十卷、《汉书□》十卷，自述文集二十卷。元昆修书学士显府君文集十卷，撰《词苑丽则》二十卷、《海藏连珠》三十卷、《累璧》十卷，佺秘书监、集贤院侍讲学士子③元撰《周易异义》二十卷，秀州长史元瓖著《干禄宝典》三十卷，佺刑部员外郎璀、男美原尉南华撰《代耕心镜》十卷。……君之先君至南华四代，进士登甲科者七人，举明经者一十三人。④

可见，他们的进身之阶与唐前期其他江南士人无异，都是凭借自身文学、政术之才，依托科举，致身通显。另外，在婚姻方面，康希铣本人娶南朝侨姓高门陈郡殷氏，其侄康珽娶高阳许氏，为宰相许敬宗孙女。⑤因此，抛开种族因素，就婚、宦、学等社会身份标识而言，会稽康氏都算得上典型的士人家族。

---

① 《颜鲁公文集》卷五，《丛书集成续编》第123册，第272页；《宋元方志丛刊》第5册，第4735页。康宗盖即康希铣高祖父陈给事中、五兵尚书康宗谔。参前揭龙成松《唐代粟特族裔会稽康氏家族考论》。

② 王仲荦：《〈新集天下姓望氏族谱〉考释》，《𪩘华山馆丛稿》，中华书局，1987，第438页。

③ 原文空阙，据《新唐书》卷二二〇《儒学下·康子元传》（第5701页）补。

④ 《颜鲁公文集》卷一〇，第338页；另参《新唐书》卷六〇《艺文志》，第1602、1603、1622页。

⑤ 参《嘉泰会稽志》卷一六《碑刻》"大理少卿康公夫人河间郡君许氏墓志"条，《宋元方志丛刊》第7册，第7019页。

康希铣本人明经出身，又应制举，历任秘书省校书郎、太府寺主簿、洛州河清令、国子司业等京朝官，转任海、濮、房、睦、台州等州刺史，可谓累居中外。在仕途迁转中，康希铣兄弟与乡里并未疏离，《碑文》载："赴海州时，君兄德言为右台侍御史，弟为偃师令，俱以词学擅名，时同请归乡拜扫，朝野荣之。"在此期间，他还为越州名刹香严寺撰写过碑铭。①

按照当时官僚家族的一般做法，康希铣也在两京置有宅第，碑文中提到其妻殷氏"殁于东都章善坊私第"，可为明证。但是康希铣本人并无意终老京洛，据碑文记载："开元初，入计至京，抗表请致仕，玄宗不许。仍留三年，请归乡，敕书褒美，……仍给传驿至本州。冬十月二十有二日，不幸遘疾薨于会稽觉允里第。"此后天宝四载，与其妻殷氏合葬于山阴县篙渚村之先茔。除康希铣本人，其兄密州司马康遂诚及妻柳氏、太子率更令康德言、其侄大理少卿康珽及妻许氏等家族成员，皆葬于乡里旧茔。②康希铣家族在会稽长期保有宅第、田产，他们的乡里经营起码维持到唐中期以前。

（二）义兴蒋氏

义兴蒋氏也是唐代新兴科举官僚家族，在唐、宋两代均名宦辈出，学者不乏专门研究。③这里特予关注的是其早期发展轨迹，尤其与江南地域的关系。

义兴地处太湖流域西部，是唐代常州属县，在汉魏六朝时期，或隶吴兴郡，或单独置郡。因此，在地理位置与社会文化上，义兴都更接近三吴地区，而与北面的丹阳、晋陵有异。

两晋之际，义兴周氏等本地家族以武力强宗的面貌活跃于历史舞台，

---

① 《宝刻丛编》卷一三"唐香严寺碑"条："唐银青光禄大夫康希铣撰，赵州刺史东海徐峤之书。香严寺者，本梁贾恩旧宅，其妻舍充梵宇，旧名同惠。神龙中请而署焉。"（第792—793页）

② 《嘉泰会稽志》卷一六《碑刻》"周密州司马康遂诚墓志"条、"康府君碑并阴"条、"太子率更令康君碑"条，《宋元方志丛刊》第7册，第7020页。另参《宝刻丛编》卷一三"密州司马康遂诚墓志"条，第791页。

③ 杨军凯、陈昊：《新出蒋少卿夫妇墓志与唐前期的蒋氏医官家族》，《唐研究》第17卷，北京大学出版社，2011；刘冰莉：《唐宋义兴蒋氏家族及其文学研究》，山东大学博士学位论文，2016；李季敏：《新出唐代诗人蒋洌墓志考释》，《古典文献研究》第22辑下卷，凤凰出版社，2020。

义兴郡也是因其军功而得名，这些都是人所熟知的史实。义兴蒋氏在六朝历史上则显得籍籍无名，但关于其基本面貌，史料中还是提供了可资推考的线索。《太平寰宇记》卷九二宜兴县"囿山亭"条引《风土记》："汉蒋澄封囿山亭侯。"①按，蒋澄其人于史无征，仅见于唐宋以降蒋氏家族文献与方志（详后），是其家族始迁祖之一。而这里的《风土记》，结合书中前后数条引文来看，应指周处《（阳羡）风土记》。②周处是孙吴、西晋时人，若非《寰宇记》误记，则可以判定，义兴蒋氏的祖先记忆，在魏晋时期便已载入本地士人所撰地志，成为一种地方性知识。蒋氏在义兴（阳羡）的定居史起码可以追溯至汉代，及至六朝，他们早已土著化，并成为本县著姓之一。

蒋氏在乡里应具有一定的宗族根基，属于地方有力人群，但这似乎并未能转换成政治地位。《南齐书》卷五五《孝义传》：

> 义兴蒋儁之妻黄氏，夫亡不重嫁，逼之，欲赴水自杀，乃止。建元三年，诏蠲租赋，表门闾。③

因黄氏义行，蒋氏一门获特诏蠲除租赋。由此也可见，作为土著居民的义兴蒋氏并无蠲免赋役的特权，应属于典型的江南寒人。在南朝后期，蒋氏的地位似乎得到了提升，这期间，流行于句容茅山附近的道教信仰扮演了重要角色。在梁普通三年立于茅山的《九锡真人三茅君碑》题名中，有一位"陪真馆主义兴蒋负刍"。他在齐梁之际"来去茅山，有志栖托"，与陶弘景交好，多次参与了当地道教活动，并应齐武帝之请，"于崇阳馆行道"。④学者研究指出，"南朝后期的宗教领域中，可以看到越来越多江南

---

① 《太平寰宇记》卷九二《江南东道·常州》，第1849页。
② 参《晋书》五八《周处传》，第1569—1571页。按《风土记》，又作《阳羡风土记》，成书于孙吴时期，《隋书·经籍志》、两《唐志》皆有著录，宋初应尚存于世。详参姚振宗《隋书经籍志考证》，《二十五史补编》第4册，第5389页。
③ 《南齐书》卷五五，第959页。
④ 陈国符：《道学传辑佚》"蒋负刍"条，收入《道藏源流考》，第467页。详参杨军凯、陈昊《新出蒋少卿夫妇墓志与唐前期的蒋氏医官家族》，《唐研究》第17卷，第264页；魏斌：《句容茅山的兴起与南朝社会》，《"山中"的六朝史》，第105、124页。

寒门、寒人的身影，宗教领域已经成为一种特殊的社会流动途径"。①联系到其寒人的社会身份，义兴蒋氏的奉道举动似乎也暗含着类似动机。不难想见，这种藉由宗教修行而实现的社会流动，必然也伴随着知识学养的习得，这构成了蒋氏跻身官僚家族的文化资本（详下）。

关于义兴蒋氏的早期历史，后世方志、族谱中还存留了三通唐代所立墓碑，即：1. 玄宗天宝十五载蒋洌所撰《蒋氏大宗碑》（以下简称《大宗碑》）；2. 天宝十五载蒋涣所撰《云阳亭侯（蒋默）碑》（又作《湖东枝墓茔叙》，以下简称《蒋默碑》）；3. 代宗年间齐光乂所撰《后汉亩亭乡侯蒋澄碑》（以下简称《蒋澄碑》）。这三篇文献在《宜兴风土旧记》《咸淳毗陵志》《大德毗陵志》等宋元旧志中有著录或节引，清编《全唐文》亦收录其中一篇。②而明清以降的多种蒋氏族谱中则存有全文，取以与宋元旧志引文对校，字句互有异同，③可信应有更为久远的文献来源。

关于上述文献的真实性，这里仅以《大宗碑》为例，做几点检证。其一，《锡山蒋氏宗谱》所载碑末题记作"唐天宝十五年丙申三月二十五日正议大夫文部侍郎上柱国尚书左丞汝阳县开国男赐紫金鱼袋裔孙洌撰并书"。④按，文部即吏部，历史上仅在天宝十一载至至德二载（752—757）数年间短暂更名，⑤碑立于天宝十五载，所书与之正相符。其二，蒋洌生平仕履，《旧唐书》本传仅记"历礼、吏、户部三侍郎，尚书左丞"，具体迁转时间

---

① 魏斌：《"山中"的六朝史》，第416页。
② 《宝刻丛编》卷一四"唐立东汉亩亭侯蒋澄碑"条，第936页；《咸淳毗陵志》卷二六《陵墓》、卷二九《碑碣》，《宋元方志丛刊》第3册，第3190、3206页；《宜兴风土旧记》《大德毗陵志》，全书已佚，但其中涉及蒋氏诸碑的条文保存于《永乐大典》中，见王继宗《〈永乐大典·常州府〉清抄本校注》，中华书局，2016，第494、1281—1282页；《全唐文》卷三五四《后汉亩亭乡侯蒋澄碑》，第3585页。
③ 参王继宗《〈永乐大典·常州府〉清抄本校注》中相关校记，第559—587页。
④ 《大宗碑记》，《锡山蒋氏宗谱》（不分卷），一梅堂，道光二十四年刊本。按，本书所引《蒋默碑》，据《茗岭蒋氏宗谱》卷四（永思堂，宣统元年刊本）、《义兴风土旧记》引文（王继宗：《〈永乐大典·常州府〉清抄本校注》，494页）；《蒋澄碑》，据《全唐文》卷三五四。以下引文皆据此，文字歧异处择善而从，不另出注。
⑤ 参《旧唐书》卷九《玄宗本纪》"天宝十一载三月"条，第225页；同书卷一〇《肃宗本纪》"至德二载十二月"条，第250页。

不详。据近年洛阳新出《蒋洌墓志》，始知其天宝末先后任户、吏二侍郎，后因安史之乱中出仕"伪廷"，一度贬为饶州刺史，代宗年间方官至礼部侍郎、尚书左丞。[①]两相对照，《大宗碑》中天宝十五载的结衔是基本准确的，[②]若系后人据史传伪托，很难做到这一点。其三，也是最重要的，蒋洌封爵"汝阳县开国男"，史传不载，目力所及，仅见于《大宗碑》与新出《墓志》，可知碑文必有所本。整体来看，这三方唐碑虽然原石久佚，拓本不传，但文本在地方文献中是流传有序的，个别文字或经后人点窜，主体应为唐碑之旧。

综合三碑所记，东汉初年的蒋澄、蒋默兄弟，是其宗族始迁祖，南渡后定居义兴，分别受封凼亭乡侯、云阳亭侯。其后子孙冠冕不绝，碑文详细罗列出汉晋以降历代名讳、官爵。值得注意的是，汉晋时期的蒋氏先人不乏高官显爵者，但无一见于史传。宋、齐以降迄隋，所任则多为中下级官员，如蒋默十一代孙徽之，齐某王府记室参军；十三代孙嗣宗，梁义兴主簿；十四代孙元聪，陈衡（山）王府录事参军；十五代孙洪，陈长沙王国侍郎。结合前文对蒋氏社会地位的推测，可以看出，这份谱系中时代越往前越不足信，而齐梁以降的仕宦情况应更近其实。这一时期恰是江南寒人阶层在政治上崛起的时代，依靠自身经济实力与一定的文化素养，蒋氏得以出仕乡里，或任诸王府佐、国官。而义兴蒋氏以官僚身份进入史传则要到南朝末年，《蒋澄碑》称："及将军元逊，列于《陈史》。"按，蒋元逊陈末任左卫将军，隋师渡江，他曾率军抵挡，后兵败而降，这段经历确见于《陈书》。[③]

以上我们大体勾勒出入唐前义兴蒋氏在江南的发展轨迹。简言之，他们世居义兴，拥有深厚的宗族、乡里根基；在社会面貌上，他们属于典型的江

---

① 《大唐故银青光禄大夫行尚书左丞赠太常卿上柱国汝阳郡开国男蒋君墓志铭并序》，毛阳光主编《洛阳流散唐代墓志汇编续集》，国家图书馆出版社，2018，第419页。相关考订详参李秀敏《新出唐代诗人蒋洌墓志考释》。

② 但其中"尚书左丞"四字，疑系后人据《旧唐书》本传添改。按唐人碑志所见结衔格式，鲜见"职事官+勋官+职事官"的排列次序，这显然有违常例。其他几种族谱，如《茗岭蒋氏宗谱》所录碑文无此四字，知尚存其旧。另外，诸谱所载碑文，天宝纪年皆不作"载"，也是后世点窜的痕迹。

③ 《陈书》卷一四《南康愍王昙朗附子方泰传》，第212—213页。

南寒人阶层，崛起于南朝中后期。

入唐后，义兴蒋氏诸房中代有人物，又以云阳亭侯、岨山亭侯两支发展最为兴盛。对此，文献与出土墓志均有集中反映，学者也有专门研究。①值得重点分析的是如下记载，《旧唐书》卷一八五上《高智周传》：

> （高）智周少与乡人蒋子慎善，同诣善相者，曰："明公位极人臣，而胤嗣微弱；蒋侯官禄至薄，而子孙转盛。"子慎后累年为建安尉卒。其子绘来谒智周，智周已贵矣，曰："吾与子父有故，子复有才。"因以女妻之。永淳中，为缑氏尉、郑州司兵卒。绘子捷（挺），举进士。开元中，历台省，仕至湖、延二州刺史。子贵，赠扬州大都督。捷（挺）子冽（洌）、涣，并进士及第。冽（洌），历礼、吏、户部三侍郎，尚书左丞；涣，天宝末给事中，永泰初右散骑常侍。高氏殄灭已久，果符相者之言。②

高智周为常州晋陵人，也是蒋氏的乡里姻亲之家，史称其"寒俊"出身，"以文藻知名"。应该说，两家在唐初境况相似，都属于江南新兴官僚家族。但此后的际遇则形成鲜明对照：高氏较早显达，高智周高宗年间便官至宰相，但"胤嗣微弱"，及至中唐，"殄灭已久"；蒋氏早年"官禄至薄，而子孙转盛"，成为唐中期以降冠冕不绝的官僚世家。对两家的兴衰沉浮，相者虽是从命理层面做出的预言，但恐怕也暗含着对其发展潜力的敏锐观察。

关于高智周家世背景，《新唐书·宰相世系表》载："晋陵高氏，本出吴丹杨太守高瑞。初居广陵，四世孙悝，徙秣陵，十三世孙子长。"③这一迁徙经历当是据高氏谱牒、家状。按，广陵高氏是东晋南朝时期的侨姓士族，高悝、高崧父子《晋书》有传，家族墓葬近年已在南京附近出土。④据

---

① 参刘冰莉《唐宋义兴蒋氏家族及其文学研究》，第34—40页。

② 《旧唐书》卷一八五上，第4792—4793页。按，蒋挺、蒋洌父子名讳，上引史料作"捷""冽"，误，当据墓志、族谱更正，参李秀敏《新出唐代诗人蒋洌墓志考释》。

③ 《新唐书》卷七一下《宰相世系表》，第2397页。

④ 参《晋书》卷七一《高崧传》；南京市博物馆：《江苏南京仙鹤观东晋墓》，《文物》2001年第3期。

小尾孝夫推测，高悝应是在永嘉之乱后随广陵流民南渡，侨居晋陵郡，后长期活跃于东晋政权中。①《新唐书·宰相世系表》所载正可与之相印证，高智周家族应属侨姓士族后裔。及至唐初，高氏虽然早已著籍晋陵，实现土著化，但就文献所见，他们在当地似乎并未形成深厚的宗族根基，高智周后嗣湮灭无闻，正史与地方文献中均鲜见其踪迹。

相形之下，蒋氏的宗族乡里根基则要深厚得多。据《蒋澄碑》记载："今之后嗣，夹湖千室，秀异于是乎出，礼乐于是乎生。"这里的"湖"，应即《蒋默碑》中提到的滆湖，据《太平寰宇记》：

> 滆湖，在（常州武进）县西南，去州三十里，东接官河，西连芜蒲港，南通义兴县，北通白鹤溪。湖内多白鱼。水路通泾溪，出润州金坛、延陵、溧阳。②

滆湖位于今江苏宜兴西北、武进西南，周边水网密布，交通便捷，物产丰饶。蒋氏两房子孙，夹滆湖筑室而居，蒋默一支居湖东，蒋澄后裔居湖西。这应该是六朝以迄唐初，渐次形成的宗族分布格局。经累代繁衍生息，及至中唐，③滆湖周边已形成了一个庞大的同姓聚落。碑文称其"千室"之众，或有夸饰，但规模也可见一斑。

与宗族势力相表里的，是雄厚的财力。蒋洌所撰《大宗碑》称："属隋主遽幸维扬，百司艰食，公（蒋洪，蒋洌高祖父）献米万石，用廪千官，手诏优

---

① 参小尾孝夫《广陵高崧及其周边——六朝南人的一个侧面》，《南京晓庄学院学报》2015年第1期。

② 《太平寰宇记》卷九二《江南东道·常州》"武进县"条，第1842页。

③ 关于《蒋澄碑》的撰写时间，王继宗据《新安蒋氏宗谱》卷四，认为是天宝十三载（754）齐光乂应裔孙监察御史蒋晃之约而撰写（《〈永乐大典·常州府〉清抄本校注》，第528页）。今按，《锡山蒋氏宗谱》所载碑文前有题署："江淮观察处置使兼淮南节度使杨府长史御史大夫崔圆题额"，崔圆于上元二年至大历三年间（761—768）在淮南节度任上（郁贤皓：《唐刺史考全编》，安徽大学出版社，2000，第1675页）；而据岑仲勉考证，蒋晃此期正入幕淮南使府，监察御史等职衔，应是在崔圆幕中所获宪衔（《元和姓纂（附四校记）》，第1046页）。两相比照，《蒋晃碑》必是此时所立。

宠，谦让而退，以全乎高也。"蒋洪在隋末"献米万石"的事迹不见于正史，但从隋炀帝当时困守江都的窘迫情形来看，应属可信。作为南朝寒人中的有力家族，蒋氏在乡里积聚了雄厚的财富资源，这构成了他们政治、文化上崛起的经济基础，所谓"秀异于是乎出，礼乐于是乎生"，当是就此而言。

从出土墓志来看，唐代义兴蒋氏湖东、湖西两房定居两京者不在少数，或可视为部分成员"中央化"的取向。但在唐前期，他们应该还是归葬义兴祖茔居多，①据《蒋默碑》中蒋涣自述："自祖缯（绘）以上，皆葬滆湖之东，自考挺而下，多归葬洛阳。"蒋挺应卒于开元十五年之后，②由此可知蒋洌、蒋涣一支（蒋默后裔，湖东支）迁徙洛阳的时间应该在开元年间。而从天宝十五载蒋洌、蒋涣兄弟先后两次组织立碑的举动来看，他们与族人关系并未疏离，乡里与两京之间频有互动与往来。

中唐以后，蒋洌同宗近属中仍不乏留居乡里者，据宜兴本地出土的一方唐代墓志：

> （前阙）字伯伦。其先周文公之（中阙十余字）。汉代济江，居于阳羡，今为义兴人也。廿一代无违德。唐建安令子慎，慎生续，续生标，标生大理正湛，君即大理正第三子也。高祖以还，休有令闻，逮乎群从，赫奕中朝者矣。夫人扶风窦氏，昼哭合礼，天崩靡依，赋柏舟以明心，期同穴以自誓。有子四人：印、丑、阮、谏。或岐或嶷，载呱载号。有兄钲、兄鏮、弟钉、弟鏞，志郁孤藐，情恸友于。见托斯文，多惭不敏。③

志主字伯伦，名讳不详，但从墓志所载谱系，以及兄弟辈命名偏旁来

---

① 需要指出的是，义兴蒋氏还有一个世为医官的房支，他们在陈亡后即被迁徙关中，落籍京兆，此后一直出仕隋唐政权。详参前揭杨军凯、陈昊《新出蒋少卿夫妇墓志与唐前期的蒋氏医官家族》。这一房支的情况较为特殊，姑置不论。

② 参李秀敏《新出唐代诗人蒋洌墓志考释》，《古典文献研究》第22辑下卷，第297页。

③ 《光宣宜荆续志》卷一一《碑刻》，民国十年（1921年）刊本。又见陈尚君辑校《全唐文补编》卷一五五（中华书局，2005，第1901—1902页），系据复旦大学图书馆藏拓片录文，较《县志》所载缺若干字。

看，应为蒋洌再从兄弟之子无疑，当为中晚唐时人。志文称"逮乎群从，赫奕中朝者矣"，显然是指蒋洌、蒋涣一系子孙。蒋洌等人仕宦显达后，随之定居、营葬洛阳的应该仅限其兄弟、子侄。志主之父蒋湛官至大理正，也应具备定居京师的契机，但从墓志出土地来看，他们还是选择终老乡里。当然，整体而言，这样的事例在中唐以降并不常见。

囿于史料，我们对唐前期江南社会的了解，深度与广度均受到很大制约，本章相关讨论不免琐碎，现阶段恐怕还无法得出令人满意的整体性结论。但基于部分地域与家族个案，本章还是勾画出一些既往研究中常被忽略的历史侧面，试总结如下，并略作申论。

其一，关于士族"中央化"命题的解释效度。整体而言，六朝侨姓高门士族在唐前期江南社会中的确已难觅踪影，这符合唐人"里闾无豪族，井邑无衣冠"的时代观感，也部分印证了学者所勾勒的士族"中央化"的历史趋势。然而本章也揭示出，侨姓低级士族与三吴土著中，栖迟乡里者不在少数，即便在外宦游，他们日常生活中与居乡亲族仍不乏互动。卒后归葬乡里祖茔的现象，在唐前期江南并不罕见，某些区域内可能还颇为普遍。部分南朝寒人家族，如溧阳史氏、义兴蒋氏的事例所见，以祖先祭祀活动为媒介，彼此间维系着深厚的宗族血缘纽带。总之，上述人群的活动，整体呈现出浓厚的地域与宗族印记，明显有别于同期正在迅速"中央化""个体家庭化"的高门士族。

前辈学者揭橥的士族"中央化"现象，构成了我们理解南北朝至隋唐社会秩序变迁的重要线索。但值得反思的一点是，如果仅仅依据长安、洛阳一带的出土墓志展开分析，很可能会遮蔽了更为复杂、多歧的历史面向。实际上，以开元、天宝之际为下限的士族"中央化"进程，有足足百余年之久。在此期间，不同地域、不同背景的士人家族，在乡里与两京之间做出的选择不尽相同，迁离乡里、定居两京的契机也并不一致。另外，同期华北的情况与江南有何异同？而随着中唐以降新一轮的人口迁徙潮，原本定居两京的北方士人家族纷纷南下，江南地方社会秩序又将出现怎样的变动？这些问题已经逸出了士族"中央化"的解释射程，我们将在后续章节中进一步讨论。

　　其二，关于士人阶层内部的社会流动。一般认为，唐高宗、武后之际出现了一个依托科举体制，以文学进身的新兴社会阶层，而部分江南士人在其中尤为引人瞩目。若以出身、地域与仕宦门径而言，史仲谟家族，康希铣家族，高智周家族，蒋洌、蒋涣兄弟，《丹阳集》作者群体等，无疑都可归入这一行列。相比关陇勋贵、山东旧族，以及隋唐之际北迁的侨、吴高门，他们大多先世不显，在两京政治舞台上确属"新面孔"。然而细审相关史料，其先世或为历仕江左的侨姓低级士族，或为乡里根基深厚的南朝寒人家族，相较一般百姓，终究属于拥有一定经济实力与文化素养的精英人群。在六朝江南的门阀体制下，他们大多无法崭露头角，隋唐之际，同样仕宦无门，多沉寂乡里。高宗、武后以降，他们终于得以依靠科举，拾级而上。总之，这类"新兴"家族和通常理解的新兴庶民阶层不能等同。

　　值得注意的是，社会流动总是双向的。就唐初润州地区的个案所见，在这批侨姓士族后裔中，桓法嗣家族在隋唐之际进入中央政权，迁徙两京定居，并以高门士族谯国桓氏后裔自居，实现了向上的社会流动。而以魏氏为代表的更多家族，入唐后虽然仍能维持地方影响力，但因仕宦业绩不佳，逐渐丧失了"以官为业"士人身份，社会面貌必然会发生蜕变。这一点，在本书第四章还会论及。

第二章 "邑客"论：唐后期的侨寓士人及其人际网络

提及唐代的"客"，通常会让人联想到作为贱口的"部曲客女"，或因逃避赋役而流亡他乡的"客户"。但在唐后期，地方州县中还活跃着另一类型的"客"，亦称"邑客""州客""寄客"等。《入唐求法巡礼行记》开成五年三月条：

> 又从京都新天子诏书来。……州判官、录事等，县令、主簿等，兵马使、军将、军中行官、百姓、僧尼、道士各依职类，列在庭东边，向西而立。……有一军将唤诸职名，录事、县司之列，一时唱"诺"。次唤诸军押衙、将军、兵马使之列……又云："诸客等。"即诸官客、酢大等唱："诺。"次云："百姓等。"百姓老少俱唱："诺。"①

以上是日僧圆仁在登州所见刺史集众宣读诏书的场景。按官方典制，出席赞礼者通常包括州县官员，以及耆老、乡望等本地居民。②但上文还提到了"诸客"，其身份为"官客、酢大"，亦即侨居于此的衣冠士子。③在行礼次第上，"诸客"位列州县官员、军府僚佐之次，而又居"百姓老少"之前，这显然是某种身份秩序的展现。

与之相应，唐后期史料中常可见客、民（人）并举的用例。如《云溪

---

① 小野勝年：《入唐求法巡礼行記の研究》卷二，法藏館，1989，第261页。
② 《通典》卷一三〇《礼》"皇帝遣使谒诸州宣抚"条，第3349—3351页。
③ "酢大"，又作"措大""厝大"，系唐人对衣冠士子之谑称。参《资暇集》卷下"措大"条，中华书局，2012，第197页。

友议》称淮南节度使李绅持法严峻，"于是邑客、黎人，惧罹不测"；[1]墓志称颂地方官为政清廉，离任之际，"邑客、居人，攀辕临路"。[2]这类与"黎人""居人"并举的"邑客"，也是指侨寓士人。[3]

总之，"客"分布广泛，而"官—客—民"的关系图式，则蕴含着一条透视中晚唐社会结构的重要线索，是本书以下几章重点探讨的课题。在此首先须解答的是，出身衣冠之家的"客"为何纷纷侨居他乡？

第一节 从"萃处京畿"到"散寓州县"

在对中古士族的研究中，基于墓志的统计分析表明，至迟到唐玄宗开元、天宝之际，士族多已著籍、定居两京一带，[4]由此出现"里闾无豪族，井邑无衣冠，人不土著，萃处京畿"的时代景观。

在上述"中央化"进程完成不久后，以天宝十四载（755）爆发的"安史之乱"为界，大批"萃处京畿"的衣冠之家又转而移居地方州县。根据学者不同层面的研究，至少可以明确以下几点认知：

其一，促使士人家族迁徙的契机是"安史之乱"的兵燹，而深层次原因则在于两京都市生活的经济压力，以及政治生活中圈内竞争的加剧，士人

---

① 《太平广记》卷二六九"李绅"条引《云溪友议》，第2111页。

② 《唐故登仕郎守随州司功参军上柱国阎府君墓志》，胡戟、荣新江主编《大唐西市博物馆藏墓志》，北京大学出版社，2012，第829页。

③ 管见所及，似乎只有日野开三郎专门讨论过指代士人的"邑客""州客"等语汇。不过他对这类"客"的社会形态未作深究，又将其与藩镇使府的幕客、权门豢养的门客混为一谈。见其《唐末混乱史考》第一章第五节《叛乱と遊客》，《日野開三郎東洋史学論集》第19卷，三一书房，1996，第275—281页；《唐代先進地带の莊園》，私家自印本，1986，第504—511页。

④ 毛汉光：《从士族籍贯迁移看唐代士族之中央化》，《中国中古社会史论》，上海书店出版社，2002。

阶层内部产生急遽分化，[1]很多家族依靠俸禄已很难维系在两京的生计。因此，寓居地方州县逐渐成为一种常态。[2]

其二，迁徙所向，以长江流域的剑南、荆南、淮南、浙江东西等道辖下州县居多。尤其是长江中下游诸道，自六朝以降社会经济已有长足发展，更兼连接南北的运河贯穿其间，因地利之便，成为衣冠南迁的集散地。[3]

其三，在经济生活中，不少士人家庭采取"寄庄"的方式，即在侨居地购置别业、庄园，并雇佣庄客劳作其间，史料中称之为"寄庄户"。[4]

---

[1] 中晚唐士人阶层因各自政治、经济境况而产生的社会分化非常明显。例如，少数蝉联科第的士人家族常在原有郡望、房支之外冠以所居京城里坊来作为新型标识，如出自弘农杨氏越公房的靖恭杨家、新昌杨家、宗室小郑王房的靖安李氏等等。（以上参王静《靖恭杨家——唐中后期长安官僚家族之个案研究》，《唐研究》第11卷，北京大学出版社，2006年；《旧五代史》卷一〇八《李鏻传》，中华书局，1976，第1426页）。与此同时，更多此前在两京聚族而居的高门显宦则急遽衰落，如宰相姚崇家族，"高门崇墉，鞠为茂草"，子孙"或游或仕"。更有甚者，随着社会流动的加剧，同祖父的子孙间也会出现明显分化。以宪宗朝宰相杜佑的孙辈为例，到了晚唐，他们中有尚主、拜相的杜悰一家；有"京中无业"、客居淮南的杜牧弟、妹；也有"贫困尤甚"，寄居荆、郢等州的其他子孙。参《北梦琐言》卷三"杜邠公不恤亲戚"条，中华书局，2002，第44页；杜牧：《上宰相求湖州第二启》《上宰相求湖州第三启》《为堂兄慥求澧州启》，杜牧：《杜牧集系年校注》，吴在庆校注，中华书局，2008，第1008—1016、1021—1022页。

[2] 参翁俊雄《安史之乱后"仕家"的南徙——兼论"辟署"制度的形成》《"两税法"后仕家的南徙》，均收入《唐代人口与区域经济》，台北：新文丰出版公司，1995；韩昇：《南北朝隋唐士族向城市的迁徙与社会变迁》，《历史研究》2003年第4期；伍伯常：《"情贵神州"与"所业唯官"——论唐代家族的迁徙与仕宦》，《东吴历史学报》第20期，2008；张葳：《唐中晚期北方士人主动移居江南现象探析——以唐代墓志材料为中心》，《史学月刊》2010年第9期；Nicolas Tackett（谭凯），*The Destruction of the Medieval Chinese Aristocracy,* Harvard University Asia Center, 2014, pp.88–106.

[3] 移民史研究中，涉及安史之乱后人口迁徙的论著为数甚夥，概括性论述可看周振鹤《唐代安史之乱和北方人民的南迁》，《中华文史论丛》1987年第2、3期合刊；费省：《论唐代的人口迁移》，《中国历史地理论丛》1989年第3期。另外，以下论著对其中士人家族的情况做过专门考察：冻国栋：《唐代人口问题研究》，武汉大学出版社，1993，第264—280页；顾立成：《走向南方——唐宋之际自北向南的移民及其影响》，台北：台湾大学出版委员会，2004，第99—107页。

[4] 参张泽咸《唐代的寄庄户》《唐代的衣冠户和形势户》，均收入《一得集》，兰州大学出版社，2003；周藤吉之：《唐末五代の荘園制》，收入《中国土地制度史研究》，東京大学出版会，1954；日野開三郎：《唐代先進地代の荘園》，第300—311页。

侨寓风潮一定程度上改变了此前衣冠之家"萃处京畿"的局面，对唐后期士人群体的整体面貌产生深远影响。学者久已留意到唐人籍贯书写中的望、贯之别，这其实反映出两晋以降士族南北播迁，尤其隋唐之际著籍两京的历史印记。[①]而中唐以降的侨寓风潮，则使得籍贯往往也无法反映实际居住情况，呈现出郡望、著籍地、居住地三者相乖离的态势。对此不妨看以下这条史料，《太平广记》卷一五二"赵憬卢迈"条引《刘宾客嘉话录》：

> 赵璟（憬）、卢迈二相国皆吉州人，旅众呼为赵七、卢三。[②]

赵憬是高宗朝宰相赵仁本曾孙，家族以天水为郡望，本贯陕州河北，此后迁居、著籍洛阳附近。[③]卢迈出身范阳卢氏北祖房，家族也久已迁居洛阳，著籍河南府洛阳县遵化乡恭安里。[④]不过赵、卢二人早年都长期寓居江南西道的吉州，因此刘禹锡才会称其"吉州人"。[⑤]

实际上，刘禹锡本人也有相似的经历，他出身北朝虏姓高门，世代"占籍洛阳"，自幼随父侨居江南苏、湖二州。[⑥]此外又如宪宗朝宰相崔群，出身清河崔氏，先世定居洛阳，其父"因官徙居，……全家南行"，自幼生长于

---

① 参岑仲勉《唐史余渖》卷四"唐史中之望与贯"条，中华书局，2004，第229页；竹田龍兒：《唐代士人の郡望について》，《史学》24（4），1951。

② 《太平广记》卷一五二，第1091页。

③ 参《旧唐书》卷八一《赵仁本传》、同书卷一三八《赵憬传》，第2759页、3775页。赵憬卒后葬于"河南缑氏县景山之原"，这应该是其祖茔所在，见《全唐文》卷四九八《故正议大夫守门下侍郎同中书门下平章事……赵公神道碑铭并序》，第5079页。

④ 《全唐文》卷五〇七《故朝议大夫守太子宾客上轻车都尉赐紫金鱼袋赠太子太傅卢公行状》，第5155页。

⑤ 《唐语林校证》卷六本条引文作"皆吉州旅客，人人呼赵七卢三"，周勋初在校记中认为《广记》引文作"吉州人"于史不符，有误。（中华书局，1987，第560—561页）然而细玩文句，似以《广记》引文为长。

⑥ 参瞿蜕园《刘禹锡集传》，第1553—1556页。

常州义兴县。^①穆宗朝宰相段文昌，系唐初功臣段志玄之后，先世落籍两京，自父辈始长期寓居荆、蜀两地。^②武宗朝宰相李绅，出身赵郡李氏，高宗朝宰相李敬玄之后，家族在唐前期定居长安，"安史之乱"后，其父任官江南，"因家无锡"，史书径称其"润州无锡人"。^③崔程，出身清河小房崔氏，先祖在肃宗年间任楚州刺史，此后世居宝应县，号"八宝崔家"。^④中唐诗人皇甫冉，郡望安定，隋唐之际徙家长安，"安史之乱"后与其弟久寓江南，后世称其"润州丹阳人"。^⑤晚唐诗人温庭筠，出身太原温氏，系唐初宰相温彦博裔孙，著籍京兆鄠县，而家族实已久居吴中，故其自称"江南客"。^⑥晚唐诗人许浑，系唐初功臣许圉师之后，原籍安陆，唐前期家族在两京里坊中聚族而居，而至许浑这一代则久已定居江南，以润州为"旧乡"。^⑦

仔细爬梳，此类事例俯拾皆是。可以说，无论庙堂之上的名公巨卿，抑或蜚声文坛的诗人墨客，虽其赖以成名的舞台、卒后归葬之祖茔多在两京，但不少人都有过侨寓地方州县的经历。时人有言："士居乡土，百无一二，因缘官族，所在耕业，地望系之数百年之外，而身皆东西南北之人焉。"^⑧

---

① 《唐故江南西道都团练副使侍御史荥阳郑府君夫人清河崔氏权厝志铭并叙》，《唐代墓志汇编续集》，第803页。

② 《全唐文》卷七〇八《丞相邹平公新置资福院记》，第7264—7265页；参《旧唐书》卷一六七《段文昌传》，第4368页；《新唐书》卷八九《段志玄附三世孙文昌传》，第3763页。

③ 《旧唐书》卷一七三，第4497页；《唐故试太常寺奉礼郎赵郡李府君墓志文》，《唐代墓志汇编》，第2015页。

④ 《金华子杂编》卷下，《奉天录（外三种）》，中华书局，2014，第281页。

⑤ 参《唐才子传校笺》卷三"皇甫冉"条，中华书局，1987，第562—563页。

⑥ 刘学楷：《温庭筠系年》，温庭筠：《温庭筠全集校注》，刘学楷校注，中华书局，2007，第1311—1314页。

⑦ 许浑：《丁卯集笺证》，罗时进笺证，中华书局，2012，第1—3页；另参朱玉麒《许圉师家族的洛阳聚居与李白安陆见招——大唐西市博物馆藏〈许肃之墓志〉相关问题考论》，《唐研究》第17卷，北京大学出版社，2011。

⑧ 《旧唐书》卷一一九《杨绾传》，第3434页。

其中"东西南北之人"一语，正道出了中唐以降士人散寓州县的样态。[①]因此，所谓"井邑无衣冠"，在中晚唐社会语境下，应理解为"仕家不著籍于乡间"，[②]若就生活空间而言，"衣冠"与"井邑"恰恰存在千丝万缕的纠葛。

士人侨寓地方州县的日常生活呈现出何种历史图景？对地方秩序又产生怎样的影响呢？前人研究对此虽有触及，但囿于既定视角，更兼史料分散，相关认知尚难称清晰。[③]有鉴于此，本章首先考察侨寓士人在地活动的具体样态。

在此之前，需对涉及的概念做一点说明。唐后期的侨寓士人，虽多出身官僚家族，但自身未必都拥有官人身份，更未必尽购置庄园、田产。因此，无论作为制度身份的"前资官"，抑或指称其产业形态的"寄庄户"，似都不足以涵盖这类人群的全貌。在笔者看来，这一群体最显著特征是游离于两京与地方之间的侨寓状态，而原始文献中的"邑客"恰能体现这一点。另外，相较"士族""世家大族"等，本书倾向采用"士人""衣冠"等表述。这是考虑到"士族"本非一成不变的概念，在中晚唐社会语境下，与六朝以降的旧士族并不能等同。[④]侨

---

① "东西南北之人"，典出《礼记·檀弓》，频见于唐人墓志，如《唐故河南府兵曹参军赐绯鱼袋兰陵萧公墓志铭并序》："公之仲子绎，号哭而言曰：……绛兄弟乃东西南北之人也，久不克葬。"（吴钢主编《全唐文补遗·千唐志斋新藏专辑》，三秦出版社，2006，第348页）又《唐故前守右卫率府朔府翊卫吴郡朱府君墓志铭并序》称："痛手足之湮沦，……自谓曰：吾东西南北之人也。比□□□□从宜，星分茔域。"（《唐代墓志汇编续集》，第822页）可见这是士人群体对自身生存境遇的普遍感知。

② 《全唐文》卷七三四《对贤良方正直言极谏策》，第7579页。

③ 前揭伍伯常、张葳、谭凯等人论著对此均有涉及，一些个案研究也触及上述问题，如郑雅如《"中央化"之后——唐代范阳卢氏大房宝素系的居住形态与迁移》，《早期中国史研究》第2卷第2期，2010；查屏球：《生存压力、家学传统与移民环境——韩愈寓居宣城修业考论》，《学术界》2016年第5期。

④ 学者已注意到"士族"在中古文献中语意的多歧性。如吴宗国指出，唐后期的"士族或指读书应举的布衣之家，或指进士出身的家族，或指公卿百官，……无论在何种场合，都不是用来指称魏晋南北朝时期的旧士族，也不是用于指称他们的后裔"。（《唐代科举制度研究》，北京大学出版社，2010，第260页）近年也有学者对相关概念做过反思，参甘怀真《再思考士族研究的下一步：从统治阶级观点出发》，《身分、文化与权力——士族研究新探》，台北：台大出版中心，2012；仇鹿鸣：《魏晋之际的政治权力与家族网络》，上海古籍出版社，2015，第31—35页。

寓士人虽不乏旧士族出身者，但并非全部。[①]相对而言，"士人""衣冠"等更具身份包容性，且主体指向也大体清晰——他们大多出身先世定居两京、已融入全国性精英网络的官僚家族。

另外，在考察地域的选取上，本章将重点放在唐王朝实际控制区域，尤其是侨寓士人集中分布的南方州县。至于长期处于半独立状态的河朔地区，考虑到其治理模式与社会结构的特殊性，[②]暂不做讨论。

第二节　侨居的生活世界

张泽咸先生曾比较过西晋末与唐中期的两次"衣冠南渡"，其中有这样一段议论：

> 晋代南下的门阀士族裹挟同宗乡里形成一股强大实力，……出现"王与马共天下"的政治局面，在经济上，他们求田问舍，取得许多特权。唐代也出现了"衣冠士庶，避地东吴"的现象，旧士族的后裔无力组织一股独立的政治力量，他们于所在落户与一般民庶无异。[③]

---

① 吉冈真曾对开元、天宝之际中央机构官员家世背景做过统计。从数据来看，旧士族人数的确不少，但并不占绝对优势，此外占较大比例是所谓"新兴官僚家族"，吉冈真指出，他们的出身与一般庶民有别，大体可归入广义上的士人阶层。参其《八世纪前半における唐朝官僚機構の人の構成》，《史学研究》153，1981。这应该也是安史之乱爆发前"两京衣冠"的大致构成样态。

② 中唐以后，虽仍有不少衣冠士族留滞河朔，其地文教传统也并未完全断绝，但总体来看，士人家族的生存境遇与其他地区呈现出显著差异。及至晚唐，河朔社会又孕育出一个本土"新兴文士阶层"，他们的仕宦途径、文化风貌均有别于其他地区的士人。参张天虹《中晚唐五代的河朔藩镇与社会流动》，社会科学文献出版社，2021，第214—230页；高井康典行：《唐後半期から遼北宋初期の幽州の「文士」》，《史滴》34，2012；谭凯（Nicolas Tackett）：《晚唐河北人对宋初文化的影响——以丧葬文化、语音以及新兴精英风貌为例》，《唐研究》第19卷，北京大学出版社，2013；赵满：《唐五代河北地方社会的变迁与新兴文士阶层的兴起》，华东师范大学硕士学位论文，2017。

③ 张泽咸：《唐代阶级结构研究》，中州古籍出版社，1996，第238—239页。

他认为，西晋末衣冠南渡之际，大多携宗族、乡里而来，因此"形成了一股强大实力"，而唐中期士人自两京迁徙南方州县，却未形成独立的政治势力，境遇"与一般民庶无异"。张先生精研汉唐史，议论处每见通识，这里谈的土地兼并问题，却触及了本章的核心议题。但实际情形是否如其所言呢？缺乏宗族、乡里根基的邑客，在侨居地将以何种形式开展社会活动？

一、从权德舆的侨居生活说起

研究某一类分布广泛的人群，理想的路径是聚焦特定时空场域，以个案为线索，由点及面展开考察。为此，这里选取大历、贞元之际侨居江南的权德舆家族作为观察样本。

权德舆平生仕宦显达，官至宰相，同时也是中唐文坛的领军人物之一。不过这里特予关注的是，他出身传统的北方士人家族，早年侨居江南，属于本书所言邑客之典型。另外，权德舆文集中保存的早期作品相对丰赡，细致爬梳，基本能重构其早年生活轨迹。

天水权氏是崛起于十六国时期的陇右大族，权德舆第十二代祖权翼，出仕前秦政权，官至尚书仆射。至周隋之际，天水权氏又被吸纳进入关陇集团，"有佐命功，代荷茅土者三叶"。①

入唐后，天水权氏虽称不上达官辈出，但也多沾宦绪。在此期间，他们逐渐把活动重心转移到长安、洛阳一带。就权德舆一房而言，其曾祖辈以上

---

① 《全唐文》卷五〇四《唐睦州桐庐县丞柳君故夫人天水权氏墓志铭并序》，第5133页。权德舆八代祖某，北周开府仪同三司、宜昌县公；七代祖荣，隋开府仪同三司、鄜城县公（见《全唐文》卷四九五《世德铭》，第5050页；《全唐诗》卷三二二《伏蒙十六叔寄示喜庆感怀三十韵因献之》诗自注，第3620页）。另外，周隋之际，其旁系亲属仕宦显达者有权景宣，北周荆州总管、千金郡公；权袭庆，北周开府仪同三司、冀州刺史、齐郡公；权武，隋开府仪同三司、右武卫屯卫二大将军、天水县开国伯（以上分见《周书》卷二八《权景宣传》，中华书局，1971，第477—480页；《全唐文》卷五〇二《故朝议郎行尚书仓部员外郎集贤院待制权府君墓志铭并序》，第5111页）。

还是归葬乡里，至其祖父权倕，卒后始营葬洛阳，[1]时在开元、天宝之际。这与毛汉光推定的士族"中央化"的时间下限正相吻合，天水权氏显然属于典型的"两京衣冠"之家。

权德舆家族迁徙江南，是在"安史之乱"爆发前夕。其父权皋时为安禄山僚佐，因洞悉府主不臣之心，遂举家南遁，先后辗转于杭州、洪州，最终定居润州。权德舆本人于乾元二年（759）出生在江南，此后直至贞元七年（791）登朝授官，除去中间入幕江西、淮南的数年，一直侨居润州丹阳县练湖附近。[2]故其自称"游息三吴间，殆二十年，每耳闻水国，如话乡党"。[3]

在此期间，权氏内外亲戚也不乏南迁者。据权德舆《秋夜侍姑叔燕会序》："叔父至自东周，第如新定，就长子桐庐尉之养也。途出云阳（即润州丹阳），德舆之侨居在焉。……叔父、诸姑既就坐，群从伯仲，或冠或丱，中外稚孺，凡四五十人。"[4]出席此次丹阳宴集的权氏内外亲戚有四五十人。不过从现有史料来看，这并非有组织的迁徙所致，他们大多散居江南州县，没有聚族而居的迹象。[5]

权德舆家在当地购置了田产，这从其自述"具台笠镃基，耕凿吴门"可知。[6]不过这片田产规模应该不大，只能勉强维持生计。侨居江南期间，权德舆之所以能维持相对优渥的生活，离不开亲友间的接济，而人际网络在其

---

① 权德舆《先公先太君灵表》："曾王父以上葬于本州，今限异域，至王父葬于伊水之阳。"（《全唐文》卷五〇六，第5155页）此后，自其父权皋以下祖孙四代都是归葬于洛阳。当然，其宗族成员也有定居、营葬长安附近者，如其族祖父权自挹、再从叔权达（分见《全唐文》卷五〇二《故朝议郎行尚书仓部员外郎集贤院待制权府君墓志铭并序》，第5111页；同书卷五〇四《再从叔故京兆府咸阳县丞权君墓志铭并序》，第5125页）。这透露出天水权氏不同房支迁离乡里的时间似不尽相同，迁至两京后也并未聚族而居。

② 关于权德舆早年行止，据蒋寅《权德舆年谱略稿》，《大历诗人研究》，北京大学出版社，2007，第553—568页。

③ 《全唐文》卷四九一《送徐咨议假满东归序》，第5012页。

④ 《全唐文》卷四九〇，第5008页。

⑤ 如权德舆叔父南迁的目的地是睦州桐庐县；族祖姑母契微"广德中随其家南渡，安居于苏州朱明寺"。（《全唐文》卷五〇一《唐故安国寺契微和尚塔铭并序》，第5105页）族叔权器，先居润州，后迁往苏州、湖州等地，详见下文。

⑥ 《全唐文》卷四九一《送陆校书赴秘省序》，第5017页。

中扮演了至关重要的角色。

虽然幼年丧父，但权皋生前的士林声誉与官场人脉，对权德舆早年发展起到了关键作用。《旧唐书》本传称：

> 两京蹂于胡骑，士君子多以家渡江东，知名之士如李华、柳识兄弟者，皆仰（权）皋之德而友善之。……皋卒，韩洄、王定为服朋友之丧，李华为其墓表。①

此后，正是建中初年韩洄任淮西淮南道黜陟使时，权德舆被辟为僚属，授秘书省校书郎衔，由此顺利踏入仕途。据其自叙："先友过听，遽以名闻，蓬茅之中，未筮而仕。"②这一际遇显然与故人之子的身份大有关系。李华是权皋交游圈中的著名文士，权德舆文集中虽未留下二人交往的直接证据，但据近年新出墓志，李华大历年间侨居润州，且其子李秾子与权德舆多有往还。③从这些迹象看，权德舆早年很可能也受到过他的提携。此外，权皋故交还有名士独孤及，大历年间任常州刺史，权德舆"志学之岁，伏谒于郡斋"，获其奖掖。④独孤及门下英才济济，"比肩于朝廷"，如梁肃、唐次、齐抗等，皆一时才俊，这构成了权德舆跻身精英士人交游圈的津梁。

除了父执辈交谊的延续，寓居润州时期的权德舆也拓展出自身交游圈，而这又呈现出明显的身份与地缘特征。他们中，一类是州县官员与使府幕僚，又以任职润州及邻近州县者居多。如建中年间马炫任润州刺史，权德舆

---

① 《旧唐书》卷一四八《权德舆 附父皋传》，第4002页。
② 《全唐文》卷四九二《送三从弟长孺擢第后归徐州觐省序》，第5023页；《旧唐书》卷一四《权德舆传》，第4002页。蒋寅认为《旧唐书》本传所载入韩洄举荐之事不确，当是时任江东黜陟使的柳载，见前揭《权德舆年谱略稿》，第557页。不过无论韩洄抑柳载，都是其父旧友。
③ 《唐故吏部员外郎李府君墓志铭并序》，胡可先、杨琼编著《唐代诗人墓志汇编》，上海古籍出版社，2021，第224—225页；《全唐文》卷五〇八《祭李处士秾子文》，第5168页。
④ 《全唐文》卷五〇九《祭独孤常州文》，第5177页。值得一提的是，此后独孤及之子独孤郁又娶权德舆之女，两家可谓累世通好。

"方侨居别部，备辱嘉荐，亟游其门"；①姚南仲"理海盐而介浙右也，德舆方侨于吴，辱忘年之欢"；②润州丹阳县丞卢岘，权德舆"侨居丹阳，常与君游"；③丹阳县尉李某，是其亲舅。④此外浙西节度判官何士干、刘绪、丹阳令郑某、丹阳县尉丁某、句容县尉王某等，均与权德舆往来密切。⑤这些地方官员，或是其家亲故，或对其钦赏有加，彼此时有诗文唱和，权德舆早年所以能从容读书、纵情山水，想必离不开他们的照拂与庇护。

权德舆交游圈中更为庞大的人群，还是与之有着相似境遇的邑客。今就文集所见，并参以其他史料，表列如下：

表2-1 权德舆在侨居地的交游

姓名	寓居地/交游地	原籍地	史料出处
杨凭、杨凝、杨凌	苏州	京兆	全489《兵部郎中杨君集序》；全588《唐故兵部郎中杨君墓碣》
梁肃	常州	河南	全489《兵部郎中杨君集序》；全508《祭梁补阙文》；全517《过旧园赋》
王仲舒	润州	河南	全492《送王仲舒侍从赴衢州觐叔父序》；全544《祭权少监文》；全562《王仲舒墓志》；旧161本传
崔元翰	润州（？）	滑州	全489《比部郎中崔君元翰集序》；新203本传

---

① 《全唐文》卷四九三《送马正字赴太原谒相国叔父序》，第5029页；参《旧唐书》卷一三四《马燧 附兄炫传》。
② 《全唐文》卷四八九《右仆射赠太子太保姚公集序》，第4995页。
③ 《全唐文》卷五〇三《唐故润州丹阳县丞卢君墓志铭并序》，第5125页。
④ 《全唐文》卷五〇四《润州丹阳县尉李公夫人范阳卢氏墓志铭并序》，第5132页。
⑤ 分见《全唐文》卷五〇四《洛阳县尉何君夫人范阳卢氏墓志铭并序》，第5132页；同书卷五三〇《韩滉行状》，第5383页；《刘禹锡集传》，第1557页；《全唐诗》卷三二五《甲子岁元日呈郑侍御明府》，第3648页；《全唐文》卷四九二《送前丹阳丁少府归余杭觐省序》，第5025页；《全唐诗》卷三二四《送句容王少府簿领赴上都》，第3639页。

续表

姓名	寓居地/交游地	原籍地	史料出处
许孟容	润州	京兆	全491《送许校书赴江西使府序》《月夜泛舟重送许校书联句序》；旧154本传
李畅	润州	陇西*	全诗322《酬李十二兄主簿马迹山见寄》；全506《唐故润州昭代寺比丘尼元应墓志铭并序》
李原均	润州	陇西*	全诗322《酬李十二兄主簿马迹山见寄》
李秖子（启？）	润州	河南	全508《祭李处士秖子文》；《李华墓志》，《唐代诗人墓志汇编·出土文献卷》，上海古籍出版社，2021年，第224—225页
裴泰	扬州、润州	河东*	全490《送安南裴中丞序》
卢群	润州	幽州	全490《送安南裴中丞序》；新147本传
李元易	润州	不详	全508《祭海陵李少府元易文》
萧元植	扬州、润州	兰陵*	全490《送安南裴中丞序》
沈既济	润州	苏州	全诗326《与沈十九拾遗同游栖霞寺上方于亮上人院会宿二首》；新132本传
唐次、唐款	扬州、润州（？）	京兆	全490《唐使君盛山唱和集序》；全509《祭唐舍人文》、全503《唐款墓志铭》
陆修	越州、润州	苏州	全491《送歙州陆使君员外赴任序》；全503《陆修墓志》；汇考1939A
崔芊	润州	博陵*	全491《奉送崔二十三丈谕德承恩致仕东归旧山序》；全503《陆修墓志》；册府98
陆澧、陆淮、陆灈、陆子荣	润州	苏州	全491《送陆校书赴秘省序》；全483《洞庭春溜满赋》；汇考3621B
齐抗	越州	河南	全499《齐抗神道碑》；全684《登石伞峰诗序》；新128本传

续表

姓名	寓居地/交游地	原籍地	史料出处
张众甫	润州	清河*	全502《张众甫墓志》
李藩	扬州	河南	全503《陆修墓志》；旧148本传；广记153
李舟	润州	河南	全503《陆修墓志》；全521《李舟墓志》
郑公逵	扬州、润州	郑州	全493《送郑秀才入京觐兄序》
郑某	润州	郑州	全492《送右龙武郑录事东游序》
马某	润州	汝州	全493《送马正字赴太原谒相国叔父序》；全507《马燧行状》

说明：

1. 表中所列为权德舆贞元七年之前在江南结交的友人，其中入幕江西、淮南期间的同僚不计入，部分事迹无考者亦不计入。

2. "原籍地"一栏，首取文献中明确记载的籍贯或故居所在，次取碑志所载卒后归葬地，两者皆无考者，则列其郡望以备参考，以*标识。需要指出的是，表中诸人祖上多有宦绪，此前定居两京者应该占绝大多数。

3. 名列同一格中的为一门内的兄弟、叔侄。

4. 参考文献缩略语：全＝《全唐文》，后缀为卷数；旧＝《旧唐书》，后缀为卷数；新＝《新唐书》，后缀为卷数；汇考＝《全唐诗人名汇考》，后缀为原书中条目编号；全诗＝《全唐诗》，后缀为卷数；广记＝《太平广记》，后缀为卷数；册府＝《册府元龟》，后缀为卷数。下文涉及表中人物之事迹，凡不另出注者，皆据此。

与权德舆境况类似，他们大多也是"安史之乱"后自两京一带举家流寓江南。①如杨凭兄弟三人，出身弘农杨氏越公房，原籍京兆，"早岁违难于江湖间，……东吴贤士大夫号为三杨"；王仲舒，出身太原王氏，原籍洛阳，"少孤，奉其母居江南，游学有名"；梁肃，出身安定梁氏，原居洛阳，"旅于吴越，转徙厄难之中者垂二十年"；卢群，出身范阳卢氏，"少学于（润州）垂山"；至于李畅等人，更是与权德舆同邑而居，"里巷相接"。

从空间分布来看，权德舆友人多居住在以润州为中心的浙西道，及与之隔江相望的淮南道扬州等地。上述区域水网纵横交错，中唐以降，伴随着人口南迁、流通贸易兴盛与官府漕运体系的整备，逐渐形成了一个分布密集的城市群落。②发达的水路交通，为彼此往来提供了诸多便利。从诗文中透露的信息看，权德舆寻亲访友的足迹几乎遍布上述州郡，他在追忆这段经历时称："宦游出处，多在江介，……杨柳古湾，秣陵仁祠，寒夜促膝，欢言举酒。"③乃朋辈交游的真实写照。

需要指出的是，本节考察虽以权德舆为中心展开，但表中诸人彼此间也存在盘根错节的交游关系。如杨凭"与穆质、许孟容、李墉、王仲舒为友"；王仲舒"与梁肃、杨凭游"，"与杨顼……裴枢为忘形之契"；陆傪与梁肃、韦德符、刘茂宏、李藩、崔芊友善；唐次与梁肃、杨凝"尤为莫逆"。因此，此期江南侨寓士人的交游呈现出一种网络状形态。

除了交游，这些邑客家族间往往还有姻亲关系。如王仲舒是权德舆姨弟，李畅、李原均为权德舆母家亲属，陆澧兄弟之母出自权德舆家族，唐款

---

① 当然，表中所列诸人也有少数"江南冠族"，如陆澧兄弟。但细考之，其父陆齐望开元中便已官至秘书监，先后娶荥阳郑氏、河南贺兰氏、天水权氏，其中郑氏葬于长安，陆澧一辈此后也多进士及第，仕宦清显。陆氏这一房发展的重心此前显然已转向两京，也正因此才能与北方官僚家族联姻，并厕身其交游圈。以上参《元和姓纂（附四校记）》卷一〇"陆氏"条、《宝刻丛编》卷七"唐陆齐望妻荥阳县君郑氏墓志"条、同书卷一四"唐宝花寺碑"条、《集古录跋尾》卷八"唐贺兰夫人墓志"条、《全唐文》卷四九一《送陆校书赴秘省序》；另参本节下文。沈既济、陆傪等人家世背景大抵类似。总之，这类"江南冠族"的社会关系早已中央化。

② 参妹尾達彦《中華の分裂と再生》，《岩波講座 世界歴史》9，岩波書店，1999，第53—56页；张剑光：《唐五代江南工商业布局研究》，江苏古籍出版社，2003，第340—380页。

③ 《全唐文》卷四九〇《送安南裴中丞序》，5006页。

之妻则为权德舆从祖妹。这类家族联姻，大多在父祖辈定居京洛的时代便已缔结，属于既有社会关系之一环。

以权德舆为出发点可以看到，大历、贞元之际，润州等地存在着一个以侨居邑客与宦游官员为主体的精英网络。这一人际网络的形成，以朋辈交游为主要媒介，同时也有父祖辈世交、姻娅关系等交织其间。如果对比南朝士族后裔主导的旧秩序（参本书第一章），中唐以降，伴随着新一轮的移民潮，江南地区正在形成某种新秩序。

二、官与客：地方社会中的精英网络

以官员和邑客为主体的精英网络，在唐后期地方社会中绝非个例，而是一种结构性现象。不过囿于史料，在单一地域、特定时段内，大多很难复原人际网络的完整形态。下文主要采取举证的方式，对此做一项概观。

首先还是以江南地区为例。其实早在权德舆等人之前，润州等地已然形成了一个颇具规模的士人社群。试举权德舆岳父崔造事迹为例。据崔造友人张荐回忆："宝应中，相国丈（崔造）……寓居陆阳（润州），荐家于邗沟（扬州），耕于谢湖。……相国丈时与故刑部刘尚书（滋）、赵洋州（匡）、户部（赞）兄弟同客是邑，或承余昆，留欢浃日，无旷再时者数焉。"[1]此外，当时与崔造同寓润州、往来密切的至少还有韩会、卢东美、张正则等人，无一例外都是"安史之乱"中南迁至此的士人。[2]

同处浙西道的湖州，也存在类似社群。大历八年至十二年，颜真卿任湖州刺史期间，曾多次主持文学雅集与典籍编纂活动，由此形成了文学史上颇受瞩目的中唐"浙西诗人群"。[3]细审厕身其间的文士名单，不难发现，他们

---

① 《全唐文》卷四五五《答权载之书》，第4644页。
② 《旧唐书》卷一三〇《崔造传》，第3625页；另参《太平广记》卷一五一"崔造"条引《刘宾客嘉话录》，第1087页；韩愈：《韩昌黎文集校注》，卷六《考功员外卢君墓铭》，马其昶校注，上海古籍出版社，1986，第353页。
③ 贾晋华：《唐代集会总集与诗人群研究》第四章《〈吴兴集〉与大历浙西诗人群》，北京大学出版社，2001，第86—101页；胡可先：《唐诗发展的地域因缘和空间形态》，中国社会科学出版社，2010，第180—187页。

大多是"安史之乱"中举家寓居江南的士人。^①可以说，当时湖州周边存在着一个以地方牧守为中心的侨寓士人社群。权德舆知友中，杨凭、杨凝兄弟曾一度赴湖州参与宴集、唱和；^②王绍（纯）与颜真卿是世交，曾被延入湖州幕府。^③早年对权德舆多有提携的族叔权器，以"苏州寓客"的身份入颜真卿湖州幕府，长期参与文学活动；^④与王仲舒"为忘形之契"的杨顼，侨寓湖州，被颜真卿辟为团练判官。^⑤综合以上情形来看，当时江南各地的邑客社群间人员往来、信息交流应相当频繁，经由彼此引荐、诗文酬唱，三五朋辈的交游圈交错联结，不断扩展，由此形成了一个重层构造的精英网络。

这类人群中，类似权德舆早年经历者也不在少数。据新出《李纵墓志》：

> （前略）昔我文公之镇江东，族兄弟之从者五人，兄弟之子从者八人，皆遂家焉。及公介戎政于二州（按，志主曾任湖州司马、常州长史——引者），复衣食之。诸父兄弟、姑姊妹、从子、从女，聚居者数十人，熙熙和乐，他族无与比者。时中州丧乱之后，人士多奔江浙间，游公之门，称为食客者十余人，皆名士也。公之所从，有若李公栖筠、韦公元甫、独孤公及，……公之与游，有若崔太傅祐甫、杨中书炎、袁给事高、谢舍人良弼，皆人望也。^⑥

---

① 部分名单见《颜鲁公文集》卷七《湖州乌程县杼山妙喜寺碑铭》，《丛书集成续编》第123册，台北：新文丰出版公司，1989，第296—297页。相关人物事迹，参朱关田《颜真卿交游考》，《思微室颜真卿研究》，西泠印社出版社，2021，第163—187页。

② 见《全唐诗》卷七八八《与耿㳠水亭咏风联句》《又溪馆听蝉联句》，第8881—8882页。

③ 《全唐文》卷五〇六《唐故尚书工部员外郎赠礼部尚书王公改葬墓志铭并序》，第5151页；《全唐文》卷六四六《兵部尚书王绍神道碑》，第6543—6545页。

④ 《全唐文》卷三九〇《唐故朝议大夫高平郡别驾权公神道碑铭并序》载权器母郑氏大历二年（767）卒于丹阳，又据同书卷五四四《颜鲁公行状》，大历七年以"苏州寓客"入颜真卿湖州幕府，是知权器先家润州丹阳，后又寓居苏州。

⑤ 《全唐文》卷五四四《颜鲁公行状》，第5229页。

⑥ 《唐故金州刺史赠吏部郎中高邑公墓志》，毛阳光、余扶危主编《洛阳流散唐代墓志汇编》，国家图书馆出版社，2013，第543页。

志主李纵，出身赵郡李氏南祖房，文中提到的"文公"，即其父李希言，①他于至德、乾元之际任苏州刺史、江东采访使。②据墓志，其兄弟、子侄也多随同南渡。李希言旋即去世，但其家族此后长期滞留江南，"聚居者数十人，熙熙和乐，他族无与比者"。这数十人中，除了志主李纵，事迹可考者至少还有其弟李纾、堂兄李嘉祐，都是大历年间活跃于江南的著名诗人。③作为前任采访使之子，李纾兄弟在江南的寓居生活应相当顺遂，流寓士人争相与之结交，彼此常有唱和。④在仕途上，李纵也颇受当地官员照拂，先后获浙西观察使李栖筠、韦元甫、常州刺史独孤及等人举荐、辟召，以幕职兼任延陵县令、湖州司马、常州长史等。这些都与权德舆早年人生轨迹相仿佛。

不可否认，江南地区的侨寓士人社群，在形成之初，与中原丧乱，"避地衣冠尽向南"的特殊局势密不可分。但战事结束后，这类士人社群并未随之瓦解，相反，人数有增无减。据刘禹锡《魏生兵要述》：

> 余为书殿学士四年，所与居皆鸿生彦士，一旦诏下，怀吴郡章而东。门下生咸惜是行，且曰："吴中富士，必有知书、宜为太守所礼者。"及下车，阅客籍，森然三千。⑤

---

① 参《新唐书》卷七二上《宰相世系表》，第2480—2481页；《旧唐书》卷一三七《李纾传》。

② 墓志作"浙江东西节度使"，而《通鉴》卷二一九至"德元载十二月"条、《旧唐书》卷一一八《元载传》等记李希言皆作"苏州刺史（吴郡太守）、江东采访使"。按《新唐书·方镇表》，乾元元年（至德三年）浙江东、西道始置两节度使，李希言所任官先为江东采访使，此时当改作浙西节度使，刘长卿有诗《至德三年春正月……因书事寄上浙西节度李侍郎中丞行营五十韵》（《全唐诗》卷一五〇），可为明证。墓志所记不确。

③ 参傅璇琮《李嘉祐考》，《唐代诗人丛考》，中华书局，1980。

④ 除墓志所列诸人外，李纵与当时寓居江南的诗人刘长卿、卢纶等均有往来，权德舆早年赴常州拜谒独孤及时，也与之有诗唱和。见《全唐诗》卷一四七《送李员外使还苏州兼呈前袁州李使君赋得长字袁州即员外之从兄》《酬李员外从崔录事载华宿三河戍先见寄》；同书卷二七六《送李纵别驾加员外郎却赴常州幕》；同书卷三二八《杂言和常州李员外副使春日戏题十首》。参蒋寅《大历诗人研究》，第704—709页。

⑤ 刘禹锡：《刘禹锡全集编年校注》，陶敏、陶红雨校注，岳麓书社，2003，第1173页。

刘禹锡任苏州刺史在大和五年（831）前后，据其所见，当地有"客籍"三千。他们属于"知书、宜为太守所礼"的群体，所以刘禹锡下车伊始即"阅客籍"，以了解其动向。显然，这三千客籍正是侨寓当地的士人及其家眷。久寓他乡的相似处境，促使其社群内部形成了协作、互助的自觉意识，如韦应在侨寓居扬州为母服丧期间，墓志称："淮之南抵吴越，仕人所聚，非亲旧者咸吊于苫盖之前，或馈其不足。"①这些"仕人"，正是同寓于此邑客。

而所谓"宜为太守所礼"，也非虚言，这在当时江南官场是一种通例。同期任浙西观察使的崔郾有言："衣冠者，民之主也。自艰难已来，……不能自奋者多栖于吴土。"于是设延宾馆，"苟有一善，必接尽礼"。②从一些具体事例来看，如李绅侨寓江南期间，苏州刺史韦夏卿"首为知遇，常陪宴席，段平仲、李季何、刘从周、綦毋咸十余辈，日同杯酒"。③白居易任苏、杭二州刺史，也与邑客多有诗歌唱和，其间有《自到郡斋……寄常州贾舍人、湖州崔郎中，仍呈吴中诸客》诗为证。又《醉后狂言，酬赠萧、殷二协律》诗："余杭邑客多羁贫，其间甚者萧与殷。……因命染人与针女，先制两裘赠二君。"④不难看出，杭州刺史白居易与邑客萧、殷二人多有往还，对他们"羁贫"的境遇颇为同情，时常施以援手。可以说，官、客之间普遍形成了一种交游—庇护关系。

相反，若邑客不事请谒、不善交游，则会被视作异类，进而对侨居生活造成困扰。如大和年间侨居越州的韩义，"未尝入公府造请与幕吏宴游，因此不为搢绅相所见礼"。⑤又如寓居扬州的王播，当淮南节度使杜亚举办端午竞渡盛会时，"凡扬州之客，无贤不肖尽得预焉，唯王公不招，惆怅自

---

① 《唐故朝散大夫……京兆韦公墓志铭并序》，《秦晋豫新出墓志蒐佚》，第965页。
② 《杜牧集系年校注·樊川文集》卷一四《唐故银青光禄大夫检校礼部尚书御史大夫充浙江西道都团练观察处置等使……崔公行状》，第917页。
③ 《全唐诗》卷四八一《过吴门二十四韵》，第5474页。
④ 白居易：《白居易集笺校》，朱金城笺校，上海古籍出版社，1988，第700、1624页。
⑤ 《杜牧集系年校注·樊川文集》卷一六《荐韩义启》，第994页。

责"。①韩乂与王播的遭遇，从反面印证了这种交游—庇护关系的普遍性与必要性。

类似人际结合的样态并不限于江南州县，唐王朝有效控制的其他区域内，大多可见其例。如侨居襄州的杜宣猷，与在此任官的李某、杜琼夫妇"别业接连，得叙宗族，日渐月深，情同亲密"。杜琼去世后，杜宣猷在撰写的墓志铭中对其感念不已。②侨居鄂、黄二州的吴筹，先后干谒历任武昌节度使，"皆获赏异"，又与黄州刺史李虞交好，后者甚至有意"结以姻好"。③

在离京师不远的关辅州县也能见到此类情形。《太平广记》卷三四一"郑驯"条引《河东记》：

> 郑驯，贞元中进士擢第，调补门下典仪。第三十五，庄居在华阴县南五六里，为一县之胜。驯兄弟四人，曰馹，曰骥，曰駉。駉与驯，有科名时誉，县大夫洎邑客无不倾向之。驯与渭桥给纳判官高叔让中外相厚，时往求丐。高为设鲙食，其夜，暴病霍乱而卒。……十数日，柩归华阴别墅。时邑客李道古游虢川半月矣，未知驯之死也。回至潼关西永丰仓路，忽逢驯自北来。……须臾，李至县，问吏曰："令与诸官何在？"曰："适往县南慰郑三十四郎矣。"……李愕然，犹未之信，即策马疾驰，往郑庄。中路逢县吏（令）④崔频、县丞裴悬、主簿卢士琼、县尉庄儒及其弟庄古、邑客韦纳、郭存中，并自郑庄回。⑤

---

① 《太平广记》卷二七八"王播"条引《逸史》，第2204页。

② 《唐故朝请大夫试绛州长史上柱国赵郡李君故夫人京兆杜氏墓志铭并序》，《唐代墓志汇编》，第2132页。

③ 《唐故陕虢等州都防御判官文林郎试大理司直兼殿中侍御史渤海吴公墓志铭并序》，《秦晋豫新出墓志蒐佚》，第1046页。

④ "吏"，李剑国《唐五代传奇集》（中华书局，2015，第1305页）据明抄本《太平广记》校改为"令"，甚是。

⑤ 《太平广记》卷三四一，第2705—2706页。

这则故事中，死而复生的情节虽属不经，但所涉人物并非虚构。①郑驯兄弟进士及第后寄庄华阴县，属于邑客。在他去世后，前来吊唁的有两类人：一类是县令崔频、县丞裴悬、主簿卢士琼、县尉庄儒等本县官员；另一类是同为邑客的李道古、庄古、韦沔、郭存中等人。上述两类人，即"县大夫泊邑客"，无疑是郑驯兄弟日常交往最为密切的群体，而他们彼此间也有亲属关系，如邑客庄古是县尉庄儒之弟。由此也可窥见，这类精英网络已嵌入县一级基层社会中。

因为与官员的私人关系，邑客在地方治理中也扮演了某种角色。如温造、温逊兄弟，出身太原温氏，是唐初功臣温大雅五世孙。贞元初年，温氏兄弟"寓居洙泗之间"，深受徐州节度使张建封礼遇，"动静咨询，而不敢縻以职任"。贞元十四年（798），张建封病故，"徐方草扰"，平卢节度使李师道趁机南侵。温逊受命与之斡旋，"以处士走齐鲁而不显名"。此后元和年间，他又协助节度使王绍，成功消弭了埇桥一带的军士骚乱。②温氏兄弟侨居徐州近二十年，其间深度参与了地方政治。此外又如元衮，寓居坊州期间与刺史郗士美"定交于□游之间，申知己之分，每立政行事，虽隶者无得闻而公与焉"。③他虽无官职，却因与刺史的私人交谊，实际参与了政务决策。

邑客也是官员主持的礼仪、祭祀等活动的主要参与者与襄助者。本章引言中提到，开成五年，日僧圆仁在登州目睹了一次刺史集众宣读诏书的场景。在行礼人群中出现的"诸客"，其身份为"诸官客、酢大"，即侨居登州的邑客。此外，大和年间郓州刺史李祥主持的道教祭祀也由"谪臣、郡客、将吏等"共同出席。④咸通年间，衢州刺史赵璘有意重建毁于会昌法难

---

① 如文中提到的卢士琼，出身范阳卢氏北祖房，系祠部郎中卢澣之子，今有李翱所撰墓志存世，其中所记官职与上引文相合。见《全唐文》卷六三九《故河南府司录参军卢君墓志铭》，第6455—6456页。

② 《旧唐书》卷一六五《温造传》，第4314—4315页；《大唐故至德县令太原温公墓志铭并序》，《洛阳流散唐代墓志汇编续集》，第605页。

③ 《唐故鄂岳观察推官监察御史里行上柱国元公墓志铭并序》，《唐代墓志汇编续集》，第816页。

④ 《全唐文》卷七三七《郓州修明真斋词》，第7611页。

的戒珠寺，"客有前藤州刺史骆巽与，……戴山之下寄居人也，……归愿买石以刻，遂笔以授之"。①县一级的地方社会中也可见其例，《全唐文》卷七三〇《白郎岩记》：

> 白郎岩，因神姓名也。在天台山西，东抵唐兴县三十里。长庆四年秋，风雨不应候……自浙东数郡咸然。县令曰②余丰曰："……将祷于名山，顾其辽远。某始至时，经于白郎岩，异状深黑巍峭，疑有神宅焉。"……虔祈礼请，……其夕降甘雨。……自宝历元年更复旱，县令求去年之祥，召邑居客与同往祝请。……是夕复降甘雨。……展适在山野，获同观焉。③

本文作者王展，进士及第后长期寓居天台县，④据他亲身经历，当地的祈雨活动是由县令主导，邑客积极参与其间。凡此皆可见官、客在地方公共事业中的协作关系。

从以上事例看，邑客是一类身份介于官、民之间的人群。他们虽无官职在身，却能参与地方政务，甚至分享部分公权力。另一面，地方官罢任后，不乏留居当地变身邑客者，即所谓"前资寄住"，⑤又或如苏州刺史白居易、刘禹锡，早年皆是侨居此地的邑客。⑥因此，从社会面来看，官与客实为"一体两面"、彼此交融的人群，并无不可逾越的身份界线。"士类相惜"的心态拉近了彼此距离，客居异乡的相似境遇又使其现实利益趋于一

① 《全唐文》卷七九一《书戒珠寺》，第8288页。
② 《嘉定赤城志》卷二一《山水门》（《宋元方志丛刊》第7册，第7443页）。节引文作"白"，当据改。
③ 《全唐文》卷七三〇，第7534页。
④ 《嘉定赤城志》卷三二《人物·侨寓》："王展，前进士，寓天台，项斯有《怀王展先辈在天台山诗》云：'赤城山下寺，无计得相随。'"（《宋元方志丛刊》第7册，第7528页）
⑤ 参前揭张泽咸《唐代的寄庄户》。
⑥ 朱金城：《白居易年谱》，上海古籍出版社，1982，第1—19页；卞孝萱：《刘禹锡年谱》，中华书局，1963，第6—7页。

致，由此，官、客在地方社会中凝聚成一个基于身份认同的利益共同体。

三、侨寓士人的婚姻

地域性精英网络还体现在彼此家族的联姻。对此，权德舆等人的事例中已可窥见一斑，不过多属迁徙前社会关系的延续，下面重点来看邑客在现居地缔结的婚姻。

先来看这样一方墓志，《唐北平田君故夫人陇西李氏墓志铭并序》：

> 夫人讳鹄，字回上，其先陇西人也。曾王父讳叔卿，京兆府金城县尉；王父讳晋，洪州录事参军；烈考讳元珪，同州白水县令，娶南阳张氏，生二女，夫人则次女也。……及稍长，酷好经史诗笔，虽眠食亦间以讽诵。……我北平公再临徐方，值李氏寓家埇上，夫人之闺行得以饱知。我公因命其季子前沧齐协律宿曰：若齿逾壮矣，我为得良妇，是瑞吾家。使以书币抵埇上。李氏太夫人乐我公之知，喜以承命。亲迎礼，既归于彭门，斯大中十一年冬十一月也。[1]

关于此方墓志，有两点值得注意。首先，志主曾祖李叔卿以下，虽不见于史传，但其家世阀阅历历可考。按，大历二年（767）李季卿撰、李阳冰篆书名碑《三坟记》，记其三位亡兄的生平事迹，称仲兄"□卿字万……弱冠以明□观国，莅鹿邑、虞乡二尉，魏守崔公沔、洎相国晋公□□甲科第之进等，举之。……转金城尉"。[2]名讳中所阙之字，据宋人所见拓片，正是"叔"字。[3]两相比照，可以断定，志主官金城县尉的曾祖叔卿，正是李适之子、李季卿之兄。李适为京兆万年人，父子俱有文名，仕宦也颇为显

---

[1] 《唐代墓志汇编续集》，第1018页。

[2] 王昶：《金石萃编》卷九四《三坟记》，《石刻史料新编》第1辑第3册，第1571页。

[3] 欧阳棐：《集古录目》卷八"李氏三坟记"条，《石刻史料新编》第1辑第24册，第17985页。

达。①据此，志主李氏出身于京城衣冠之家，她自幼"酷好经史诗笔，虽眠食亦间以讽诵"，自然是家风熏习所致。

其次，李氏一家，因曾祖早逝，父、祖两代均官位不显，已颇为没落，逐渐淡出京城。至于选择"寓家埇上"，则可能与叔父李公路大和年间曾在此任职有关，属因官侨寓。②"埇上"即符离县埇桥一带，《元和郡县图志》卷九宿州条载："本徐州符离县也，……南临汴河，有埇桥，为舳舻之会，运漕所历。"③是知埇桥一带与运河沿岸的扬州等地类似，地当漕运要冲，商贾辐辏，自然也是衣冠萃居之地，如韩愈在守选期间曾寓居符离，白居易也有亲属在此居住。④

在寓居地，李氏因家世阀阅与闺门德行，获徐州节度使田牟青睐，"以书币抵埇上"，为其子田宿求亲。在讲求门第的唐代社会中，对河北军将出身的田氏而言，⑤与衣冠之家结亲，自是相当有吸引力。而从现实层面来看，李氏这类侨寓衣冠，能够联姻执掌一方军政大权的节度使，对改善在寓居地的境遇自然也是相当有利。墓志称："李氏太夫人乐我公之知，喜以承命。亲迎礼，既归于彭门。"可见两家是各得其所。墓志虽未明言，不过不难想见，今后志主李鹄的叔伯、昆仲在仕途上将会得到田氏奥援。李氏的婚姻生动展现出邑客与地方军政要员以婚姻为媒介而相互结托的过程。

能与节度使结亲的毕竟是少数，《续玄怪录》卷四"叶令女"条：

> 汝州叶县令卢造者，有幼女，大历中，许邑客郑楚曰："及长，以嫁君之子元方。"楚拜之。俄而楚录潭州军事，造亦辞满寓叶。后楚

---

① 《新唐书》卷二〇二《文苑·李适附子季卿传》，第5747—5748页。李季卿父子兄弟事迹，详参岑仲勉《贞石证史》"扫先茔记"条、"三坟记"条，《金石论丛》，上海古籍出版社，1981，第132—138页。按，岑氏已留意到《集古录目》的记载，但同时又提出了作"李子卿"的可能。今据《李鹄墓志》，当以"叔卿"为是。

② 见《大唐故李夫人墓志铭并序》，《洛阳流散唐代墓志汇编》，第569页。

③ 《元和郡县图志》卷九，第228页。

④ 《韩昌黎文集校注》卷二《与孟东野书》，第138页；《白居易集笺校》卷六九《祭弟文》，第3716页。

⑤ 参《旧唐书》卷一四一《田弘正　附子牟传》。

卒，元方护丧居江陵，数年间，音问两绝，县令韦计为子娶焉。①

卢造先任叶县令，秩满后寓居当地。在择婿时，他先与邑客郑楚之子定下婚约，后因郑楚一家宦游他方，"音问两绝"，遂将幼女嫁与时任县令韦计之子。邑客家庭的婚姻关系与交游网络是高度一致的，官、客结合是一种常态。

《太平广记》卷一一七"范明府"条引《报应录》：

> 唐范明府者，忘其名，颇晓术数，选授江南一县宰，……及之任，买得一婢子，因诘其姓氏，婢子曰："姓张，父尝为某堰官，兵寇之乱，略卖至此。"范惊起，问其父名，乃曩昔之交契也，谓其妻曰："某女不忧不嫁。"悉以女妆奁，择邑客谨善者配之。秩满归京。②

县令范某所购婢女之父，曾任堰官，这是当时底层邑客常出任的盐铁使下小职（参本书第三章第二节），她应该出身落难的士人家庭。在其父友人为她择婿时，文中明确点出对方身份为"邑客"，这说明在时人观念中，即使是落难衣冠之后，嫁娶时也应遵循身份上的对等性，不会下嫁当地百姓。类似情形也见于南昌令崔晤之女的婚姻，在其父去世后，崔氏一家侨居洪州高安县，生活落魄。继母殷氏急于为其择婿，托媒人在洪州"以家状历抵士人门，曾无影响"，无奈之下，最终她只能嫁给了中年丧妻的表叔李仁钧。③虽然二人行辈、年齿悬隔，但毕竟同属衣冠之家。在此，身份对等性是邑客婚姻中考量的首要因素。

除了家世，对方仕途前景也是考量因素。《唐语林校证》卷三：

> 刘侍郎三复，初为金坛尉。李卫公镇浙西，……辟为宾佐。时杭州有萧协律悦，善画竹，家酷贫。白居易典郡，……遗之歌曰：

---

① 《玄怪录·续玄怪录》卷四，第188页。
② 《太平广记》卷一一七，第821页。
③ 《太平广记》卷一六〇"秀师言记"条引《异闻录》，第1148—1149页。

"……。"悦年老多病，有一女未适。他日，病且亟，谓其女曰："吾闻长史刘从事，非有通家之旧，复无举荐之力。欻自众为贤侯幕府，必有足观者。今知未婚，吾虽未识，当以书托汝。"……三复遂成婚。①

萧悦是寓居杭州的邑客，名见于白居易诗篇。在为女择婿时，萧悦相中了浙西使府僚佐刘三复。他们"非有通家之旧"，萧悦显然是看重了刘三复作为李德裕亲信的良好仕途前景。值得注意的是，虽然史传记载刘三复为润州人，但据研究，其家很有可能是从两京迁居于此。②此外又如崔群之姊的事例，其家建中末因官侨居常州义兴县，新获进士及第的青年邑客郑高，"来抵门间，以嘉姻为请，金谓得选，是克配焉"。此后他果然不负众望，"累宾诸侯府，外台三命，银印朱袯"，官至江南西道都团练副使。③在刘三复与郑高的例子中，我们看到邑客家庭在择偶时，仕途前景是身份对等性之外的另一因素。就这两点来看，刘三复、郑高无疑都属良配。

这类侨居生活中缔结的婚姻还有不少事例，如李群，祖父"从官江湖，因家宣之当涂"，与当涂县尉崔防"相遇如旧，岁久不渝，……益隆分好，采寔门间"。④崔特，大中年间客居蜀地，获剑南节度僚佐于璟青睐，"坦腹之知，叨名东榻"。⑤张镒，因官侨居衡州，"幼女倩娘，……有宾僚之

---

① 《唐语林校证》卷三，第279—280页。

② 关于刘三复家世，《旧唐书》卷一七七本传仅言其润州句容人，不及先世。而据《李孔明妻刘氏墓志》撰者署名"从侄滁州军事判官将仕郎前太常寺奉礼郎刘三复"（《唐代墓志汇编》，第2034页），知其出身唐初以来达官辈出的广平刘氏，至于何时迁居润州则难以确考。渡边孝对此曾有分析，参《唐後半期の藩鎮辟召制についての再檢討—淮南・浙西藩鎮における幕職官の人の構成などを手がかり—》，《東洋史研究》60（1），2001。

③ 《唐故江南西道都团练副使侍御史荣阳郑府君夫人清河崔氏权厝志铭并序》，《唐代墓志汇编续集》，第803页；另参《郑高墓志》《郑高夫妇合葬墓志》，收入《洛阳新获墓志》，文物出版社，1996，第269、275页。

④ 《唐故濠州刺史渤海李公墓志铭》，《秦晋豫新出墓志蒐佚》，第1000页；《唐故舒州怀宁县令博陵崔君墓志铭并序》，《全唐文补遗》第8辑，第159页。

⑤ 《唐登仕郎前守左千牛卫胄曹参军崔特自铭（夫人于氏墓志铭）》，吴钢主编《全唐文补遗》第9辑，三秦出版社，2007，第419—420页。

选者求之，镒许焉"。①宗室蜀王房李愍，家属寓居洪州高安县，嫁女于高安县尉魏弘嗣。②

总之，官、客间除了日常交游，往往还存在家族联姻，这构成了地域性精英网络的重要一环。当然，从另一个角度看，也是因为侨寓士人社群的广泛存在，才能维系这种圈内婚形态。

第三节　从"江湖"到"庙堂"：精英网络的延展

邑客家族先世大多著籍两京周边，对他们而言，地方州县只是侨寄之所，如果具备仕途际遇与经济实力，大多还是会选择重归京洛。这构成了邑客社会关系的另一重面向——与两京的紧密联结。

还是先以权德舆等江南邑客为例。权德舆及其友人后来多登朝拜官，陆续迁离江南。权德舆本人于贞元七年（791）入京，授太常博士，此后仕途一路坦荡，先后掌诰八年，三知贡举，进而在元和五年（810）拜相秉政。在此期间，他于长安光福里购置宅第，并在通济坊营建家庙。③权德舆早年友人如齐抗、李藩均官至宰相，杨凭历湖南江西观察使、刑部侍郎、京兆尹等内外要职，许孟容历任诸部侍郎、尚书左右丞、东都留守，王仲舒官至江西观察使，卢群官至义成军节度使。可以说，这批江南邑客已转型为中央型政治文化精英，生活空间也从地方州县回归父祖辈定居的两京里坊。由此，地域性的精英网络也从"江湖"走向"庙堂"。

重返两京后，侨居生活中形成的友谊，除了日常为数众多的诗文往复，更体现在宦海沉浮中的彼此扶携。对此，可以来看围绕杨凭的一场政治风波。

元和四年（809），时任京兆尹的杨凭，因此前江西观察使任上的赃罪，遭与其素有嫌隙的御史中丞李夷简弹劾。时值宪宗初年，有意"以法制临下"，革除德宗末年的积弊，因此"敕付御史台覆按，……又捕得凭前江

① 《太平广记》卷三五八，第2831页。
② 《唐故洪州高安县令李府君墓志铭并序》，胡戟、荣新江主编《大唐西市博物馆藏墓志》，北京大学出版社，2012，第827页。
③ 《最新增订唐两京城坊考》，第54、136页。

西判官、监察御史杨瑗系于台"。①推按的结果是赃罪确凿，杨凭被贬为临贺尉。但杨凭的友人们并未就此罢休，王仲舒"宣言于朝，言（李）夷简掎摭凭罪"，为杨凭鸣不平，结果也被贬官。身居高位的权德舆并未直接出面，但据《资治通鉴》卷二三八"元和四年七月"条：

> 丁卯，贬（杨）凭临贺尉。……凭之亲友无敢送者，栎阳尉徐晦独至蓝田与别。太常卿权德舆素与晦善，谓之曰："君送杨临贺，诚为厚矣，无乃为累乎！"对曰："晦自布衣蒙杨公知奖，今日远谪，岂得不与之别！……"德舆嗟叹，称之于朝。②

从对徐晦的言行大加赞赏，并公然"称之于朝"来看，权德舆的态度实与王仲舒无异，只是他政治上素来谨慎，在察觉宪宗有意立威后，不敢公然为杨凭关说。虽然杨凭最终还是遭流贬，然而透过这起冲突中的态度与立场，清晰可见庙堂之上地域性人际网络的延续。

不难想象，在仕途迁转中，权德舆等人也会彼此援引。唐代选举体制虽号称五品以下"大小之官，悉由吏部"，而在实际运作层面，无论是贡举中的行卷、干谒，还是公卿荐举、使府辟召，人际关系都发挥着至关重要的作用。从保存下来的表、状来看，权德舆曾屡次推荐杨凭、陆傪、唐次、许孟容等早年知友。③卢群对寓居润州时的友人崔迈，也曾在仕途上施以援手，将其延入幕府。④同期寓居润州的其他邑客中，如崔备、张惟素等人，"早

---

① 《旧唐书》卷一四六《杨凭传》，第3967页。
② 《资治通鉴》卷二三八，中华书局，1956，第7662—7663页。
③ 见《全唐文》卷四八七所收诸篇《举人自代状》。
④ 《唐故洛川县主簿崔府君（迈）墓志铭并序》："与当时儒生，……结精庐于（润州）垂山之曲。以隐居肄业，……以家贫为计，委吏白马。节将卢公群，尝同旧隐，感箴规之分，愿以幕画，让君前筹。"（《全唐文补遗·千唐志斋新藏专辑》，第307页）而据《新唐书》本传，卢群"少学于垂山"，权德舆《祭海陵李少府元易文》："初与卢群德伦同隐居于谯山。"可知当时润州垂山确实聚集了一批流寓士人，与墓志记载可相印证。崔迈其人虽不见于传世文献，但可以判定他也是大历、贞元之际润州邑客社群中的一员。

岁求学，文字相依。中年筮仕，出处相接，……接武连臂，迨今卌年。……爵位期乎相先，患难期乎相死"。①李纾与张南史，早年交契至深，后李纾入朝为官，历任中书舍人、吏部侍郎等要职，张南史则滞留扬州，后在李纾举荐下获得官职。②这批早年寓居江南的士人，此后之所以多能仕宦显达，除了自身才学，彼此间的援引显然也是重要因素。

邑客与地方官的交谊，也是此后彼此仕途中的重要人脉。陆贽《奉天论解萧复状》：

> 萧复往年曾任常州刺史，臣其时寄住常州，首尾二年，阅其理行。及到京邑，多与往来，岁月滋深，情意相得。……论经义则以守死善道，执心不回为本。……至如二三爽德，翻覆挟奸，复之为人，必不至是。③

此封奏状的背景是，宰相萧复因不肯奉使江淮而遭德宗猜忌，德宗为此询问翰林学士陆贽的意见。据陆贽状中自述，萧复任常州刺史时，他正寄居当地，④两人因此结识。此后二人又同朝为官，"岁月滋深，情意相得"，对萧复的为人知之甚深，因此在上奏文中竭力为其担保。从陆、萧二人平生操守来看，这番"论解"当然并非偏私阿党，但可见官、客的早年交谊确实可以转换为仕途之奥援。

---

① 《唐故谏议大夫清河崔府君墓志铭并序》，中国文物研究所，千唐志斋博物馆编《新中国出土墓志·河南［叁］》下册，文物出版社，2008，第196—197页；另参《法书要录》卷三《壁书飞白"萧"字记》，辽宁教育出版社，1998，第63页。据载，崔备出身清河崔氏，曾祖父崔知温高宗朝官至宰相。但其本人"寓家南徐（润州）"，祖母李氏卒后葬于扬州，母赵氏葬于吴兴，妻颜氏葬于丹阳，是知崔备家族久已迁居江南。

② 《唐才子传校笺》，第658页。

③ 陆贽：《陆贽集》卷一四，王素点校，中华书局，2006，第430—431页。

④ 按，两《唐书》本传皆载陆贽为苏州嘉兴人，其父也葬于苏州。但这一家族侨居常州的历史似并不始于陆贽，《集古录跋尾》卷八"唐贺兰夫人墓志"条："唐陆贽撰，或云贽书也。题曰'秘书监陆公夫人墓志铭'，而贽自称侄曾孙。此石在常州。"（《石刻史料新编》第1辑第24册，第17902页）今按，"秘书监陆公"即陆齐望，据新表、《元和姓纂》，陆贽实为其侄孙，志文既自称侄曾孙，则当为陆贽所书、子侄辈所撰。据此，陆贽家族可能久已在常州置有产业。另参本章第二节。

还可以再看一则晚唐的事例，《旧唐书》卷一七八《张裼传》：

> 张裼字公表，……会昌四年进士擢第，释褐寿州防御判官。于琮布衣时，客游寿春，郡守待之不厚。裼以琮衣冠子，异礼遇之。……约曰："他时出处穷达，交相恤也。"……大中朝，琮为翰林学士，俄登宰辅，判度支。琮召裼为司勋员外郎、判度支，寻用为翰林学士，转郎中、知制诰，拜中书舍人、户部侍郎、学士承旨。①

张裼任职寿春时，对邑客于琮多有照拂，二人深相结托。此后于琮拜相秉政，张裼也随之官运亨通，从地方幕职官一跃而至台省要职，这正应了二人当初"出处穷达，交相恤也"的约定。

类似事例表明，随着人员流动与空间场域的变换，地域性精英网络从"江湖"延伸至"庙堂"，顺势转化为权力网络。附带一提，在研究中晚唐士大夫党争时，学者或关注派系间的政见之争、出身之别，或侧重科举中的座主、门生关系，而对士人群体早年间形成的人际网络鲜有措意。以此重新审视中晚唐政局，或许会有别样的认识。当然，这已不在本书讨论之域。

精英网络自"江湖"而"庙堂"，也起到了联结两京与地方的社会功能。以权德舆为例，虽然他久已定居京中，在将父母迁葬洛阳祖茔后，再未踏足江南山水，但与江南社会的关系可谓"藕断丝连"。权德舆有诗《待漏假寐梦归江东旧居》《省中春晚，忽忆江南旧居，戏书所怀，因寄两浙亲故》。②另外，在饯送同僚赴江南任官时，他曾作嘱托："族属稽滞于江南者众，寓书难遍，悉为多谢。"③可见权氏还是有不少"亲故""族属"稽留江南，通过书信往来与转相嘱托，他们之间的联系并未断绝。

---

① 《旧唐书》卷一七八，第4623—4624页。
② 《全唐诗》卷三二二，第3625页。
③ 《全唐文》卷四九二《送睦州李司功赴任序》，第5021页。

　　实际上，像权德舆这样登朝拜官、重归两京的邑客家庭毕竟是少数。[1]
大多数人虽然"情贵神州"，但没有那样的际遇，他们日常与京城社会的互
动，更多的还是依靠像权德舆这类"京中亲故"。对此可以再看两则时代稍
后的事例，《唐语林校证》卷一：

　　　　李尚书蟾性仁爱，厚于中外亲戚，时推为首。尝为一簿，遍记内外
　　　　宗族姓名，及其所居郡县，置于左右。历官南曹。牧守及选人相知者赴
　　　　所任，常阅籍以嘱之。[2]

　　李蟾出身宗室大郑王房，早年与其兄李蟠寓居常州义兴县。[3]在仕宦显

------

① 谭凯对唐后期的侨寓士人做过讨论，认为其属于"京城精英"或"国家型精英"的一部
　　分，往往会重新定居两京。书中相应举出了不少归葬两京的事例，见The Destruction of
　　the Medieval Chinese Aristocracy, pp.98-104. 士人卒后归葬两京祖茔，确是一种较为普
　　遍的现象，不过这并不意味着其家庭生活的重心也随之回归，大多数家庭是心有余而
　　力不足。试举几例：1. 郑鲁，在将其兄归葬后，"顾谓诸子曰：'……京师艰食，终不
　　能衣食嫠幼，往岁工部（其兄郑敬）佐戎于荆，尝植不毛之田数百亩，……'府君乃喟
　　然南来，……及三年而岁入千斛。是岁分命迓二嫂氏泊诸孤于二京。"（《唐代墓志汇
　　编》，第2558—2559页）2. 衢州刺史徐某之妻元氏，在其夫卒于任上后，"逾月则护丧
　　止居于吴，遂反葬于洛"，此后又返回江南，长期定居。（《全唐文补遗·千唐志斋新藏
　　专辑》，第359页）3. 吴筹，早年侨居黄州，进士及第后在洛阳营置宅第，卒后葬于洛阳
　　祖茔，其子因"素家贫……虑旦夕不给，阙于奠祀，将趣归黄州别业就食"。（齐运通、
　　杨建锋编《洛阳新获墓志　二〇一五》，中华书局，2017年，第348页）余不备举，以
　　上情形应属常态。此外，谭凯考察"京城精英"在地方的分布，主要基于对墓志中卒、
　　葬地的统计，据此认为士人侨居地集中在有限的几处地点（扬州、襄州、荆州）。然而
　　墓志出土带有相当的偶然性，叙事也多有程式（未必提及侨寓经历），据此立论尤当
　　审慎。从传世文献来看，如岭南地区，"人士之落南不能归者与流徙之胄，百廿八族"
　　（《韩昌黎文集校注》卷七，第545页）；泉州，"唐季多衣冠士子侨寓，……号'小稷
　　下'焉"（《宋高僧传》卷一三，中华书局，1987，第308页）；苏州吴县，"衣冠南避，
　　寓于兹土，参编户之一"（《全唐文》卷五一九，第5273页）；梁州，"境内多有朝士庄
　　产，子孙侨寓其间"（《北梦琐言》卷三，第55页）。而在谭凯的统计中，对以上情形并
　　无有效呈现（pp.89-92）。总之，他对侨寓士人分布之广、数量之众是有所低估的。
② 《唐语林校证》卷一，第21页。
③ 《全唐文》卷七八八《请自出俸钱收赎善权寺事奏》，第8241页；《李蟠墓志》，
　　《唐代墓志汇编》，第2137页。另参李德辉《全唐文作者小传正补》，辽海出版社，
　　2011，第947页。

贵、定居京师后，李蟾对流寓地方的"中外亲戚"时常挂念，于是利用吏部任职之便，嘱托赴任官员关照这些亲故，由此获得时人称许。类似做法也见于出身渤海李氏的李群，他自幼随家侨居宣州当涂县，进士及第后历任内外要职，官至濠州刺史。墓志称其"于故旧、亲戚仁且义也，至令家有故人郑氏之孤儿在焉，教养如己子，……羁旅之旧，待公而衣而食者犹有数姓"。①所谓"故人""羁旅之旧"，应即同寓宣州的其他邑客家庭。

另外，有些邑客虽然重返两京，但会持续保有、经营地方上的产业。如王仲舒家族，早年侨寓江南，置有产业，后登朝贵仕，迁回洛阳，至其子王栩，复"屏迹于江南别业，……力苦嚼酸，以勤田亩，由是大肥其用"。②又如韦丹家族，早年在荆州购置田庄，至晚唐咸通年间，其子韦宙在朝为官时，该处产业进一步壮大，"良田美产，最号膏腴，而积稻如坻，皆为滞穗"。③这种情况下，为方便照看产业，家族中想必有人常住地方。如唐末梁州，"境内多有朝士庄产，子孙侨寓其间"。④又如白居易家族，早年曾侨居符离县埇桥一带，此后长期有亲族在此经营别业。⑤李彦回兄弟，出身宗室泽王房，长期侨居扬州，后入京求职，并与京城权贵之家联姻，而"太夫人及伯氏、公之素所有之息嗣咸在广陵"。至咸通十五年，李彦回在京中去世，其子尚"在淮海主别业，今之不及丧也"。⑥上述事例透露出，士人家庭成员往往分处两京与地方州县，呈现出"双家制"的居住形态。此类情形下，邑客与两京社会的关系自然更为紧密。

两京官场对邑客聚居地的舆论动向往往也颇为关注。据权德舆记其父辈

---

① 《唐故濠州刺史渤海李公墓志铭》，《秦晋豫新出墓志蒐佚》，第1000页。

② 《唐故孟州温县令王君墓志铭》，《洛阳流散唐代墓志汇编续集》，第771页。

③ 《全唐文》卷七二一《东林寺经藏碑铭并序》，第7417页；《北梦琐言》卷三"韦宙相足谷翁"条，第54页。另参牟发松《唐代长江中游的经济与社会》，武汉大学出版社，1989，第68—69页。

④ 《北梦琐言》卷三"李尚书竹笼条"，第55页。

⑤ 《白居易集笺校》卷六九《祭弟文》，第3716页。

⑥ 《唐故京兆府醴泉县丞李府君墓志铭》，陕西省考古研究院编《陕西省考古研究院新入藏墓志》，上海古籍出版社，2019，第317页。另参同书所收其妻《裴氏墓志》、其兄《李彦温墓志》，第309、313页。

友人王定早年事迹：

> 时荐绅先生多游寓于江南，盍簪清议，以天爵为贵，退然絜矩，名动京师，宰相（元载）得君，且务树善。俄除监察御史，不乐拘屑，换太子司议郎。①

凭借江南侨寓士人间的"清议"，王定得以"名动京师"，进而获宰相举荐。又如侨居宣州的李群，"少负名节于江淮间，凡江淮游学有道之士，莫不从公与处，于是名誉日籍甚，布流于京师"，获给事中刘伯刍赏识，去信勉其入京应举，并许诺为其延誉于公卿间。②由此可见，为因应士人散居四方的局面，朝廷在荐举、科举等环节也会考虑各地士人社群的舆论。

与之相应，士人在地方州县的负面评价也会反馈到京师。这里可以举出晚唐诗人温庭筠的事例，《旧唐书·温庭筠传》：

> 大中初，应进士。……初至京师，人士翕然推重。然士行尘杂，不修边幅，能逐弦吹之音，为侧艳之词，公卿家无赖子弟裴诚、令狐缟之徒，相与蒱饮，酣醉终日，由是累年不第。……咸通中，失意归江东，路由广陵，……乞索于杨子院，醉而犯夜，为虞候所击，败面折齿，方还扬州诉之。令狐绹捕虞候治之，极言庭筠狭邪丑迹，乃两释之。自是污行闻于京师。庭筠自至长安，致书公卿间雪冤。③

温庭筠出身太原温氏，先世著籍京兆，家族久已迁居江南。他本人一

---

① 《全唐文》卷五〇〇《故太子右庶子集贤院学士赠左散骑常侍王公神道碑铭并序》，第5091页。

② 《唐故濠州刺史渤海李公墓志铭》，《秦晋豫新出墓志蒐佚》，第1000页。按，刘伯刍之所以能掌握江南士林舆论动向，或与其早年"屏居吴中"的经历有关，参《旧唐书》卷一五三《刘迺 附子伯刍传》，第4085页。

③ 《旧唐书》卷一九〇下《文苑·温庭筠传》，第5078—5079页；另参《太平广记》卷二六五，第2077页。

度在京师活动、应举，后"失意归江东"，在扬州停留期间犯下"狭邪丑迹"，很快"污行闻于京师"。由此也可见，两京与江淮等地信息交流是非常畅达的，而其间主要媒介则是邑客与京中亲故的书信、人员往来。

总之，唐后期文献中的"邑客"，是一类游离于中央与地方、身份介于官与民之间的侨寓士人。他们先世大多著籍两京一带，唐后期，迫于仕途竞逐与生计压力，大批迁徙、侨居地方州县。侨居生活中，邑客以既有亲故关系、在地交游与婚媾为媒介，构筑起盘根错节人际网络。这种精英网络为士人家族在地方的存续与发展提供便利，不啻为一种潜在的社会机制。因此，侨居邑客虽没有东晋南朝侨姓士族那样的政治、经济特权，但生存境遇绝非"与民庶无异"。

第三章　走向地方：侨寓士人的仕宦路径

前章以权德舆等人的经历为线索，发现唐后期地方社会中广泛存在着以亲故、交游为纽带的精英网络。这种人际关系自江湖而庙堂，为士人的侨居生活提供了有力庇护，更是其登朝贵仕的津梁。

不过权德舆等人多属第一流政治文化精英，仕途际遇非一般士人所能企及。正如前章所指出的，一般邑客大多无力重返两京，不得不久寓他乡。本章以仕宦路径为线索，进一步探讨士人在地方的生存境遇。

第一节　"两京亲故"与入京求职

作为"所业唯官"的士人，仕宦是家庭生计所系，更是立身之本。[①]按唐制，衣冠子弟大多可依凭父祖门荫入仕，不过吏部铨选中官多阙少，实际获得官职并非易事。对寓居外州而才名不彰的邑客，亲故关系在仕途中扮演了更为重要的角色。

先来看这样一方墓志，《唐故婺州东阳县主簿王府君墓志铭并序》：

> 府君讳炼，字仙之，其先京兆人也。曾祖喆，皇任冀州枣强令，赠魏州都督；祖择从，皇京兆府士曹、云阳县令、兼丽正殿学士；父宣，皇郑州原武县令。……府君即原武第二子也。府君……门承素业，代习

---

① 伍伯常：《"情贵神州"与"所业唯官"——论唐代家族的迁徙与仕宦》，《东吴历史学报》第20期，2008；王德权：《无乡里之选——唐代士人处境的制度与结构分析》，《为士之道——中唐士人的自省风气》，台北：政大出版社，2012。

簪裾，……弱冠之岁，浪迹江表，常自放旷，不受羁束，笑傲轩冕，贱
慢荣禄。中外亲戚，多在省闱，诮公沉静，或时诮之。年近壮室，尚未
有求宦之意。后因游公卿之间，或是姻好，睹朱门赫赫，绯紫煌煌，目
视心惊，忽然大悟。乃曰：丈夫在世，不践名位，徒自汩没，蔑然无
闻，实曰浪生，岂为勇也！繇是奋衣西迈，历抵京国，当年用品荫获一
子出身。初选朝请郎，授洪州丰城县主簿，……再选授婺州东阳县主
簿。……开成五年十一月二日遘疾，奄终于越州诸暨县之里第，享年
六十三。以开成六年二月十九日卜宅习吉，窆于陶朱山之原礼也。①

志主王炼出身京兆王氏，这是一个周、隋以降的关陇军功家族，其先祖
王罴，《周书》有传。中唐以降，京兆王氏融入科举体制，史称"王氏自易
从（王炼叔祖父）已降，至大中朝登进士科者一十八人，登台省，历牧守、
宾佐者三十余人"。②志文称其"门承素业，代习簪裾"，"中外亲戚，多
在省闱"，"游公卿之间，或是姻好"云云，绝非虚言。至于王炼本人，
"弱冠之岁，浪迹江表"，卒后也是葬于越州诸暨县，可见是一名定居江南
的邑客。王炼早年"笑傲轩冕，贱慢荣禄"，无心仕宦，但相较草泽之士，
他具备先天优势。在决计投身仕途后，他"奋衣西迈，历抵京国，当年用品
荫获一子出身"，授洪州丰城县主簿。不难想见，王炼入仕之初所以能这般
顺利，与"多在省闱"的"中外亲戚"不会没有关系。

与之类似经历的还有李范、张中立。李范出身赵郡李氏，世代定居洛
阳，因其父早逝，"家道酷贫"，自幼"奉先夫人寓居磁州，自力农圃"，后
进京应举。堂兄"吏部侍郎虞仲，时有文学重名，已在朝列"，李范有意向其
求助。二人在京中相见后，李虞仲"一与公言，知公趣尚，叹公少孤穷困，不
得驰射科名"，并不看好他的文采。不过在堂兄帮助下，他还是顺利用荫调
选贝州文学，由此步入仕途。③张中立出身书学世家，曾祖张怀瓘、曾伯祖张

---

① 《唐代墓志汇编》，第2208页。
② 《旧唐书》卷一七八《王徽传》，第4639页。参柴剑虹《浙江图书馆藏石〈唐王炼墓
 志铭〉考索》，白化文等编《周绍良先生欣开九秩庆寿文集》，中华书局，1997。
③ 《唐故陕州大都督府右司马李公墓志铭并序》，《全唐文补遗》第9辑，第414页。

怀瑾皆以书艺擅名于开、天之际。至祖父张涉一代，侨居常州义兴县。张中立早年以门荫入仕，但仕途并不顺遂，决意入京求职。墓志称："既至辇下，亲旧间稍稍□□，由是名姓颇达于上位。今左丞韦公蟾，即君之亲外丈也，时为中丞，遂奏为台主簿，甚为美秩，前辈名士多为之。"[1]在英才济济的京城官场，张中立所以能脱颖而出，"名姓达于上位"，离不开"亲旧"间的揄扬，而获得"美秩"，更是直接仰仗"亲外丈"之力，墓志对此毫不讳言。

类似情形在笔记小说中也有生动反映。《太平广记》卷一四八"崔圆"条引《逸史》：

> 崔相国圆，少贫贱落拓，家于江淮间，表丈人李彦允为刑部尚书。崔公自南方至京，候谒，将求小职。李公处于学院，与子弟肄业，然待之蔑如也。[2]

崔圆是肃宗朝宰相，他是否曾侨居江淮，史传不载，即便确有其事，也应在"安史之乱"前。不过江淮邑客赴京投亲，以图仕进，这是中晚唐笔记小说中常见的叙事模块。《杜阳杂编》卷中：

> 王沐者，涯之再从弟也，家于江南，老而且穷。以涯执相权，遂跨蹇驴至京师，……经三十余月，始得一见于门屏，所望不过一簿、尉耳。[3]

文宗朝宰相王涯，出身乌丸王氏，北朝末期即已定居长安，这位"家于江南"的再从弟自然是后来迁徙所致。他赴京投亲，是希望利用王涯的权势求取功名，不过显然遭到了冷遇。

《酉阳杂俎·前集》卷一九：

---

① 《唐故宣义郎侍御史内供奉知盐铁嘉兴监事张府君墓志铭并序》，《唐代墓志汇编》，第2494页。

② 《太平广记》卷一四八，第1069页。

③ 《唐五代笔记小说大观》，上海古籍出版社，2000，第1389页。

> 韩愈侍郎有疏从子侄，自江淮来，年甚少，韩令学院中伴子弟，子弟悉为凌辱。韩知之，遂为街西假僧院，令读书。经旬，寺主纲复诉其狂率，韩遽令归，且责曰："市肆贱类营衣食，尚有一事长处。汝所为如此，竟作何物？"……侄且辞归江淮，竟不愿仕。①

韩愈是否有这么一位定居江淮的"疏从子侄"，无从确考，但其家族早年确曾流寓宣州等地，②以上所述当不尽是虚构。此人来京中投亲的目的，显然也是求取入仕门径。

《太平广记》卷四五三"王生"条引《灵怪录》：

> 杭州有王生者，建中初，辞亲之上国，收拾旧业，将投于亲知，求一官耳。行至圃田，下道，寻访外家旧庄。……月余，有一僮自杭州而至，缞裳入门，手执凶讣。王生迎而问之，则生已丁家难已数日，闻之恸哭。生因视其书，则母之手字云："吾本家秦，不愿葬于外地。今江东田地物业，不可分毫破除，但都下之业，可一切处置，以资丧事。备具皆毕，然后自来迎接。"③

这位定居杭州的王生，应出身长安衣冠之家，这从其母"吾本家秦"一语可知。从他上京"投于亲知，求一官"的举动来看，其家在京中应具备一定的人脉。王生家族一方面经营着"江东田地物业"，同时还保有"都下之业"，这种双家制的形态，前章已有揭示。在此我们看到，前者为家族存续提供了物质基础，而后者则是重返两京的重要支点。总之，这些故事中的人、事虽不能一一考实，但足以说明江淮邑客赴京投亲确是一种常见社会现象，因此才会成为小说创作的母题。

以上事例反映的多是亲缘关系的作用，而利用交游关系进京求职同样非

---

① 段成式：《酉阳杂俎校笺·前集》卷一九，许逸民校笺，中华书局，2015，第1384页。
② 查屏球：《生存压力、家学传统与移民环境——韩愈寓居宣城修业考论》，《学术界》2016年第5期。
③ 《太平广记》卷四五三，第3699—3700页。

常普遍。前章曾提到德宗朝宰相赵憬早年寓居吉州，据《因话录》载："王蒙者，与赵门下憬，布衣之旧，常知其吏才。及公入相，蒙自前吉州新淦县令来谒。公见喜极，给恤甚厚，将擢为御史。"①这位曾任吉州新淦县令的"布衣之旧"，应该是罢任后寓居于此的邑客，随着赵憬拜相，他也凭借这层关系获得京中要职。与之类似，武宗朝宰相李回，"少尝游覃怀王氏别墅，王氏先世仕宦，子孙以力自业，待之甚厚，回深德之"。李回拜相后，"王氏子赍其家牒求谒，……逾旬，以前衔除大理评事，取告身面授"，初上任时又得其"保认"。②这则事例中的王氏父子，应该是寓居怀州的邑客，虽然先世也有宦绪，想必与京城官界久已生疏，然而依靠在怀州时与李回建立的关系，他们又得以登朝拜官。

"京中亲故"的作用也体现在礼部贡举中，韩愈《国子司业窦公墓铭》：

> 国子司业窦公，讳牟，字某。六代祖敬远，尝封西河公。大父同昌司马，比四代仍袭爵名。同昌讳胤，生皇考讳叔向，官至左拾遗、溧水令，赠工部尚书。尚书于大历初名能为诗文。及公为文，亦最长于诗。孝谨厚重，举进士登第。……初，公善事继母，家居未出，学问于江东，尚幼也；名声词章行于京师，人迟其至。及公就进士，且试，其辈皆曰："莫先窦生。"于时，公舅袁高为给事中，方有重名，爱且贤公，然实未尝以干有司。公一举成名而东，遇其党必曰："非我之才，维吾舅之私。"③

窦牟出身扶风窦氏，与其兄窦常、窦群等五人自幼侨居江南，皆以文采著称。在进士及第东归后，窦牟不矜己才，竭力宣扬舅父袁高的提携之力，这在墓志作者看来是一种谦逊的态度。唐代科场行卷、请谒之风盛行，人脉关系扮演了重要角色，时人于此并不讳言。对邑客而言，既有亲故关系是相

---

① 《因话录》卷六，上海古籍出版社，1979，第119页。
② 王谠：《唐语林校证》卷四，周勋初校证，中华书局，1987，第342页。
③ 韩愈：《韩昌黎文集校注》卷七，马其昶校注，上海古籍出版社，1986，第525页。

对于草泽之士的优势资源。此类事例为数甚多，不备举。①

就生活空间而言，唐后期的邑客群体固然呈现出"地方化"的倾向，然而他们还是与两京社会维系着千丝万缕的联系。在人际网络作用下，经由中央环节的吏部铨选、礼部贡举、公卿荐举等渠道，不少邑客得以跻身仕途。

第二节　藩镇体制与任职"地方化"

入京求投亲固然是一条终南捷径，但从前述王生的遭遇不难看出，长期滞留京中，注定会疏于对亲族的赡养以及寓居地产业的经营。这也是邑客家庭普遍面临的两难处境，如举家寓居江陵的杜辇，自幼"行修业茂"，但"以兄弟单鲜，伯氏早世，仲氏多恙，……志意未尝一日违去膝下，故壮年未仕"。②同样寓居江陵的李毗，自幼文采出众，为时人所称许，但他不忍睽离家人，"虑乡荐所迫，亟焚弃冠裳，愿朝夕宁侍"。③

另外，可能也是更重要的原因，即围绕有限的官阙，中晚唐官僚家族的圈内竞争显著加剧。在中央层面的铨选、贡举中，外州邑客相较世居两京的当朝公卿子弟，④以及新兴"非士职"官僚家族等有力人群，⑤终究处于劣势。有鉴于此，更多人把目光从两京转向了地方。

---

① 张蓓《唐中晚期北方士人主动移居江南现象探析——以唐代墓志材料为中心》（《史学月刊》2010年第9期）对这一现象也有论列，请参看。

② 《唐故乡贡进士杜君墓志铭并序》，《全唐文补遗·千唐志斋新藏专辑》，第362页。

③ 《唐故朝散大夫尚书兵部郎中柱国李公墓志铭并序》，赵力光主编《西安碑林博物馆新藏墓志续编》，陕西师范大学出版社，2014，第623页。

④ 如所周知，晚唐科举、荐举中有所谓"子弟"与"孤寒"之争。前者指当朝冠冕、公卿子弟，没有疑义，而所谓"孤寒"，据王德权研究，并非一般理解的庶民、寒士，其中不乏出身衣冠之家、地方豪族者。详参王德权《孤寒与子弟——制度与政治结构层次的探讨》，《为士之道——中唐士人的自省风气》，第169—176页。其实邑客在其中占据很大比例，他们往往自称孤寒、孤进。如《因话录》作者赵璘，先世定居京洛，"弈叶文学政事相续"，后"漂寓江汉"，在为其弟赵璜所撰墓志中称："开成三年，礼部侍郎高公错奖拔孤进，君与再从兄琏同时登进士第，……士族荣之。"（《唐代墓志汇编》，第2394页。）

⑤ 详参拙稿《"清流"之外——中晚唐长安的"非士职"官僚及其家族网络》，《中国中古史研究》第10卷。（本书附录二）

优待衣冠、奖掖后进一直是唐代主流舆论对地方官员的期许，而在中晚唐时代语境下，这又有了另一层现实意味。权德舆在给江南官员的信件中称："今江南多士所凑，将埒于上国，……月旦之评，或无至公。众情所望，实在阁下。"①将地方牧守对士子的奖掖与东汉名士的月旦评相提并论，其中所含期许，显然不止于衣食接济。正如时人所见，地方牧守身边"投刺之宾、进谒之客，其数实繁"。②之所以出现上述局面，原因在于地方人事制度的变革，催生了诸种正式、非正式仕宦门径。

一、使府幕职

唐后期的地方行政体制中，道成为一级实体行政区划，而节度、观察等使则成为州县之上的行政首长。此外，随着财政三司体制的确立，辖下巡院等分支机构也遍布州县，在一定程度上也扮演着类似州县的职能。由此，唐后期地方治理格局发生了一场变革。

上述情形体现在地方人事制度中，是使府辟召制的盛行，所谓"诸道、诸使，自判官、副将以下皆使自择"。其实不惟诸道、诸使，即便藩镇所辖支州刺史，也可自行选任军事判官、衙推、押衙等僚属。③可以说，以辟召制为依托，唐后期各级官僚机构具备了前所未有的人事自主权。

对唐后期的辟召制，历来不乏专门研究，围绕幕职的类别、职掌与制度运作，已积累了大量实证研究成果。除此之外，辟召制研究中的另一取径，是探寻制度兴替背后的人群动向。如砺波护指出，藩镇辟召制为地方新兴阶层提供了跻身仕途的渠道，是一项促进社会流动的制度变革。④当然，这一观点今天看来是有失偏颇的，起码在唐中央实际控制的地区（尤其是淮南、浙江东西道等东南富庶之地），藩镇使府辟召的文职僚佐有很大一部分出身

---

① 《全唐文》卷四八九《与睦州杜给事书》，第4990页。
② 《巨唐故平卢军节度同经略副使承务郎试左金吾卫兵曹参军荥阳郑公墓志铭并序》，《全唐文补遗》第9辑，第404页。"进"原录作"催"，"客"原作"容"，径改。
③ 陈志坚：《唐代州郡制度研究》，上海古籍出版社，2005，第105—115页。
④ 礪波護：《中世貴族制の崩壊と辟召制—牛李の党争を手掛かりに—》，《東洋史研究》21（3），1962，收入《唐代政治社会史研究》，同朋舍，1986。

传统的衣冠之家。①

　　其实辟召制与士人散寓地方的局面也有莫大关联。对邑客而言，相比入京参加铨选、贡举，因地利之便，使府中的各类幕职是一条便捷的入仕途径。

　　（一）使府清望

　　所谓使府清望，是以判官、掌书记等为代表的高级文职僚佐，往往由府主以礼聘的方式延入幕中，故又称"宾僚"。前章曾专门讨论过大历、贞元之际寓居江南的邑客群体，其中权德舆、杨凭、杨凝、许孟容、李藩、李纵等人，都有过入幕使府的经历。他们担任的大多是判官、掌书记等使府清望之职。

　　这类文职僚佐很大一部分都出自寓居本地的邑客，除了以上诸人，如崔造、卢东美等人，永泰中侨居润州，"浙西观察使李栖筠引为宾僚"。②薛戎，"家世多富贵"，侨居常州义兴县，刺史李衡对其才行钦赏有加，及迁任江西观察使时，以"州客至多，莫贤元夫（薛戎字），……即署公府中职"。③李蟾，出身宗室大郑王房，同样寓居义兴县，孟简任州刺史时，"饱其名义，繇是归重"，及孟简升任浙东观察使，"开幕序贤，首膺辟命，授试秘书省正字、充观察推官"。④段文昌，其父早年任职蜀地，后购置产业，侨居于此，韦皋任剑南节度使时"释褐从事，在宾帷之间"。⑤韩义，原为京兆人，其父曾任浙东幕职，遂侨居越州，他本人进士及第后仍居于此，两任浙东观察使高铢、萧俶均有意延其入幕，此后高铢转任许州，又

①　渡辺孝：《中晚唐における官人の幕職官入仕とその背景》，《中唐文学の視角》，創文社，1998；同作者《唐後半期の藩鎮辟召制についての再検討—淮南・浙西藩鎮における幕職官の人的構成などを手がかりに—》，《東洋史研究》60（1），2001；王德权：《中晚唐使府僚佐升迁之研究》，《台湾中正大学学报》5（1），1994。

②　《旧唐书》卷一三〇《崔造传》，第3623页；《韩昌黎文集校注》卷六《考功员外卢君墓铭》，第354页。

③　《全唐文》卷六五四《赠左散骑常侍河东薛公神道碑文铭》，第6653页；《韩昌黎文集校注》卷七《唐故朝散大夫越州刺史薛公墓志铭》，第520页；另参《旧唐书》卷一五五本传。

④　《唐故朝议郎守尚书比部郎中上柱国赐绯鱼袋陇西李府君墓志铭并序》，《唐代墓志汇编》，第2137页。

⑤　《全唐文》卷七〇八《丞相邹平公新置资福院记》，第7265页。

"厚礼辟之"。①李群，先世因官寓居宣州，"少负名节于江淮间"，崔群任宣歙观察使，"奏公试秘书省校书郎，以为己助"。②以上诸例都是邑客在寓居地与官员结交，进而获得使府辟署的机会。

上述诸人或以才名自显，或家世背景深厚，因此所任幕职多为使府清望，这是他们日后登朝拜官、重归两京的津梁。

（二）使府低级幕职、吏职

在幕职官序列中，除了判官、掌书记等宾僚，还有为数众多的低级幕职、吏职，如衙推、要籍、逐要、孔目官、驱使官等。学者研究表明，两类僚佐不惟职掌、层级有别，任职者也存在阶层身份上的鸿沟：前者多为士人，后者则与军将、胥吏出身背景相近，同属所谓"地方新兴阶层"。③这是一项非常重要的发现，不过史料表明，不少境遇不佳的邑客也充任了这类职务。

《太平广记》卷一四九"杜思温"条引《前定录》：

> 贞元初，有太学生杜思温，……多游于公侯门馆，……忽有一叟……告曰："惜哉，君终不成名，亦无正官。然有假禄在巴蜀，一十九年，俸入不绝……。"言讫，遂不见。思温明年又下第，遂罢举，西游抵成都，以所艺谒韦令公。公甚重之，累署要籍、随军十七八年，所请杂俸，月不下二万。④

杜思温家世不详，不过文中称其为太学生，按唐制，太学诸生例以"五品以上及郡县公子孙、从三品曾孙"充，⑤因此可以判定其出身士人家

---

① 《杜牧集系年校注·樊川文集》卷一六《荐韩乂启》，第994页；另参同书卷九《唐故平卢军节度巡官李府君墓志铭》，第743页。

② 《唐故濠州刺史渤海李公墓志铭》，《秦晋豫新出墓志蒐佚》，第1000页。

③ 渡辺孝《唐代藩鎮における下級幕職官について》，《中国史学》11，2001。另参本书第五章。

④ 《太平广记》卷一四九，第1074页。

⑤ 《唐六典》卷二一《国子监》"太学博士"条，中华书局，1992，第560页。

族。他科场受挫，屡次落第，自京中流寓剑南，受节度使韦皋赏识，署为要籍。[1]虽然要籍只是低级幕职，但月俸二万无疑是笔可观的收入，对杜思温这类无正员官履历的邑客而言可谓相当优渥。

逐要也是一种使府低级幕职。《太平广记》卷一五〇"裴谞"条引《前定录》：

> 宝应二年，户部郎中裴谞出为庐州刺史。……俄而吏持一刺云："寄客前巢县主簿房观请谒。"谞方与二客话旧，不欲见观，语吏云："谢房主簿相访。方对二客，请俟他日。"吏以告观，……观曰："某以使君有旧，宜以今日谒，固不受命。"吏又入白谞，谞曰："吾中外无有房氏为旧者。"乃令疏其父祖官讳。观具以对，又于怀中探一纸旧书，以受吏。谞览之怆然，遽命素服，引于东庑而吊之，甚哀。既出，未及易服，顾左右问曰："此有府职月请七八千者乎？"左右曰："有名逐要者是也。"遽命吏出牒以署观。[2]

这则史料生动展示出邑客求取幕职的过程。我们看到，京城来的新官甫一就任，前资寄住的房观便前往请谒，目的是与之结托，求取职位。刺史在接待这类宾客时，首先看是否属"中外之旧"，亲疏不同，态度也会有差等。房观初遭冷遇，继而透露自己故人之子的身份，遂获垂青，成功获得州府（军事院）逐要一职。此职月俸七八千，相比前述杜思温要低不少，盖因前者为节度使府，此为州府。虽然如此，维系在地方州县的生计应该不成问题。

与要籍、逐要类似的还有衙推。如李储，出身赵郡李氏南祖房，祖父李希言，至德年间任苏州刺史，举家南迁，本人任宣歙观察使衙推。[3]齐皞，

---

[1] 要籍的具体职掌，参看严耕望《唐代方镇使府僚佐考》，《严耕望史学论文集》（上），上海古籍出版社，2009；前揭渡边孝《唐代藩镇における下级幕职官について》。

[2] 《太平广记》卷一五〇，第1081页。

[3] 《全唐文》卷五二九《送宣歙李衙推八郎使东都序》，第5370—5371页；徐松：《登科记考补正》卷一〇"顾况"条按语，孟二冬补正，北京燕山出版社，2003，第394—395页；李希言子孙在江南寓居情况，参本书第二章第二节。

德宗朝宰相齐抗之孙，因官寓居越州，被署为浙东观察观察使衙推。[①]又如后来官至吏部员外郎的张升，早年流寓蜀中，曾任涪州衙推。[②]

相比判官、掌书记等使府清望，邑客充任低级幕职、吏职的例证并不算多，这部分验证了前述渡边孝的判断。不过如果结合接下来要讨论的几种任职类型来看，这一现象绝非孤立存在的。

（三）盐铁小职

"安史之乱"后，财政三司（盐铁转运、户部、度支）在各地陆续设置了以留后院、巡院为代表的各类派出机构。[③]其组织形态同于藩镇使府，例由府主辟召僚佐，从人员构成来看，也分为上下两个层级。上层以副使、留后、判官、推官、巡官、知院官等为代表，据渡边孝研究，也可归入唐后期士人的常见仕宦路径，一如藩镇文职僚佐。[④]

此外，盐铁三司系统还有诸多基层事务性机构，如巡院以下的各类监、场，以及层级更低的堰塘、隶、铺、栅、蔬果园等经营设施。[⑤]其中主事者，时人泛称为"漕渠小职""盐铁小职"等。这类机构职掌琐碎、事务繁杂，近似吏职，但其中任职者不乏邑客。《桂苑丛谈》"崔张自称侠"条：

> 进士崔涯、张祜下第后，多游江淮。常嗜酒，侮谑时辈，或乘饮兴，即自称豪侠。二子好尚既同，相与甚洽。……以此人多设酒馔待之，得以互相推许。一旦张以诗上牢盆使，出其子授漕渠小职，得堰俗

----

① 《唐故文林郎前越州会稽县尉齐府君墓志铭并序》，《秦晋豫新出墓志蒐佚》，第989页。

② 《太平广记》卷四三〇"张升"条引《闻奇录》，第3494页。

③ 关于财政三司巡院在各地的分布情况，详参妹尾达彦《唐代後半期における江淮塩税機関の立地と機能》，《史学雑誌》91（2），1982；李锦绣：《唐代财政史稿》第4册，社会科学文献出版社，2007，第324—370页；何汝泉：《唐财政三司使研究》，中华书局，2013，第51—76页。

④ 渡辺孝：《唐後半期における財務領使下幕職官とその位相》，《（神奈川大学人文学会）人文研究》157，2006年。

⑤ 详参李锦绣《唐代财政史稿》第4册，第242—265页；岳思彤：《场与中晚唐基层治理的变迁》，未刊稿。

号冬瓜。……后岁余，薄有资力。①

　　诗人张祜，据考应为玄宗朝宰相张说族裔，家世沦落后长期寄居苏州，在润州丹阳县也置有庄宅、田产。②张祜本人仕宦不显，但在江淮间颇有声望，在为子求职时，他充分利用这一点，投诗干谒，获牢盆使（盐铁转运使）垂青。其子所得"漕渠小职"，即盐铁转运使系统的吏职，负责场、监之下堰埭等水利设施的监管与税务征收，③正式职衔应为"知冬瓜堰"。④

　　"盐铁小职"晋升空间不大，但"职虽卑而利厚"。⑤原本家贫的张祜，便因此而"薄有资力"，得以购置田产。这类职务对底层邑客的吸引力正在于此，对此还可再举几例。诗人李白之子伯禽，自幼流落江淮，"贞元五年……充嘉兴监徐浦下场籴盐官"。⑥出身清河崔氏的崔洧，原居洛阳，因"孀姊幼弟孤侄主衣食，遂求署小职于淮泗间，仅十五岁"，⑦这里的"小职"，从淮泗这一地域来看，应该正是"盐铁小职"。出身荥阳郑氏的郑准，寓居义兴县，长期供职于设在华亭县的盐铁巡院徐浦场中。⑧窦常，出身扶风窦氏，世居京师，其父卒后寓居扬州，因"家无旧产，百口漂寓，

① 《唐五代笔记小说大观》，第1560—1561页；《南部新书》卷丁所载略有异同，称"求济于嘉兴监裴弘庆，署之冬瓜堰官"。（第52页）

② 《全唐诗》卷六三一《过张祜处士丹阳故居》诗序，第7240—7241页；《唐才子传校笺》卷六，中华书局，1987，第161页。

③ 详参日野開三郎《唐代埭程考》，收入《日野開三郎東洋史学論集》第12卷，三一書房，1989年；岳思彤：《场与中晚唐基层治理的变迁》。

④ 《太平广记》卷二八二"韩确"条引《酉阳杂俎》："越州有卢册者，……在山阴县顾树村知堰。"（第2252页）

⑤ 《太平广记》卷一五三"张辕"条引《前定录》，第1102页。地方盐铁专卖机构吏员冗杂，具体俸禄多无可确考，李锦绣曾对相关史料做过钩稽，见《唐代财政史稿》第5册，第205—206页。

⑥ 《太平广记》卷三〇五"李伯禽"条引《通幽记》，第2417页。

⑦ 《唐故邕管招讨判官试左清道率府兵曹参军清河崔公墓志铭并序》，《唐代墓志汇编》，第2169页。

⑧ 《全唐文》卷七四四《故右内率府兵曹郑府君墓志铭》，第7705页。

由是弃高科于盛时，就泉府之小职"，①所谓"泉府小职"，当附属于扬州的盐铁留后院或其他巡院。郑锴，出身荥阳郑氏，早年应举不第，"西入三蜀，仅乎一纪"，长期寓居绵州，因笃信长生之术，"将购药以寿考，时寓职以请缗，名挂度支"。②前延安县令李某，寓居江陵，与盐铁江陵院官归某结交，进而获得了辖下的朗州场官。③

类似例证还可举出咸通七年（866）卒于扬州的卢公弼，虽然终身仕宦不显，但墓志称："故光禄卿言，今吏部匡，皆府君之犹子，尝以宰执之位闻授，竟便安散，当从好尚"。④所谓"以宰执之位闻授"语意稍显晦涩，大意应该是说，两位身居高位的侄子有意为其京中求职提供便利，但他予以婉拒，宁愿长期在扬州的盐铁巡院下任职。志文中提到的两位犹子都确有其人，其中卢言历任户部郎中、大理卿等职，⑤卢匡曾任吏部侍郎。⑥虽然卢公弼无意仕进，但他能长久任职于盐铁巡院，在扬州、苏州等地购置田产，优游卒岁，想必离不开两位登朝贵仕的侄子关照。

总的来看，相比州县正员官，以及判官、掌书记等使府清望，使府、盐铁小职的仕途前景普遍暗淡，但优点在于俸禄尚不失优厚，足以维持家庭生计。另外，小职的补授程序便捷，对受职者个人资历要求不高，也无需朝廷之核准，因此亲故关系的重要性更趋凸显。江淮等地之所以能吸引大批邑客定居，与该地区监、场、堰、隶林立的局面是密不可分的。

---

① 《窦氏联珠集·故国子祭酒致仕赠太子少保府君诗并传》，收入傅璇琮、陈尚君、徐俊编《唐人选唐诗新编（增订本）》，中华书局，2014，第725—726页。另参《旧唐书》卷一五五《窦群 附兄常传》。

② 《唐故度支云安都监官试大理评事兼监察御史郑府君墓志铭并序》，《洛阳流散唐代墓志汇编》，第555页。

③ 《云溪友议》卷上"哀贫诚"条，《唐五代笔记小说大观》，第1271页。

④ 《唐代墓志汇编》，第2423页。

⑤ 关于卢言生平事迹，详参周勋初《卢言考》，《唐人笔记小说考索》，江苏古籍出版社，1996，第119—128页。

⑥ 《旧唐书》卷一九上《懿宗本纪》"咸通八年十月"条，第663页。

二、州县摄职

对底层邑客而言，更常见的任职类型是州县摄官，值得重点研究。所谓"摄"，又称"假摄""差摄"等，指州县正员官出现空阙且吏部尚未除授之际，由长官调派人员，临时代理其职。

有唐一代，差摄制度始终存续，但制度演进中又出现某种"变异"：唐前期，州县摄官多见于阙官少员的边州，往往基于政务运转的实际需求，差摄的也多是同僚署现任官，基本符合制度设计的本意；安史之乱后，随着藩镇体制在全国的确立，州县摄官迅速扩展到内地州县，且任职者人数激增、身份猥滥，呈现明显有悖理性行政的倾向，也因此饱受诟病。[①]从选任环节来看，唐后期的州县摄官与使府辟召的僚属非常类似，皆由府主出"牒"补授，不经吏部铨选，依凭的是彼此间的私人关系。[②]

州县摄官在河朔藩镇中最引人注目，不惟县令、州县僚佐，甚至差摄州刺史也是常例，这与上述地域的独立倾向有关，可姑置不论。其实在南方州县中，摄官同样广泛存在，在岭南等偏远地区表现得尤为突出。

如所周知，因区域开发程度相对落后，在对岭南、黔中等地州县官员的选任中，自唐初以来一直有"南选"之制。所谓南选，即中央每三年派遣一次选补使，赴岭南、黔中等地，铨选当地人士担任州县官。据研究，这一制

---

① 参陈志坚《唐代州郡制度研究》，第84—93页；赖瑞和：《论唐代州县"摄"官》，《唐史论丛》第9辑，三秦出版社，2007；陈翔：《唐代中央与地方关系研究》第四章《唐代州县"摄"官》，《陈翔唐史研究文存》，新北：花木兰文化出版社，2013。也有学者利用出土文书，对唐前期西州与晚唐五代归义军治下的摄官制度做过个案研究，参李方《唐西州行政体制考论》，黑龙江教育出版社，2002，第123—188页；冯培红：《归义军官吏的选任与迁转：唐五代藩镇选官制度之个案》，香港大学饶宗颐学术馆，2011，第84—89页。

② 《容斋随笔·容斋三笔》卷一六"唐世辟寮佐有词"条："唐世节度、观察诸使辟置寮佐，以至州郡差掾属，牒语皆用四六，大略如告词。"（上海古籍出版社，1978，第604页）中村裕一曾对这类文书的形态做过细致分析，参《唐代官文书研究》，中文出版社，1991，第288—294页。

度在唐中期以后逐渐式微，文宗时期最终废止。①随着藩镇体制的确立，岭南等地州县官员的补选权也顺势转移到节度使、观察使手中，而该地区假摄官的大批涌现正与这一背景密切相关。据时人观察，元和年间，岭南节度辖下州县"刺史、县令，皆非正员，使司相承，一例差摄"。②开成年间，桂州观察使辖下"二十余郡，州掾而下至邑长、簿、尉三百员，繇吏部而补者什一，他皆廉使量其才而补之"。③所谓"廉使量其才而补"者，即观察使所署任的摄官。

岭南州县假摄官数量庞大，其身份背景是一个值得重新审视的问题。《册府元龟》卷六三一《铨选部·条制》：

> （开成）四年正月……诏曰："两道（岭南、黔中）选补，停罢多时，极为利便。……苟非其人，则假摄之官皆授里人。至有胥、贾用贿，求假本州令、录。……自罢选补使，今藩方差官，杼轴之叹，南人益困。"④

这是讨论相关问题时常被引用的一条史料，研究者多据此认为，州县摄官的主体是胥吏、富商等当地土豪。⑤按，岭南、黔中等偏远州县素被北方士人视为畏途，上引史料反映的现象，确应在很大程度上存在。不过也应看到，活跃于此的邑客也是一个不容小觑的人群。据元和年间韩愈的观察，"人士之落南不能归者与流徙之胄百廿八族"，⑥这还只是广州一地，但人

① 南选制度的研究为数不少，这里主要参考了张泽咸《唐代"南选"及其产生的社会前提》，收入《一得集》，兰州大学出版社，2003；中村裕一：《唐令逸文的研究》第三章第一节《南選制と唐代の華南》，汲古书院，2005，第64—126页；王承文：《唐代"南选"制度相关问题新探索》，《唐研究》第19卷，北京大学出版社，2013。
② 《全唐文》卷六九三《奏加岭南州县官课料钱状》，第7110页。
③ 《册府元龟》卷六七四《牧守部·公正》，8056页。
④ 《册府元龟》卷六三一，第7573页。
⑤ 前揭王承文《唐代"南选"制度相关问题新探索》；渡边孝在涉及相关问题时也持类似见解，参前揭《唐代藩镇における下級幕職官について》。
⑥ 《韩昌黎文集校注》卷七《南海神庙碑》，第489页。

数之巨已可见一斑。①

胥吏、富商等土著居民外，侨寓士人构成了岭南州县摄官的另一大来源。《太平广记》卷一四九"柳及"条引《前定录》：

> 柳及，河南人，贞元中进士登科殊之子也。家于澧阳，尝客游至南海，元帅以其父有名于缙绅士林间，俾假掾于广。……及以亲老家远，不克迎候，乃携妻子归宁于澧阳。未再岁后，以家给不足，单车重游南中，至则假邑于蒙，于武仙再娶沈氏。会公事之郡，独沈氏与母孙氏在县廨。②

柳及原籍河南，出身衣冠之家，其父进士及第，"有名于缙绅士林间"。柳及本人侨居澧阳，"因家给不足"，又客游岭南，凭借其父声誉，被节度使委以广州、蒙州等地摄官。

更为典型的是崔绍家族的事例。《太平广记》卷三八五"崔绍"条引《玄怪录》：

> 崔绍者，博陵王玄暐曾孙。其大父武，尝从事于桂林。其父直，元和初亦从事于南海，常假郡符于端州。直处官清苦，不蓄羡财，给家之外，悉拯亲故。……居素贫，无何，寝疾复久，身谢之日，家徒索然，繇是眷属辈不克北归。绍遂孜孜履善，不堕素业。南越会府，有摄官承乏之利，济沦落羁滞衣冠。绍迫于冻馁，常屈至此。贾继宗，外表兄夏侯氏之子，则绍之子婿（此处文字疑有脱讹——引者）。因缘还往，颇熟其家。大和六年，贾继宗自琼州招讨使改换康州牧，因举请绍

---

① 关于唐五代北方士人流寓岭南的现象，学界不乏专门研究，其中王承文《唐代北方家族与岭南溪洞社会》（《唐研究》第2卷，北京大学出版社，1996）一文引证最为翔实，只是对他们在流寓地的具体生存境况留意不多。近年森田健太郎对唐宋时期流落岭南地区的士子群体也做过专门讨论，但其论述重点主要放在地方官员的经济援助，参《支配と救済——唐宋代嶺南における流落者の救済の背景》，《立正大学经济学季报》60（2），2011。
② 《太平广记》卷一四九，第1075页。

为掾属。康之附郭县曰端溪。端溪假尉陇西李彧，则前大理评事景休之
犹子。绍与彧，锡类之情，素颇友洽。崔、李之居，复隔落相近。……
是后不累月，绍丁所出荥阳郑氏之丧，解职，居且苦贫。孤孀数辈，饘
粥之费，晨暮不充。遂薄游羊城之郡，丐于亲故。大和八年五月八日发
康州官舍，历抵海隅诸郡，至其年九月十六日达雷州。绍家常事一字天
王，已两世矣。……大王曰："公事已毕，即还生路。存殁殊途，固不
合受拜。"大王问绍："公是谁家子弟？"绍具以房族答之。大王曰：
"此若然者，与公是亲家，总是人间马仆射。"绍即起申叙，马仆射犹
子磻夫，则绍之妹夫。大王问磻夫安在，绍曰："阔别已久，知家寄杭
州。"……又康州流人宋州院官田洪评事，流到州二年，与绍邻居。
绍、洪复累世通旧，情爱颇洽。绍发康州之日，评事犹甚康宁。去后半
月，染疾而卒。①

　　这则故事的情节虽然荒诞不经，却是观察岭南摄官群体的绝佳史料。
首先来看崔绍的家世背景。文中称其为中宗朝宰相崔玄暐曾孙，虽然史传不
载，但其名从"纟"，与正史有传的崔玄暐曾孙崔纵行辈似相吻合。②另外，
文中提到的"（盐铁）宋州院官田洪"，也实有其人，所撰亡妻墓志近年已
于洛阳附近出土。③因此，剔除荒诞不经的情节，本条所涉人、事应非向壁虚
构。崔绍父、祖两代均在岭南地区担任幕职官，"家徒索然，繇是眷属辈不
克北归"，他本人生长于岭南，正是韩愈所言"人士之落南不能归者"。
　　其次，文中称岭南"有摄官承乏之利，济沦落羁滞衣冠"。可见流寓
士人担任州县摄官是一项行之已久的人事惯例，也是他们赖以维持生计的
"利"之所系。
　　其三，上引史料透露出亲故关系网络在摄官选任中的作用。文中提到，
崔绍之妹嫁给了前任岭南节度使马总（文中的冥司大王、"人间马仆射"）

① 《太平广记》卷三八五，第3068页。按，今本《玄怪录》无此条，据李剑国考证，当
　　出薛渔思《河东记》，参《唐五代传奇集》，第1331页。
② 见《旧唐书》卷一〇八《崔涣　附子纵传》，第3281页。
③ 《亡妻扶风窦氏墓志铭并序》，《洛阳新获墓志　二〇一五》，第290页。

之侄，两家是姻亲；康州刺史贾继宗也是崔绍戚属，"因缘还往，颇熟其家"；又与端溪假尉李或"隅落相近"，"素颇友洽"；与流贬岭南的官员田洪"累世通旧，情爱颇洽"。不难想见，正是凭借这些亲故关系，崔绍父子屡次获得出任岭南诸州摄官、僚佐的机会。

崔绍父祖辈宦游岭南，因"家徒索然"而"不克北归"，前述柳及则是先自洛阳迁居澧阳，后客游岭南。不难想见，如果没有特殊的际遇，崔绍的生存境遇，正是柳及子孙辈将来所要面临的。

类似身份背景的摄官在岭南地区应不在少数。再如元杰、元冀一族，元和年间侨居韶州浈阳县，其再从兄元昭肃"时假兹邑"。①大中年间，李商隐为桂州观察使杜亚所拟奏状、文牒中提到，摄某县令王克明、摄丰水县令李文俨、摄灵川县主簿卢韬、摄修仁县令李克勤、摄柳州录事参军韦重、摄昭州录事参军曹诪、摄荔浦县令陈积中、摄严州刺史李遇等人，"或膏粱遗胄，或英俊下寮，虽寓遐陬，久从试吏"，细审之下，大多也是流落岭南的两京衣冠，其中李文俨、李克勤可能还是宗室子弟。②

邑客群趋摄职，绝非岭南特例，内地州县同样如此。对此，可以重点来看流寓兖州一带的独孤景家族。《唐故任城县令独孤公墓志铭并序》：

> 公讳景，字司光，其先派分刘氏，实河南伊洛人也。……公幼以文业求仕进，中以吏术赴知己，宰邑、纠郡十余。……再娶河东薛氏，皆故司徒公之女侄，并先公倾殁，铭志昭然。……祖明，皇银青光禄大夫、太仆卿、上柱国、阳武县开国子、驸马都尉，食邑三千户。父泳，皇永州司马，赠绯鱼袋。历代勋贤，世传重德。公……享年五十有一。

---

① 《元杰浈阳果业寺开东岭洞谷铭》，阮元主修《广东通志·金石略》，梁中民点校，广东人民出版社，2011，第93—94页。另据同书所载英德南山元杰、元冀、元昭肃、元固等人题名（第95—96页），知当时流寓浈阳的元氏诸人不在少数，唯不详其具体亲属关系。其中值得注意的是，元固在元和十二年时已官至殿中侍御史（使府僚佐所带宪衔），应该对寓居于此的同族亲属多有庇护，元昭肃获假摄官或即依凭这层关系。

② 以上分见李商隐《李商隐文编年校注》第三册《为荥阳公举王克明等充县令主簿状》《为荥阳公桂州署防御等官牒》，刘学锴、余恕诚校注，中华书局，2002，第1376、1397、1401、1404、1407、1409、1412、1414页。

会昌六年十一月廿四日遘疾殁于兖府之私第，以大中元年二月六日权殡于瑕丘县依仁里，后夫人祔之，礼也。呜呼哀哉，（李）华宗面公二纪，重会以相，见托斯文。①

独孤景出身周、隋以降的外戚世家，世居京师。祖父独孤明尚玄宗之女信成公主，官至太仆卿、驸马都尉，后因在"安史之乱"中出仕"伪朝"而获罪，被赐自尽。②墓志载其父独孤泳任永州司马，应该是独孤明获罪后家属遭到流贬的结果，子孙大概也因此丧失了京中旧业，流寓地方。独孤景"幼以文学求仕进"，有意以科举入仕，但从志文记叙来看，并未获及第。元和、长庆之际，唐廷平定平卢节度使李师道叛乱，将兖、海、沂、密等州分置为一道，独孤景大约在此前后流寓兖州。③他"以吏术赴知己，宰邑、纠郡十余"，长期在兖州一带担任县令、录事参军等职，直至会昌六年（846）去世。虽然墓志中并未明言，但从科举落第、受"知己"之聘、长期履职一地等迹象来看，几乎可以肯定独孤景所任官为"济沦落羁滞衣冠"的州县摄职。

此外，志文称独孤景"再娶河东薛氏，皆故司徒公之女侄"。所谓"司徒公"，即穆宗长庆年间担任平卢节度使的薛平，史称其"在镇六周岁"，"远近畏伏"。④兖州原为平卢节度辖下支州，至元和十四年始分置，独孤景流寓这一带时，正值薛平任职平卢、声望日隆之际。不难想见，在获得职务任命时，姻亲关系应起到了不小作用。同期流寓齐鲁一带的还有郑传古，墓志称其"才华而不登上第"，先后摄青州司事（士？）参军、益都县

---

① 本书编委会编著《山东石刻分类全集》第五卷《历代墓志》，青岛出版社、山东音像文化出版社，2013，第185页。

② 参《新唐书》卷八三《诸帝公主传》，第3659页；《旧唐书》卷五〇《刑法志》，第2152页。按，《刑法志》所载赐自尽者名单中作"独孤朗"，中华本《校勘记》引张森楷说已指出为"独孤明"之讹。

③ 按，志首载撰者李华宗结衔"前兖海馆驿巡官、文林郎、前试太子通事舍人、飞骑尉"，知其与志主同属因官侨居兖州者。文末又称"华宗面公二纪"云云，则是追忆二人同官兖州期间的交往经历。以志主卒年上推二十四年，当穆宗长庆二年（822）前后。

④ 《旧唐书》卷一二四《薛嵩　附子平传》，第3526—3527页。

某官、青州司法参军、千乘县某官，最后卒于青州益都县。[①]魏南华，出身钜鹿魏氏，“寓居齐鲁之间，家甚贫”，密州刺史樊宗谅差摄当州司法参军。[②]他们的仕途经历，乃至人生轨迹都与独孤景颇为相似。

长江流域诸道是中唐以降国用所系，同时也是流寓士人萃居之所，史称“淮之南抵吴越，仕人所聚”。[③]可以想见，其间也有不少流寓士人充任摄官。以扬州为例，崔致远《桂苑笔耕集》中存有其入幕淮南期间草拟的多件摄官文牒，其中如摄海陵县令郑杞，出身“膏腴”，“深于诗，敏于行”；摄扬子县令王翱，“相门积庆，儒室推贤”，此前曾任正员当涂县令；摄清流县令柳孝让，出身河东柳氏，曾任济阴县令，后“久依江徼，静守穷居”。[④]家世背景虽不能一一详考，但整体来看，应不乏寓居扬州的士人。

其他州县，如冯鄯，寓居蜀地，“为益郡牧守深加器重，或擢为蒲江尉，或纠弹越巂郡”。[⑤]清河崔彦崇，“寓居汉中，颇为时论所许，故随牒县邑”，其弟彦弘，摄兴元府西县尉。[⑥]扶风马攸，司徒马燧曾孙，“任南郑丞，……秩罢不克归，乃寓居于府城”，闲居五年，“而又梁之属县阙宰，……有公牒来简，……乃领其邑事”。[⑦]大历初任晋陵令的李衮，罢秩后“寓于旧邑者十有二年，方牧知之，又檄而摄焉”。[⑧]河东薛存义，寓居

① 《光绪益都县图志》卷二七《唐故荥阳郑公墓志铭并序》，转引自陈尚君辑校《全唐文补编》卷一二一，中华书局，2005，第1500—1501页。按，墓志有阙文，纪年不详，但从“不登上第，是以宦游（下阙）……会平卢军（下阙）”一语来看，似乎也是指元和十四年平定李师道之役。

② 《宣室志》卷五，《唐五代笔记小说大观》，上海古籍出版社，2000，第1021页。

③ 《唐故朝散大夫……京兆韦公墓志铭并序》，《秦晋豫新出墓志蒐佚》，第965页。

④ 以上分见崔致远《桂苑笔耕集校注》卷一三《海陵县令郑杞》《前宣州当涂县令王翱摄扬子县令》《柳孝让摄滁州清流县令》，党银平校注，中华书局，2007，第423、425、427页。

⑤ 《陕西省考古研究院新入藏墓志》，第305—306页。

⑥ 《唐故太庙斋郎崔府君墓志铭并序》，《全唐文补遗·千唐志斋新藏专辑》，第354页。

⑦ 《唐故兴元府南郑县丞扶风马府君墓志铭并序》，《唐代墓志汇编》，第2350页。

⑧ 《全唐文》卷五一九《李晋陵茅亭记》，第5276页。

荆楚间，为湖南观察使所举，先后摄湘源令、零陵令。①荥阳郑道，"以家私不便，封境多虞，罢职而南，假名累岁。所莅之邑，课绩殊尤"，②所谓"假名"即充任摄职。郑洁，"本荥阳人，寓于寿春郡，尝以假摄丞尉求食"，罢职后寄居附近的安丰县，不久受命摄安丰县尉。③博陵崔元夫，原籍洛阳，寓居瓯闽间，"累摄州佐、邑长之任，前后相继不绝者，殆逾一纪"。④清河崔鄪，历任徐州滕县尉、杭州余杭尉，"秩满，旅游宣城，廉使崔公龟从重公器能，……假尉旌德，因寓居焉"。⑤

这类摄职的性质也与岭南地区并无二致，对此我们可以来看元侗的例子。据墓志记载，元侗出身河南元氏，原籍洛阳，世代为官，进士落第后客游福建，"抵观察使卫侯（中行），卫侯与君婚姻之私嫌，不得表为己从事。方媒其贤于异藩，但授假职，无文书掌理之任，而月委其禄"。⑥依靠姻亲关系，元侗谋得"无文书掌理之任，而月委其禄"的摄职。这显然是一种变相的经济援助，墓志对此毫不讳言，也可见类似做法在当时司空见惯。

在既往研究中，唐后期州县摄官的盛行，多被视作藩镇势力对中央人事权的侵夺与僭越，或行政体系紊乱的表征。⑦这类解释自然不乏理据，尤其对河朔等地的藩镇，中央政府的确鞭长莫及。但在其他诸道，节度、观察等使以下例由中央任命，尤其号称"宰相回翔之地"的淮南、剑南等雄藩大镇，节度使不乏当国秉政经历者，自应深知其中利弊。何以朝廷上下对这种地方人事惯例始终未能革除，反而坐观其愈演愈烈呢？如果说岭南地区是因

---

① 《柳宗元集》卷二三《送薛存义之任序》，中华书局，1979，第616页；同书卷二七《零陵三亭记》，第737页。
② 《巨唐故平卢军节度同经略副使承务郎试左金吾卫兵曹参军荥阳郑公墓志铭并序》，《全唐文补遗》第9辑，第404页。
③ 《太平广记》卷三〇八"郑洁"条引《博异记》，第3028页。
④ 《唐故大理评事博陵崔府君墓志铭并序》，赵君平、赵文成编《河洛墓刻拾零》，北京图书馆出版社，2007，第569页。
⑤ 《唐故宣州旌德县丞崔府君墓志铭并序》，《洛阳流散唐代墓志汇编续集》，第701页。
⑥ 《唐故河南元君墓志铭并序》，《洛阳流散唐代墓志汇编续集》，第661页。
⑦ 前揭陈翔《唐代中央与地方关系研究》，第101页；陈志坚：《唐代州郡制度研究》，第124页。

阙官少员，不得不然，那淮南、江南等富庶之地为何亦复如是呢？

导致制度异化的是社会结构性诱因。在士人散寓州县的社会情势下，"摄官承乏"是一种变相的衣食之资、"利"之所在。而正如上举诸例所见，朝廷卿相、地方牧守多是邑客的亲故、旧交，甚至不少公卿、牧守自身也有过流寓地方、充任摄职的经历，自然更能理解其处境。因此各级官员大多会在职权范围内为其提供援助，不会轻易触动相关利益分配格局。可以说，唐后期的州县摄官制度，不仅是维系政务运转的人事制度，更是支撑流寓士人生活的隐性社会机制。

也正因此，虽然朝廷屡有诏令，对摄职奏正的员额、任职资格做出限制，但始终无意彻底裁汰。从朝野舆论来看，对士人充任摄官，毋宁说持默许甚至鼓励的态度。《册府元龟》卷六三二《铨选部·条制》：

> 唐武宗会昌元年五月，中书奏："州县摄官，假名求食，尚怀苟且，不恤疲人。其州县阙少官员，今后望委本州刺史于当州诸县官中，量贤剧分配公事勾当。如官员数少，力实不逮处，即于前资官选择清谨有能者差摄，不得取散试官充。"[1]

又《乾符二年南郊赦文》：

> 守土长人，切资士族，品流混杂，必害生灵。刺史、县令，如是本州百姓及商人等，准元敕不令任当处官。……近年此色至多，各仰本道递相检察，当日勒停。[2]

文中对州县摄官的猥滥多有指责，但又注意区分了两类人：一类是"前资官""士族"，他们拥有入仕资格，多为寄居本地的衣冠士流；另一类是"散试官""本州百姓及商人"，多为无正式出身的土著居民，或胥吏、军

---

[1] 《册府元龟》卷六三二，第7575页。
[2] 《唐大诏令集》卷七二，中华书局，2008，第405页。

将。①这两类人构成了州县摄官的主要来源，但在选任之际，朝廷的态度判然有别，对前者不乏优容，后者则明令禁止。这种厚此薄彼是耐人寻味的。

摄职不同于州县正员官以及作为登朝津梁的使府清望，与低级幕职、盐铁小职更相近，仕途前景都相对暗淡。②但对家贫无业的底层邑客而言，这类职务又有不小的吸引力。摄职的任官地大多在其所居州县附近，换言之，生活空间与任职地点是基本重叠的。另外，摄官的任职期限没有严格规定，凭使府文牒，有阙则摄，因此在上举事例中，不乏一地任职一二十年者，这与正员官三、四考一替的任期区别显然。从现实层面看，这样的任职方式便于将精力投入到地方产业经营与亲属赡养上，规避了宦海沉浮、颠沛流离所带来的社会风险，同时也勉强维系了"以官为业"的士人身份。就此而言，出任摄职与使府低级幕职、盐铁小职，都表现出一种相似的取向，我们姑且称之为任职的"地方化"。

三、正员授官中的"地方化"倾向

上述"地方化"倾向，不仅见于藩镇署任的州县摄官、幕职，更有甚者，在正员州县官选授中，侨寓士人也会通过各种渠道，优先争取侨居地附近的职务。这是一个不易察觉的现象，但新出墓志为我们提供了不少例证。

《唐故常州义兴县令陆君墓记》：

> 君讳士伦，字德彝，河南洛阳人也。……父讳据，皇朝尚书司勋员外郎。君即司勋之长子也。……选补苏州常熟县尉。……属江淮转运使、吏部尚书刘晏荐君，……诏授常州义兴县令。本道廉察以旧人领县未几，状请却留，转授君常熟县令。无何，又改杭州钱塘县令。……及满岁，非时调选。……犹以家寄江潭，将求三径之用，执事者闻之，再

① 详参本书第五章第二节的相关讨论。
② 当然，摄职并非完全没有升迁空间，如在任期间政绩卓著，经使府举荐后可授正员官，即"奏正"。另外，还可由府主奏授"试官"衔，如前文提到的崔元夫，"方伯……将议任用，姑欲暗高齐秩序，乃寓名军功，奏试大理评事"。但整体而言，朝廷划定的各道奏正额有限，试衔等则与军将、胥吏所授无异，并不为时人所重。

授义兴县令。①

陆士伦出身河南陆氏，是北朝虏姓高门，原籍洛阳。其父陆据是开、天之际名士，与萧颖士、李华等人交好，官至司勋员外郎。②陆士伦兄弟在"安史之乱"中南迁，长期侨居江南。③他先后任苏州常熟县尉、常熟县令、常州义兴县令、杭州钱塘县令等州县正员官，迁转不出浙西一道。何以能如此呢？墓志透露出，在其迁转之际，每每由上级长官出面（江淮转运使、"执事者"）奏荐。陆士伦之所以愿意长期任职浙西，志文也点出了原因——"以家寄江潭"。差不多同一时期的江南，李晤先后任常州金坛、湖州乌程、常州晋陵三县令，其子李绅自幼侨居常州无锡县。④前章提到的李纵，随父南渡，客居江南，在上级长官举荐下，先后任延陵县令、湖州司马、常州长史等职。⑤从选任机制来看，上述事例其实跟使府辟召、差摄已颇为类似，上级长官的奏荐发挥了重要作用。⑥

在中央层面的吏部铨选中也能看到类似倾向。如宝历年间任杭州临安县令的张宣，"自越府户曹掾调授本官，以家在浙东，意求萧山宰"，此后移家河南，又在铨选时"固求宋亳一官"。⑦沈中黄，先世定居洛阳，进士及第后"以家寄荆楚，求授江陵参军"。⑧前文提到的崔郇，因摄职侨寓宣州

① 《唐故常州义兴县令陆君墓记》，《洛阳流散唐代墓志汇编》，第441页。
② 见《大唐故尚书司勋员外郎河南陆府君墓志铭并序》，《全唐文补遗·千唐志斋新藏专辑》，第235—236页。另参梁太济、陈志坚《开天之际的文化学术群体——李华〈三贤论〉试笺》，《文史》2009年第2辑。
③ 按《元和姓纂》卷一〇"河南陆氏"条载陆据二子士佳、士修，不及士伦（中华书局，1994，第1425页），当据墓志补入。陆氏兄弟在江南的活动，参朱关田《颜真卿交游考》，《思微室颜真卿研究》，西泠印社出版社，2021，第169页。
④ 《旧唐书》卷一七三《李绅传》，第4497页。
⑤ 《洛阳流散唐代墓志汇编》，第543页。
⑥ 有别之处在于，摄官未获奏正，没有正式告身，而陆士伦等人所任皆为正员州县官。关于藩镇对境内州县官员的荐举，参郑炳俊《唐代の観察処置使について》，《史林》77（5），1994。
⑦ 《太平广记》卷一五五"张宣"条引《前定录》，第1116—1117页。
⑧ 《唐故承奉郎守大理司直沈府君墓志铭》，《唐代墓志汇编》，第2360页。

旌德县，“大中元年，复调选，求便于家，请授旌德县丞。亲爱非其选叙，而公欣然自得，盖不以寸进为意”。①郑佶，举家侨寓梁州，“有田一顷，有累百口。……恬怡桑柘间，不屑屑于尘宦”，后“为亲友所迫，复调补南郑尉。南郑秩视京邑，迩家山才百里，……遂跃喜赴之”。②铨选中，崔鄭、郑佶等人甘愿放弃更好的前景，选择了能兼顾家庭生活的就近职位。

仕宦“地方化”现象在长江上游的剑南道似尤为突出。《唐故洋州录事参军段君墓志铭并叙》：

> 君讳琮，字子泉，以元和十年乙未生于上都问化里。咸通六年己酉三月廿日殁于洋州官舍。其侄□（璙）任魏王府长史，生知孝敬，能禀义方。痛启手足之□，及临兆，发使赍货币辇护归于万年县长乐，祔先茔，其年七月五日克定，礼也。……历官三任，曰饶州余干主簿，曰汉州什邡尉，因卜居故巢。娶于成都府新都令田行元之长女。无何先殁，窆于蜀地。田氏乃硕儒藏书之家，伯仲皆充赋春官。君以选归上国，授洋州录事参军。……诸孤以友外族及渭阳，皆因官寓两蜀，既卜居及襄事，护灵迁于什放（邡），从理命也。君大父讳简，试大理评事。考讳元度，梓州□（涪）城令。再娶夫人曰萧氏，曰张氏。③

从家族成员任官情况，以及出生地、归葬地来看，段琮出身京城世宦之

---

① 《唐故宣州旌德县丞崔府君墓志铭并序》，《洛阳流散唐代墓志汇编续集》，第701页。
② 《唐故兴元府南郑县尉荥阳郑君墓志铭有序》，李明、刘呆运、李举纲主编《长安高阳原新出隋唐墓志》，文物出版社，2016，第271页。
③ 《唐代墓志汇编续集》，第1056页。括号内文字为引者改、补。

家。①从父辈始，段琼一支开始长期出任蜀地官职。其父曾任梓州涪城令，此后即寓居蜀地，段琼历任什邡县尉、洋州录事参军，生平大半时光都是在两川地区度过，志文言其一度"卜居故篹"，应该是此前其父任职时在邻县什邡购置的宅第，这也是当时官员罢任后的常见做法——前资寄住。

值得一提的是段琼的姻亲田氏。其岳父田行元（源）本身有墓志存世，据载，田行源也是京兆人。其父曾任成都府双流县令，本人"以明二经擢第，释褐衣授荣州纠曹掾，次授成都府新繁县尉，魏成、什邡二县尉。大中十一年调补犀浦令"。②所任官职同样多在剑南一道，尤其是成都附近。另外志文还记载："是以五命，凡公宰邑、假政二十余任。"这透露出，除通过吏部铨选获得的正员官，田行源在寓居地待阙守选期间，还充任过州县摄官。总之，与段氏经历相似，田氏也是一个著籍京城而久仕蜀中的邑客家族。虽然段琼和田行源卒后都归葬长安祖茔，但他们家庭生活的重心都已转移到地方州县。段氏"诸孤以友外族及渭阳，皆因官寓两蜀"；田氏"乃硕儒藏书之家"，除段琼外，另有一婿任景祠，也在蜀地为官。上述迹象都透露出他们长期在蜀中经营，形成了一定根基。

无独有偶，差不多同一时期，久在蜀地为官的还有窦季余与刘继家族。窦季余京兆人，世代显宦，其从兄窦易直官至宰相，他本人"自雅州名山长至成都双流令，凡七领剧邑"，此后又历任眉州录事参军、茂州刺史等，直

---

① 如其堂兄段随任河东县令（据本志撰者题衔），其兄文绚为尚药奉御、翰林供奉（《唐代墓志汇编续集》，第983页），侄段璘任魏王府长史（本志，另参《段璘妻严氏墓志》，《唐代墓志汇编续集》，第1053页），段琼任翰林供奉、右千牛卫将军（《唐代墓志汇编续集》，第1135页。按，书中录文将志主姓氏误作"殷"，检拓片，当作"段"，见中国文物研究所、陕西省古籍整理办公室编《新中国出土墓志·陕西[贰]》上册，文物出版社，2003，第321页）。不过，段琼家族并非典型意义上的士人家族，其家族成员多任翰林待诏，这是一种唐后期崛起的新兴官僚，详参拙稿《"清流"之外——中晚唐长安的"非士职"官僚及其家族网络》，《中国中古史研究》第10卷。（本书附录二）

② 《唐朝议郎成都府犀浦县令京兆田府君墓志铭并序》，《唐代墓志汇编续集》，第1027页。按本志所载志主名作"田行源"，并记其长婿名"段淙"，与《段琼墓志》所载有异，但从所记仕履来看，当为同一人无疑。

至大和七年"卒于成都府华阳县盐泉里之寄第"。①刘继家自曾祖父起世代为官，定居长安，他"初解褐，以太庙室长选授汉州金堂县主簿"，此后历任雅州仓曹参军、陵州仁寿县令、成都府功曹参军、成都府司录参军，无一例外都在蜀中，直至大中四年卒于成都金容里家中。②虽然生长于京师，也归葬京师，但窦、刘二人都久宦蜀中。此外，其内外姻亲大多也是久寓蜀地的官员、邑客，如刘继岳父张叔元为汉州金堂县令，女婿徐有章为摄成都府文学，女婿李师仲为彭州九陇县主簿。窦季余岳父刘渭原籍洛阳，先后任成都府华阳县令、黎州刺史、雅州刺史，其子刘璐曾任成都府参军。③

此类事例为数甚夥，不待赘举。一般认为，经由吏部层面的铨选，唐代官员任职具有很强的空间流动性，多随职迁转，游宦四方。④那么，上述诸人为什么能长期出任特定区域内的职位呢？以久宦蜀中的段、田、窦、刘等人为例，他们都累世定居长安，在京中拥有一定的人脉根基。如段琼兄弟、子侄中不乏长期充任翰林供奉者，有条件接近最高权力；田行源之妻出身唐宗室，又与宰相杨绾家族存在姻亲关系；⑤窦季余从兄曾拜相秉政。他们虽称不上精英士人，但相比孤宦京师的一般寒士、失职无储的底层邑客，在京城官界能调用的人脉资源想必要深厚得多。这类资源虽不足以致身显达，但在州县官铨选环节应该能发挥效用。

在邑客的政治生活中，以上几种任职类型往往是并存的。在此我们看到一个共性特征，即任职地和定居地在空间上彼此重叠，呈现出明显"地方化"的倾向。任职"地方化"与侨寓生活互为表里，换言之，生活空间的"地方化"推动了任职的"地方化"，而在某些场合，后者又能为前者提供

① 《唐故茂州刺史扶风窦君墓志铭并序》，《唐代墓志汇编》，第2146—2147页。参《旧唐书》卷一六七《窦易直传》。
② 《有唐故成都府司录参军刘公墓志铭并序》，《唐代墓志汇编》，第2286—2287页。
③ 《季舅唐故雅州刺史刘府君墓志铭并序》，《洛阳流散唐代墓志汇编》，第553页。
④ 参甘怀真《唐代官人的宦游生活——以经济生活为中心》，《第二届唐代文化研讨会论文集》，台北：学生书局，1995；胡云薇：《"千里宦游成底事，每年风景是他乡"——试论唐代的宦游与家庭》，《台大历史学报》第41期，2008。
⑤ 《唐故朝议郎汉州什邡县令京兆田行源亡室陇西李氏墓志铭并叙》，《唐代墓志汇编续集》，第1001页。

便利。这是他们依托人际关系网络，有意经营所致。

四、"地方化"的历史意义

本节考察了侨寓士人任职的门径与类型，并对其任职地方化现象做了揭示。在实证研究基础上，最后做几点补充讨论。

唐德宗贞元年间，礼部员外郎沈既济曾针对当时选官体制的弊病，提出若干改革意见，其中涉及地方人事的如下：

> 州府佐官。右自长史以下，至县丞、县尉，请各委州府长官自选用，不限土、客。其申报正、摄之制，与京官六品以下同。其边远羁縻等州，请兼委本道观察使，共铨择补授。
>
> 上州省事、市令，中州参军、博士，下州判司，中下县丞以下及关、津、镇戍官等。右请本任刺史补授讫，申吏部、兵部，吏部、兵部给牒，然后成官，并不用闻奏。①

这一方案的核心，是将州县僚佐任免权自吏部下放至州、府，全部由长官差摄、补任，进而恢复汉魏六朝州郡自择僚属的旧制。改革方案虽未获采纳，但此后士人任职的"地方化"倾向，似乎正是朝向他勾画的方向发展。②

相比吏部铨选，"地方化"的任职方式与前代州郡辟举初看确有若干相似之处，如都是长官自署，都是针对现居地人士的选拔机制。不过其间差异更值得重视。我们知道，汉魏六朝士人早年大多居乡，察举、辟举依托"乡选里举"，至少就形式而言，乡党舆论（乡论）在其中起到了主导作用。而唐后期士人虽不乏久居地方州县者，但人际关系更多呈现出封闭性，普遍疏离于地方共同体。在求取各类地方职位时，起主导作用的是邑客社群内部的风评，及其与各级官员的交游—庇护关系。在这种机制下，真正来自地方共

---

① 《通典》卷一八《选举·杂议论下》，第451页。
② 陈志坚在考察晚唐地方行政体系时，已注意到沈既济改革方案的时代意义，参《唐代州郡制度研究》，第87—88页。

同体的声音并未被采择，对个人仕途更无法施加影响，与"乡选里举"的精神恰恰是相悖的。

唐人有言："士有爵禄，则名重于利；吏无荣进，则利重于名。"①出身阶层不同，对仕宦的价值诉求也存在差异，这是传统观念中区分士、吏身份的基准。而学者在制度史研究中注意到，唐后期各级官僚机构中士、吏身份界线与职掌都趋于模糊，士任吏职、吏居士职，都在相当范围内存在。②细思之下，制度现象背后的潜流应该正在于大批底层邑客的存在。"失职无储"的境遇下，他们不得不把目光转向地方与基层，群趋盐铁小职、州县摄职。从性质来看，这类职务严格说来都算不上正式的官职。前者所掌皆为吏事，常被斥为"不择禄而仕"③"资历颇杂"，④难厕清途。后者往往"政多苟且，不议久长，才始到官，已营生计"，⑤呈现出浓厚的嗜利性，扮演的角色无异权力寻租机制下的包税人。担任这类职务，与其说出于施政理民的政治抱负，毋宁说是获取衣食之资的手段而已。传统乡里关系消失后，从萃处京畿到散寓州县，士人生存境遇发生一系列深刻转变。这对传统士人伦理造成冲击，重构"为士之道"，遂成为中晚唐思想史上的一项重要命题。⑥

很难说"地方化"是唐后期士人阶层的主流价值取向，所谓"仕家不著籍于乡间"，⑦始终是一种常态。正如诸多事例所见，只要具备仕途际遇，他们大多会选择回归两京；即便终老于侨居地，大多数邑客家庭还是会归葬两

---

① 《新唐书》卷一四九《刘晏传》，第4795页。
② 李锦绣：《唐后期的官制：行政模式与行政手段的变革》，黄正建主编《中晚唐社会与政治研究》，中国社会科学出版社，2006，第82—107页。
③ 《范阳卢府君墓志铭并序》，《洛阳流散唐代墓志汇编续集》，第721页。
④ 《太平广记》卷二三八"王使君"条引《南楚新闻》，第1836页；
⑤ 《通典》卷一八《选举·杂议论下》，第449页。
⑥ 参王德权《为士之道——中唐士人的自省风气》。
⑦ 《全唐文》卷七三四《对贤良方正直言极谏策》，第7579页。

京祖茔。①两京是其籍贯所在，更是认同所系，地方州县终究是寄寓之所。

不过，如果从唐宋历史演进的趋归来看，这种"地方化"依然具有某种历史意义。有迹象表明，至少对部分邑客而言，"地方化"正在从一种无奈的生存策略转变为价值取向。这在前文所举事例中已有所反映，如卢公弼、崔郸、郑佶等人，或在京中颇有人脉，或有其他更具前景的职位可供选择，但他们都无意仕进，宁愿就任侨居地附近的职位。又如侨居常州的张中立，他曾在京中谋得职位，后绝意于仕进，"归阳羡，葺旧居，植花木，与亲朋骨肉聚会，……女嫁之，男娶之，无一日不得其所"。②窦常，寓居扬州十余载，长期充任州县摄职与盐铁小职，此后虽曾登朝拜官，"既罢秩，东归旧业。时宰相嘉招，固辞衰疾，……告终于广陵之白沙别业"。③窦常舅父袁齐，"寓居江左垂卅年"，"仕宦三历六百石辄止"，在将其母归葬洛阳后，"既而返居，优游卒岁，意治产业，未尝空乏，斗酒必乐，良辰无他"，终老于侨居地。④相比"居大不易"的两京里坊，以及宦海沉浮的风险，这类邑客显然更看重对地方产业的经营，以及亲族团聚的人伦之乐。

以上情形透露出一个意味深长的时代信号：经营地方正重新成为部分士人生活世界的重心。随着世代推移，他们的家族形态与身份认同也会随之土著化，这将对地方社会产生深远影响。不过在讨论这一问题之前，我们先将目光从士人群体转向另一类地方精英。

---

① 关于侨寓士人的归葬问题，本书未作专门探讨，可以参看郑雅如《"中央化"之后——唐代范阳卢氏大房宝素系的居住形态与迁移》，《早期中国史研究》第2卷第2期，2010；仇鹿鸣：《墓有重开之日：从萧遇墓志看唐代士人的权厝与迁葬》，《中华文史论丛》2019年第4期。就目前所见墓志而言，归葬两京的应占大多数，但因各种原因权葬甚至举家合葬于寓居地的也颇有其例。随着近年各地新出墓志的不断刊布，这一问题今后尚有进一步考察的余地。

② 《唐故宣义郎侍御史内供奉知盐铁嘉兴监事张府君墓志铭并序》，《唐代墓志汇编》，第2495—2496页。

③ 《窦氏联珠集·故国子祭酒致仕赠太子少保府君诗并传》，《唐人选唐诗新编（增订本）》，第726页。

④ 《唐故大理评事汝南袁府君墓志铭并序》，《洛阳流散唐代墓志汇编》，第483页。

第四章　从乡望到土豪：唐代地方精英的源与流

　　本书二、三两章的研究表明，邑客虽然长期生活在地方州县，但从社会关系来看，他们是疏离于地方共同体的外来精英群体。不过，终唐一代，各地始终存在着各类植根乡里的土著社会势力，诸如"有力人户""土豪百姓""大姓强家"等，屡见于文献，我们姑且统称为"地方精英"。

　　唐代地方精英有哪些类型？随着时代推移又有怎样的变化？这是本章要讨论的问题。

第一节　唐前期地方精英的形态

一、士族的地方豪强化

　　本书第一章曾以江南地区为例，考察了唐前期乡居士族的活动。因久居乡里，仕宦无门，不少士族后裔逐渐丧失了士人身份，社会面貌发生了蜕变。

　　据《旧唐书·王方翼传》："永徽中累授安定令，诛大姓皇甫氏，盗贼止息，号为善政。"[1]皇甫氏是东汉以来的安定大姓，在北朝隋唐政权中也是达官辈出，如隋唐之际的皇甫诞、皇甫无逸父子，入唐后很快实现了中央化与官僚化，[2]这是士人家族形态演进的主流。不过皇甫氏的部分族裔依然留居本籍，从遭县令诛杀的结局来看，他们似乎也没有获得官人身份。与之类似的还有宋玄成，据《朝野佥载》：

---

[1]　《旧唐书》卷一八五上《良吏·王方翼传》，中华书局，1975，第4802页

[2]　参《隋书》卷七一《皇甫诞传》，第1640—1641页；《旧唐书》卷六二《皇甫无逸传》，第2384—2386页；《唐才子传校笺》卷三"皇甫冉"条，中华书局，1987，第562—563页。

　　唐老三卫宗（宋）玄成，①邢州南和人，祖齐黄门侍郎。玄成性粗猛，禀气凶豪，凌轹乡村，横行州县。纪王为邢州刺史，玄成与之抗礼。李备为南和令，闻之，每降阶引接，分庭抗礼。务在招延，养成其恶。②

　　宋玄成出身广平宋氏，世居邢州南和，与名相宋璟是同族近属。不过他与宋璟一支不同，虽有三卫出身，实际并未出仕，而是久居乡里。因"性粗猛，禀气凶豪，凌轹乡村，横行州县"，最终也被本地县令诛杀。皇甫氏与宋氏的事例表明，不少士族后裔并未实现中央化、官僚化，而是再度地方豪强化，也因此成为国家权力的主要打击对象。

　　这类士族后裔在唐中期也偶见其例，《唐故太子司议郎卢府君墓志铭并序》：

　　府君讳寂，……为嘉兴令，当廉使李栖筠之临焉，邑人陆曾者、居客梁东道者，曾实险诐，在江湖为群贼之薮；道则诡异，结权势为一门之援。公至止之日，曾乃移乡，道则就刑，斯屏恶也。③

　　文中提到的陆曾，从姓氏与籍贯来看，应为吴郡陆氏族裔。入唐后，陆氏定居嘉兴县的房支中不乏闻人，与陆曾差不多同一时代的陆齐望、陆澧父子以及陆贽等人均仕宦显达，跻身精英士人之列。但是从上引志文看来，陆

---

① 按，宗玄成家世无考，汉唐间宗氏人物多以南阳为郡望，虽南北播迁，未闻有著籍邢州南和县者。笔者认为"宗"当为"宋"之讹字，理由如下。首先，史籍中作为姓氏的"宗""宋"两字，传抄时常因形近而误，相关例证不胜枚举（参年发松《汉唐间的荆州宗氏》，《汉唐历史变迁中的社会与国家》，上海人民出版社，2011）；其次，唐代广平宋氏确曾著籍邢州南和县，如名相宋璟家族，史称"邢州南和人也，其先自广平徙焉"（《旧唐书》卷九六本传，第3029页）；复次，据《新唐书·宰相世系表》，宋璟五世祖钦道，北齐黄门侍郎（中华书局，1975，第3357页），与本条所记宋玄成先世官职相符；最后，宋璟父名玄抚，与玄成制名行辈亦相合，二人当为兄弟行。因此，此处"宗玄成"当作"宋玄成"。
② 《太平广记》卷二六三"宗玄成"条引《朝野佥载》，第2055—2056页。
③ 《唐代墓志汇编》，第1877页。

曾并未出仕，而是"在江湖为群贼之薮"，被官府视为"险诐"之徒，显然也与士人身份相去甚远。

以上事例透露出，唐前期旧士族内部出现了明显的升降与分化，某些成员因仕宦无门，逐渐跌出士人身份序列，以地方豪强的面貌活跃于乡里。他们保有不容小觑的家族势力，社会关系呈现出在地性特征，可归入地方精英的一种类型。不过从现有史料来看，这类士族并不占主流，随着世代推移，以及国家权力的弹压，他们在地方的影响力急遽衰退。

二、耆老与乡望

除乡居士族，唐前期地方社会中更为活跃的是一些非身份性的有力人群。其中引起研究者关注的，是"耆老"与"乡望"。《通典》卷三三《职官·乡官》：

> 大唐凡百户为一里，里置正一人；五里为一乡，乡置耆老一人。以耆年平谨者，县补之，亦曰父老。①

《唐会要》卷五九《户部员外郎》：

> （开元）二十九年七月十七日，每乡置望乡。天下诸州，上县不得过二十人，中县不得过十五人，下县不得过十人。其长安、万年，每县以五十人为限。太原、上党、晋阳三县，各以三十人为限。并取耆年宿望、谙识事宜、灼然有景行者充。②

文中提到的"耆老"，又作"老人""耆寿""父老"等，名号与汉代三老、父老等相近。"望乡"，又作"乡望"，则令人联想到散见于北朝造

---

① 《通典》卷三三，第924页。
② 《唐会要》卷五九《户部员外郎》，中华书局，1960，第1019页。

像题名的"乡望""民望""平望""士望""族望"等名号。①这类头衔例由官方授予，制度上的沿袭之迹显然。

在汉魏六朝社会中，三老、民望等都是政府认定的地方社会领袖，身份介于官、民之间。这类群体之所以长期存续，自然与特定的社会结构与基层治理模式存在紧密关系。关于三老，牟发松先生指出，他们"在国家和地方社会之间的媒介和缓冲功能，在乡村中的强大号召力和示范效应，对于汉代国家权力顺利有效地渗透到基层社会，具有不可替代的独特功能"。②北朝的"民望"等也扮演着类似角色。唐长孺先生指出，这类名号集中涌现于北魏孝文帝定姓族之后，由州都、郡县中正评定。获得这类称号即意味着成为官方承认的姓族，进而得以跻身国家门阀序列。凭借九品中正制，他们至少可以获得州郡辟召的机会，同时也应享有免役、荫族的权益。③因此，以民望为代表的地方姓族是北魏国家门阀体制的受益者，对现行体制及由之塑造的社会秩序也会起到维护作用，称之为地方社会的领袖或许并不为过。

唐代设置乡望与耆老，是对前代基层治理传统的继承。从制度立意来看，统治者自然也希望乡望、耆老能发挥类似的社会功能，起到教化民众、辅助治理的功用。那么他们在社会秩序中实际处于什么地位呢？穴泽彰子曾对这一群体做过细致的研究，她系统统计了唐代石刻题名所见乡望与耆老的出现频次，发现乡望集中出现在唐代前半期，属于魏晋以降的乡里大姓，唐前期依然是社会秩序的主导者，这体现出魏晋南北朝贵族制传统的延续。而在唐

---

① 相关例证见陈鹏《北朝碑石所见"民望""平望"考》，《文史》2021年第3期。
② 牟发松：《汉代三老："非吏而得与吏比"的地方社会领袖》，《汉唐历史变迁中的社会与国家》，第236页。
③ 参唐长孺《论北魏孝文帝定姓族》，《魏晋南北朝史论拾遗》，中华书局，1983；《跋敬史君碑》，《山居存稿》，中华书局，2011；牟发松：《从三老到民望》，《汉唐历史变迁中的社会与国家》；张旭华：《九品中正制研究》，中华书局，2015，第428—431页。矢野主税曾仔细排比过文献中士望、族望、民望等语汇的用例，他认为士望属于士族阶层，族望主要为庶民出身，而民望则是对上述两者的统称，不分士庶。参《北朝に於ける民望の意義について》，《（長崎大学）社会科学論叢》6，1956。但是史料用词上似乎看不出有严格的区分，上述观点恐求之过深。另外，在北朝石刻文献中，拥有民望头衔者也鲜见真正的高门大姓。详参下文，以及前揭陈鹏《北朝碑石所见"民望""平望"考》。

中期以后，石刻中的乡望出现频次骤减，与之出身有别的耆老、老人等群体则代之而起，成为地方的新兴领导层，这也意味着向两汉社会秩序的回归。[①]

这项研究显然立足六朝隋唐史研究中的贵族制框架，自有其本国学术传统。不过乡望、耆老对社会秩序是否能起到实际引领作用，仅从石刻题名的量化统计很难予以验证。我们知道，自隋废九品中正与乡官，"海内一命以上之官，州郡无复辟署"，郡姓、县姓们的入仕途径，以及诸种经济特权自然也失去了制度性依托。在以王朝官爵为本位的社会秩序中，官方任命的"乡望"已转变为纯粹的荣誉头衔。至于"耆老"一职，情况也应类似，除了出席官方礼仪活动，[②]恐怕主要是用作官方版授高年的依据而已。他们对基层社会秩序是否能起引领作用，仅以律令条文以及石刻中程式化的修辞而论，得出的结论恐怕很难让人信服。另外，乡望是否可归入士族（贵族）阶层？与耆老是否真的存在阶层上的新旧、高低之别？也是值得重新审视的问题。

由于正史纪、传鲜有相关人物的事迹，下面主要以长安四年（704）《百门陂碑》、开元七年（709）《金刚经碑》等石刻文献为中心，[③]做一项简单的考察。

（一）《卫州共城县百门陂碑铭并序》所见乡望家族

《百门陂碑》镌刻于长安四年，正文与碑阴分别记叙了自长安二年至长安四年间，共城县令曹怀节主持下的几次祈雨与乞晴仪式。其题名者中有多位耆老与乡望，为便讨论，今节录如下：

[①] 穴澤彰子：《唐・五代における地域秩序の認識：郷望的秩序から父老的秩序への変化を中心として》，《唐代史研究》5，2002。

[②] 雷闻利用吐鲁番出土文书，指出唐前期西州地区的老人、父老等也实际参与了基层治理事务，参《隋唐的乡里与老人——从大谷文书4026〈唐西州老人、乡官名簿〉说起》，《唐研究》第22卷，北京大学出版社，2016年。不过这恐怕并非常态。

[③] 关于以上两碑，前人已有不少讨论，参船越泰次《唐代兩税法研究》第三部第二章《唐代均田制下における佐史・里正》，汲古書院，1996；杉井一臣：《唐代前半期の郷望》，唐代史研究会编《中国の都市と農村》，汲古書院，1992；赵满：《唐五代河北地方社会的变迁与新兴文士阶层的兴起》，华东师范大学硕士学位论文，2017，第26—41页；石野智大：《唐代玄宗期の郷望と村落社会—河北省本願寺旧蔵「金剛経碑」の復原をもとに—》，《九州大学東洋史論集》49，2022。这里主要参考了杉井一臣、石野智大的研究。

（碑阳）

（前略）乡望前泗州徐城县尉乐处机、获嘉公贾粗、光古、录事隗允、张明、张福等，或凫弈簪履，或优游耕凿，击壤食太平之粟，长歌悦文明之代。……乃作铭曰：……□（隗？）芝玄长安四年九月九（后阙）

（碑阴）

长安二年夏五月，州符下县，祈雨。六月一日，公（宫城县令曹怀节）□祠令□，先祈社稷，遍祈山川，躬临庙坛，亲自暴露。……当共（？）七司佐廉谨、郭敬、里正郭仙童、贾□、乡望焦德贞、魏夷简等、父老光温古上诗贺公曰：（后略）

又三年春四月，祈雨。公至诚启请如前……当共录事隗弘允、七司佐杨赞、耿格等，里正高延斐、李俨、孙九儿、坊正郭贞、郭□、乡望光古、贾祚（粗）等同祈。

又四年春三月，时雨不晴，……四月七日，共主簿程列、仓督张行璋、佐郭敬、李元、里正张机、张纂、张昱、村正郭思敬乞晴（后略）

又秋八月……邑老隗芝玄、王天生请公乞。时冒雨而临坛……共七司佐□守义、张虔明、廉思昉、市史齐山、里正马弘节。

（以下为两侧题名，文字有残阙，总计约130余人，不俱录）

乡望等焦贞、燕敏昭、张温克、魏师质、怀州竹则市令孙知仁、仓督张行璋、卫珪、李仕瓒、和思道、张仁□、尚□□……（后略）

乡乡望①等张仁基、郭感、郭元琛……（后略）②

---

① "乡乡望"当为县乡望之下的另一个层级，参前揭杉井一臣《唐代前半期の乡望》，第322页。

② 《金石萃编》卷六五，《石刻史料新编》第1辑第2册，第1111—1113页；图版见《北京图书馆藏中国历代石刻拓本汇编》第19册，中州古籍出版社，1989年，第112—113页。原录文中清人避讳字径改。

　　首先来看耆老与乡望的关系。我们发现长安二年祈雨活动中的"父老光温古"与长安三年、四年的"乡望光古"实为同一人，系双名单称。[①]也就是说，此人先后出任父老、乡望。另外，同一家族中也不乏获得两种头衔者，如乡望隗弘允与邑老隗芝玄。由此可见，父老（含邑老、耆老）与乡望两种头衔，授予对象在出身上并没有明显的高下之分，大体属于同一社会阶层。

　　再来看乡望的任职情况。碑文中出现人次最多的是张姓，不妨以其为例。按，汲郡张氏虽不见于魏晋以降的史传，但在唐人所修姓氏书中，张姓确有汲郡一望，[②]他们或许是北魏孝文帝官定姓族时新兴的地方姓族。如果算上未作引录的两侧题名，张氏诸人中可确定为乡望（含"乡乡望"）身份的计有16人。其中，除张行璋曾任仓督、张知机（即张机）曾任里正外，其他皆无职任。其他无乡望身份的张姓成员，如张纂、张昱为里正，张虔明为七司佐，无一例外都是地方杂任、杂职。[③]

　　其他乡望家族的任职类型大体与张氏相似，其中比较特殊的是参与长安四年祈雨活动的前泗州徐城县尉乐处机、获嘉公贾粗（祚）。前者为从九品下职事官，后者为从二品县公爵。不过从题名人数来看，乐、嘉两姓人数不多。

　　整体来看，《百门陂碑》中的乡望群体确应出身当地有力家族，但他们大多没有品官身份，所任以地方杂职、杂任居多。

　　（二）恒州鹿泉县《金刚经碑》所见乡望家族

　　《金刚经碑》全称《金刚般若波罗蜜经碑》，开元七年镌刻于恒州鹿泉县本愿寺。碑阳为佛经原文，碑阴为捐资者题名，其中第一、二截计有崇善

① 碑文中的"录事隗弘允"（长安三年）与"录事隗允"（长安四年）、"乡望焦德贞"（长安二年）与"乡望焦贞"（两侧题名）也属这一情形。

② 参前揭穴澤彰子《唐・五代における地域秩序の認識：郷望的秩序から父老的秩序への変化を中心として》，第48页。

③ 里正、仓督等自不待言，唯"七司佐"一职不见于《唐六典》、两《唐书》等记载，需略作说明。按《通典》卷三三《职官・总论县佐》："大唐县有令，而置七司，一如郡制。"原注："如录事参军，其曹谓之录事司，并司功以下六曹，总之为七司。"（第920页）是知县"七司"即录事司以下至司功等司，一如州制。如此，七司佐即县级官衙中的佐史一类，自然也属流外杂职序列。这一职衔应该渊源有自，可能与南北朝的州郡"七职"存在某种关联，参阎步克《品位与职位——秦汉魏晋南北朝官阶制度研究》，中华书局，2002，第318页注2。

乡乡望五十余人，以下诸截则为其他经主题名。[①]今将其中乡望（含其家庭成员）所任官职按类别统计如下：[②]

表4-1 《金刚经碑》所见鹿泉县崇善乡乡望家族任职情况

职衔类型	武散官	武职事官	勋官	流外职掌人（杂职、杂任）	其他
任职人次	4	1	19	6	3
职衔名	陪戎校尉、昭武校尉	安远府别将	云骑尉、□骑尉、骑都尉、轻车都尉、□□□尉、上柱国	县录事、录事、县仓督、乡博士	建忠帅、[③]王府帐内、品子

从上表统计来看，鹿泉县乡望家族中拥有职衔的比例要略高于前述共城县，但职衔类型基本一致。其中人数最多的是勋官，这是此类名号滥授后进一步贬值的表现。[④]此外是流外官与杂职、杂任等，而流内品官的数量则要少很多，且都是武职、武散。

整体来看，以乡望、耆老为代表的地方有力家族，所获官方职衔以州县佐史、里正等流外杂任、杂职居多。他们通过寄生在官僚机构的末端，与州县官员交结，往往可在赋税、徭役征发时上下其手，为自身谋得现实经济利益。这一现象常见于唐前期史料，如中宗初年的诏书中提到，地方官"或进退丁户等色，多有请求；或解补省佐之流，专纳贿赂；……亦有乡邑豪强，

---

① 《常山贞石志》卷八，《石刻史料新编》第1辑第18册，第13291—13294页。图版、录文参见石野智大《唐代玄宗期の郷望と村落社会—河北省本願寺旧蔵「金剛経碑」の復原をもとに—》，第6—9页。

② 据前揭杉井一臣《唐代前半期の郷望》一文附表（第305页）改制。

③ 第二截第42行的"建忠帅"一职，杉井一臣释为建忠府旅帅，列入卫官一栏，不确，当为行军组织中的一种下级军将。参石野智大《唐代玄宗期の郷望と村落社会—河北省本願寺旧蔵「金剛経碑」の復原をもとに—》，第16—17页。

④ 参吕博《践更之卒，俱授官名——"唐天宝十载制授张无价游击将军告身"出现的历史背景》，《中国史研究》2019年第3期。

容其造请；或酒食交往，或妻子去还，假托威恩，公行侵暴"。①同时期，李峤上奏文中也提到地方富户"重赂贵近，补府若史，移没籍产，以州县甲等更为下户"。②

但这些经济利益都不是乡望本身所赋予的，自始至终都无法获得官方承认。按律令规定，只有获得正式出身的流内品官才能稳定享有免役、荫亲等特权。在"无州郡之选""大小之官皆由吏部"的制度设定下，地方居民中的品官比率是非常低的。据时人估算，当时一县万余户居民中，品官不过数十人，③可谓凤毛麟角。乡望、耆老家族中的官僚人口稍高于这个比例，但整体而言依然非常有限，他们的入仕机会并不比一般民众多出多少。

如果将进入王朝官僚体系视为一种参与优势资源分配、推动向上流动的机制，对比南北朝时期跻身门阀序列的民望，唐前期的律令制度下，以乡望、耆老为代表的地方精英，获取资源的空间是相当有限的。

最后想结合南北朝时期"乡望""民望"的用例，做一点补充讨论。我们注意到，从词语本身来看，"乡望""民望"等头衔，早在南北朝时期便已与"土豪""乡豪"等连用。如刘宋时期参与义嘉之乱的豫州"土人"杜叔宝，史称其"土豪乡望"。④北朝石刻题名中，东魏武定七年《义桥石像碑》碑阴题名有"民望土豪"，⑤类似名号还有"乡豪都督"⑥"乡望大都督"⑦等，都是授予地方豪强的头衔，高门士族鲜有厕身其间者。由此观之，自南北朝始，"乡望""民望"等已多用于指涉地方豪强，与"土豪"语意趋同，而与高门士族相区隔。唐代承续了这一趋势，虽然乡望中偶亦有

① 《唐大诏令集》卷八二《申理冤屈制》，第472页。
② 《新唐书》卷一二三《李峤传》，第4370页。
③ 参《太平广记》卷二九七"睦仁蒨"条引《冥报录》，第2366页。
④ 《宋书》卷八七《殷琰传》，第2204页。
⑤ 《金石萃编》卷三一《武德于府君等义桥石像之碑》引《授堂金石跋》，《石刻史料新编》第1辑第1册，第553页。
⑥ 《匋斋藏石记》卷一三《张思伯造浮图记》，《石刻史料新编》第1辑第11册，第8105页。
⑦ 《隋故乡望大都督眭希远之墓志铭》，周晓薇、王其祎：《贞石可凭——新见隋代墓志铭疏证》，科学出版社，2019，第363页。

跻身官修姓氏书郡望之列者，如前述汲郡张氏，但整体而言，他们与士族的身份界线更趋明显。杉井一臣曾敏锐注意到，在前述恒州鹿泉县《金刚经碑》乡望题名中，作为当地一流高门且达官辈出的"土门崔家"无一列名其中，本愿寺历次立碑活动也未见其身影。而从出土墓志来看，崔氏家族成员尚未完全迁离故土，直至开元年间仍不乏葬于鹿泉县原籍者。[①]这并非个例，唐前期留居乡里的士族并不在少数，但无论是出土墓志还是传世文献中，鲜有出任乡望、耆老的事例。

虽然乡望、耆老等被官方认定为地方社会的领袖，但他们在王朝官僚体制中多处于末端与外缘，很难进入真正意义上的仕途。无论从哪方面看，他们都与此期迅速中央化、官僚化的士族区别显然。

第二节　晚唐五代"土豪"论

在对唐后期地方精英的研究中，有一类被称为"土豪"的群体曾引起学者广泛关注。在二十世纪五十年代至九十年代，日本学围绕这一议题做过不少研究，形成了深厚的学术积淀。土豪也是本书以下章节研究的重点人群，因此本节想对相关学术史做一项回顾与反思，以此作为研究再出发的起点。

一、"宋代士大夫源流论"与"晚唐五代土豪论"

对晚唐五代土豪的研究，问题意识可追溯至内藤湖南的"唐宋变革论"。内藤湖南认为，在唐宋之际的社会变革中，统治阶层发生了一次"新陈代谢"式的嬗替：累世冠冕的中世贵族趋于消亡，起自庶民的近世士大夫则代之而起，成为统治阶层的主流形态。[②]作为统治阶层的士大夫，显然不是朝夕间形成的，因此二战后日本宋史研究的一项重要课题，便是追溯士大

---

① 前揭《唐代前半期の郷望》，第312页；另参赵满《唐五代河北地方社会的变迁与新兴文士阶层的兴起》，第26—41页。

② 内藤湖南：《概括的唐宋时代观》，刘俊文主编《日本学者研究中国史论著选译》第1卷，中华书局，1992；《中国近世史》，内藤湖南著、夏应元监译《中国史通论——内藤湖南博士中国史学著作选译》，社会科学文献出版社，2004，第323—334页。

夫阶层的源流与形成机制，而晚唐五代的地方精英也随之进入研究者视野。

对宋代士大夫前史的实证研究，始于青山定雄发表于二十世纪五六十年代的系列论文。①他系统考察了宋代江西、福建、华北等地官僚家族的谱系，发现其先世多为五代宋初的地方庶民地主，或唐末北来流民，入宋后他们凭借科举等方式，渐次进入国家官僚体制。差不多同期，周藤吉之主要从大土地所有制形态（地主—佃户制）入手，论证了作为宋代统治阶级的官户、形势户的成立过程，结论与青山的研究大体吻合。②此后，日本学界的研究重心逐渐转向家族个案。举其要者，如松井秀一对兖州石氏的研究，③衣川强对河南吕氏的研究，④爱宕元对淄川麻氏的研究，⑤小林义广对真定韩氏与相韩韩氏的研究等。⑥虽然围绕历史分期问题，研究者之间颇有分歧，但对士人家族谱系、源流的看法则基本一致，普遍认为他们源自晚唐五代的地方新兴阶层，此后以科举为进身之阶，逐渐官户化。时至今日，士人家族研究仍是日本宋史研究中的重要议题之一，但这更多是由二十世纪八十年代"地域社会论"影响下新的问题意识所催动，⑦对谱系、源流的探讨已并非其旨趣所在。

---

① 青山定雄：《五代宋に於ける江西の新興官僚》，《和田博士還暦記念東洋史論叢》，講談社，1951；《五代宋における福建の新興官僚について―特にその系譜を中心として―》，《中央大学文学部紀要（史学科）》7，1961；《宋代における華北官僚の系譜について》，《聖心女子大学論叢》21，1963；《宋代における華北官僚の系譜について（二）》，《聖心女子大学論叢》25，1965。
② 周藤吉之：《宋代官僚制と大土地所有》，日本評論社，1950。
③ 松井秀一：《北宋初期官僚の一典型―石介とその系譜を中心に―》，《東洋学報》51（1），1968。
④ 衣川強：《宋代の名族―河南呂氏の場合―》（1973年），《宋代官僚社会史》，汲古書院，2006。
⑤ 愛宕元：《五代宋初の新興官僚―臨淄の麻氏を中心として―》，《史林》57（4），1974，收入《唐代地域社会史研究》。
⑥ 小林義広：《宋代の二つの名族―真定韓氏と相韓韓氏―》，《宋―明宗族研究》，汲古書院，2005。
⑦ 详参冈元司《地域社会史研究》、遠藤隆俊《家族宗族史研究》，均收入遠藤隆俊、平田茂樹、浅見洋二编《日本宋代史研究の現状と課題―1980年代以降を中心に―》，汲古書院，2010。

　　与之相关的另一条研究取径，是立足晚唐五代社会，对新兴阶层雏形的研究。"新"阶层注定不会出现在旧贵族所盘踞的中央官界，因此研究者普遍把目光投向基层与地方。二十世纪五十年代，堀敏一在考察唐末动乱的时代背景时指出，随着均田制解体，农民阶层出现明显分化，一部分转化为从事庄园经济的大土地所有者，另一部分则成为依附前者的庄客、佃农，两者之间是一种"封建式的生产关系"。[①]受堀敏一直接启发，松井秀一与栗原益男将视野聚焦唐后期南方地区，很快"发现"了新兴阶层的代表——"土豪层"。他们先后考察了江淮与四川两个地域，得出了大体接近的结论：1.土豪是作为官僚贵族对立物而存在的新兴社会势力，表现出反体制的一面；同时，他们又通过"影庇""影占"等方式，寄生在官僚机构末端。2.从经济形态来看，土豪多是乡村大土地所有者，主要从事庄园经济。3.以此为基础，土豪实现了对普通佃农、贫农的支配，成为乡村社会的领导者，在唐末战乱中他们又聚啸一方，变身为武装割据势力。4.土豪集团的经济基础（庄园制）及其对于民众的支配方式，与西欧中世纪的封建领主非常相近，他们是中国社会从古代向中世演进中的过渡性产物。但因中国社会的特殊性，土豪最终未能发展为真正的封建领主，而是逐渐官僚化，演进为宋代士大夫阶层。[②]堀、松井与栗原三人均出身东京大学东洋史学科，在二战后中国历史分期论争的光谱中，其观点显然是基于东京学派（历研会派）的主张，即宋代为中世（封建社会）说。

　　与此同期，作为京都学派后起之秀的谷川道雄，也围绕相关议题发表

① 堀敏一：《唐末諸反乱の性格》（1951年）、《黄巣の叛乱》（1957年），均收入《唐末五代変革期の政治と経済》，汲古書院，2002；《唐末の社会変革と農民層分解の特質》（1957年），《中国古代史の視点》，汲古書院，1994。

② 松井秀一：《唐代後半期の江淮について》，《史学雑誌》66（2），1957；《唐代後半期の四川—官僚支配と土豪層の出現を中心として—》，《史学雑誌》73（10），1964。栗原益男：《唐末五代の土豪地方勢力について—四川の韋君靖の場合—》，《歴史学研究》243，1960，后收入《唐宋変革期の国家と社会》，汲古書院，2014。

了系列论文。^①谷川道雄对唐后期社会的整体理解，一方面直接继承了内藤湖南"唐宋变革论"，同时也深受当时流行的唯物史观影响。^②内藤认为，中世社会向近世演进的一项重要指标是贵族的衰落与民众地位的上升，在谷川看来，这正是与阶级斗争理论的契合之所。受此启发，谷川在考察唐后期藩镇叛乱以及唐末农民起义等问题时，同样高度评价了土豪等上层民众的历史意义。值得注意的是，虽然谷川在历史分期论上与堀敏一等人存在根本分歧，但在土豪的社会来源（均田农民的分化）、经济形态（大土地所有制）及其对官僚体制的寄生关系等具体问题的认知上，双方看法毋宁说基本一致。不过关于土豪与农民的关系，谷川认为双方既是基于"阶级原理"，同时也呈现出"共同体原理"的一面。

　　上述从晚唐五代社会内部找寻宋代统治阶层雏形与社会秩序起源的取径，为后续研究普遍继承。二十世纪六七十年代以降，"土豪"一词逐渐成为唐宋之际地方新兴阶层的代名词。菊池英夫基于日野开三郎对唐末自卫义军首领、镇将等群体的实证研究，侧重论证了土豪与藩镇体制的关系，同时，他也接受松井、栗原等人的观点，认为土豪构成了宋代官户、士大夫的前身。^③清木场东、佐竹靖彦、伊藤宏明等人的研究主要凸显了土豪作为乡土自卫武装力量领导者的形象。^④伊藤正彦则主要利用笔记小说中的材料，

①　谷川道雄：《隋唐帝国をどう考えるか》（1952）、《唐代の藩鎮について—浙西の場合—》（1952）、《"安史の乱"の性格について》（1954）、《龐勛の乱について》（1955）、《唐末の諸叛乱の性格》（1963），均收入《谷川道雄中国史論集》（下卷），汲古書院，2017。

②　参谷川道雄《中国中世社会与共同体》"中文版自序"，马彪译，中华书局，2002，第3—5页。

③　菊池英夫：《节度使権力といわゆる土豪》，《歴史教育》14（5），1966。另参日野開三郎《唐末五代初自衛義軍考・上篇》，私家自印本，1984，第283—343页。

④　佐竹靖彦：《杭州八都から呉越王朝へ》，《東京都立大学人文学報》127，1978，收入《唐宋変革の地域的研究》，同朋舎，1990；清木場東：《唐末・五代の土豪集団の解体——呉の土豪集団の場合》，《鹿大史学》28，1980；伊藤宏明：《唐末五代期における江西地域の在地勢力について》，《中国貴族制社会の研究》，京都大学人文科学研究所，1987。

勾勒出一个身兼庄园主与商人身份的"土豪百姓"形象。[①]这些研究视角各有侧重，但在对"土豪"历史意义的把握上，大抵不出栗原、松井等人奠定的框架。

进入二十世纪九十年代，随着中国历史分期论争的消歇，日本东洋史研究的学术语境与关注焦点也发生了迁移，相比探寻中国历史发展的内在脉络，他们对内亚、草原传统等外部因素的兴趣显著增长。诚如学者所言："以往研究的中心开始边缘化，堪称边缘的研究在中心化。"[②]"宋代士大夫源流论"与"唐末五代土豪论"整体趋于沉寂，相关研究虽仍有推进，但已很难再吸引学界广泛关注。这期间值得重视的是大泽正昭的研究。

自二十世纪九十年代以迄近年，大泽正昭围绕这一问题发表过多篇论文。[③]他首先仔细排比了与"土豪"直接相关的史料，对松井秀一、栗原益男等人建构的土豪的历史形象提出质疑，认为史料所见大土地所有者与动乱中的武装割据者实际并非一同类人，以"土豪"统称，有失偏颇。鉴于此，他将唐末动乱中的武装割据者、乡里义军首领界定为严格意义上的"土豪"，而将另一类以经济活动为特征的地主、商人群体泛称为"在地有力者"。大泽进而指出，土豪主要活动地域是在王朝疆域的"中间地带"，即长江流域以及运河沿线地区。上述地域或是中唐以降盐、茶等重要物资的生产、集散地，或处在其主要流通网络中。随着流通贸易的发展，人口迁徙日趋频繁，上述地域内的社会结构与人际结合方式都发生了剧烈变动，迅速催生出一种新型社会秩序。与此同时，唐末动乱中，为防御外来势力（流贼）的侵入，客观上也刺激了本土武装自卫力量的整合，土豪正是因应上述社会形势的产物。作为武装割据势力，他们是新秩序的维护者，与地方民众是一

① 伊藤正彦：《唐代後半期の土豪について》，《史潮》97，1966。
② 孙江：《新清史的源与流》，《新史学》第13卷，社会科学文献出版社，2020，第180页。
③ 大澤正昭：《唐末五代「土豪」論》，《上智史学》37，1992；《唐末五代の在地有力者について》，《柳田節子先生古稀記念——中国の伝统社会と家族》，汲古書院，1993。大澤氏近年逐渐将考察重心放在了宋代，续有论文刊出，参《唐末から宋初の基層社会と在地有力者－郷土防御・復興とその後—》，《上智史学》58，2013；《南宋判語にみる在地有力者・豪民》，山本英史編《中国近世の規範と秩序》，東洋文庫，2014。

种纵向的支配关系。"在地有力者"与土豪诞生于同样的社会背景下。他们从地主阶层中分化而出，兼营庄园和流通贸易，通过"影庇"等方式寄身官僚机构的末端，以规避徭役，在与民众的关系上，主要呈现出一种横向的共同体关系。在大泽看来，具有政治自立化倾向、军事割据色彩，是土豪与普通在地有力者的主要差异。最后，在两者社会属性的把握上，大泽认为土豪与在地有力者都不是唐代统治集团成员，确属"新兴社会阶层"，尤其是"在地有力者"，直接构成了宋代官户、豪民的前身。[①]

以上梳理当然并不全面，但还是可以清楚地看到这样两条取径：对宋代士大夫源流的追索，与对唐末土豪等新兴阶层的研究。两类研究视角有异，前者是溯源式，后者为前瞻式，但问题意识均发轫于其本国学术传统中的"唐宋变革论"，以统治阶层的新旧嬗替为基本预设，又以各自的历史分期主张作为论证依归。因此，两类议题、两种取径，其实可以置于同一脉络下来把握。

时至今日，学界对唐后期历史的研究已取得了长足进展，但在对"土豪"等新兴阶层的整体认识上，还是继承了上述研究所构筑的解释框架，[②]足可见其学术生命力。不过在继承这笔学术遗产时，有些问题是亟待反思的。

在对"土豪"历史形象的建构与赋义中，先行研究多将其与政治领域士族衰落、士大夫代兴，社会经济领域均田制解体、庄园经济与流通贸易兴盛等唐宋之际的时代背景相关联，进而置于"新陈代谢"的历史叙事中。在这一脉络下，"土豪"自然就成了新型经济形态的主导者（庄园主、富商）、旧体制的反叛者（民间武装力量首领），最终被赋予了"新"的时代意义——宋代统治阶层的前身。

上述论证理路显然与二战后日本东洋史研究的学术语境密切相关。揭

[①]　在这一点上，大泽的态度是审慎的，他认为唐末五代狭义的"土豪"并未演进为宋代统治阶层，而"在地有力者"在进入宋代后也出现了社会分化，其中一部分经由科举体制成为宋代的士人家族、官户，另一部分则以"豪民"的形态存续。参前揭《唐末から宋初の基層社会と在地有力者—鄉土防御・復興とその後—》。

[②]　参李碧妍《危机与重构——唐帝国及其地方诸侯》，北京师范大学出版社，2015，第522—530页；蔡帆：《朝廷・藩镇・土豪——唐后期江淮地域政治与社会秩序》，浙江大学出版社，2021。

示这一议题的堀敏一、松井秀一与栗原益男等人，如前所述，其论证的依归是东京学派的历史分期主张——宋代为中世（封建社会）说。然而这种基于唯物史观，"力图将中国史纳入世界历史普遍发展规律"的努力，却遮蔽了历史进程中更为复杂、多歧的面向，借用牟发松先生的评价："不免削足（中国历史）以适履（西方史观），或者削履以适足，或者足履俱削以互适。"①因此，在具体论证环节，史料处理与论证逻辑均不无可议之处。例如，栗原益男基于唐末韦君靖集团的个案研究，得出土豪兼具封建庄园主与割据势力首领双重身份的结论。但在《韦君靖碑》等核心史料中，自始至终都未提及韦氏及其辖下军将拥有大片土地或田庄。作为民间武装势力的土豪，与庄园经济的关系并非不证自明。此外，就笔者粗浅的观察，日本学者笔下唐末土豪的历史形象（庄园主兼武装势力首领），依稀可见日本史上某些人群的影子。如古代中世过渡期的武士团首领，以及中近世过渡期的"土豪"（又称"地侍"，指下级武士、村落小领主），而这类人群的经济基础正是庄园制。这不免令人生疑，他们从史料中拈出"土豪"，赋予其时代变革意义，这是否系以本国历史为参照系，投射了某种先入为主的解释图式？

在笔者看来，问题的症结在于，先行研究（除大泽正昭外）几乎都将土豪预设为一个有着相同经济基础与政治诉求的阶层，进而在史料解读中采取均质化的把握。这样一来，便忽略了原始文献本身语意的多歧性，很可能将不同人群的面相集萃到一个或许并不存在的历史角色上。有鉴于此，我们有必要回到问题的起点：晚唐五代时期，哪些人、基于何种理由被称为"土豪"？随着时代推移，其具体含义是否存在差异？另外，关于"土豪"与普通"在地有力者"，是否如大泽正昭所言，能在史料用语上做出清晰区分？凡此种种，均有必要抛开定见，重新审视史料。

二、史料所见"土豪"的两种类型

关于"土豪"的直接史料，大泽正昭在相关研究中已搜罗殆尽，今据以

---

① 牟发松：《战后中日学界对六朝隋唐时代特质的不同把握》，《汉唐历史变迁中的社会与国家》，第94页。

表列如下。①

表4-2 史料所见晚唐五代土豪

编号	姓名/称谓	时代	地域	职业/身份	史料出处
1	方清/土豪	唐中后期	歙州	民间武装力量首领	《册府元龟》卷六七一《牧守部·选任》
2	土豪百姓	唐中后期	越州	地主、胥吏（？）	《太平广记》卷一七二"孟简"条引《逸史》
3	土豪百姓	唐中后期	江淮	盐商	杜牧《上盐铁裴侍郎书》
4	土豪	唐末	岭南	少数民族首领、藩镇军将	《旧唐书》卷一五八《郑余庆　附孙从谠传》
5	郑镒/土豪	唐末	徐州	民间武装力量首领	《资治通鉴》卷二五一咸通十年三月条
6	李衮/土豪	唐末	宿州	民间武装力量首领	《资治通鉴》卷二五一咸通十年六月条
7	钱镠/土豪	唐末	杭州	民间武装力量首领、藩镇军将	《北梦琐言》卷五
8	雷满/土豪	唐末	朗州	少数民族首领、藩镇军将	《旧五代史》卷一七《雷满传》；《北梦琐言》卷五
9	邓尽忠、邓尽思/土豪	唐末	潭州	地主（？）、藩镇军将	《九国志》卷一一《邓尽忠传》
10	阡能/土豪	唐末	邛州、雅州	少数民族首领、藩镇军将	《资治通鉴》卷二五四中和二年三月条
11	何义阳、费师勤/土豪	唐末	绵州、邛州	民间武装力量首领	《资治通鉴》卷二五七文德元年六月条

---

① 参前揭《唐末五代「土豪」论》。文中共举出21例，其中有2例属于唐前期，1例文句尚有疑义，1例具体身份不明，1例在西北边疆，今皆从略。另外史料11中的何义阳、费师勤二人，今计为一例。

续表

编号	姓名/称谓	时代	地域	职业/身份	史料出处
12	文武坚/土豪	唐末	戎州	少数民族首领（？）	《资治通鉴》卷二五八大顺元年四月条
13	陈可儿/土豪	唐末	常州	民间武装力量首领	《九国志》卷一《张训传》
14	牟麿/土豪	唐末	渝州	藩镇军将	《北梦琐言》卷四
15	赵师儒/土豪	唐末	泸州	民间武装力量首领	《北梦琐言》卷四
16	曲承美/土豪	五代梁	交州	民间武装力量首领	《旧五代史》卷一三五《刘陟传》
17	朱景/土豪	五代梁	霍邱	民间武装力量首领	《资治通鉴》卷二六七开平二年十一月条

关于晚唐五代"土豪"的直接史料大体如上。这17例分布地域各异，所涉人物的社会面貌也堪称驳杂，不过大体可以区分为两种类型。

（一）常态秩序下的"土豪"

这一类用例以表4-2史料2、3为代表，其中提到的"土豪百姓"，具体身份一为商人，一为地主。他们经营特定类型的产业，拥有稳定的社会职业，可称为常态社会秩序下的"土豪"。

表4-2史料2是盐铁场、监辖下的特权商人，他们利用官方颁发的特许文书，从事食盐、茶叶等商品的贸易活动，同时以"影庇"的方式规避徭役，由此获得丰厚的受益。唐后期盐铁商人的形象，因白居易《盐商妇》等诗作而广为人知，学者也做过不少研究。其实这种寄生官僚体制的特权商人，不仅见于财政三司系统，在各地藩镇中更为常见，本书第五章会专门讨论。

表4-2史料3是一名经营庄园经济的地主，这也是日本学者相关研究中重点关注的一类人群。另外史料后文还透露，他可能还担任过县府中的胥吏，与地方官员来往密切（详见本书第六章）。胥吏群体构成了唐后期土豪的另一重要类型。镌刻于元和八年的《徐清墓志》，对志主生平有这样一段描

述："祖宗□璀，虽不荣仕，土丰豪望，……久为本邑府吏。"①他既"未荣仕"，则所任"本邑府吏"当为本县胥吏。而所谓"土丰豪望"，应与"土豪"一词意涵相近，强调其在地方乡里的根基。基层胥吏也与藩镇关系密切，广泛分布于地方各级官僚机构中，本书第五章会详细考察。

商人、地主、胥吏等，构成了唐后期常态秩序下"土豪"的几种主流样态。相较后述类型，其人数应该更为庞大，但在"常事不书"的史书编纂原则下，活动事迹在传世文献中出现的频次并不高。值得注意的是，这两例都是唐中后期的史料，唐末五代则不常见。

（二）动乱期的"土豪"

第二类土豪大多涌现于黄巢之乱后，尤其是唐僖宗中和年间的地方"独立潮"中，②或可称为唐末动乱期的"土豪"。

这类人群大多掌握规模不等的武装力量，或纠集乡里，保境安民，或趁乱举兵，割据一方。在身份背景上，表4-2史料4、8、10、11、12稍显特殊。他们集中分布在今四川、湖南、广东等地。上述区域因地域开发程度有限，终唐一带始终活跃着大批少数族群，如剑南道的羌蛮部落、岭南等道的夷獠部落。唐中期以降，羌、蛮等民族逐步汉化，原有部落也渐趋解体。对这类土豪，当时统治者一般采取的策略是将其吸收进入了藩镇体制，授予使府军将之职，③表4-2史料8中的雷满、史料10中的阡能皆为其代表人物。

表4-2史料7、9、14、15中的人物同样与藩镇体制关系密切。他们或是藩镇军将，如钱镠是所谓"杭州八都"之一（"都"即都知兵马使），邓尽思是浏阳镇将，牟麾是押衙之子；或保据乡里后被藩镇遥授军职，如史料15的赵师儒，"率乡兵数千，凭高立寨，刑讼生杀，得以自专，本道署以军职"。总之，这类人群可以归入广义的藩镇军将范畴。

这一类型的土豪在产业形态上很难找出明显的共同点。如表4-2史料7

---

① 《唐故徐氏府君墓志铭并序》，《唐代墓志汇编续集》，第834页。

② 参何灿浩《唐末政治变化研究》，中国文联出版社，2001，第25页。

③ 参周鼎《羌酋董氏与唐代剑南道西山地域——以新出〈董嘉猷妻郭氏墓志〉为线索》，《九州大学东洋史论集》第44号，2016。

中的钱镠，"家世田渔为事"，① "及壮，无赖，不事家人生产，以贩盐为盗"，常因"穷乏"而受人接济，早年应该是一名破产农民。②而史料9中的邓尽思，能以家财招募死士千人，应属于经营产业的地主或富商。土豪对现政权的态度也不尽相同，如史料5郑镒、史料6李衮，是同时期徐州一带的土豪，前者"自备资粮器械"，响应庞勋叛军，后者则杀其守将，响应官军。因此，看不出他们有自觉的认同意识与政治立场。

对照史料所见"土豪"的诸种具体形态，松井秀一、栗原益男等人将其比附为类似西方中世纪封建主的历史角色，这自然很难令人信服。而作为武装力量的土豪，与产业经营者的"在地有力者"，史料中似乎也未见有严格区分，如表4-2史料2、3中的地主、商人也被称作土豪。因此大泽正昭的界定似乎也不尽准确。

整体看来，史料中的"土豪"涵盖了地主、商人、胥吏、军将、民间武装首领、少数民族豪酋等诸类人群，并非一个拥有特定职业、产业形态或身份认同意识的社会阶层。史书用词并不像现代研究者那样严谨，尤其涉及地方人群时，大多不会给出明晰的界定。"土豪"一词曾广泛出现于不同历史时期的文献中，如中古史研究领域，梁陈之际崛起的岭南"土豪"，久为学者瞩目；近现代革命叙事中，作为专政对象的"土豪劣绅"，更是人所熟知。虽然是同一个汉语词汇，但在不同语境下，其指涉对象不能一概而论。

既然土豪在产业形态、职业背景上并没有显著的同一性，为何频见于晚唐五代文献呢？易言之，他们因何种契机进入了历史书写者的视野？对此，可以从两个层面来理解。

其一，土豪的涌现，应置于与其他人群的关系框架中来理解。如果结合本书二、三两章的研究，不难发现，唐后期地方社会中并存着土、客两类精英人群。士人侨居地方，形成了封闭的人际网络，疏离于本地社会；与之相对照，胥吏、军将等人群，则呈现出植根乡里的在地性。这种土、客人群分野的存在，是前人研究土豪问题时所忽略的时代语境。笔者推测，唐代

---

① 《旧五代史》卷一三三《世袭·钱镠传》，中华书局，1976，第1768页。
② 《十国春秋》卷七七《吴越·武肃王世家》，中华书局，2010，第1046页。

文献所见"土豪""土豪百姓"等，最初是中晚唐官员、邑客用以区隔自我的"他者"符号，也因此往往带有负面色彩。及至唐末五代，又涌现出另一类军事精英，他们同样起自乡土，在既有统治秩序中，属于异质性的政治力量，因此也被冠以"土豪"之称。

其二，史料所见晚唐五代的土豪，的确呈现出某些共通的时代性。他们或拥有雄厚的经济实力，或掌握武断乡曲的军事力量，属于地方社会中的有力人群。就此而言，可以将其归入广义地方精英的行列。而这种优势地位的取得，又是建立在与唐后期官僚机构，尤其是藩镇体制的寄生关系上。地主、商人、胥吏、军将等，虽然职业、背景各异，甚至可能兼具多重身份，但在藩镇体制中，他们表现出相似的生存策略与行为模式。

本书后续章节对地方精英的讨论，某些场合仍沿用"土豪"一词，不过将侧重讨论常态秩序下的商人、胥吏、军将等群体，尤其是他们与藩镇体制的依存关系。

第五章 "乡吏富家，俯拾青紫"：藩镇体制与地方精英

　　相比唐前期律令制下的州县官僚体制，唐后期地方治理体系发生了一次转型。与此相关的藩镇问题，也是唐史研究的传统课题。

　　所谓藩镇，不同主体眼中，不同历史语境之下，呈现的意象不尽相同。[①]站在中央政府立场，藩镇主要有以下两个面向：它首先是承载军事防御、赋税征收等公共职能，维系王朝统治的地方治理机构；时移势易，也可能蜕变为拥兵自重的军事集团，乃至敌对政治实体。

　　长期以来，藩镇研究中也相应形成了两种常见路径：其一主要对应前者，着眼于藩镇内部权力构造，围绕统兵体制、文武僚佐职掌、与辖下州县关系等议题，进行制度史、历史地理层面的实证研究；其二对应后者，是以中央与藩镇权力博弈为主轴的政治史研究，多围绕人物、事件、区域个案展开。[②]不过基于政治、军事向度研究而形成的认知框架，可能也在某种程度上制约了对藩镇时代历史更为纵深的体察。对此，研究者已有所反思。[③]

---

① 关于藩镇、方镇等概念的内涵与外延，近年学界有不少讨论与反思，参见山根直生《藩镇再考》，《七隈史学》16，2014；罗凯：《何为方镇——方镇的特指、泛指与常指》，《学术月刊》2018年第8期。

② 详参胡戟等主编《二十世纪唐研究》，中国社会科学出版社，2002，第50—58页；高濑奈津子：《第二次大戦後の唐代藩鎮研究》，堀敏一：《唐末五代変革期の政治と経済》，汲古書院，2002，第225—253页；张天虹：《唐代藩镇研究模式的总结与再思考——以河朔藩镇为中心》，《清华大学学报（哲学社会科学版）》2011年第6期。

③ 张天虹：《唐代藩镇研究模式的总结与再思考——以河朔藩镇为中心》；仇鹿鸣：《长安与河北之间——中晚唐的政治与文化》，北京师范大学出版社，2018，第327—335页。

回顾二十世纪以降的藩镇研究，其实也不乏社会史视角的关照，甚至可以说，这种取向虽时隐时现，却始终贯穿其间。这一点在藩镇研究的先驱——日野开三郎相关论著中已有体现。[1]二十世纪中期以后，我国学者所关注的藩镇与土地所有制形态变迁、藩镇士兵的社会来源等问题，日本学者对藩镇与新兴土豪层关系、藩镇内部人际结合方式等议题的探讨，都可以归入广义社会史视野下的研究。然而，诚如学者所指出的，这类论说大多与唐宋变革、历史分期论、经济基础决定论等宏大解释框架紧密挂钩，[2]实证环节不无跳脱史料语境之嫌，因此多数议题已逐渐淡出研究者视野。

不过制度史与社会史相结合的取径，对研究地方人群的活动而言，仍不失其解释力。传统中国的官僚体制并非纯粹的政治制度，借用当代社会学家的观察，更像是一种"人际关系交错相连的社会制度"。[3]这在地方层级体现得尤为显著：代表国家意志的官僚体制，固然对社会秩序产生规约乃至形塑之力，但与此同时，它与地方各阶层的利益诉求往往又是错杂相生的，彼此边界并不清晰。

藩镇体制下，地方获得了相对独立的权力运作空间。这在既往研究中多被视为武人跋扈、政治离心之根源。但值得注意的是，站在地方人群的立场，这也意味着更多社会资源及新型分配机制的出现，而既有社会秩序也很可能因之重塑。本章将立足地方视角，观察藩镇权力运作所推动的社会"再秩序化"进程，以及不同精英人群的因应方式。

---

[1] 按，日野氏平生治学深受经济史专家加藤繁影响，自身在唐宋社会经济史领域亦建树颇丰。在藩镇研究开山之作《唐河阳三城镇遏使考》一文中，指出"镇使、镇将作为武人政治的基层组织，与庶民日常生活有着紧密的关联"，对藩镇军事职官的研究，旨在阐明武人政治与当时社会经济机构之关系。（《日野開三郎東洋史学論集》第1卷，三一书房，1980，第258页）参山根直生《藩鎮再考》。

[2] 仇鹿鸣：《长安与河北之间——中晚唐的政治与文化》，第330—332页。另参本书第四章第二节。

[3] 周雪光：《运动型治理机制：中国国家治理的制度逻辑再思考》，《开放时代》2012年第9期，第112页。

第一节 地方精英的军将化

本书第三章在对藩镇辟召僚佐、差摄州县官的考察中，发现这类看似侵夺吏部职权的人事制度，实则因应了士人散寓州县的社会情势，是一种维系士人家族再生产的隐性机制。对地方精英而言，藩镇体制同样是一种可资利用的社会机制。

"安史之乱"后，各地藩镇对地方精英多有吸纳。据时人观察："至德后，方事之殷，乡吏富家，咸俯拾青紫。"[1]所谓"俯拾青紫"，指通过投身行伍的方式，获得军将身份，进而因勋赏获得各类准官僚身份。[2]同期杜甫在《东西两川说》中谈及剑南地区的情况：

> 今富儿非不缘子弟职掌，尽在节度衙府、州县官长手下哉。村正虽见面，不敢示文书取索，非不知其家处，独知贫儿家处。[3]

其中的"富儿"，与"俯拾青紫"的"富家"应属同类人群，他们大多在节度衙前任职，由此取得了军将身份。

伴随人员扩充而来的是军职滥授。唐后期藩镇中有不少高度位阶化的军将职级，如押衙、十将、散将、散兵马使等，[4]任职者身份背景驳杂，并非都是职业军人，更未必实际统军作战。《全唐文》卷七九〇《祭梓华府君神文》：

> （郑）薰以丙子岁自河南尹蒙恩擢受宣歙观察使。……有押衙李惟

---

① 《全唐文》卷三九四《说文字源序》，第4008页。
② 参顾成瑞《唐后期五代宋初勋赏制度述论》，陈锋主编《中国古代军政研究》，社会科学文献出版社，2020。另参本章第二节。
③ 杜甫：《杜诗详注》卷二五，仇兆鳌注，中华书局，1979，第2212页。
④ 渡边孝：《唐五代における衙前の称について》，《東洋史論》6，1988；《唐五代藩镇における押衙について（上、下）》，《社会文化史学》28、30，1991、1993；张国刚：《唐代藩镇研究（增订版）》第八章《唐代藩镇军将职级》，中国人民大学出版社，2010，第90—101页。

真者，家道巨富，久为横害。置店收利，组织平人。薰召看店行人，痛加科责。其子自长，奸秽狼籍。……以惟真年齿甚高，特为容庇。乃自疑惧，潜蓄奸谋。讨击使余雄，置石斗门，绝却一百三十户水利，自取此水，独浇己田。推鞫分明，止于退罚。其子余悦。公然杀人，方系狱中，尚未断割，遂为同恶，以出其儿。①

文中提到了押衙李惟真与讨击使余雄两名军将。前者因"置店收利"而"家道巨富"，从事的是商业活动，后者私开斗门，独占水利资源，显然是一名大土地所有者。地主与富商是唐后期土豪的两种主要职业人群，而押衙、讨击使等军职则是其在藩镇体制内的身份。在现实生活中，体制内外的身份往往很难明确区分开。此外，藩镇、使府中还有各类低级幕职与吏职，如衙推、随军、要籍、逐要、孔目官、驱使官等，这类职务可与军职交互改转、兼任，任职者出身背景也大体相近。②

这类寄身藩镇、使府的地方精英，在任职上往往呈家族化倾向。如晚唐江陵节度使府胥吏许琛，"父兄子弟，少小皆在使院，执行文案"；③唐末扬州居民张康，祖父张夔任职盐铁系统，其父任淮南节度监军院十将，本人是淮南节度医院散兵马使，其兄张符任镇海军（润州）节度孔目官，张信为某州军事衙推。④此外，他们彼此家族间也维系着婚姻关系，如昭义节度军将阎叔汶，娶后院军副使米某之妹，其子"习舅氏之业"，也任职后院随身军；⑤潞州人安士和，出身本地富室，历任虞候、车营十将等职，娶步探

---

① 《全唐文》卷七九〇，第8274页。另参蔡帆《朝廷、藩镇、土豪——唐后期江淮地域政治与社会秩序》，浙江大学出版社，2021，第132—148页。

② 渡边孝：《唐代藩镇における下級幕職官について》，《中国史学》第11卷，2001。当然，本书第三章已指出，低级幕职与盐铁小职的充任者也不乏侨寓士人。

③ 《太平广记》卷三八四"许琛"条引《河东记》，第3066—3067页。

④ 《唐故张府君墓志》，周阿根：《五代墓志汇考》，黄山书社，2012，第51页。

⑤ 《唐常山故阎公金城米氏故夫人墓志铭并序》，《西安碑林博物馆新藏墓志汇编》，第760页。

散将任英秀之女；①云州人李某，父、祖皆为军将，本人历任振武节度驱使官、随军、要籍等职，娶节度衙前讨击副使刘伦之女。②

在描述这类人群的经济活动时，史料称其"掌公财而坐于市，占军籍而蔽其家"，③"于诸军诸使假职，……广置资产，输税全轻，便免诸色差役"。④由此可见，与藩镇体制相结合，进而获得军将与各类准官僚身份，是唐后期地方精英规避徭役、扩大产业经营的主要门径。⑤

本章将选取上述人群中的两种典型——军职胥吏与军职商人，展开专题研究。

第二节　晚唐五代的军职胥吏与基层治理

在唐前期"州县—乡里"体制下，里正、村正、坊正等里胥负责按比户口、征发赋役、维持治安等基层事务，⑥与录事、佐史等官衙胥吏，共同构成了地方治理的末端环节。在律令官僚制中，这类地方胥吏大多属于杂任、杂职序列，⑦由州县长官直接从民户中选任，身份与品官不同。整体来看，唐前期律令体制下，地方胥吏的政治活动空间有限，员额、职权等均受到州县政府严格控制。

唐后期的制度变革中，对各类胥吏进行了一番整合。这首先体现为在既

---

① 《唐故车营十将定远将军试太仆卿武威安公墓志铭》，《西安碑林博物馆新藏墓志汇编》，第833页。
② 《唐故振武节度随军登仕郎试左武卫兵曹参军上柱国李府君墓志铭并序》，《唐代墓志汇编》，上海古籍出版社，1992，第3344页。
③ 《全唐文》卷七六三《楚州修城南门记》，第7933页。
④ 《全唐文》卷七八《加尊号后郊天赦文》，第820页
⑤ 参渡边孝《唐代藩镇における下级幕职官について》；松井秀一：《唐代後半期の江淮について》，《史学雑誌》66（2），1957；大澤正昭：《唐五代の"影庇"問題とその周辺》，《唐宋変革研究通訊》1，2010。
⑥ 《通典》卷三三《职官·乡党》，第924页。另参张国刚《唐代乡村基层组织及其演变》，《北京大学学报（哲学社会科学版）》2009年第5期。
⑦ 赵璐璐：《唐代县级政务运行机制研究》，社会科学文献出版社，2017，第30—58页。

有框架外另起炉灶，增设大批新型吏职，组织形态更趋庞大。①在这一进程中，地方胥吏的面貌也发生了很大改观。《唐语林校证》卷一：

> 韩晋公镇浙西地，痛行捶挞，人皆股栗。……公控领十五部人不动摇，而遍惩里胥。或有诘者，云："里胥闻擒贼不获，惧死而逃，哨聚其类，曰：'我辈进退皆死，何如死中求生乎？'乃挠村劫县，浸蔓滋多。且里胥者，皆乡县豪吏，族系相依。杖煞一番老而狡黠者，其后补署，悉用年少，惜身保家，不敢为恶矣。……"其旨如此。其里胥不杖死者，必恐为乱，乃置浙东营吏，俾掌军籍，衣以紫服，皆乐为之。潜除酋豪，人不觉也。②

韩滉在唐德宗建中年间任浙江东西道节度使，其辖下州县"族系相依"的"乡县豪吏"应即里正、佐史等。为了有效控御这类人群，韩滉采取的措施是将其编入军籍，授予军将职衔。所谓"衣以紫服"，"乡吏富家，咸俯拾青紫"，都是指胥吏凭"散试官"位阶获得的服色，也是其军将身份的标识（详后）。中唐以降，这类胥吏广泛存在于各级、各类官僚机构中，不限于民政，学者称之为"吏化军职"，或"使府军职胥吏"等，③本书下文统称为"军职胥吏"。

晚唐五代基层治理中，军职胥吏是个相当活跃的群体。但因身份猥杂、职掌琐细，史书中的正面记叙并不多。因此，下面首先想从制度层面对军职胥吏的面貌做一项更为清晰的勾勒。

---

① 李锦绣：《唐后期的官制：行政模式与行政手段的变革》，黄正建主编《中晚唐社会与政治研究》，中国社会科学出版社，2006，第91—95页。

② 王谠：《唐语林校证》卷一，周勋初校证，中华书局，2008，第62页。

③ 陈志坚：《唐代州郡制度研究》，上海古籍出版社，2005，第115—124页；李锦绣：《唐后期的官制：行政模式与行政手段的变革》，黄正建主编《中晚唐社会与政治研究》，第91—94页。

一、"节级"与"所由":军职胥吏的性质与渊源

学者在考察晚唐五代基层行政时,曾注意到一类被称为"节级""所由"的群体频见于诏书、奏议。[①]试举几例如下,《册府元龟》卷四九四《邦计部·山泽》:

> 宣宗大中元年闰三月,盐铁奏:……准贞元、元和年敕,如有奸人损坏壕篱,及放火延烧,收贼不获,本令合当殿罚,皆已有条制,今见施行。但未该<u>地界所繇</u>,及无捉贼期。[②]

《五代会要》卷二〇《县令下》:

> (天福)八年三月十八日敕:……如是一乡收到三十或五十户以上,一村收到三户、五户以上者,其本<u>乡村节级</u>等,与免本户二年诸杂差使科配。……如乡村妄创户,及坐家破逃亡者,……其本府与<u>乡村所由</u>,各决脊杖八十。[③]

同上书卷一二《杂录》:

> 州城之内,村落之中,或有多慕邪宗、妄称圣教,或僧尼不辨,或男女混居,合党连群。……此后委所在州、府、县、镇及<u>地界所由、巡司节级</u>,严加惩刺,有此色人,便仰收捉勘寻。[④]

---

① 宫川尚志:《唐五代の村落生活》,《冈山大学法文学部学术纪要》5,1956;舩越泰次:《五代節度使体制下に於ける末端支配の考察—所由・節級考—》,《唐代兩税法研究》,汲古書院,1996。

② 《册府元龟》卷四九四,第5906页。

③ 《五代会要》卷二〇,上海古籍出版社,2006,第320页。

④ 《五代会要》卷一二,第199页。

从上引文不难看出，在乡村中负责检括逃户、追捕盗贼等事务的吏职，主要是"所由（縣）"与"节级"。关于"节级"，船越泰次根据《韦君靖碑》题名中"应管诸镇寨节级""当州军府官节级"等表述，指出是对兵马使、押衙等军将职级的泛称，①将其理解为带军职的胥吏当无疑义。

至于"所由"，指涉对象则较为复杂。从原始语意来说，"所由"即"所主者"，犹言"相关部门""负责某事之职能部门"，及至晚唐五代，"所由"又常用以指称各类胥吏，对此学者已有专门考证。②但值得注意的是，"所由"一词往往也带有军事色彩，可以指称军将，如唐后期文献有称"将校所由"者，③有称"虞候所由"者。④

这类带有军事色彩的"所由"，应起源于唐前期的行军系统与边疆藩镇。《武经总要·前集》卷二《教步兵》：

> 凡士卒动静皆号信旗，吹角一会，点青旗，兵马使、都虞候集。……点赤旗，十将、副将同集。点皂旗，小所由悉集。⑤

又同书卷五《军行次第》："凡军所过，先报所在……虞候并游奕将与地界所由先二十里。"⑥以上史料反映的都是唐前期行军的组织形态。在此我们看到，"地界所由""小所由"是对兵马使、虞候以下的低级军将的泛称。另外，近年新疆出土的两件军镇文书，经学者缀合、定名为《唐大历十

---

① 船越泰次：《五代節度使体制下に於ける末端支配の考察—所由・節級考—》。

② "所由"一词的原始语意及其在晚唐五代的流变，除前揭船越泰次的研究，还可参看周一良《魏晋南北朝史札记·〈魏书〉札记》"所由"条，辽宁教育出版社，1998，第539—540页；蒋礼鸿：《敦煌文献语言词典》"所由"条，杭州大学出版社，1994，第306页。

③ 《唐会要》卷六八《刺史上》，第1204页。

④ 《太平广记》卷一二二"乐生"条引《逸史》，第862页。另参《全唐文》卷六三四《与本使李中丞论陆巡官状》，其中称"地界虞候"为"所由"（第6404页）。

⑤ 《武经总要·前集》卷二，《景印文渊阁四库全书》第726册，（台北）商务印书馆，1986，第254页。

⑥ 《武经总要·前集》卷五《军行次第》，第292页。

年（775）四月兵曹典成公晖牒》：

    1 兵曹

    2 当界诸贼路堡铺等

    3 牒奉处分：访闻焉耆贼军未解，吐蕃寄情，虑

    4 有曜兵，密来此界劫掠。事须散牒所由，切加提

    5 撕，以备不虞。谨以牒陈，谨牒。

    （后略）①

以上是于阗镇守军兵曹典转发给堡、铺等基层军事单位的文书，反映了边疆藩镇的军事指挥机制，其中屯驻堡、铺的下级军将也被统称为"所由"。总之，以"所由"指称军将是由来已久的，应渊源于唐前期的行军与边军系统。

以军将负责征纳赋税，同样在边疆藩镇中可见端倪。近年学者研究发现，安西四镇中的于阗地区出土文书中，有一类常驻乡村、负责赋役征发的吏卒。其职务名目有专征官、征债官、征钱官、行官、知事等，他们统属于于阗镇守军及辖下镇戍系统，②在很多场合也被泛称为"所由"。中国人民大学藏GXW0173号文书《某年十一月一日守捉使帖为催征新税牛料事》：

    1 守捉使   帖 杰谢押官薛驯

    2 今年新税牛料青麦壹佰捌硕

    3 右件料，前后八度帖所由催促送纳，

    4 至今升合不纳。所由宽慢纵放于

    5 今。帖至，仰限十日送纳须足。如违，所

---

① 中国人民大学博物馆藏GXW0171号、GXW0126号文书，录文见荣新江《新见唐代于阗地方军镇的官文书》，《祝总斌先生九十华诞颂寿论文集》，中华书局，2020，第371页。

② 参丁俊《有关和田出土的几件粮帐文书》，《西域研究》2014年第1期；《于阗镇守军征税系统初探》，《西域研究》2016年第3期。

6　由追赴守捉科罚。十一月一日帖。

（后缺）①

这件文书是于阗军（坎城）守捉使下发给杰谢镇的帖文。其中提到，守捉使曾"八度帖所由"，责成其征纳"新税牛料"，但迄未送纳，因此改帖杰谢镇押官，令督办其事，并订立程限，称"如违，所由追赴守捉科罚"。由此可见，这类"所由"应该直属守捉（或军镇），被派驻在乡村，负责征发赋税。类似性质的文书不止一件，可见这一做法在西北边军中相当普遍，"安史之乱"前可能已开始施行。②

唐中后期，随着藩镇体制在内地的确立，原先的军事管理体制也被移植到地方行政中，以判官、兵马使等为代表的使府文武僚佐系统，在职能上部分取代了州县官僚体制。而在基层环节，将带军职的胥吏称为"所由""节级"，同样应置于这一脉络下理解——这一群体的涌现，是军事化管理体制向基层渗透、扩张的表征。

及至五代诸政权，因战事频仍，不难想见，基层治理军事化的倾向只会更加突出。日野开三郎注意到此期的"监征军将"，③他们由藩镇委派，越过州县，直接在乡村征收赋税，正是所由、节级的代表。另外，所由、节级的数量也在不断攀升，如后唐长兴年间，青州节度使王晏球奏："臣所部州县，点检到见役节级、所繇等四千五百余人，今留合充役者二千八百人，余并放归农讫。"④人数之巨，可见一斑。

所由、节级的活动事迹在笔记小说中也有生动反映，试举一例。《续玄怪录》卷四"木工蔡荣"条：

---

①　图版、录文见庆昭蓉、荣新江《唐代碛西"税粮"制度钩沉》，《西域研究》2022年第2期。

②　庆昭蓉、荣新江：《唐代碛西"税粮"制度钩沉》；梁振涛：《唐代安西四镇的军镇体制与社会控制》，《中华文史论丛》2022年第3期。

③　日野開三郎：《五代の監徵軍將について》，《日野開三郎東洋史学論集》第12卷，三一書房，1989。

④　《册府元龟》卷六八九《牧守部·革弊》，第8221页。

中牟县三异乡木工蔡荣者，自幼信神祇。每食必分置于地，潜祝土地。……元和二年春，卧疾六七日，方暮，有武吏走来，谓母曰："蔡荣衣服器物速藏之，勿使人见，……有人来问，必绐之曰出矣，……。"言讫，……有将军乘马，从十余人，执弓矢，直入堂中，……将军连呼地界，教藏者出曰："诺。"责曰："蔡荣出行，岂不知处？"对曰："怒而去，不告所由。"将军曰："王后殿倾，须此巧匠，期限向尽，何人堪替？"对曰："梁城乡叶干者，巧于蔡荣，计其年限，正当追役。"……有顷，教藏者亦复来，曰："某地界所由也，以蔡荣每食必相召，故报恩耳。"①

这则故事虽然荒诞不经，但其中冥司征发徭役，修筑宫殿的情节，显然是现实社会情境的投射。文中说得很明确，这名"地界所由"的身份是"武吏"，他常驻乡村，监视着民众的日常活动。而那名"从十余人，执弓矢"的将军，在现实世界中，则对应着地界所由的上级军将。在发现民户逃亡后，上级军将诘问本乡地界所由，而他因感念蔡荣平日恩惠（贿赂），故而助其隐瞒行踪，规避徭役。以上或许便是这则志怪故事的历史本相，类似情形在现实社会应该经常发生。

二、敦煌石窟题记所见军职胥吏的类型与职衔

以上是对晚唐五代军职胥吏群体的一项概观。这些基层吏职有哪些具体类型？又带有哪些职衔呢？对此，敦煌石窟中的晚唐五代供养人题记提供了一个重要的地域样本。为便讨论，今按石窟编号移录如下。

莫高窟第98窟北壁：

（1）节度押衙知南界平水银青光禄大夫检校国子祭酒兼御史中丞上柱国王寿延供养

_____

① 《玄怪录·续玄怪录》卷四，第191—192页。

（2）节度押衙知沙（洪）池乡官银青光禄大夫检校国子祭酒兼御史中丞上柱国王富延供养

（3）节度押衙知慈惠乡官银青光禄大夫检校国子祭酒兼御史中丞上柱国王弘正

（4）节度押衙知六街务银青光禄大夫检校国子祭酒兼御史中丞上柱国索再盛

同窟西壁：

（5）节度押衙知赤心乡官银青光禄大夫检校国子祭酒兼御史中丞上柱国□进供养

（6）节度押衙知四界道水渠银青光禄大夫检校太子宾客兼监察御史阴弘正供养

（7）节度押衙知北界平水银青光禄大夫检校太子宾客兼监察御史目员子供养

莫高窟第427窟南壁：

（8）故兄节度押衙知平康乡务银青光禄大夫检校太子宾□王（后阙）

莫高窟第431窟北壁：

（9）故节度押衙知街院□事张□□一心供养①

安西榆林窟第24窟东壁：

---

① 以上分见敦煌研究院编《敦煌莫高窟供养人题记》，文物出版社，1986，第35、44、45、157、166页。

（10）□子衔前正兵马□（使）兼本镇乡官张（后阙）

安西榆林窟第26窟东壁：

（11）（前阙）兵马使知□□乡官赵黑子一心供养①

晚唐五代归义军治下的河西，与同期中原地区的治理模式不尽相同，但又有诸多时代共性，比如基层治理中军职胥吏的活跃。以上诸人都是带押衙、兵马使等职衔的基层吏职，大体可区分为三类。

1.第（2）（3）（5）（8）（10）（11）例可归为一类，实际差遣分别为"知沙（洪）池乡官""知慈惠乡官""知赤心乡""知平康乡务""兼本镇乡官"等，其中出现的四个乡名均见于出土文书，可确定为晚唐沙州敦煌县下的区划。我们知道，在唐代县以下政务运作中，乡一级并不常设乡长等吏员，一般由里正负责具体事务。②晚唐五代归义军治下的乡里体制与中原地区不尽相同，但将"节度押衙知某乡官（务）"理解为县以下乡级政务的负责人应无疑义，其职能约当唐前期的乡长、里正等，相应的机构为"乡司"。③从敦煌出土文书来看，他们也属于"所由"的范畴，④例由节度使府直接选补。⑤

2.第（4）（9）两例可归为一类，具体职掌为"知六街""知街院"，

---

① 以上分见谢稚柳《敦煌艺术叙录》，上海古籍出版社，1996，第483、490页。

② 参孔祥星《唐代里正——吐鲁番、敦煌出土文书研究》，《中国历史博物馆馆刊》第1期，1979；张国刚：《唐代乡村基层组织及其演变》。

③ 参陈国灿《唐五代敦煌县乡里制的演变》，《敦煌研究》1989年第3期。

④ 例证见国图藏BD11181号《天福七年十一月典张环牒》，录文见郝春文《中国国家图书馆藏未刊敦煌文献研读札记》，《敦煌研究》2004年第4期，第29页。其中"所由"的指涉对象，参赤木崇敏《帰義軍時代敦煌オアシスの税草徴発と文書行政》，《待兼山論叢・史学篇》41，2007。

⑤ 冯培红曾引用过一件题为《某甲补充节度押衙兼龙勒乡务上大王谢恩状》的出土文书，可证带军将衔的乡官确由使府直接选任。参《归义军官吏的选任与迁转：唐五代藩镇选官制度之个案》，香港：香港大学饶宗颐学术馆，2011，第89—91页。

应该负责城中街衢、里坊的治安，类似唐前期的坊正。但他们也拥有押衙等军职，应该跟乡官类似，都直属使府。这与后述"街判司""厢虞候"的职能是相似的。

3.第（1）（6）（7）例中的"南界平水""北界平水""四界道水渠"，则是负责沟洫灌溉设施管理与维护的吏职，所带军将职级都是节度押衙。"平水"在唐前期敦煌地区是一种色役名目，如P.3018《唐天宝敦煌县差科簿》中有寿昌（乡）平水平怀逸、王弘策二人，身份分别为勋官上骑都尉与飞骑尉。①从色役到吏职，从勋官到押衙，反映的是基层治理体系的转型，以及乡村胥吏面貌的嬗变。

除了押衙、兵马使等军职，题名诸人结衔中还有一点非常引人注目，即1—8例中"银青光禄大夫+检校京官+兼宪衔"的职衔形式。②《容斋续笔》卷五"银青阶"条：

> 唐自肃、代以后，赏人以官爵，久而浸滥，下至州郡胥吏、军班校伍，一命便带银青光禄大夫阶，……予八世从祖师畅，畅子汉卿，卿子膺图，在南唐时，皆得银青阶，至检校尚书、祭酒。然乐平县帖之，全称姓名，其差徭正与里长等。③

由此可知，"银青光禄大夫+检校京官"是唐末五代胥吏、军将常见的职衔，也是其身份的标识，这在唐后期碑志结衔中多见其例。前文提到，军职胥吏多衣"青紫""紫服"，正是依靠这套职衔所获得的服色。进言之，笔者认为，这应属于唐后期"散试官"的一种类型。据研究，散试官虽带散官、职事官的虚衔，但不享有相应职权、俸禄，多作为勋赏授予藩镇军将、

---

① 录文及相关考释见王永兴《唐天宝敦煌差科簿研究——兼论唐代色役制和其他问题》，收入《陈门问学丛稿》，江西人民出版社，1993，第72、74、78、79页。

② 冯培红对归义军僚佐中类似职衔组合也有过排比与分析，参《归义军官吏的选任与迁转：唐五代藩镇选官制度之个案》，第50—67页。

③ 《容斋随笔·容斋续笔》卷五，上海古籍出版社，1978，第275—276页。

胥吏，更与士人担任的流内品官存在身份鸿沟。[①]上引题名诸人实际身份都是带军职的乡村胥吏，正与之相符。[②]

简言之，晚唐五代基层治理中的"节级""所由"，是对各级、各类军职胥吏的泛称。他们直属使府或州府，负责赋税征收与追捕盗贼等基层管理事务，带有军将职级、散试官职衔，呈现出军将与胥吏的双重身份属性。随着藩镇体制的终结与文官政府的重建，及至宋代，这类军职胥吏逐渐蜕变为州县衙前职役。[③]

三、镇、厢、界、管：新型治理单位的出现

随着管理模式与人员的军事化，晚唐五代城、乡涌现出一系列新型治理单位。其中最引人瞩目的，是作为藩镇派驻机构的"镇"，其长官称镇将、镇使、镇遏使等，例以兵马使、押衙等军将充任其职。镇源自唐前期的边疆镇戍，中唐以降的藩镇体制下，演变为派驻辖区内州县的常设机构，负责军

---

① 散试官问题，最早由李锦绣提出，参《唐代"散试官"考》，《唐代制度史略论稿》，中国政法大学出版社，1998。学界对"散试官"的理解目前仍存有分歧，这主要集中在"散"与"试"的各自职衔形式为何，相关讨论参陈志坚《唐代州郡制度研究》，第97—104页；陈翔：《唐代中央与地方关系研究——以三类地方官为对象》，《陈翔唐史研究文存》，台北：花木兰文化出版社，2013，第79—81页，注释22；顾成瑞：《唐后期五代宋初勋赏制度述论》。笔者的看法是，狭义的散试官，即"散官+试职事官"。而"银青光禄大夫+检校京官/兼宪衔"等，也可归入广义散试官的范畴，因为其授予对象都是藩镇军将、军职胥吏，职衔中的散官、职事官名，本质上都是一种军中勋赏，而非品官。对散试官的理解，不应拘泥于职衔形式，更应关注授予对象的社会身份、实际职任。

② 当然，高阶散试官的滥授，应该是敦煌这类独立藩镇以及唐末五代的情况。在唐中后期中央有效控制的区域，不带军职的胥吏所获散试官位阶并没有这么高，如开成元年的梓州飞乌县录事王达，散试官为"登仕郎、试凤翔府扶风县尉"（《西方阁院碑》，龙显昭编《巴蜀佛教碑文集成》，巴蜀书社，2004年，第59—60页）；开成四年去世的衢州龙丘县录事徐暹，散试官为"试洪州丰城县尉"（衢州市博物馆编著《衢州墓志碑刻集录》，浙江人民美术出版社，2006，第19页）。带军职的胥吏，如后文将提到的海州押衙军事张实，散试官为"朝议郎、试左金吾卫"。

③ 参周藤吉之《五代節度使の支配体制——特に宋代職役との関係に就いて》《宋代州県職役と胥吏の発展》，均收入《宋代経済史研究》，東京大学出版会，1962；唐刚卯：《衙前考论》，《宋史论集》，中州书画社，1983。

事防御、追捕盗贼，同时也兼理诉讼、赋税等民政事务，由此逐渐侵夺了原属州县的职权。及至宋代，镇将的职权受到中央政府严格限制，一部分镇升格为县，其余则逐渐演变为商业性市镇。对上述历程，学界已有较为充分的研究，不拟赘述。①

镇的层级约当于县，在其他层级，还有若干新型区划与治理机构。城市管理中，如五代成都华阳县有所谓"街判司"，②负责审案断狱等司法事务，应该属于军事系统。此外，晚唐部分治所城市中还出现了"厢"一级区划，并为后来宋代所继承。"厢"原为指涉方位的名词，作为城市区划的厢，则直接起源于北朝、隋唐军队系统的左、右厢等建制。③也因此，从诞生之日起，厢的管理体制便带有明显的军事色彩。其管理者一般为厢虞候，④又作"厢吏"，⑤其下又有"厢子巡"⑥等吏卒，他们应统属于使府的都虞候，都属于军职胥吏的范畴。

与镇、厢密切相关的是"界"。学者一般认为界是北宋新出现的基层区划，层级在厢之下。⑦其实细审史料，这种区划名号起码可以追溯至五代。

① 日野开三郎：《唐代藩镇の跋扈と镇将》，《日野开三郎东洋史学论集》第1卷；《五代镇将考》，刘俊文主编《日本学者研究中国史论著选译》第5卷，索介然译，中华书局，1992年；《〈续〉唐代邸店の研究》，私家自印本，1970，第336—388页。周藤吉之：《五代节度使の支配体制——特に宋代职役との関係に就いて》。

② 《太平广记》卷一二四"郝溥"条引《儆诫录》，第880页。

③ 参日野开三郎《城厢制の发展》，《日野开三郎东洋史学论集》第20卷，三一书房，1995；鲁西奇：《唐宋城市的"厢"》，《文史》2013年第3辑。

④ 相关例证见《太平广记》卷一二四"樊光"条引《报应录》，第874页；《新唐书》卷二二下《高骈传》，第6393页。

⑤ 相关例证见《北梦琐言》卷九"柳鹏举诱五弦妓"条，第191页；《太平广记》卷三五二"李矩"条引《北梦琐言》，第2789页。

⑥ 《旧唐书》卷一八下《宣宗本纪》"大中二年二月"条，第619页。前揭鲁西奇《唐宋城市的"厢"》一文对厢虞候、子巡做过讨论，请参看。但文中将"子巡"理解为"巡官"则不确，按巡官与判官、推官等皆属于使府文职僚佐，而子巡则是军将，应即前引《五代会要》中提到的"街坊巡司""地界所由巡司节级"等。另外，子巡也不限于城厢中，详见下文。

⑦ 鲁西奇：《买地券所见宋元时期的城乡区划与组织》，《中国社会经济史研究》2013年第1期；来亚文、钟翀：《宋代湖州城的"界"与"坊"》，《杭州师范大学学报》2016年第1期。

《北梦琐言》卷三"陈会螳螂赋"条：

> 蜀之士子莫不酤酒，慕相如涤器之风也。陈会郎中家以当垆为业，
> 为不扫街，官吏殴之。……大和元年及第，李相固言览报状，<u>处分厢、</u>
> <u>界</u>，收下酒旆，阖其户，家人犹拒之。①

以上所记虽是晚唐之事，但考虑到《北梦琐言》成书于五代后期，相关情形应理解为五代的基层制度，其中将界与厢并举。又，后周显德元年（954）敕："化理之本，孝弟为先，……今后或有不仁义之人，……不计官、军人、百姓之家，宜令御史台及本军大使、所在州、县、厢、界弹察。"②也将界与州、县、厢并举。可见，五代时期界已经成为一种基层治理单位。在晚唐，作为治理单位的界也已见雏形，如有一类基层吏职被称为"界吏"，③有时也称"地界所由"。据《入唐求法巡礼行记》记载，开成五年二月二日，日僧圆仁进入登州城后，"城南地界所由乔汶来请行由，仍书行历与之如左"。④这里"地界所由"应即"界吏"，他负责盘查进城行客，应属于城厢系统。

以上是城中的界。除此之外，还想附带讨论一种设于城外、与藩镇游弈系统相关的界。据咸通二年（861）《王楚中买地券》、咸通四年（863）《塔佛顶尊胜陀罗尼经》，王楚中、王勣先后任"漳州押衙兼南界游弈将"；⑤中和年间，康通信任河西节度押衙、"凉州西界游弈防采营田都知兵马使"；⑥乾宁二年（895）《韦君靖碑》题名有"节度先锋兵马使充昌

---

① 《北梦琐言》卷三，第62页。按，引文划线处标点有所调整。

② 《册府元龟》卷六六《帝王部·发号令》，第744页。

③ 相关例证见《玄怪录·续玄怪录》卷三"房杜二相公"条、卷四"梁革"条，第179、194页。

④ 小野胜年：《入唐求法巡礼行记の研究》卷二，法藏馆，1989，第248页。

⑤ 分见鲁西奇《中国古代买地券研究》，厦门大学出版社，2014，第202页；《闽中金石志》卷二《咸通塔佛顶尊胜陀罗尼经》，《石刻史料新编》第1辑第17册，第12672页。按，王楚中卒于咸通二年，其后不久王勣继任，疑系子承父职。

⑥ 《康通信邈真赞》，郑炳林：《敦煌碑铭赞辑释》，甘肃教育出版社，1992，第114页。

元县界游弈义勇使"。①游弈将（使）以州县边界地带为辖区，身份都是军将，自然属于节级、所由。这类游弈军将源自唐前期的行军与边军镇戍系统，《通典》卷一五二《兵·守距法》："游弈，于军中选骁果、谙山川泉井者充，常与烽、铺、土河计会交牌，日夕逻候，于亭障之外，捉生问事。"②又，上引《武经总要·前集》："凡军所过，先报所在……虞候并游弈将与地界所由先二十里。"可知在唐前期军队建制中，游弈是一个兵种，负责巡逻、侦查等事务，与衙前系统的虞候职能相近。另外，据学者研究，其上有都游弈使、游弈使、游弈副使等，管理机构为游弈所、都游弈所等。③

中唐以降，游弈系统既是一种军事建制，也被引入基层治理中。这体现为，藩镇在辖下州县派驻游弈将。除前揭几条例证外，据大历十三年（778）《佛顶尊胜陀罗尼石幢赞》后列兴凤两州都团练使僚佐题名，有都游弈将、河池都游弈将、唐□游弈将、□□游弈将、梁泉游弈将、两当游弈将等。④其中河池、梁泉、两当均为凤州属县，其境内置有游弈将，这与镇将的配置形态如出一辙。另外，诸县游弈将之上又有使府都游弈将，这与厢虞候统属于使府都虞候，应基于同样的组织原理。总之，游弈辖界与厢、镇在组织、分布形态上颇有相似之处。

不过游弈将辖"界"多分布于道、州、县等政区的交界地带，属于国家控御力相对薄弱的隙地，这与设于城市之中的"界"存在明显差异。两种"界"是否存在递承关系？游弈将辖"界"是否为稳定的区划单位？这些都还不易断言。

"管"也是北宋初年正式设置的一种基层区划。据史料记载，开宝七年

---

① 《金石续编》卷一二《韦君靖建永昌寨记》，《石刻史料新编》第1辑第5册，第3250页。
② 《通典》卷一五二，第3901—3902页。
③ 冯培红：《晚唐五代宋初归义军武职军将研究》，兰州大学敦煌学研究所编《敦煌归义军史专题研究》，兰州大学出版社，1997，第162—164页；程喜霖：《烽铺考论》，程喜霖、陈习刚主编《吐鲁番唐代军事文书研究·研究篇》，新疆人民出版社，2013，第299—303页。
④ 《金石萃编》卷六六，《石刻史料新编》第1辑第2册，第1126—1127页。□中阙字，系笔者据两《唐书·地理志》凤州条所补。

（974）"废乡分为管，置户长主纳赋，耆长主词讼"。①但包伟民已注意到"管"制在唐五代的萌芽，并举出了润州与河南府寿安县的两条例证。②这里还可以再做一些补充，如唐《卢毁妻郑彬墓志》载志主会昌六年卒于郑州荥阳县"丰邑乡刘贺管"；③《李杼妻卢氏墓志》载广明元年（880）葬于"郑州原武县德政乡长城管"；④《崔凝墓志》载志主乾宁三年（896）葬于"河南府偃师县亳邑乡土娄管姜村"⑤；《罗亮墓志》载乾宁四年葬于易州"城南约三里易县界燕城乡东陈管"。⑥从地域来看，管在各地州县中均有设置，可见已在相当程度上推广。从层级来看，作为一级区划，管大多居于乡之下、村之上，可能由自然村整合、归并而成，如上述偃师县土娄管，文献所见该地原有土娄村，⑦置管后至少应辖土娄、姜二村。

囿于史料，唐代管的具体形态还不甚清晰，但准以镇、厢、界的军事化特征，同期出现的管也应存在类似情形。这是有迹可循的。宋代作为管内"主词讼、盗贼"的耆长，在五代时期便已设置。灭蜀后不久，宋太祖曾下诏：

> 告谕蜀邑令尉，禁耆长、节级不得因征科及巡警烦扰里民，规求财物；其镇将亦不得以巡察盐麹为名，辄扰民户。⑧

---

①　《宋会要辑稿·职官四八》引《两朝国史》，上海古籍出版社，2014，第4321页。

②　包伟民：《宋代乡村"管"制再释》，《中国史研究》2016年第3期，第112页。其中润州的事例，系据大历五年（770）《润州福兴寺碑》题名，因文字残损严重，其中的"西□村管"性质为何还不易确定。从相关例证来看，"管"集中出现于晚唐，大历年间的碑刻不太可能出现类似区划名称。

③　《唐故登仕郎守舒州怀宁主簿卢府君夫人荥阳郑氏志文》，《全唐文补遗》第8辑，三秦出版社，2005，第176页。

④　《唐故陇西李公范阳卢氏夫人墓志》，《全唐文补遗》第8辑，第229页。

⑤　《唐故博陵崔府君墓志铭》，《唐代墓志汇编续集》，第1160页。

⑥　《大唐易州上谷郡故罗府君墓志铭并序》，《唐代墓志汇编续集》，第1163页。

⑦　《唐孝子故庐州参军李府君墓志》，《唐代墓志汇编续集》，第959页；《唐故夏州馆驿巡官本郡仓曹渤海李君墓志》，《全唐文补遗》第8辑，第188页。

⑧　《续资治通鉴长编》卷七，"宋太祖乾德四年十月"条，中华书局，2004，第180页。参谭景玉《宋代乡村组织研究》，山东大学出版社，2010，第83—84页。

诏书将后蜀境内的耆长与节级、镇将并举，指责其以征科、巡察为名，滋扰民户。可见耆长的性质、职权与之类似，都属于军职胥吏。[①]据此推测，晚唐的管很可能也是一种军事化管理机制。[②]

综上所考，晚唐五代的藩镇体制下，普遍以军职胥吏负责追捕盗贼、刑讯诉讼、赋役征发等事务，部分取代了里正、村正、坊正的职能。与之相应，晚唐五代在城乡陆续设置了镇、厢、界、管等基层区划与治理单位。[③]相比唐前期规整划一、层级分明的乡里制度，上述治理单位虽都统属于使府，但彼此间并没有清晰的科层关系，具体配置情况可能也存在地域差，呈现出明显的过渡、权宜色彩，宋初基层区划及相应管理体制的紊乱、纷繁，即肇因于此。然而从国家资源汲取的角度来看，作为管理者的军将往往直属于使府，相关指令、信息的上传下达可以绕开县甚至州级政府，因此这一垂直的军事化治理体系又是空前高效的。

四、《入唐求法巡礼行记》所见晚唐基层治理形态

基层军吏的活动事迹散见于各类文献，但大多是碎片化的记叙。日僧圆仁入唐巡礼途中的亲身见闻，则从微观层面提供了晚唐军吏及基层事务运作的珍贵史料。[④]现将《入唐求法巡礼行记》（以下简称《行记》）一书所载相关史料按时间、地域条列如下，并试做分析。

---

① 按《续资治通鉴长编》卷七"乾德四年四月"条："伪蜀时……又有乡将、都将等，互扰闾里，（权知梓州郭）廷谓至，悉除之。"（第169页）这与同年十月诏书申禁的内容彼此呼应，皆系对后蜀基层弊政的厘革，其中提及的乡将、都将，可能正对应耆长、节级。

② 除此之外，就买地券等资料所见，宋代保（团）、都、社等基层区划名号，在晚唐五代也已悉数出现，这些建制都与基层治理军事化倾向有关。参鲁西奇《中国古代买地券研究》，第254—259页。

③ 需要指出的是，晚唐五代时期，乡、里编制以及里正、村正、坊正等基层吏职并未停废。他们与直属军府的胥吏是怎样的关系，还有待进一步研究。

④ 黄清连、林枫珏曾先后利用《入唐求法巡礼行记》讨论过相关问题，参《圆仁与唐代巡检》，《"中研院"历史语言研究所集刊》第68本第4分，1997；《论圆仁笔下的中唐基层行政组织》，《早期中国史研究》第3卷第1期，2011。但其中对这类乡村军职胥吏的性质认识较为含混。

（一）扬州

圆仁一行于开成三年（838）七月抵达唐朝境内，登陆后第一站是淮南节度使治下的扬州海陵县。《行记》开成三年七月条：

> 二日，……未时，到扬州海陵县白潮镇桑田乡东梁丰村。……留学僧等，到守捉军中季赏宅停宿。（后略）
>
> 三日，……午时，仅到海陵县白潮镇管内守捉军中村。（后略）
>
> 九日，已时，海陵镇大使刘勉来慰问使等，……相从官健、亲事八人，其刘勉着紫朝服，当村押官亦同着紫衣。（后略）
>
> 廿日，卯毕，到赤岸村。问土人，答云："从此间行百廿[里]，有如皋镇。"……申时，镇大使刘勉驾马来泊舫之处。①

据圆仁所记，海陵县境内有白潮、海陵、如皋等镇，它们统属于淮南节度使。所谓"镇大使"，即镇遏使，又称镇将，已见前述。值得注意的是镇以下村的管理体制。《行记》七月二日条记东梁丰村有"守捉军中季赏宅"，三日条记停驻"白潮镇管内守捉军中村"。按，唐人所谓"守捉"，有狭义、广义之别。《新唐书·兵志》："唐初，兵之戍边者，大曰军，小曰守捉，曰城，曰镇。"②此其狭义，属唐前期镇戍建制之一。广义而言，"守捉"即动词镇守、捕捉之意，并非特定建制。吐鲁番出土军事文书有"守捉官""守捉健儿"等称谓，其所属建制非一，安史之乱后，内地又有防御守捉使、团练守捉使等军事使职，其中的"守捉"，都是镇守、捕捉之意。③《行记》此处"守捉"居于镇之下，且与"军中"连用，④应取其广义，即"驻守于此的军人"。由此我们看到，军镇对基层社会的控制，是以

---

① 小野胜年：《入唐求法巡礼行记の研究》卷一，第107、108、119、121、135页。

② 《新唐书》卷五〇《兵志》，第1328页。

③ 参程喜霖《吐鲁番文书所见唐代镇戍守捉》，程喜霖、陈习刚主编《吐鲁番唐代军事文书研究·研究篇》，新疆人民出版社，2013，第250—251页。

④ "军中"即军人、兵卒之意，"中"是对同类身份人群的复数称谓。参《入唐求法巡礼行记の研究》卷一，第116页。

自然村为单位展开的。

这些"守捉军中"的长官，应即《行记》九日条提到的"当村押官"，他位列镇将之下，衣紫服，显然是一名有散试官职衔的军将。按押官，又称押队官，在唐前期边防体制下，"凡诸军镇，每五百人置押官一人"；[1] 行军编制中，"每军，大将一人……每队五十人，押官一人"，[2] 可见押官是一种军职。晚唐镇遏使、镇将下，押官同样是一种常设职务，如据咸通十三年（872）《高壁镇通济桥碑》题名，汾州灵石县境内高壁镇有押官、权押官等多人。[3] 从《行记》的记载来看，村押官是一种常驻乡村的军职胥吏，《续玄怪录》"蔡荣"条中提到的"地界所由"，从层级来看，大约就相当于一个村押官，而"从十余人，执弓矢"的将军，可能便对应着此处的镇将。这类镇将下的村押官、守捉军中，构成了乡村节级、所由的主体。

《行记》开成三年十一月条：

> 七日，开元寺僧贞顺私以破釜卖与商人，现有十斤，其商人得铁出去，于寺门里逢巡检人，被勘捉归来。巡检五人来云："近者相公（淮南节度使李德裕——引者）断铁，不令卖买，何辄卖与？"贞顺答云："未知有断，卖与。"即勾当并贞顺具状，请处分，官中免却。[4]

以上是圆仁在扬州城内的见闻。其中的"巡检人"，应即《旧唐书》所记同期扬州厢虞候辖下子巡。[5]据此条可知，虞候系统的子巡，除负责治安、刑讯等，还负责纠察城内违禁物交易。五代时期有"街坊巡司""巡司节级"等，应是由晚唐厢虞候下的巡检人、子巡发展而来。《行记》中还记

① 《唐六典》卷五《兵部郎中》，第159页。
② 《通典》卷一四八《兵·今制》，第3794页。
③ 《山右石刻丛编》卷九《高壁镇通济桥碑》，《石刻史料新编》第1辑第20册，第15125页。或以为押官即押司录事、勾押官，不确，后两者为负责文书勾检工作的胥吏，性质有别。
④ 《入唐求法巡礼行记の研究》卷一，第259页。
⑤ 《旧唐书》卷一八《宣宗本纪》"大中二年二月"条，第619页。

录了日本使团滞留扬州期间发生的几次类似事件，①其中提到的"所由"，也应指厢虞候下的巡检人、子巡。

（二）海州

海州是晚唐泰宁节度使辖下支州。《行记》开成四年四月条：

> （开成四年四月）五日……申时，到宿城村新罗人宅，暂憩息。……爰村老王良书云："……只今此村有州牒，兼押衙使下有三四人在此探候，更恐见和尚禁捉入州云云。"思虑之会，海州四县都游（奕）将下子巡军中张亮、张茂等三人，带弓箭来，问从何处来。……爰军中等的然事由，将僧等往村长王良家，任军中请，具录留却之由与押衙。……爰子巡军中等更加别状，遣报押衙都游奕所。
>
> 七日卯时，子巡军中张亮等二人……将僧等去。……行廿里，到心净寺，是即尼寺。押衙在此……押衙官位姓名：海州押衙兼左二将、十将、四县都游奕使、勾当蕃客、朝议郎、试左金吾卫张实。②

圆仁一行原拟投宿海州宿城村的新罗人家中，但遭到"子巡军中"张亮、张茂等人的盘查。据村长所言，这三人都是押衙所辖军将，他们常驻村中，负责监视当地居民，盘查过往行客（"探候"）。这里的押衙，据后文即张实，结衔为"海州押衙兼左二将、十将、四县都游奕使、勾当蕃客、朝议郎、试左金吾卫"，治所为"都游奕所"。这一结衔中，"海州押衙、左二将、十将"是其所带军将职级，而"朝议郎、试左金吾卫"则是散试官衔，实际差遣为"四县都游奕使、勾当蕃客"。"四县都游奕使"相比前文提到的漳州南界游奕将等，管辖地域似乎更广，但军将职级相似。"勾当蕃客"这一差遣，则是因海州境内有不少新罗移民的缘故，属于地方性特殊事务。要之，海州四县都游奕使张实也属于节级、所由。从姓氏来看，张实与其麾下子巡军中张亮、张茂等人似乎是同族，应属于当地有力人户。

---

① 《入唐求法巡礼行记の研究》卷一，第406、416、417页。
② 《入唐求法巡礼行记の研究》卷一，第482—485、498—499页。

（三）登州

登州是圆仁在唐期间除都城长安外滞留最久的地区，关于登州城中地界所由，前文已有涉及。除此之外，圆仁先后两次寄居在文登县青宁乡新罗人村落中，细致记录了当地基层社会的运作实态。《行记》开成四年六月条：

> 七日，……到赤山东边泊船。即文登县清宁乡赤山村。山里有寺，名赤山法花院，本张宝高初所建也。长有庄田，以宛（充）粥饭。其庄田一年得五百石米。……当今新罗通事押衙张咏及林大使、王训等专勾当。①

据上引文，负责文登县青宁乡及事务的是张咏、林大使、王训等三人。其中林大使，具体职衔不详，不过大使一词在《行记》中多用作对军将的尊称，王训据后文交待是赤山村村长（"村勾当"）。

值得重点分析的是张咏这一人物，圆仁滞留登州期间多次得到他的接济与庇护，二人交情匪浅，因此《行记》留下关于此人的不少记载。关于张咏的职衔，《行记》中前后记载不尽相同，据会昌五年八月廿七日条，全称应为"平卢军节度同十将、兼登州诸军事押衙、勾当文登县界新罗人户"。②由此可知，张咏既是节度使府十将，同时兼任居住地登州的军事押衙，而具体职掌则是管理文登县境内新罗侨民。这一职衔形式与前述海州境内的张实颇为相似，但不同之处在于张咏名是节度府十将，张实则为州府。张咏应该是一种专职负责侨民事务的所由，与前述海州押衙"勾当蕃客"的职掌类似。其辖下还有一些低级"所由"，③一如前述海州子巡军中张亮、张茂等人。押衙的办公机构为"勾当新罗所，去县东南七十里，管文登县青宁乡"，④青（清）宁乡是新罗人聚居区，作为押衙的张咏应该也是居住在此附近。

张咏与圆仁的交往事例中，透露出军职胥吏与州、县政府间微妙的关

---

① 《入唐求法巡礼行记の研究》卷二，第50页。
② 《入唐求法巡礼行记の研究》卷四，第230页。
③ 《入唐求法巡礼行记の研究》卷二，第200、214页。
④ 《入唐求法巡礼行记の研究》卷四，第229页。

系。这在开成五年圆仁申请赴五台山公验，以及会昌五年申请归国时的文书往来中均有集中体现。前者据陈志坚所考，流程依次为：圆仁—押衙—文登县—登州—文登县—押衙—圆仁。乍看之下，押衙张咏似乎是县级政府的下属，但其实这是因为公验这种正式公文的程序所限，作为军将的押衙没有"判案"的权限。①而在此后会昌五年处理圆仁归国事项时，《行记》称：

> 大使（张咏）便作状报州："得文登县牒称，日本国僧圆仁、惟正等二人……"十日后，得州牒云：……②

由此可见，在日常事务中，张咏的奏状可越过县衙，直达州府。此外，同年十一月，张咏曾亲赴州衙，拜谒新上任的登州刺史，并趁机为圆仁陈说回国事宜。③这些迹象表明，张咏虽然"管文登县青宁乡"，但并非县级政府属吏，其与州府的关系要比与县更为紧密，这自然与使府军将的身份密不可分。

五、军职胥吏与地方社会

以上主要立足制度层面，对晚唐五代的军职胥吏与基层治理体系做了一些考察。因史料零散，行文所涉不免琐碎，但相信已初步钩稽出一些此前研究中不甚清晰的制度面相。最后想讨论这样一个问题，即军职胥吏的出身背景与社会构成。④

首先还是以敦煌地区为例。石窟题记中，这类带军将职衔的乡村胥吏大多应出身敦煌本地大族与富户。这是有迹可循的，如第（1）（2）（3）例中的王寿延、王富延、王弘正，画像题名在同列，应该是亲属，甚至兄弟。

---

① 陈志坚：《唐代州郡制度研究》，第118—119页。
② 《入唐求法巡礼行记的研究》卷四，第230—234页。
③ 《入唐求法巡礼行记的研究》卷四，第244页。
④ 蔡帆在对唐后期土豪的研究中，讨论过江淮"县乡吏治的豪吏化"现象，注意到土豪对县以下基层治理的渗透，不过对其军职身份措意不多。参《朝廷、藩镇、土豪——唐后期江淮地域政治与社会秩序》，浙江大学出版社，2021，第103—114页。

他们既是使府军将又身兼乡里吏职，显然属于有力家族。此外如第（4）（6）例中的索氏、阴氏均为见于《敦煌名族志》的当地著姓，晚唐五代他们在地方政治中依然非常活跃，如在张氏之后一度执掌归义军大权的索勋。

因占据了基层管理性职务，这类土豪往往能为自身家族谋取更大的现实经济利益。对此，题记中出现的平水一职颇具代表性。敦煌出土P.3764《社司转帖》、P.2032《净土寺诸色入破历算会稿》、P.2040《净土寺诸色入破历算会稿》等文书中多次提到一位"罗平水"（"罗水官"）。[1]我们知道，罗氏也是晚唐五代敦煌当地的大族，就出土文书、碑刻所见，其同族成员大多是押衙、兵马使、都头等军将，其中罗盈达一门是归义军政权中的头面人物，娶节度使曹议金之女，官至内外诸司马步军指挥使。[2]文书中的这位"罗平水"家资颇丰，拥有不少庄园、田产，同时又与当地大寺院关系紧密，彼此间有木材等物资的贸易往来。学者指出："平水因掌握河渠水利，控制农业命脉，因而往往可以利用手中权力，占有肥沃的良田，进行多种经营，发展庄园经济。"[3]由此可见，平水已从一种色役名目，发展为藩镇体制下掌握优势社会资源的吏职，因此得到本地土豪青睐。总之，晚唐五代敦煌地区的地方精英拥有了更多扩大产业经营、提升家族影响力的途径。

上述情形在张咏与文登县当地社群的关系中也有体现。我们知道，文登县赤山法华院的创建者是新罗人张保皋（宝高），他曾任武宁军节度使下军将，圆仁入唐时，已应新罗国王之邀，回国担任清海镇大使。但作为长久以来的在唐新罗人领袖，他在登州、楚州等侨民聚居区还是颇有影响力，麾下押衙崔晕等人以"大唐卖物使"的名义常驻登州一带，从事海上贸易活动[4]。在此期间，圆仁亦曾受其关照，为此，在离开登州前专门向张保皋、

① 唐耕耦、陆宏基编《敦煌社会经济文献真迹释录》第3辑，全国图书馆文献缩微复制中心，1990，第319、402、404、405、479、481、482页。

② 参见《罗盈达墓志铭并序》，《敦煌碑铭赞辑释》，第490—492页。整理者在校释4中列举了散见于文书的罗氏成员任职情况，请参看。

③ 冯培红：《唐五代的河渠水利与水司管理机构初探》，《敦煌学辑刊》1997年第2期。

④ 参《杜牧集系年校注·樊川文集》卷六《张保皋郑年传》，第672—673页。另参滨田耕策《新羅王権と海上勢力—特に张保皋の清海镇と海賊に関連して—》，《東アジア史における国家と地域》，刀水書房，1999。

崔晕呈状致谢。至于张咏与张保皋等人的关系，《行记》中没有明确提及，但从生平经历来看，他们不乏相似之处。如，二人都是新罗移民中的有力人户，①都是节度使府军将，同时张咏也从事海上贸易，并曾亲赴日本交易商品。②从这些迹象来看，张咏应该是继张保皋后另一位在唐新罗人领袖，甚至可能是其留在唐朝境内的心腹之一。

通过投身藩府，张咏等人获得军将身份，这又为海上贸易以及经营其他产业提供了极大便利。③《行记》对此也有透露，如会昌五年圆仁第二次滞留登州期间，"向大使（张咏）请闲静处过冬，本意拟住赤山院，缘州县准敕毁拆尽，无房舍可居，大使处分于寺庄中一房安置，饭食，大使供也"。④可见在会昌法难中，原本应收归州县的赤山法华院庄产，实际尽数为张咏所支配。此外，为帮助圆仁回国，张咏"从去年冬造船，至今年二月功毕，专拟载圆仁等"，⑤没有雄厚的财力，这是不可想象的。

张咏虽是新罗移民，青宁乡虽为侨民社区，但其中反映的基层治理模式应具有一定代表性。我们看到，藩镇在选任军职胥吏时，往往采取因地制宜的策略，将固有地方精英吸纳进入体制，赋予其军将身份，进而以此为媒介，将国家权力有效渗透到基层社会内部。作为国家在基层的代理人，他们为官府催逼赋税、横行乡里，时人有言："所由入乡村，是为政之大弊，一吏到门，百家纳货。"⑥他们扮演的角色无异赋税包租人。与此同时，他们也充分利用军将的制度身份，为自身所从事的诸种产业经营拓展空间。如张咏事例所见，虽居住在文登县内，实际并不受县司管辖，节度十将、州府押衙的身份俨然可与县司分庭抗礼。这种资源分配中的优势地位与产业经营空

---

① 据《行记》大中元年六月十日条，圆仁离开楚州新罗坊时"登州张大使舍弟张从彦及娘皆送路"（《入唐求法巡礼行记の研究》卷4，第298页），是知张咏有亲属居住在新罗人社区，他们一家应为新罗移民。

② 近藤浩一：《登州赤山法花院の創建と平盧軍節度使・押衙張詠―張保皋の海上ネットワーク再考―》，《京都産業大学論集（人文科学系列）》44，2011。

③ 这类从事海外贸易的军职商人，在晚唐沿海地区绝非个例，详参本章第三节。

④ 《入唐求法巡礼行记の研究》卷四，第240页。

⑤ 《入唐求法巡礼行记の研究》卷四，第277页。

⑥ 《全唐文》卷七一五《驳张平叔粜盐法议》，第7345页。

间，是唐前期佐史、里正等胥吏无法企及的。

第三节　晚唐五代的商人、军将与藩镇回图务

在唐后期的社会流动中，部分商人出身者乘势而起，通过读书应举、结托权门等方式进入仕途，甚至跻身公卿、牧守之列。除此以外，依附盐铁专卖机构的盐商也迅速崛起，成为"土豪百姓"的典型。对此，前人已有较为充分的研究，[①]不拟赘述。

本节重点讨论的是军职商人，他们相对并不引人注目，但更为广泛地存在于各地藩镇中。前人研究中对此虽有涉及，[②]但随着视角的转换、新史料的刊布，相关认识仍有很大的推进空间。

一、藩镇的商业经营——以回图务为中心

在唐前期地方行政体系中，工商业管理归属仓曹（司仓）参军职掌，其下又置有市令、市丞等，"掌市廛交易，禁斥非违之事"。[③]除了监管，唐前期州县政府也参与了商业经营活动，主要形式是以公廨本钱、宴设本钱等经营生利。[④]但在律令体制下，市廛交易受到严格限制，州县政府相应的机构设置并不发达，商业税在国家财政收入中占比微乎其微。各类官本钱等则是废置不常，且基于传统儒家伦理，舆论对之多有抨击。总之，唐前期地方

---

① 参王静《王处存家族崛起与神策禁军》，夏炎主编《中古中国的都市与社会：南开中古社会史工作坊系列文集之一》，中西书局，2019；大泽正昭：《唐末五代「土豪」論》，《上智史学》37，1992；《唐末五代の在地有力者について》，《柳田節子先生古稀記念——中国の伝統社会と家族》，汲古书院，1993；蔡帆：《朝廷、藩镇、土豪——唐后期江淮地域政治与社会秩序》，第114—132页。

② 参魏承思《略论唐五代商人和割据势力的关系》，《学术月刊》1984年第5期；张剑光：《唐代藩镇割据与商业》，《文史哲》1997年第4期；李锦绣：《唐代财政史稿》第5册，社会科学文献出版社，2007，第416—422页；贾志刚：《唐代藩镇供军案例解析——以〈夏侯昇墓志〉为中心》，《中国社会经济史研究》2011年第4期。

③ 《唐六典》卷三〇《三府都护州县官吏》，第750页。

④ 《唐会要》卷九三《诸司诸色本钱上》，第1675—1679页。参罗彤华《唐代官方放贷之研究》，广西师范大学出版社，2013。

政府商业经营活动是相当有限的，参与形式往往是间接的。

中唐以降，伴随商品经济的迅猛发展，官方工商业管理与经营活动出现了若干新动向。就藩镇层级而言，首先体现为商税在地方财政中地位日趋重要，[①] 而更引人注目的则是邸店经营的兴盛。据研究，作为商业经营场所的邸店，应起源于六朝时期，《唐律疏议》称："邸店者，居物之处为邸，沽卖之所为店。"[②] 这是就其早期含义而言，此后邸店逐渐发展为兼营商贸、仓储、旅店乃至金融放贷的复合型经营场所。[③]

自南北朝以降，邸店的经营主体往往带有半官方色彩，达官显贵列置邸店、兴贩射利的事例史不绝书。[④] 中晚唐时期，随着藩镇势力的崛起，迅速成为此类产业经营中的翘楚。《册府元龟》卷五〇四《邦计部·关市》：

> （大历）十四年（779）七月，令王公百官及天下长吏，无得与人争利。先于扬州置邸肆（《旧唐书》卷一二《德宗本纪》作"回易邸"——引者）贸易者，罢之。先是，诸道节度、观察使以广陵当南北大冲，百货所集，多以军储贸贩，别置邸肆，名托军用，实私其利焉。至是乃绝。[⑤]

这是研究唐代商业经济时常被征引的一则史料。从中可见，中唐时期，藩镇在扬州等商业都市列置邸店已成为一种常态。虽然诏令对此严加禁绝，但终唐一代，以迄五代诸政权，藩镇经营的邸店屡见不鲜，且呈愈演愈烈之势。值得注意的是，虽然史料中将邸店经营斥为藩帅"名托军用，实私其利"的个人行为，但在藩镇体制下，各地军饷钱粮依例自行筹措，"名托军

---

① 日野开三郎：《唐代商税考》，《日本学者研究中国史论著选译》第4卷，中华书局，1992，第405—444页。

② 《唐律疏议》卷四《名例》，中华书局，1983，第92页。

③ 关于唐代邸店的经营门类，参日野开三郎《唐代邸店の研究》，三一书房，1992，第31—258页。

④ 唐长孺：《南朝的屯、邸、别墅及山泽占领》，《山居存稿》，中华书局，2011，第5—8页。

⑤ 《册府元龟》卷五〇四《邦计部·关市》，第6050页。

用"实则赋予了藩镇商业经营正当性。揆诸史实，藩镇军费中确有很大一部分来源于商业经营。[1]

正是在上述背景下，藩镇内部出现了相应的职掌——回图务。按，"回图"又作"回易"，指交易、买卖等商业行为，回图务、回易务则是藩镇中负责相应事务的部门。前人研究中于此虽有涉及，[2]但对其制度源流与运作机制未作深究。为便讨论，现将相关事例表列如下。

表5-1 唐五代藩镇（国）回图类机构任职者情况

编号	时代	人物	职衔/职掌	出处	备注
1	唐大历	梁璨	鄂州回易小将	《太平广记》卷二八〇，第2232页	
2	唐长庆	田某	蔡州军将"知回易"	《酉阳杂俎校笺·前集》卷六，中华书局，2015，第605—606页。	
3	唐大中	青陟霞	昭义军节度衙前十将、云麾将军、试殿中监"用之回弈〔易〕"	《青陟霞及妻万氏墓志》，《西安碑林博物馆新藏墓志汇编》，第865页	
4	唐乾宁	郭宗	昌普渝合四州节度散兵马使、兼军事押衙、专知回易务	《韦君靖碑》，《金石续编》卷十二，《石刻史料新编》第1辑第5册，台北：新文丰出版公司，1984，第3252—3253页	
5	唐末		青州节度"回图军将"	《金华子杂编》卷下，中华书局，2014，第289页	
6	唐末	孟文德	成德军节度都回图·钱谷都知官	《孟弘敏及妻李氏墓志》，《五代墓志汇考》，2012，第95—98页	

----

[1] 参前揭贾志刚《唐代藩镇供军案例解析——以〈夏侯昇墓志〉为中心》。
[2] 日野開三郎：《〈续〉唐代邸店の研究》，私家自印本，1970，第591—602页；李锦绣：《唐代财政史稿》第4册，第502—504页。

续表

编号	时代	人物	职衔/职掌	出处	备注
7	唐末	任涛	金紫光禄大夫、检校刑部尚书、知郑州榷税·回图·茶盐都院事、守别驾兼御史大夫、上柱国	《任元页（贞？）墓志》，《五代墓志汇考》，第183—184页	
8	后梁		汴、荆、唐、郢、复等州境内回图务	《资治通鉴》卷二六六，后梁开平二年六月条，第8702页	马楚于后梁境内所置
9	后唐	任钧	绛州司马、知省司回图务	《任元页（贞？）墓志》《五代墓志汇考》，第183—184页	任涛之子
10	后唐	李某	成德军亲从左厢都押衙、都回图·商税使、检校尚书右仆射、侍御史、上柱国	《孟弘敏及妻李氏墓志》，《五代墓志汇考》，第95—98页	孟文德姻亲
11	后唐	白全周	定难军节度兵马使、押衙、知回图务	《白全周墓志》，《党项西夏碑石整理研究》，上海古籍出版社，2015，第88页	
12	后唐	白友琅	定难军"主持回易"	同上	白全周之子
13	晋汉之际	曹从晖	（吴越国）专知回图·酒务	楼钥《跋赵振文经幢碑》，《全宋文》第264册卷五九五六，上海辞书出版社、安徽教育出版社，2006，第227页	
14	后汉（吴越）		青州节度境内两浙（吴越国）回易务	《册府元龟》卷六九〇《牧守部·强明》，第8232页	吴越于后汉境内所置
15	后周（吴越）	俞仁祚	（吴越国）台州军事押衙、充当直都队将、知省回图库务、银青光禄大夫、检校太子宾客兼监察御史、上柱国	《俞让墓志》，《五代墓志汇考》，第526—528页	

续表

编号	时代	人物	职衔/职掌	出处	备注
16	后周（吴越）	盛某	（吴越国）台州知省回图库务	同上	俞仁祚姑父
17	宋（吴越）	张从轸	（吴越国）上军正兵马使、知昭德回图都务、银青光禄大夫、检校国子祭酒、守右千牛卫将军同正、省兼御史大夫、上柱国	《清河弟子造塔记录》，《石铭江南——钱氏吴越碑拓》，文物出版社，2022	
18	宋（吴越）	赵昭□	（吴越国）知中吴军榷枭转运务兼回图榷酒等务官	《赵昭□墓志》，《吴越胜览——唐宋之间的东南乐国》，文物出版社，2011，第90页	

（一）藩镇回图类事务的起源

首先来看藩镇回图务出现的时间。表5-1所见事例中，最早为代宗大历年间的"鄂州回易小将"（编号1），这与前述藩镇邸店的出现时间大体相符，但其制度萌芽还可再往前追溯。对此，出土文书中透露了更为重要的信息。吐鲁番出土《唐上元元年（760）十月西州高昌县周思温等纳布·钱抄》，由大谷5800号、5801号两件文书缀合而成，兹引录如下：

1　周思温、曾大忠、阴善保等，付细绁直钱

2　贰阡肆伯五拾文。上元元年十月六日

3　李泰抄。先有壹阡六百钱抄，不在用限。

4　泰。

1　周思温等参户，共纳瀚海

2　军赊放绁布^{次细·让}壹疋。上元元

3　年十月六日。典刘让抄。①

又《唐宝应元年（762）西州高昌县周氏纳布抄》，由大谷5832号、5833号两件文书组成：

1　周思恩纳宝应元年瀚海等军预放绐

2　布壹段。其年八月十四日，里正苏孝臣抄。

- -

1　周祝子纳瀚海军预放绐布

2　壹段。宝应元年八月廿九日

3　囗囗抄。②

（后略）

以上两件文书均与北庭节度辖下瀚海军有关。唐前期屯驻于西域地区的边军，主要依靠内地转输的物资。安史之乱爆发后，中原战事频仍，供应难以为继，当地驻军不得另觅渠道，自筹军饷，这在出土文书中屡有反映。③在上述背景下，我们看到瀚海军先后于上元元年（760）、宝应元年（762）向高昌县民户周思温、周祝子等"赊放""预放"绐布，收取利息。以上文书则是民户缴纳本息后留存的收据。④由此可见，安史之乱中，地处西陲的瀚海军为纾解财政困境，已着手经营高利贷业务。

这并非孤立存在的现象。敦煌出土的P.2942文书，经学者定名为《大历元年（766）河西节度观察使判牒集》，其中收有一道判文：

---

① 池田温：《中国古代籍帐研究》，龚泽铣译，中华书局，2007，第298页。

② 《中国古代籍帐研究》，第299页。

③ 参孟宪实《安史之乱后四镇管理体制问题——从〈建中四年孔目司帖〉谈起》，王振芬、荣新江主编《丝绸之路与新疆出土文献——旅顺博物馆百年纪念国际学术研讨会论文集》，中华书局，2019，第552—568页。

④ 按，以上文书均属"抄文"，对其性质的讨论，参陈国灿《关于〈唐建中五年（784）安西大都护府孔目司帖〉释读中的几个问题》，《陈国灿吐鲁番敦煌出土文献史事论集》，上海古籍出版社，2012，第584页。

39　豆卢军兵健共卅九人无赐

40　沙州兵健，军合支持。既欲优怜，复称无物。空申文牒，从事

41　往来。不可因循，终须与夺。使司有布，准状支充。如至冬装，

42　任自回易。①

安史之乱中，留守河西的唐军同样面临军饷筹措的难题。在上件文书中，针对河西节度辖下豆卢军士卒冬装配给问题，因物资匮乏（"既欲优怜，复称无物"），使司判文明确允许其自行"回易"，亦即通过贸易的方式筹措。

简言之，以上几件文书透露出安史之乱期间西北边军的商业活动，其具体方式或为出举放贷，或为市廛贩易，都是唐前期州县公廨本钱的常见盈利模式。②据此可以推测，藩镇商业经营类事务的涌现，应与安史之乱爆发后的特殊局势有关。在具体实践环节，这类事务可能借鉴了唐前期官本钱的经营模式。③至于当时瀚海军、豆卢军中是否已设置专职人员负责商贸，文书并未透露。

（二）组织形态与运作机制

中唐以后，随着藩镇体制在各地确立，原先推行于西北边军中的一系列做法也被移植到内地州县，前节提到以军将负责基层事务管理，即为其例。而藩镇的商业经营活动也逐渐普及开来，相关职掌逐渐固定化。其主事者一般被称为"知回图务""专知回易务""知回易"等，从职衔来看，这属于差遣性质的"专知官"。类似职务在唐后期使职差遣体系中颇为常见，尤以

① 池田温：《中国古代籍帐研究》，第350页。关于此件文书的定名、断代，学者观点不尽相同，此从金滢坤意见，参《敦煌本〈唐大历元年河西节度观察使判牒集〉研究》，《南京师范大学学报（社会科学版）》2011年第5期。

② 参罗彤华《唐代官方放贷之研究》，第293—299页。

③ 敦煌地区晚近出土的两件墓葬文书表明，沙州豆卢军曾仿效州县宴设本钱，置"军宴设本"钱，从事放贷活动。文书无纪年，陈国灿推定为开元年间，参见陈国灿《莫高窟北区47窟新出唐贷钱折粮还纳账的性质》，《陈国灿吐鲁番敦煌出土文献史事论集》，第528—539页。如果这一推测无误，则西北边军中的高利贷经营或可追溯至开元年间。

财经类政务为然。^①需要说明的是，设置回图务的应不限于藩府，在州一级亦有设立，表5-1中蔡州军将知回易（编号2）、知郑州榷税·回图·茶盐都院事（编号7），皆为其例。个中原因在于，唐后期诸州置有"军事院"，支州刺史例以"使持节诸军事"的名义辟署军事判官、押衙等僚属。^②因此，州级政府也有一套拟藩镇建制，下文也将州级回图务一并纳入讨论。

随着时代推移，尤其到了唐末五代，回图务的组织形态与职能又历经若干分化、重组。首先，在部分藩镇中，回图事务已与商税征收、茶盐专卖等其他财经事务归并。表5-1中，孟文德任成德军"都回图·钱谷都知官"（编号6），任涛"知郑州榷税·回图·茶盐都院"（编号7），李某任成德军"都回图·商税使"（编号10），赵昭□"知中吴军榷枭·转运务兼回图·榷酒等务官"（编号18）。这类差遣职务是与"专知官"相对的"都知官"，同样是晚唐五代常见的差遣类型。

回图务的职能分化，表现为"知省司回图务""知省回图库务"（编号9、15、16）等差遣名的出现。对此，前人研究中讨论不多，需稍作辨析。我们知道，安史之乱后，中央为与藩镇争夺地方收入，除两税上供的份额外，还划定了诸色杂项收入，同样需收归中央财政。这类收入名目繁多，作为总称，从唐中期归属户部司的户部钱、送省钱，发展到唐末五代泛指归属三司的省司钱物（又作属省钱、系省钱）等。虽然此类钱物收贮于地方，日常也由地方管理，但性质都是中央财政，有别于留州、留使的份额。^③因此，这里的"省""省司"指的都是中央层级的财政三司。

省司钱物与"回易生利"的商业化经营有何关联呢？这应该渊源于唐中

---

① 李锦绣：《唐后期官制：行政模式与行政手段的变革》，第46—48页。

② 陈志坚：《唐代州郡制度研究》，第105—124页。

③ 关于户部钱的起源与类别，参见吴丽娱《唐后期的户部司与户部钱》，《中国唐史学会论文集》，三秦出版社，1989，第107—123页；何汝泉：《唐代财政三司使研究》，中华书局，2013，第271—347页。系省钱等名目在唐末、五代、宋的流变，参见陈明光《从唐后期的"省司钱物"到五代的"系省钱物"——五代财政的管理体制演变探微》，《寸薪集——陈明光中国古代史论集》，厦门大学出版社，2017；陈志坚：《唐代州郡制度研究》，第213—221页；王曾瑜：《宋朝系省、封桩与无额上供钱物述略》，《中国经济史研究》2018年第6期。

后期送省钱的输纳惯例。在上缴此类钱物时，中央往往要求地方政府以贸易的方式，将其转卖为绫罗细软（"轻货"），以便运输、贮藏甚至盈利。相关例证为数甚夥，如大历二年，以筹措防秋军饷的名义，"委本道节度观察使、都团练等使，每年当使诸色杂钱及回易利酒（润？）、赃赎钱物，……市轻货送上都左藏库贮纳"。[①]元和年间，户部侍郎李绛上疏中提到："今天下州县，皆有户部阙官俸料、职田，……旧例……准时价粜货，市绫绢送纳户部。"[②]某些场合，甚至连两税上供也通过"回易轻货"的形式。[③]类似做法显然是相承已久的，[④]在唐代，负责"市轻货"送省的应该正是各地藩镇回图务。

及至五代诸政权，在中央财政三司（租庸司）的主导下，正式出现了以省司钱物"回图生利"的财政收入名目——"省司回图钱"。[⑤]不难想见，在这一背景下，连带的相关事务便从藩镇回图务分析而出，而"知省司回图务""知省回图库务"作为一种正式的差遣职名，便在各地应运而生。简言之，省司回图务渊源于藩镇回图务，是中央与藩镇围绕财政收入长期博弈的产物。值得注意的是，五代省司回图虽然统属于财政三司，但实际主事者仍为地方军将，如后唐长兴二年（931）诏书中提到"省司主持回图败阙军将"，[⑥]表5-1中俞仁祚职衔为"台州军事押衙、充当直都队"（编号15）。由此观之，各地的省司回图务应接受财政三司与地方政府的双重管理。

以上分析了回图务顶层组织形态的演进，下面来看其基层运作方式。在某些交通要冲、商品集散地，藩镇回图务往往设有分支机构，以作为固定经营场所。就上表所见，如马楚政权在后梁境内汴、荆、唐、郢、复等州设立回

---

① 《册府元龟》卷四八四《邦计部·经费》，第5787页。

② 《全唐文》卷六四五《论户部阙官斛斗疏》，第6536页。

③ 《册府元龟》卷四八八《邦计部·赋税》，第5838页。

④ 如果进一步追溯，这在唐前期租米"回造纳布"之制中已可见端倪，两者均反映出商品经济发展对国家赋税输纳方式的影响。参见李锦绣《唐代财政史稿》第2册，第30—33页。

⑤ 参日野开三郎《五代·後唐の回図钱について》，《日野开三郎東洋史学論集》第5卷，三一書房，1982，第500—511页。

⑥ 《册府元龟》卷九三《帝王部·赦宥》，第1111页。

图务，吴越国在山东半岛滨海郡县设立回易务。马楚、吴越政权均脱胎于唐末藩镇，上述在本国（藩）回图务之外派驻分支机构的做法，应属承袭旧制。

当然，回图务派出机构更常见的名称还是前文提到的邸店，又称"回易邸"。关于邸店的经营形态，前人论列已详，这里重点关注其与回图务之关系。《金华子杂编》卷下：

> 刘鄩本事贩鬻，王氏（师范）既承昭皇密诏，会诸道将伐朱氏（全忠），乃遣鄩偷取兖州。鄩乃诈为回图军将，于兖州置邸院，日雇佣夫数百，谒青州，潜遣健卒，伪白衣，逐晨就役，夜即留匿于密室。如是数月间，得敢死之士千余人。又于大竹内藏兵仗入，监门皆不留意。①

刘鄩是唐末青州节度使王师范部将，受命夺取朱全忠控制下的兖州。他首先"诈为（青州）回图军将"，在兖州城内设立"邸院"，随后招募佣夫，将商品贩运回青州。在返程途中，刘鄩暗中将佣夫替换为青州健卒，"又于大竹内藏兵仗"，悉数运入兖州城内，最终兵不血刃夺下兖州。这一计策所以能奏效，与刘鄩"本事贩鬻"的出身密不可分，他熟谙藩镇回图务、邸店的运营方式，一连串伪装环环相扣，丝毫未引起敌方觉察。作为笔记小说的叙事，某些细节或与史传不尽相符，②但无碍其"通性之真实"，以上记载正是展现藩镇"回图务—邸店"运作实态的珍贵史料。

二、军商之间：身份界线的模糊

从上表所列例证来看，回图务长官例带押衙、兵马使等军将职级，除此之外，往往还带散官、试官、检校官、宪衔等，这构成了晚唐五代藩镇军将

① 《金华子杂编》卷下，《奉天录（外三种）》，第289页。
② 按，《旧五代史》卷二三《梁书·刘鄩传》称："鄩遣细人诈为鬻油者，觇兖城虚实及出入之所。"（中华书局，1976，第308页）《北梦琐言》卷一七"刘鄩忠于旧主"条作："诈为茶商，苞苴铠甲，大起店肆，剖巨木藏兵仗而入。"（第324页）所记互有异同。

常见的职衔类型，属于所谓散试官。①由此可见，作为藩镇差遣职务之一，回图务任职者依例拥有军将身份及相应职衔。

长官之下，实际负责境外商贸活动以及邸店经营的，是一些低级军将，即所谓"回易小将""回图军将"等。在回图务长官指挥下，他们逐利而动，足迹遍布辖境内外，如上表中的青陟霞，大中年间被昭义军（泽潞）节度使府委任，先后前往淮南、两浙、剑南等道贸易（编号3）。回图军将在晚唐五代社会中颇为活跃，如《太平广记》卷一四九"柳及"条引《前定录》："有长沙小将姓周者，部本郡钱帛，货殖于广州。"②《太平广记》卷四三七"范翊"条引《集异录》："范翊者，河东人也。以武艺授裨将，……翊有亲知陈福，亦署裨将。翊差往淮南充使，收市绵绮，时福充副焉。"③又《稽神录》卷三"宋氏"条："江西军吏宋氏尝市木至星子。"④这些"小将""裨将""军吏"，史料虽未明言回图军将，但身份应相去不远，正可与表中事例相参证。

回图务任职者都是藩镇军将，自应受到相应管理体制的约束。从部分事例来看，藩府对回图军将的监管颇为严厉。《太平广记》卷二五二"司马都"条引《玉堂闲话》：

> 前进士司马都居于青丘，尝以钱二万托戎帅王师范下军将市丝。经年，丝与金并为所没。都因月旦趋府，谒王公，偶见此人，问之。……王公知之，毙军将于枯木。⑤

唐末青州节度回图务的经营情况，上文已有涉及。这则史料中，接受司马都钱财、为其经营牟利的军将，显然隶属回图务。因干没他人钱财，这名回图军将被节度使处死。又如上表中的蔡州回图军将田某（编号2），因在

---

① 参本章第二节。
② 《太平广记》卷一四九，第1076页。
③ 《太平广记》卷四三七，第3557页。
④ 《稽神录》卷三，中华书局，2006，第54页。
⑤ 《太平广记》卷二五二，第1962页。

外经营不善，"折欠数百万"，旋即遭到拘捕。此外，史料表明回图军将用于经营的本钱多是"公钱""本郡财帛"，他们的商业活动属于官方行为。

但是也应看到，回图务终究是以盈利为目的，市场机制在其中发挥了主导作用，这一点与民间商业经营并无本质区别。因此，回图军将须具备基本的经商技能。从社会面貌来看，他们与行伍出身者有所区别，如表5-1中的任元贞，墓志称其自幼"聪惠过人，弘计经度，靡不通济"。①供职于禁军系统的回图军将也可资参照，如大和八年（834）去世的贾温，"以能默纪群货，心计百利，俾之总双廛贾贸，未几神军实十五万贯"，②显然具备出众的理财能力。另外，部分回图务军将在入职前很可能便是市廛商贾，如昭义军回图军将青陟霞，墓志记其"谢人世于……市东壁坊之私第"，宅第毗邻市场东壁，暗示志主曾是一名市籍商人。③综合这些迹象来看，回图军将群体在社会面貌上又显露出商人的底色，甚至不乏商人出身者厕身其间。

不惟如是，藩镇回图务在经营中还呈现家族世袭化倾向。前文已指出，唐五代军将与低级幕职官群体的身份背景相近，大多出身地方土豪阶层，彼此间形成了以亲缘关系为依托的人际网络。④这一点在回图军将群体中尤为引人注目。以表三中诸人为例，任涛，唐末任知郑州榷税·回图·茶盐都院事，其子任钧，后唐时期任知省司回图务。另一子任元贞，据墓志记载："自前唐天复二年入仕，相次主张系省、盐鹾，泉货赡国，经费利润。"⑤所谓"系省"，显然是指系省钱，据前文研究，例由省司回图务经营、贸易，"泉货赡国"即谓此。如果这一推断不误，则任氏父子三人，历唐、后梁、后

---

① 《五代墓志汇考》，第183页。按，史料虽然并未明言，但志主应供职于回图务，详参下文。

② 《大唐故银青光禄大夫检校太子宾客上柱国阳武县开国子充右神策军衙前正将专知两市回易武威贾公墓志铭》，《唐代墓志汇编续集》，第920页。

③ 按唐制，州县市场皆有东、西、南、北四壁，沿壁列置店肆，其管理者称"市壁师"。参见王永兴《敦煌唐代差课簿考释》，《陈门问学丛稿》，第32页。市籍商人往往聚居于市壁侧近，如扬州出土的《邓瑶墓志》载志主卒于"江都县市东北壁私第"（《唐代墓志汇编》，第2412页）。

④ 渡辺孝：《唐代藩鎮における下級幕職官について》，《中国史学》11，2001。

⑤ 《五代墓志汇考》，第183页。按，此处原录文标点似不确，今重新调整如上。

唐三朝，均任职于郑州（省司）回图务。此外，又如孟文德，唐末任成德军节度都回图·钱谷都知官，其姻亲李某，曾任成德军都回图·商税使；白全周，后唐时期任定难军知回图务，其子白友琅承袭父业，"主持回易"；俞仁祚任吴越国台州知省回图库务，其姑父盛某亦曾任知省回图库务。

表中具有亲缘关系的回图军将计有8例（任元贞未计入），在总数15例（编号5、8、14不计）中过半，比例之高，应超过其他藩镇差遣职务。之所以出现这一现象，应与回图务所需专业经商技能有关，尤其是境外长途贩运中所必备的人脉资源、市场情报，亲族间的传承显然更为可靠。于此也可窥见，晚唐五代藩镇回图务虽为官方机构，但实际运作中又出现了家族化经营的倾向，这与民间商人的产业经营形态已是高度趋同。

上述情形又为更多民间商人跻身藩府拓宽了道路。我们注意到，另有一类军将，其商人的身份底色更为浓厚。这方面的典型例证是刘从谏治下的泽潞镇，史称："大商皆假以牙职，使通好诸道，因为贩易。商人倚从谏势，所至多凌轹将吏，诸道皆恶之。"[1]另据《夏侯昇墓志》，志主任职徐州期间，建议节帅"募市人善贾者，署以显职，俾之贸迁赇货，交易有无"。[2]以上两例都是藩帅直接招募、署任商人，从事贸易活动。这类带军职的商人往往拥有自家产业，与回图务并没有严格的隶属关系。《稽神录》卷三"徐彦成"条：

> 军吏徐彦成，恒业市木，丁亥岁（927），往信州泖口场。……彦成回，始至秦淮，会吴帅徂，纳杉板为棺，以求材之尤异者。获钱数十万。彦成广市珍玩，复往泖口以酬少年，更与交易于市。三往返，获其厚利。[3]

在这则史料中，身为军吏的徐彦成，其实自有家族产业（"恒业市木"）。他外出采买木材，看不出与回图务有什么关系。而此后公开将木材高价转卖于官家，这更是受制于藩镇的回图军将无法想象的。由此可见，他

---

[1] 《资治通鉴》卷二四七，"会昌三年四月"条，第7979页。

[2] 《河洛墓刻拾零》，北京图书馆出版社，2007，第520页。参贾志刚《唐代藩镇供军案例解析——以〈夏侯昇墓志〉为中心》。

[3] 《稽神录》卷三，第39—40页。

们在身份属性上是有别于回图军将的。对这类带有军将职衔，而又独立经营自家产业的群体，我们姑且称之为"军职商人"。

相比回图军将，在晚唐五代社会中，军职商人应该是一个更为庞大的群体。对此还可以举出一些例证。如晚唐扬州商人李彦崇，"历任五郡押衙，……或权变于货殖，则无损于人"，①此人宅第在扬州，卒后也葬于扬州，所谓"历任五郡押衙"，显然并未真正赴任，只是挂名而已。唐末扬州商人朱鄘，"纳助军钱，遂加职赏"，被淮南节度使署为讨击使。②新罗人金清，唐末活动于青州、登州等地新罗侨民社区，经商致富，获押衙职衔，"赍游鄞水"，频繁往来于浙东一带，从事贸易活动。③显然，他们都是寄名使府的职业商人。

此外，有些商人虽不在军籍，但自身或其家族与藩镇存在密切关系。如殷季昌，"少从军职"，后"不乐拘检"，故脱军籍从商，在此之际，"流辈……厚与财帛，因贸香药于都市，不四三年，家道甚丰"。④类似经历的还有张公佐，曾任淄州军事押衙，后"厌于军旅，退身罢职，性好经营，或优游宋汴，或□历惟扬，……未逾一纪，骡马匹帛成七八百千矣"。⑤赵琮，其父"从军地远，徙居青州"，本人"南北贸贾，利有攸往，广涉大川"。⑥虽然墓志称他们"不乐拘检""厌于军旅"，但在军中积累的人脉资源对经商应大有助益，甚至如殷季昌，从商的本钱或即同袍（"流辈"）所资助。对这类商人，也可归入广义的军职商人行列。

通过上文考察不难发现：藩镇回图务中的军将，其履职方式近似于商

① 《唐故京兆府押衙云麾将军试光禄卿上柱国李府君墓志铭并序》，《唐代墓志汇编》，第2170页。

② 崔致远：《桂苑笔耕集校注》卷一四《朱鄘补讨击使》，党银平校注，中华书局，2007，第459页。

③ 《唐无染院碑》，《（光绪）增修登州府志》卷六五。另参王慧、曲金良《唐代昆嵛山无染院碑及相关问题》，《中国海洋大学学报（社会科学版）》2007年第5期。

④ 《唐故汝南殷氏瑞卿墓志》，《唐代墓志汇编续集》，第1095—1096页。

⑤ 《有唐故淄州军事押衙清河张公墓志铭并序》，《唐代墓志汇编续集》，第2262页。

⑥ 《唐故居士天水赵府君墓志铭并序》，《山东石刻分类全集》第5卷《历代墓志》，第216页。

人，且经营上呈家族化倾向；另一方面，大批商人则挂籍军府，获得军将职衔。如果将武职军将与市廛商贾作为界定人群身份的尺度与典型，置于光谱两极，则介于其间的是回图军将与军职商人。由此可见，晚唐五代藩镇体制下，部分商人与军将的身份界线已趋于模糊，难分彼此。

在上述身份序列中，军职商人是社会面貌很难作出界定的人群。整体而言，他们与藩镇之间是一种互惠共生关系，这体现为，一方面藩帅利用商人，或代购物资，以充军用，或兴贩生利，中饱私囊。与此同时，商人也依托藩镇，获得诸般利好，如挂名军籍规避商税、徭役。此外，某些军职商人在获得散试官职衔后，还通过贿赂的方式出任州县摄职官，获得实际政治权力，为入仕开辟通道。[1]

三、海商徐公直：军职商人产业经营的一则个案

基于以上论述，我们对晚唐五代军职商人的活动样态已可窥见涯略。不过传世文献中对这类人的记载多是碎片化的，相关碑志的记叙又是高度程式化的，于产业经营的细节鲜有透露，而近年陆续刊布的域外文献正可弥补上述缺憾。下面拟围绕大中年间徐公直家族开展一项个案研究，期能从微观层面深化对军职商人生存策略的认知。

徐公直，又作徐直，因与九世纪日本入唐僧圆珍交往，名见于《行历抄》《圆珍传》等文献。据载，圆珍在唐期间，曾于大中九年（855）因病滞留苏州，"寄衔前同十将徐公直宅"，得到徐公直一家人的悉心照料。次年五月，圆珍自长安东归，也曾在徐宅短暂停留。在圆珍的记叙中，某些场合徐公直又被称作"苏州徐押衙"，[2]押衙与同十将应该是此人先后获得的

---

① 《乾符二年南郊赦文》："刺史、县令，如是本州百姓及商人等，准元敕不令任当处官。……近年此色至多，各仰本道递相检察，当日勒停。"（《唐大诏令集》卷七二，第405页）另参本书第六章第二节。

② 以上分见《天台宗延历寺座主圆珍传》大中九年二月条，《行历抄》大中九年四月条、大中十年五月条；白化文、李鼎霞：《行历抄校注》，花山文艺出版社，2004，第37、51、140页。另，《智证大师全集》卷下《福州悉昙记》："三郎押衙、舍弟五郎，合宅亲情，同沾此功，永保平安福智。……大中九年四月七日。"（园城寺事务所，1919，第1282—1283页）"三郎押衙"即徐公直。

职衔。前节对日僧圆仁事迹的考察表明，以登州押衙张咏为代表的军将，与往来于中日间的僧侣关系密切。苏州押衙徐公直与圆珍之间亦复如此，这是一个引人注目的社会现象。

徐公直家族事迹更多地保存在《高野杂笔集》一书中。《高野杂笔集》是收录日本真言宗高僧空海大师往来书信的文集，计有上、下两卷，约成书于平安时代末期。经高木䄂元最早揭出，卷下所收最后18件文书，实为晚唐赴日禅僧义空的书信，编者不察，将其混入空海集中。①但也正因此，这批弥足珍贵的唐人书简才得以保存下来。围绕这18件文书，近年相关研究续有发表，但大多属于古代中日交通、佛教史的范畴。②其实这批书简对研究晚唐军职商人家族同样非常重要。

这批书信中，有半数都是发自徐公直、徐公祐兄弟。阅读这批文献，首先引起笔者注意的是徐公直的职衔，这与《行历抄》所记不尽相同。大中三年五月二十七日《徐公直上义空状》、大中六年五月二十二日《徐公直上义

---

① 高木䄂元：《僧義空の来朝をめぐる諸問題》，《空海思想の書誌的研究》，法藏館，1990，第357—409页。需要补充说明的有两点：1.高木氏整理的18件书信中，编号2"徐公直寄义空、道昉"，细审其内容，实为一份礼品清单，这在当时书信门类中可归入"别纸"，多附于书状正文之后。因此编号1与编号2似应计为一件，这从发信日期也可推知。2.编号17"徐公祐与徐胡婆"，文末有"委曲分付"等字样。按"委曲"也是一种特殊形式的书信，所谓"唐世搢绅家以上达下，其制相承，名之曰委曲"（岳珂《保真宅书法赞》卷五）。这封书信正是徐公祐写给其侄胡婆的，格式上也与委曲若合符契。从日期来看，与编号16"徐公祐上义空状"应是同封发出。不过这件委曲最终并未归胡婆保管，原因在于它可能书于前件"上义空书状"的背面。这种做法，在宋人所见其他委曲中也有实例。因此，严格来说，《高野杂笔集》保存的义空书信应为16封。关于别纸、委曲的性质与文书形态，详参梁太济《"委曲"、"别纸"及其他——〈桂苑笔耕集〉部分文体浅说》，《唐宋历史文献研究丛稿》，上海古籍出版社，2004；樊文礼、史秀莲：《唐代公牍文"委曲"研究》，《中国典籍与文化》2009年第2期；吴丽娱：《关于晚唐五代别纸类型和应用的再探讨》，《魏晋南北朝隋唐史资料》第30辑，上海古籍出版社，2015。

② 代表性论著如大槻暢子《唐僧義空についての初歩的考察—唐商徐公祐から義空への書簡—》，《東アジア文化交涉研究》1，2008年；山崎覚士：《九世紀における東アジア海域と海商：徐公直と徐公祐》，《中国五代国家論》，思文閣，2010；田中史生：《唐人の対日交易—「高野雑筆集」下巻所収"唐人書簡"の分析から—》，《国際貿易と古代日本》，吉川宏文館，2012。国内方面，吴玲曾择要介绍过其内容与史料价值，参见《〈高野杂笔集〉所收唐商徐公祐书简》，《文献》2012年第3期。

空状》，①文末分别题衔"婺州衙前散将"和"苏州衙前散将"。按，散将与同十将、散兵马使等类似，例不统兵马，属于阶官化的军将职衔。②对比《行历抄》等文献的记载，从大中三年至大中九年，徐公直先从婺州衙前散将，转为苏州散将，进而又升至同十将、押衙，家族也从原籍地婺州迁居毗邻贸易港口的苏州。③家族迁徙与职级晋升，反映出徐氏社会地位的提升，背后助力自当是家族财富的积累与人脉资源的拓展。而这一切都与僧人义空存在莫大关联。

义空是杭州灵池院高僧齐安弟子，"室中推为上首"。大中元年前后，他应日本入唐僧慧萼之邀东渡，日本国内"敕营空馆于京师东寺之西院，皇帝（仁明天皇）赍锡甚渥，太后创禅林寺居焉，时时问道，官僚得指授者多"。④因获上层统治者尊崇，义空在当时日本朝野颇具影响力。

徐公直家族应该在此之前便与义空结识，义空赴日后，因其弟公祐往来贸易之便，徐公直与之频通书信，互有馈赠。如大中三年五月书信称："自去年舍弟所往贵土，每蒙周厚，兼惠土物，愧荷实增。"大中六年五月书信："不顶谒来累经数岁，自舍弟回日，忽奉芳音，顿解思心。"此外，同封书信还记载："又儿子胡婆，自小童来，心常好道，阻于大唐佛法衰（衰）否，遂慕兴邦。伏惟和尚不弃痴愚，特赐驱使。"据此，其子胡婆也被派往日本，充任侍童，服侍义空。⑤

徐氏一族之所以对义空礼敬有加、倾心交结，除了信仰因素外，也是基于现实利益的考量，义空给与了他们在日商业活动极大便利。徐公直书信中

---

① 本书所引《高野杂笔集》，据大谷大学藏平安时代抄本（神田喜一郎旧藏，原件图片见：http://web.otani.ac.jp/museum/kurashina/syoseki_index.html，2019年10月8日），同时参考了高木訷元录文，《空海思想の書誌の研究》，第357—409页。关于书信的系年，诸家看法不尽相同，今从山崎觉士意见，《中国五代国家論》，第173—180页。

② 张国刚：《唐代藩镇研究（增订版）》，第98页。

③ 徐公直兄弟原籍应在婺州，参山崎觉士《九世紀における東アジア海域と海商：徐公直と徐公祐》，《中国五代国家論》，第189—201页。

④ 《元亨释书》卷六《唐国義空》，《国史大系》第14卷，経済雑誌社，1901，第729页。

⑤ 胡婆赴日应在大中三年八月前后，参山崎觉士《九世紀における東アジア海域と海商：徐公直と徐公祐》，《中国五代国家論》，第179页。

对此屡有称述："相烦颇深，仁眷之诚，难当陈谢。"（大中三年五月《徐公直上义空状》）又称："自往年舍弟……达于彼国，每蒙恩煦，眷念之深，愧佩在心。"（大中六年五月《徐公直上义空状》）

这在其弟徐公祐寄给义空的书信中透露了更多细节。据大中六年六月三十日《徐公祐上义空状》：

> 公祐从六月五日发明州，至廿日到此馆中，且蒙平善。……公祐苏州田稻三二年全不收，用本至多，因此困乏。前度所将货物来，由和尚与将入京，不免有损折。今度又将得少许货物来，不审胡婆京中有相识投托引用处否？望与发遣来镇西府取之。

同封《与胡婆委曲》：

> 别汝已久，忆念殊深。吾六月初发明州，廿之到鸿卢（胪）馆。州宅中婆万福，汝父母并万福，弟妹已下亦蒙平善。不审汝在彼如何？家中将得①衣服来与汝，汝且辞和尚，暂来镇西府一转，不妨多日。见汝在即，余留面处分。

史料首先透露出，除经商外，徐氏一族还在苏州置有田产。兼营贸易与庄园是当时唐后期土豪的典型经济形态，徐氏显然符合这一特征。但他们似乎并不擅长土地经营，"田稻三二年全不收，用本至多"，因此希望扩大海外贸易来填补亏空。而这又离不开义空的襄助。按当时日本律令规定，外国商客登陆后，只能停留在位于九州博多湾附近的太宰府鸿胪馆，货物由政府优先采买，不得任意流通。②信中说"前度所将货物来，由和尚与将入京"，看来此前徐氏的货物主要是托义空带入京中贩卖。但是随着胡婆赴

---

① 高木氏录文作"渴"，校语云当作"褐"。检原件作"淂"，即"得"。
② 参田中史生《唐人の対日交易—「高野雑筆集」下卷所收"唐人書簡"の分析から—》。

日，徐氏一族在日本便有了自家人手。信中徐公祐向义空请求："今度又将得少许货物来，不审胡婆京中有相识投托引用处否？望与发遣来镇西府取之。"胡婆是义空的侍童，当有往来平安京与鸿胪馆之间的便利。同时也给胡婆去信，让他来太宰府（镇西府）相见，以便面授机宜。类似安排也见于大中六年十月《徐公祐上义空状》等书信中。

从上文分析可知，徐公直家族与义空的交往是掺杂着商业利益的。以此类推，他在大中九年前后与日僧圆珍结交，也是有意积累人脉资源。史料表明，圆珍回国后，二人确实还有书信往来。在此前披露的日本《园城寺文书》中，恰好留存了一件他寄给圆珍的书信，今引录如下：

> （前略）窃以此月十日得书，十一日便言告发，念遽更不备别物，献上此缣素并叠子，粗充微意。不空。不责轻寡。伏垂特赐容纳。恩恩幸幸。谨状。
>
> 徐直状[1]

这封信具体发出时间不详，要之，当在大中十二年圆珍归国后。信中说"十日得书，十一日便言告发"，因此匆匆备下礼品便托人寄往日本。透过这一细节不难想见，徐氏一族在日贸易也得到了圆珍的关照。

此外，因义空等高僧的关系，徐公直家族也间接攀附上了更多高官显贵，大中三年五月《徐公直上义空状》：

> 自田三郎至于此土，公直忝为主人。然虽寂寥州郡，每事相奉。淮南崔仆射、太原王司徒皆荷远献之恩，具事文奏。尘俗惟忻跃，共谈善焉。

这段文字尚有若干不明之处。可以确定其中崔仆射、王司徒，指大中三

---

① 《園城寺文書》第一卷，講談社，1998，第116页。另参石晓军《日本园城寺（三井寺）藏唐人诗文尺牍校释》，《唐研究》第8卷，北京大学出版社，2002，第135页。

年在任的淮南节度使崔郸与河东节度使王宰。^①大意似乎是说，义空在日友人
田三郎入唐后由徐公直负责接待，^②陪同游历。田三郎在唐期间拜会了崔郸、
王宰等藩镇节帅，他们接受了田三郎的馈赠（可能是受义空之托），并对义
空的佛法修为钦慕有加。由此看来，徐公直在陪同田三郎期间可能也借机结
交了崔郸、王宰等高官。前文已指出，地方节帅雇佣商人为其贩运物资是一
种常态，两者之间原本就有深相结托的利益基础。徐公直军职屡有迁转，很
可能便与此番结托有关，他们在国内的商业活动也将因此得到更多庇护。

综上所考，徐氏一族的产业经营方式大体如下：徐公直是一家之长，居
中调度，一方面依托体制内的身份，负责国内贸易与土地经营，同时与往来
其间的高僧大德倾心结交，构筑人脉网络；其弟公祐频繁往还于中日之间，
其子胡婆则常住日本，依托高僧义空、圆珍等人在上流社会的影响力，开展
对日贸易，积聚财富。

九世纪以降的晚唐五代，是东亚海域民间贸易走向兴盛的起步阶段。
以对日贸易为例，来自唐朝、朝鲜半岛的商客纷至沓来，频见于日本史料记
载。^③有迹象表明，徐氏这类军职商人绝非个例，如前文提到的平卢节度同
十将张咏、前徐州军将张保皋等人，均曾亲赴日本从事贸易活动。^④除此以
外，还可举出与圆珍相识的另一名商人蔡辅。此人同样名见于《园城寺文
书》收录的唐人诗文尺牍，结衔作"大唐容管道衙前散将"。据石晓军考
证，蔡辅应于大中十二年随同圆珍东渡，此后与同期赴日的其他唐商共同滞
留在太宰府鸿胪馆。圆珍从太宰府回京都之际，此人曾作诗四首相送。^⑤研

---

① 参郁贤皓《唐刺史考全编》，安徽大学出版社，2000，第1306、1681页。
② 田三郎应为田口朝臣虫麻吕之子，系仁明天皇太后外戚。参高木神元《唐僧义空の来朝をめぐる諸問題》，《空海思想の書誌的研究》，第364页。
③ 黄约瑟：《"大唐商人"李延孝与九世纪中日关系》，《历史研究》1993年第4期；吴玲：《九世纪唐日贸易中的东亚商人群》，《西北工业大学学报（社会科学版）》2004年第3期。
④ 参见近藤浩一《登州赤山法花院の創建と平盧軍節度使・押衙張詠—張保皋の海上ネットワーク再考—》，《京都産業大学論集》44，2011。
⑤ 石晓军：《日本园城寺（三井寺）藏唐人诗文尺牍校释》，《唐研究》第8卷，第117—118页。

究者或不解，身为岭南军将的蔡辅如何结识圆珍，并远赴海东？其实考虑到上述时代背景，这一看似费解的现象就不难理解了。东亚海商群体集中出现在藩镇体制臻于成熟的九世纪，且其产业经营的策略高度趋同，这无疑折射出强烈的时代性。随着今后史料的刊布，对藩镇体制在九世纪以降东亚跨国贸易中扮演的角色，①还可做更进一步的探讨。

在使职差遣"因事而设"的组织原理下，为因应唐后期新的社会情势，各地藩镇设立了一系列与军事脱钩的事务部门。除了本章重点讨论的基层管理、商业经营类职务，还有如茶酒专卖、商税与市场管理类机构，各类手工业作坊，乃至乐营、医院、画院等服务性机构。就此而言，晚唐五代藩镇对各项社会事业的渗透与掌控应远超前代。但另一方面，随着此类机构的广泛设置，不难想见，附丽其间的人群也更形庞杂。除了胥吏、商人，如工匠、医卜、画师等主流观念所摈斥的"三教九流"，亦不乏跻身藩府进而获得军将、准官僚身份者。

可以认为，除作为国家统治机器的属性，藩镇体制也是一种对不同阶层、职业人群起到整合作用的社会机制。这套机制塑造了新的社会资源分配规则，卷入其中的不同人群为此展开博弈与竞争，而唐后期的地方秩序也因此发生了深刻的变动。

---

① 这方面的研究最近不乏有益尝试，参见新见まどか《唐後半期における平盧節度使と海商・山地民の狩猟活動》，《東洋学報》95，2013。

第六章　官、客与民：唐后期的地方秩序

士当四民之首，是民众的教化者、乡里社会领袖，而"乡论""民望"则是支撑士人立身朝堂的基石。对这样一种理想化的士—民关系与乡里秩序，日本学者在六朝史研究中提出的"豪族共同体论"，堪称一种典范性学说。[1]

入唐以后，随着士人阶层的中央化与官僚化，共同体色彩的士—民关系迅速解体，汉魏以降的乡里秩序也趋于崩溃。[2]不过，中晚唐散居里邑的衣冠实不在少数，日常生活中，他们与本地百姓自然会有交集，士—民关系呈现出哪些新的面相呢？

不可否认，某些事例中还是能看到往日共同体关系的余晖。如中唐士人李建，出身赵郡李氏申公房，周、隋以降冠冕不绝，后家世没落，与其兄李造、李逊等"寓于荆州之石首"，"躬耕致养"。对这段早年经历，友人白居易所撰墓碑中称：

> 其居数百家，凡争斗，稍稍就公决，公随而评之，浸及乡，人不谒府县，皆相率曰："请问李君。"[3]

---

[1] 谷川道雄：《中国中世社会与共同体》，中华书局，2004。另参王德权《为士之道——中唐士人的自省风气》序论，台北：政大出版社，2012，第1—53页。当然，即便在汉魏六朝时期，士—民关系也并非单一面向，横暴乡里的士族大有人在，但因选官制度中"乡里环节"的存在，更兼战乱时期共克时艰的客观需求，共同体式的士—民依存关系应该是主流。

[2] 参王德权《为士之道——中唐士人的自省风气》，第69—108页。

[3] 白居易：《白居易集笺校》卷四一《有唐善人墓碑》，朱金城笺校，上海古籍出版社，1988，第2677页。

另外还可举出同时代人阳城，据《旧唐书》本传：

> 阳城字亢宗，北平人也。代为宦族。……隐于中条山，远近慕其德行，多从之学。闾里相讼者，不诣官府，诣城请决。[1]

这段经历还被元稹赋为诗篇：

> 阳公没已久，感我泪交流。……栖迟居夏邑，邑人无苟媮。里中竞长短，来问劣与优。官刑一朝耻，公短终身羞。公亦不遗布，人自不盗牛。……声香渐翕习，冠盖若浮云。少者从公学，老者从公游。[2]

在侨居生活中，李建、阳城以德行与学识教化民众，充当了闾里纷争的仲裁者、社会秩序的维护者，他们也因此赢得声望，阳城还为天子所知，入朝为官。所谓"闾里相讼，不谒府县"，正是汉魏六朝史传中对士人居乡德行的"模块化"叙事。如果以上所言不虚的话，[3]部分士人在侨居地的社会活动，还是依稀可见往日乡里领袖的风范。

不过中晚唐士人侨居生活中，能体现上述理想化士—民关系的事例可谓凤毛麟角。可能也正因此，阳城的事迹才会被赋为诗篇、载诸史传，以期表彰之效。围绕唐后期邑客与土著居民的关系，我们在史料中看到的更多是另一番景象。

---

[1] 《旧唐书》卷一九二《隐逸·阳城传》，第5132页。

[2] 元稹：《元稹集校注》卷二《阳城驿》，周相录校注，上海古籍出版社，2011，第37—39页。

[3] 关于李建早年经历，赖瑞和指出："白居易这段碑文，读起来仿佛是一种'公式化'的书写，难以证实。"（《唐后期一种典型的士人文官——李建生平官历发微》，《唐史论丛》第17辑，2014）笔者同意这一看法，"闾里向化""乡邻礼敬"等表述，频见于唐人碑志，细审之下，多属程式化的修辞。至于阳城的事迹，因生前久已播在人口，后又被载入国史，想必有一些真实性因子。

第一节　唐后期的客、民关系与地方治理

一、社会资源分配视野下的客与民

本书第二、三章的研究表明，邑客的交游、婚姻网络呈现出明显的封闭性，在政治生活中，他们大多也疏离于地方共同体。不惟如此，更有迹象表明，同处地方州县中的客、民两类人群关系颇为紧张，呈对立态势。

成书于五代的《北梦琐言》对这类现象有集中反映。其书卷三"李尚书竹笼"条：

> 唐李当尚书镇南梁日，境内多有朝士庄产，子孙侨寓其间，而不肖者相效为非。前政以其各有阶缘，弗克禁止，闾巷苦之。八座严明有断，处分宽织蒉笼，召其尤者，诘其家世谱第，在朝姻亲。乃曰："郎君籍如是地望，作如此行止，无乃辱于存亡乎？今日所惩，贤亲眷闻之，必赏老夫。勉旃！"遽命盛以竹笼，沉于汉江。由是其侨惕息，各务戢敛也。[①]

南梁即梁州兴元府，这一地区有不少朝中公卿的庄园，子孙以邑客的身份侨寓其间。他们倚仗朝中亲故权势，"相效为非"，"闾巷苦之"。但州县官员碍于其家世背景（"各有阶缘"），大多无如之何，像文中李当那样予以弹压的毕竟是少数。

同书同卷同条：

> 崔珏侍御家寄荆州，二子凶恶，节度使刘都尉判之曰："崔氏二男，荆南三害。"不免行刑也。

《太平广记》卷二六六"卢程"条引《北梦琐言》：

---

① 《北梦琐言》卷三，第55页。

江陵在唐世，号衣冠薮泽，人言琵琶多于饭甑，措大多于鲫鱼。有邑宰卢生，每于枝江县差船入府，舟子常苦之。一旦王仙芝兵火，卢生为船人挑其筋，系于船舷，放流而死。大凡无艺子弟，率以门阀轻薄，广明之乱，遭罹甚多，咸自致也。①

荆州江陵也是唐后期邑客的主要聚居地之一，安史乱后，"两京衣冠，尽投江、湘，故荆南井邑，十倍其初"。②此后，他们持续在此经营产业，如本书提到过的段文昌、韦宙等当朝公卿均是其例，因此"衣冠薮泽"绝非虚言。上文中的崔珏之子、卢生也是因官寓居江陵府属县的"衣冠"，③他们依凭家世背景，作威作福、凌轹百姓，为此，在唐末动乱中遭底层民众残酷报复。

类似记载还有《太平广记》卷二六二"崔育"条：

唐□□□前进士崔育以中原乱离，客于边上，亦□□□□□闻，辄事轻薄。刺郡者亦是朝僚。……每谒州郡骑□□□□□□哈之者、怒之者相半，至则投刺。其名衔□□□□□□□□耽酒嗜肉。……藩帅郡侯奈之不可。□□□□□□州民脔其肉，族其家，盖轻薄之所致也。④

本条阙字较多，但文意大体明晰。从中透露的信息来看，崔育与前述卢

① 《太平广记》卷二六六，第2090页。按，此条不见于今本《北梦琐言》。
② 《旧唐书》卷三九《地理志》，第1552页。
③ 崔珏，出身清河小房崔氏，大中年间进士，与李商隐交好，事迹参张尔田《玉溪生年谱会笺》"哭李商隐"条笺注，上海古籍出版社，2010，第17页。卢生，事迹不详，既属"门阀轻薄"者流，当出范阳卢氏。按《唐摭言》卷一〇："卢汪，门族甲于天下，因官家于荆南之塔桥。举进士二十余上不第，满朝称屈。"（中华书局，2021年，第414页）此人活跃于大中至咸通年间（参陶敏《全唐诗作者小传补正》卷七六八"卢注"条，辽海出版社，2010，第1299页），由于晚唐范阳卢氏侨居荆州者不乏其人，《琐言》中的卢生或即其族裔。
④ 《太平广记》卷二六二，第2045页。按，此条未记出处，观其行文，应与此卷前后条同出于《北梦琐言》。

生的遭遇如出一辙，这在晚唐民变中绝非个例。

作者孙光宪在书中批评了这类倚依门阀、"各有阶缘"的侨寓士人，认为其"轻薄"之风是致祸之源。其实，这也是亲历唐末动乱的士人在反思自身遭际时的普遍看法。如黄巢起兵后自京洛流寓江南的刘崇远有言："民由水也，水能载舟，亦能覆舟。……世之清平也，搢绅之士……群尚轻薄之风，……百六之运既遭，翻飞之变是作。"①"轻薄""浮薄"等语汇频见于晚唐五代文献，在当时语境下，多与衣冠士子相关，用以形容他们与其他人群交接时倨傲、跋扈之态。②邑客侨居地方州县者众，与百姓交集最多，因此动乱中所遭反噬也最深。

除了士人的"轻薄之风"，日常生活中围绕社会资源的竞争，是导致客、民关系紧张的更深层次原因。研究表明，唐后期邑客萃居的长江流域，土地兼并问题愈演愈烈，③而在时人议论中，往往将矛头指向广占良田的本地"大姓强家""土豪百姓"。至于邑客，他们在侨居地也免不了要寻田问舍，散见于唐人诗文的庄园、别业即为明证。④对土地的来历，他们大多语焉不详，偶有言及，多是如下一类记叙。《唐故右金吾卫仓曹参军郑府君墓志铭并序》：

（郑鲁）顾谓诸子曰："……京师艰食，终不能衣食婴幼，往岁工部（其兄郑敬）佐戎于荆，尝植不毛之田数百亩，……。"府君乃喟然南来，……及今三年，而岁入千斛。⑤

① 《金华子杂编》卷下，《奉天录（外三种）》，第289—290页。
② 参邓小南《祖宗之法——北宋前期政治述略》，生活·读书·新知三联书店，2006，第104—112页；陆扬：《唐代的清流文化——一个现象的概述》，收入《清流文化与唐帝国》，北京大学出版社，2016，第233—234页。
③ 参牟发松《唐代长江中游的经济与社会》，武汉大学出版社，1989，第63—75页；张泽咸：《唐代阶级结构研究》，中州古籍出版社，1996，第218—239页。
④ 当时士人在山水幽静处修治园林别业的风气盛行，李浩《唐代园林别业考论》（西北大学出版社，1996）一书对相关诗文多有裒辑，请看。其实，纯粹观赏性的别业恐怕只是少数，大多都兼具经济功能。
⑤ 《唐代墓志汇编》，第2558—2559页。

《唐故复州司马杜君墓志铭》：

（杜铨）自罢江夏令，卜居于汉北泗水上，烈日笠首，自督耕夫，而一年食足，二年衣食两余，三年而室屋完新，……凡十五年，起于垦荒，不假人之一毫之助，至成富家翁。[1]

《东林寺经藏碑铭并序》：

往年公（韦宙）夫人兰陵萧氏终，有钗梳佩服之资，而于荆州买良田数顷，收其租入，以奉檀施。至是取之，增以清白之俸，而经营焉。[2]

《唐故孟州温县令王君墓志铭》：

（王栩）归隽李之别墅，有荒田数千亩，率农者以时耕耨。不数岁，变瘠卤为沃壤。是使禀庾有凶年之备，幼艾无冻馁之虞。[3]

以上田产都是士人家族在侨居地所置。对此，他们或强调是"不毛之田""荒田"，或称"钗梳佩服之资""清白之俸"所购，或标榜"起于垦荒，不假人一毫之助"云云。乍看之下，邑客在土地兼并中的表现似乎并不突出，[4]甚至表现出相当的道德自律。

这类史料的真实性当然不能一概否认，不过考虑到邑客萃居的江淮、江汉流域久已不是社会经济上的后进地区，更兼"安史之乱"后移民涌入，及

① 杜牧：《杜牧文集系年校注·樊川文集》卷九，吴在庆校注，中华书局，2008，第763页。
② 《全唐文》卷七二一，第7417页。
③ 《洛阳流散唐代墓志汇编续集》，第783页。
④ 张泽咸先生在考察唐后期土地兼并问题时也认为："在淮南、江南等地的土地兼并中，……看不出（南迁）旧士族后裔有什么不同于其他地主的独特之点。"（《唐代阶级结构研究》，第238—239页）

至晚唐，城市周边还能有动辄数千亩的待垦之荒、"不毛之田"，这是令人生疑的。①

其实透过史料的缝隙，不难窥知邑客获取田宅的真实途径。对此，先来看甄济父子的事例。中山甄氏是魏晋以降的世家大族，累代冠冕，甄济本人自幼以德行著称，更兼"安史之乱"中不仕伪朝的气节，获朝野称颂。肃宗上元年间，山南东道节度使来瑱慕其名，辟为僚佐。此后据《新唐书》本传载，"宜城楚昭王庙堧地广九十亩，济立墅其左"，②开始了在襄州宜城县的侨居生活。此处田产后为其子甄逢所继承，起码维持到元和年间。据其友人元稹称：

> （元）稹与前襄州文学掾甄逢游善，逢即故刑部员外郎济之子。……逢始生之岁，颜太师、崔太傅皆为歌诗以美贤者之有后，且序甄生之本末云。及逢既长，耕先人旧田于襄之宜城，读书为文，不诣州里。岁馑则力穑节用，以给足于亲戚；岁穰则施余于邻里乡党之不能自持者。前后斥家财、排患难于朋友者数四，由是以义闻。襄之守状为文学，始就羁于吏职。稹闻风既久，因与之游。③

以上关于甄逢的居乡期间事迹，又为《新唐书》本传所采录。其中提到的"先人旧田"，当即甄济此前所置。

无独有偶，关于甄济父子在宜城县的这片田产，同时代人韩愈也留有一篇文字，《记宜城驿》：

> 此驿置在古宜城内……井东北数十步，有楚昭王庙，有旧时高木

---

① 以江汉流域为例，在唐中期以降，随着北方移民涌入，确实出现过一次垦荒潮，但这些荒地多位于丘陵山区或洲渚陂泽地带（参牟发松《唐代长江中游的经济与社会》，第48—63页）。邑客别业多分布在城郭周边，除去战乱中的少数抛荒，恐怕不会有太多无主田地。

② 《新唐书》卷一九四《卓行·甄济传》，第5568页。

③ 《元稹集校注》卷二九《与史馆韩郎中书》，第848—849页。

万株，多不得其名，历代莫敢剪伐，尤多古松大竹。于太傅帅襄阳，迁宜城县，并改造南境数驿，材木取足此林。<u>旧庙屋极宏盛，今惟草屋一区。然问左侧人，尚云："每岁十月，民相率聚祭其前。"</u>庙后小城，盖王居也。其内处偏高，广员八九十亩，号"殿城"，当是王朝内之所也，多砖，可为书砚。<u>自小城内地，今皆属甄氏。甄氏于小城北立墅以居。</u>甄氏有节行，其子逢，以学行为助教。元和十四年二月二日题。①

这段文字同为《新唐书》叙事所本，但某些关键细节却被删略了。据上引文，宜城县楚昭王庙是本地居民祭祀之所，"庙屋极宏盛"，"每岁十月，民相率聚祭其前"，周边土地、树木此前也得到了很好维护。但是元和末年韩愈到访此地时，所见"惟草屋一区"，显然已非常败落。其中缘由，不难想见，先是甄济将殿城中八九十亩的土地占为己有，此后贞元年间，节度使于頔"迁宜城县，并改造南境数驿，材木取足此林"。总之，楚昭王庙的急遽衰败，始于甄济占地、立墅，而这片土地原是本地居民祭祀之所，带有某种公共属性。

明乎此，反观元稹所称甄逢与当地居民的融洽关系，乃至乐善好施、淡泊名利的形象，都很令人生疑。如文中称甄逢"不诣州里"，却与身为荆州士曹参军的元稹相交，②更与荆南节度押衙、后军兵马使杨随结为义兄弟，③可见其社会关系并不简单。在侨居地，甄氏父子之所以能持续经营产业，以致家资颇丰，想必离不开这类官员的庇护。在朝野主流舆论看来，相比甄氏不仕伪朝的操守，土地兼并只是小节，即如韩愈，虽对此微有訾议，文末还

---

① 《韩昌黎文集校注·集外文》卷上，第684—685页。

② 卞孝萱推测，元稹在赴襄州拜谒李夷简时与甄逢相识，时在元和八年（《元稹年谱》，济南，齐鲁书社，1980年，第198页）。不过元稹此年是否有襄州之行，并无确证，至于是否到过宜城县，更于史无征。反倒是"稹与……甄逢游善""稹闻风既久，因与之游"云云，细玩文意，似乎两人平日便交往密切。因此，甄逢很可能是亲赴江陵主动与元稹相交。

③ 《唐故银青光禄大夫忠州司马兼监察御史杨府君墓志铭并序》，《全唐文补遗·千唐志斋新藏专辑》，第338页。按，杨随虽是武职，但出身弘农杨氏（归葬华阴潼乡祖茔），家族累代仕宦，因此社会面貌不同于地方军将，而是一名"非典型"邑客。

是要强调"甄氏有节行"云云。

类似现象也见于江南地区，《全唐文》卷七八八《请自出俸钱收赎善权寺事奏》：

> 臣窃见前件寺在（义兴）县南五十里离墨山，是齐时建立。山上有九斗坛，颇谓灵异。……凡有水旱祈祷，无不响应。……臣太和中在此习业，亲见白龙于洞中腾出，以为雷雨。寺前良田极多，皆是此水灌溉。……会昌中毁废寺宇之后，为一河阴院官钟离简之所买。宣宗却许修崇佛寺，简之便于寺内所居堂前，造一逆修坟，以绝百姓收赎建立之路。其茔才成，……简之惊悸成疾，遂卒于此。子息亦固惜寺前良田，竟葬简之于其间。万古灵迹，今成茔域，乡村痛愤，不敢申论，往来惊嗟，无不叹息。况简之男侄家业见居扬州海陵县，松槚亦元在彼处。只以固护废寺田产，一二儿侄在此。①

以上是咸通八年昭义军节度使李蠙的一封奏状。②文中称，常州义兴县境内的善权寺因屡有灵验，为周边民众所信奉。在会昌法难期间，寓居于此的前资官钟离简之垂涎"寺前良田"，趁机将其收购，并"造一逆修坟，以绝百姓收赎建立之路"，由此，"乡村痛愤，不敢申论"。此后咸通年间，身为节度使的李蠙出面上奏皇帝，愿以个人俸禄赎回寺院。面对这样的政治压力，钟离简之的子侄们这才被迫让步。李蠙这一人物，本书第二章中曾有涉及，他出身宗室大郑王房，早年侨居义兴县。③李蠙之所以出面揭发此

---

① 《全唐文》卷七八八，第8241页。

② 该文又见于《（康熙）常州府志》卷三三，文末称："咸通八年六月十五日，昭义军节度使、中散大夫、检校工部尚书兼御史大夫、赐紫金鱼李蠙伏奏。中书门下牒：奉敕，李蠙自出俸钱收赎灵迹……。"据此，《全唐文》所录系咸通八年中书门下敕牒的节文。相关文献完整收录于明弘治年间成书的《善权寺古今书录》中，详参游自勇、冯璇《会场法难后之寺院重建与规制——以宜兴善权寺为例》，《文史》2022年第1期。

③ 《新唐书》卷七〇上《宗室世系表》，第2006页；其兄《李蟾墓志》，《唐代墓志汇编》，第2137页。

事，也事出有因，据其自述，早年寓居读书时曾"亲见白龙于洞中腾出"的"万古灵迹"。诸如此类土地兼并的行径，应该不在少数，但若无特殊因缘，大多湮灭无闻。

邑客之所以能广占良田，往往离不开地方官员的默许，甚至转相授受。对此，文献中也有一些或明或暗的反映。例如，贞元、元和之际寓居潭州的戴简，"以文行累为连率所宾礼"，并在风光旖旎的东池一带修治别墅。关于土地的由来，据柳宗元所述："弘农公（杨凭）刺潭州三年，因东泉为池，环之九里，……公曰：'是非离世乐道者不宜有此。'卒授宾客之选者谯国戴氏曰简，为堂而居之。……凡观望浮游之美，专于戴氏矣。"①柳宗元是杨凭侄婿，自应深知内情。由此看来，东池胜地是观察使杨凭利用职权便利所占，又转赠邑客戴简。元结的例子也很典型，安史之乱中他"南投襄汉"，寓居武昌县樊口附近。在此期间，元结获得了大片良田，据其赋诗自述："漫惜故城东，良田野草生。说向县大夫（孟士源），大夫劝我耕。耕者我为先，耕者相次焉。谁爱故城东，今为近郭田。"②诗中毫不讳言，这片郭下抛荒田的开垦，是在当地县令的鼓励下进行的。由此观之，无主荒地的优先占有权多归向与官府关系紧密的邑客。

或限于自身经济条件，或是无意长久定居，史料表明，不少邑客并未在当地置办产业，农田、水利等生产资料的争夺自然与其无涉。但这并不意味着他们对其他资源没有诉求，下面想举寺院中的居住设施为例。

佛寺、道观本是清修之地，但在唐代，宗教场所往往也发挥着类似公共空间的社会功能，表现之一便是佛寺"客舍"。这类居住设施的创设，源自佛教"福田"观念，意在为云游巡礼的僧俗信众、无家可归者的贫民提供食宿，属于宗教慈善事业的一部分。唐中期以后，随着寺院经济的发展，客舍也向社会大众开放租赁，但整体而言，即便在晚唐，佛寺客舍还是保留了浓厚的公益色彩。例如，相比官方馆驿与商业邸店，佛寺客舍环境整洁，费用

---

① 《柳宗元集》卷二七《潭州杨中丞作东池戴氏堂记》，中华书局，1979，第723—724页。

② 《全唐诗》卷二四〇《漫歌八曲·故城东》，第607页；另参牟发松《唐代长江中游的经济与社会》，第59页。

低廉（甚至无偿），更重要的是入住条件宽松，对各阶层均一视同仁。①因此在当时人眼中，佛寺客舍堪称一项社会公共资源。

严耕望久已留意唐代士子寄居山林寺院习业的风气，他爬梳史料，辑得两百余例，其中唐中后期的占了绝大多数。②在此基础上，宋社洪对这类士子的家世背景做过统计，姓名可考的190余人中，"广义的士族子弟"（即士族与小姓）约占44%，庶民约占16%，此外为家世不详者。③细审相关史料不难发现，这些士子有很大一部分都是因"京中无业"而流寓地方的邑客。

唐代士人寓居佛寺，并非单纯的士林风尚，也不尽以读书应举为目的。对某些生活落魄的邑客而言，佛寺的功能主要是一种无偿食宿设施。如崔炜，自幼随父侨居广州，"不事家产"，"财业殚尽，多栖止佛舍"；④后来官至宰相的王播，"少孤贫，尝客扬州慧昭寺木兰院，随僧斋餐，诸僧人厌怠"。⑤围绕佛寺的食宿资源，邑客与其他僧俗阶层关系并不融洽，唐人诗文中吟咏寺院生活的为数不少，却极少透露出这层紧张关系。对此，日本

---

① 参道端良秀《唐代佛教史の研究》第四章第五节《宿坊としての唐代寺院》，法藏館，1957；王栋梁：《唐代寄居寺院习尚补说》，《北京大学学报（哲学社会科学版）》2009年第2期；河野保博：《唐代交通住宿设施——以宗教设施的供给功能为中心》，《唐史论丛》第18辑，陕西师范大学出版社，2014。

② 严耕望：《唐人习业山林寺院之风尚》，《严耕望史学论文集》下册，上海古籍出版社，2009。

③ 宋社洪：《唐代士子教育资源研究》，华东师范大学博士学位论文，2009，第115—117页。不过这一统计结果尚有可议之处，即如被划入"庶民"一栏者，其实也不乏旧族之裔或先世已有宦绪者，如卢群出身范阳卢氏，先后寓居郑州、润州；许浑为唐初功臣许圉师之后，本人长期寓居润州，似无可疑（以上参本书第二章）。又"家世不详"一栏中，李宽中，实即李景俭（字宽中），出身宗室让帝房，两《唐书》有传（岑仲勉：《唐人行第录》"李六景俭"条，上海古籍出版社，1978，第38—39页）；元庭坚，据本人墓志，实为北魏昭成帝裔孙，入唐以来其家亦达官辈出（《西安碑林博物馆新藏墓志续编》，陕西师范大学出版社，2014，第401页）；李骘，出身陇西李氏，其父官越州巴陵令，因寓居浔阳［傅璇琮：《唐代翰林学士传论（晚唐卷）》，辽海出版社，2011，第376—377页］；李蠙，实为宗室大郑王房子孙，早年侨居常州义兴县（参本节前文）。余不备举。要之，"广义的士族"（邑客）所占比例还要更高。

④ 《太平广记》卷三四"崔炜"条引《传奇》，第216页。

⑤ 《唐摭言校证》卷七，第255页。

僧人圆仁巡礼途中的见闻堪称难得的"异域之眼"，《入唐求法巡礼行记》
开成五年三月条：

> 登州都督府……城西南界有开元寺，城东北有法照寺，东南有龙兴
> 寺。……开元寺僧房稍多，尽安置官客，无闲房，有僧人来，无处安置。①

据圆仁观察，当时登州城中的开元寺僧房最多，但"尽安置官客"，以
致巡礼僧人无房可住，圆仁对此颇有微词。这里的"官客"，或径理解为在
任官员，但考虑到官员因公出行依制可留宿州县馆驿，寄居僧房者恐怕大多
不是现任官。其实圆仁口中的"诸客""官客"有相当一部分是侨居登州的
士人，他们与地方政府关系紧密。②

对邑客占居佛寺客舍带来的社会问题，朝野舆论其实也有留意。宝应元
年《禁天下寺观停客制》：

> 如闻天下寺观，多被军士及官吏、诸客居止，狎而黩之，曾不畏
> 忌。缁黄屏窜，堂居毁撤，寝处于象设之门，庖厨于廊庑之下。……自
> 今已后，切宜禁断。……其官吏、诸客等，频有处分，自合遵承。③

《佛祖统纪》卷四三"大中二年"条：

> 宣州刺史裴休言："天下寺观多为官僚、寄客蹂践，今后不得在寺
> 居止，违者重罚。"制可。④

---

① 小野勝年：《入唐求法巡礼行記の研究》卷二，法藏館，1989，第252页；另参同书
同卷"开成五年二月廿七日"条，第228页。
② 《入唐求法巡礼行記の研究》卷二，第261页。按，圆仁在入唐后很长一段时间里似
乎都对这类衣冠士子颇无好感，从本条行文中称其为"酢大"可窥见一二，这应该也
是底层僧俗民众对流寓衣冠的普遍态度。
③ 《唐大诏令集》卷一一三，第590页。另参《册府元龟》卷五二《帝王部·崇释
氏》，互有详略。
④ 志磐：《佛祖统纪校注》卷四三，释道法校注，上海古籍出版社，2012，第991页。

裴休是晚唐高官中的著名居士，史称其"家世奉佛，……视事之隙，游践山林，与义学僧讲求佛理"。[①]裴休的上奏主要基于信众立场，遂道出了实情，这类寄住在寺院中的"官僚、寄客"，恐怕大多不是来幽居读书的。诏书称其入住后"缁黄屏窜，堂居毁撤，寝处于众设之门，庖厨于廊庑之下"，不难想象，不仅宗教活动受到干扰，客舍的社会救助功能也丧失殆尽，在僧俗信众看来这确是一种"蹂践"。虽然诏书"频有处分"，但邑客显然无意放弃这类廉价居住设施，类似现象屡禁不止，甚至成为一种士林"风尚"。

关于士人在寓居地的活动，我们今日所见史料（正史、诗文、碑志）悉数出自士人手笔，与民争利，士行有亏，他们大多不会主动提及，或多有讳饰。因此这类史料并不算集中，以上论述所涉不免琐细，但还是分明看到邑客与土著居民间的紧张关系。

二、"衣冠错居，号为难理"：地方治理的困境

邑客大量涌入，冲击了地方秩序与资源分配格局，也给王朝地方治理带来困扰。早在"安史之乱"前，类似问题其实已显露端倪。开元二十一年《敕处分十道朝集使》：

> 且刺史、县令，专任不轻，自有非违，将何率励？至如亲识游客，凭恃威权，嘱托下寮，摇动狱讼。或差遣不当，致令损失；或处分有乖，便至烦扰。[②]

天宝十一载诏：

> 郡县官人，多有任所寄庄，言念贫弱，虑有侵损。先已定者，不可

---

① 《旧唐书》卷一七七《裴休传》，第4594页。
② 张九龄：《张九龄集校注》卷七，熊飞校注，中华书局，2008，第477页。

改移。自今已后，一切禁断。①

上引文中提到的"亲识游客"、寄庄居住的"郡县官人"，其实就是邑客的前身。②他们依凭权势，"嘱托下寮，摇动狱讼"，公然干预地方司法，因此诏书中才会严辞申饬。不过安史乱前，在士人"群趋京师"的大背景下，这类人群规模终究有限。

"安史之乱"后，士人散寓州县者众，不难想见，这类问题只会愈演愈烈。在邑客萃居之地，如扬州，"侨寄衣冠……多侵衢造宅，行旅拥弊"；③苏州"衣冠错居，号为难理"，④所辖吴县，"衣冠南避，寓于兹土，……由是人俗舛杂，号为难治"。⑤"难理""难治"之叹表明，站在施政理民的公共立场，邑客的涌入已严重妨碍了地方治理。最高统治者对此是颇为踌躇的：一方面对士人"久寓他乡，失职无储"的境遇颇为同情，要求地方官员妥为安置；另一方面，又担心他们紊乱吏治、侵渔百姓，因此反复叮嘱州县官吏"无害公私，勿令干扰"。⑥

朝廷暧昧的态度，更兼官、客间原本就有盘根错节的人情与利益纠葛，两者自然无法切割。而作为地方治理主体，官又必须担负起施政理民的公共职能。这就促使唐后期地方治理陷入某种左右为难的境地，正所谓"游客

---

① 《册府元龟》卷四九五《邦计部·田制》，第5929页。
② 官员"任所寄庄"的现象，武后时期已出现，参张泽咸《唐代的寄庄户》。至于"亲识游客"，"安史之乱"前也可见其例，如天宝十三载，平原太守颜真卿在迎接上级来使时，"与数公暨家兄淄川司马曜卿、长史前洛阳令萧晋用、前醴泉尉李伯鱼、徵君左骁卫兵曹张璐、麟游尉韦宅相、朝城主簿韦夏有、司经正字毕耀、族弟浑、前参军郑悟初，同兹谒见"。（《金石萃编》卷九○《东方先生画赞碑阴记》，《石刻史料新编》第1辑第2册，第1518页。）以上诸人或是刺史亲故，或以前资官寄居于此，实即后来的邑客群体。
③ 《旧唐书》卷一四六《杜亚传》，第3963页。
④ 《唐故宣歙池等州都团练观察处置等使……陆府君墓志铭并序》，杨作龙、赵水森等编著《洛阳新出土墓志释录》，北京图书馆出版社，2004，第188页。
⑤ 《全唐文》卷五一九《吴县令厅壁记》，第5273页。
⑥ 《唐大诏令集》卷一二一《受贼伪官令均平改拟诏》，第644页。

所聚，易生讥议"，①稍有轩轾便会招致舆论抨击。如在衣冠萃居的浙东地区，观察使李逊当政期间"抑遏士族、恣纵编户"，继任者孟简则"一皆反之，而农、估多受其弊"，结果朝野舆论"两未可也"。②前文已指出，围绕有限的社会资源，邑客与本地居民存在着激烈的竞争关系，浙东地区"士族"与"编户"间的矛盾正体现了这一点。

邑客涌入，客观上也加重了地方财政开支。我们知道，两税法施行后，在赋税三分的原则之下，地方获得了更大的财政自主权，唐后期的地方支出也相应出现了不少新名目，其中之一便是饱受争议的宾客之费。③《长庆元年册尊号赦》：

> 近边所置和籴，皆给实价，如闻顷来积弊颇甚，美利盖归于主掌，善价不急于村闾，或虚招以奉于强家，广儌用资于游客。若不严约，弊何可除？④

《册府元龟》卷四八四《邦计部·经费》：

> 武宗会昌元年赦曰："应州县等，每有过客衣冠，皆求应接行李，苟不供给，必致怨尤。刺史、县令务取虚名，不惜百姓，夫蓄（牛畜？）皆配人户，酒食科率所繇，……遍扰闾里。蠹政害人，莫斯为甚。"⑤

其中提到的"游客""过客衣冠"，初看似泛指过境士子、应举诸生，并无明确指向。但细究之下，这类人往往也是邻近州县的邑客。如崔绍，

---

① 《杜牧集系年校注·樊川文集》卷八《唐故歙州刺史邢君墓志铭并序》，第737页。
② 《旧唐书》卷一六三《孟简传》，第4258页。详参本章第二节。
③ 参李锦绣《唐代财政史稿》第5册，社会科学文献出版社，2007，第434—436页；日野开三郎：《唐代先进地带の庄园》，私家自印本，1986，第504—511页。
④ 《唐大诏令集》卷一〇，第61页。
⑤ 《册府元龟》卷四八四《邦计部·经费》，第5791页。

寓居广州期间，因家贫"历抵海隅诸郡"，"丐于亲知"；①寓居润州的温庭筠，赴京应举，后"失意归江东，路由广陵，……乞索于（盐铁）扬子院"；②侨居杭州的李郢，进士及第后"回江南，经苏州过，亲知方作牧，邀同赴茶山"。③这类迎来送往的花销自是不菲。

宾客费中更大的开支还在于寓居本地的邑客。优待衣冠、礼遇士流是当时社会舆论对为政者的普遍期许，各级官员大多也乐意慷慨解囊。例如本书前文曾提及，苏州地区专设"宜为太守所礼"的"客籍"，其数"森然三千"，④虽未必人人能获接济，但宾客费开支之巨已可见一斑。襄阳节度使于頔在任时，符载"乞买山钱百万，公遂与之，仍加纸墨、衣服等"。⑤归某知盐铁江陵院事，"常怀恤士之心"，侨居当地的李某"累求救贷，而悉皆允诺"。⑥部分地方官甚至专门设立"延宾馆"一类的机构，长期禀给邑客衣食。⑦如平卢节度使郑光，对流寓青州的宗人郑道"馆给逾时，恩礼转厚"。⑧薛扶侨寓岭南期间，节度使萧倣"久与宴处"，感其"寒苦可悯，曾与月给"。⑨所谓"馆给""月给"，显然都是常态化的经济援助。

此类经费虽不排除有以私人俸禄支给者，但无异杯水车薪，主要还得仰赖公帑。⑩更有甚者，这一负担还会直接转嫁、摊派给本地居民，上引诏

---

① 《太平广记》卷三八五，第3068页。
② 《旧唐书》卷一九〇下《文苑·温庭筠传》，第5079页。
③ 《金华子杂编》卷下，第282页。
④ 刘禹锡：《刘禹锡全集编年校注》，陶敏、陶红雨校注，岳麓书社，2003，第1173页。
⑤ 《云溪友议》卷上"襄阳杰"条，《唐五代笔记小说大观》，上海古籍出版社，2000，第1265页。
⑥ 《云溪友议》卷上"哀贫诚"条，《唐五代笔记小说大观》，第1270—1271页。
⑦ 《杜牧集系年校注·樊川文集》卷一四，第917页。
⑧ 《巨唐故平卢军节度同经略副使……荥阳郑公墓志铭并序》，《全唐文补遗》第9辑，第404页。
⑨ 《唐摭言》卷一四"主司失意"条，第611页。
⑩ 《册府元龟》卷六七九《牧守部·廉俭》："王龟，懿宗咸通中为浙东观察使。凡天下有仓库，羡余皆隶于本州，名曰'赏设库'，以备地主之费，龟所至两州，有给于公者则给之，或游客故人，皆以已俸而奉之。"（第8118页）王龟不愿靡费公帑，而以个人俸禄供养"游客故人"，这被看作地方官为政清廉的表现。由此也可见大多数官员做不到这一点。

书中提到，在接待游客时"牛畜皆配人户，酒食科率所歛"，想必是当时的一种惯例。也正因此，诏书才会斥责"刺史、县令务取虚名，不惜百姓"，"蠹政害人，莫斯为甚"。

或许是慑于诏书屡次申禁，某些官员在资助邑客时采取了更为隐蔽的方式。《太平广记》卷三八八"刘立"条引《会昌解颐录》：

> 刘立者，为长葛尉。……及立罢官，寓居长葛，已十年矣。时郑师（帅）崔公，即立之表丈也。立往诣之，崔待之亦厚。念其贫，令宾幕致书于诸县，将以济之。有县令某者，邀立往郭外看花。①

我们看到，郑州刺史崔瑨有意资助侨居辖境内的亲属，但他并未直接施以援手，而是命僚佐私下寓书诸县，暗示馈赠其衣食、财货。这样一来，既规避了所需承担的政治风险，又尽到了对亲故的接济义务。然而这与直接动用公帑并无本质区别。还应看到，邑客大多出身衣冠之家，拥有免役特权，如果有意经营地方产业，通过寄庄的形式，往往还能规避赋税，甚至隐占编户。这无异于将赋役压力转嫁到一般民户身上，长远来看也会造成地方财源的空虚。

总的来看，邑客是一个带有明显寄生色彩的人群。他们之于地方社会，主要是一种资源求取关系，而无意于地方共同体的建构，这与一般理解中士人与乡里社会的关系不啻天壤之别。唐末民变频发，尤以南方诸州为甚，与客、民杂居的社会结构必有莫大关联，而唐帝国的最终崩溃，也可于此窥见端倪。

第二节　邑客、土豪与衣冠户

一、《太平广记》"孟简"条发微

客、民间的紧张关系是唐后期地方社会的一项结构性矛盾，在这一格局

---

① 《太平广记》卷三八八，第3093页。

下，围绕有限的社会资源，土、客精英人群的关系由此进入我们视野。对此，《太平广记》"孟简"条的记事承载着丰富的历史信息，值得专门讨论。[①]

《太平广记》卷一二七"孟简"条，出自唐人卢肇所撰《逸史》，为便分析，先将主要内容引录如下：

> 故刑部李尚书逊为浙东观察使，性仁恤，抚育百姓，抑挫冠冕。有前诸暨县尉包君者，秩满，居于县界，与一土豪百姓来往。其家甚富，每有新味及果实，必送包君。忽妻心腹病，暴至困惙。有人视者，皆曰："此状中蛊。"及问所从来，乃因土豪献果，妻偶食之，遂得兹病。此家养蛊，前后杀人已多矣。包君曰："为之奈何？"曰："养此毒者，皆能解之。今少府速将夫人诣彼求乞。不然，即无计矣。"包君乃当时雇船携往。仅百余里，逾宿方达。其土豪已知，唯恐其毒事露，愤怒颇甚。包君船亦到，先登岸，具衫笏，将祈之，其人已潜伏童仆十余，候包君到，鞭履柱（拄）球杖，领徒而出。包未及语，诟骂叫呼，遂令拽之于地，以球杖击之数十，不胜其困。又令村妇二十余人，就船拽包君妻出，验其病状，以头掉地，备极耻辱。妻素羸疾，兼有娠，至船而殒。包君聊获余命，及却回，土豪乃疾棹到州，见李公诉之云："县尉包某倚恃前资，领妻至庄，罗织搅扰，以索钱物，不胜冤愤。"李公大怒，当时令人斋（赍？）枷锁追。包君才到，妻尚未殓，方欲待事毕，至州论。忽使急到，遂被荷枷锁身领去。其日，观察判官独孤公卧于厅中睡次，梦一妇人，颜色惨沮，若有所诉者。捧一石砚以献，独孤公受之，意颇凄恻。及觉，因言于同院，皆异之。逶巡，包君到。李公令独孤即（朗）[②]推鞫，寻其辩对。包君所居乃石砚村也，郎（朗）惊异良久，引包君入，问其本末。……不数日，土豪皆款伏。具狱过李公，李公以其不直，遂凭土豪之状，包君以倚恃前资，擅至百姓庄搅

---

① 学者研究唐后期土豪问题，对此这条史料也不乏关注，参松井秀一《唐代後半期の江淮について》，《史学雑誌》66（2），1957；伊藤正彦：《唐代後半期の土豪について》，《史潮》97，1966。

② 此人当为独孤朗，元和年间任浙东观察判官，文中作"即""郎"等，皆传抄之误。

扰，决臀杖十下，土豪以前当县官，罚二十功。从事、宾客无不陈说。
郎（朗）亦力争之，竟不能得。包君妻兄在扬州闻之，奔波过浙江，见
李公，涕泣论列其妹冤死之状。李公大怒，以为客唁，决脊杖二十，递
于他界。自淮南无不称其冤异，郎（朗）自此托疾请罢。时孟尚书简任
常州刺史，常与越近，具熟其事。明年，替李公为浙东观察使。乃先以
帖，令录此土豪一门十余口。到才数日，李公尚未发，尽毙于州。厚以
资币赠包君，数州之人闻者，莫不庆快矣。①

故事中出场的人物，除作为主人公的包君与"土豪百姓"事迹无从考
知，其他如两任浙东观察使李逊、孟简，以及观察判官独孤朗等，都是真实
存在的历史人物，任职时间、地点也完全吻合。②另外，《逸史》成书于大
中元年，③与小说人物活动的时代（元和年间）相距不过三十余年，尚处于
耳闻目见所及的时段。因此，这则故事应具有相当的写实性。

接着来看故事的两位主角。包君，名讳、家世不详，但此人曾任越州
诸暨县尉，这是一个正员州县官，卸任后又"家居于县界"，属于"前资寄
住"的邑客。中唐以降，散寓江南州县的邑客数量庞大，以包君所居越州为
例，时人有言："自中原多故，贤士大夫以三江五湖为家，登会稽者如鳞介
之集渊薮。"④本书前章提到的齐抗、齐鄯祖孙、韩乂、王炼等人，都曾长
期寓居越州境内诸县。当地必定存在一个侨寓士人社群，如大和年间，韩乂
侨居越州时，"未尝入公府造请与幕吏宴游，因此不为搢绅所相见礼"。⑤
这些"搢绅"与州县官员、使府僚佐关系紧密，包君当是其中一员。

---

① 《太平广记》卷一七二"孟简"条引《逸史》，第1263—1264页。
② 参《旧唐书》卷一五五《李逊传》、卷一六三《孟简传》、卷一六八《独孤郁　附弟
　朗传》，第4123—4125页、第4257—4258页、第4382页；《全唐文》卷六三九《唐故
　福建等州都团练观察处置等使兼御史中丞赠右散骑常侍独孤公墓志铭》，第6449页。
　另参郁贤皓《唐刺史考全编》，安徽大学出版社，2000，第2009页；戴伟华：《唐方
　镇文职僚佐考》，广西师范大学出版社，2007，第298页。
③ 参李剑国《唐五代志怪传奇叙录》，南开大学出版社，1993，第692页。
④ 《全唐文》卷七八三《鲍防碑》，第8190页。
⑤ 《杜牧集系年校注·樊川文集》卷一六《荐韩乂启》，第994页。

　　站在包君对立面的是一名"土豪百姓"。从文中透露的信息看，此人拥有庄园产业，受其支配的"童仆""村妇"有数十人，在当地的势力不容小觑。另外，引文中还提到他"前当县官"。虽未明言具体职务，但从"罚二十功"一语来看，似乎是某种州县杂职、杂任，①如里正、佐史等，而非流内品官。②按唐制，里正、佐史等需亲赴州、县衙当值，③所谓"以前当县官，罚二十功"或即谓此。当值县衙期间，土豪想必已与县尉包君相识。

　　在唐代基层权力架构中，包君这类州县官人是胥吏们的直接上级，常倚仗权势向其索纳财物，因此深为胥吏所忌惮。这类现象在笔记小说中有很多生动的反映，试举两例如下。《太平广记》卷一三三"何泽"条引《报应录》：

　　　　唐何泽者，……尝摄广州四会县令。性豪横，唯以饮啖为事，尤嗜鹅鸭。乡胥、里正，恒令供纳，常豢养鹅鸭千百头，日加烹杀。④

《朝野佥载》卷二：

　　　　滑州灵昌尉梁士会，官科乌翎，里正不送。举牒判曰："官唤乌翎，何物里正，不送乌翎！"佐使曰："公大好判，'乌翎'太多。"会索笔曰："官唤乌翎，何物里正，不送雁翅！"⑤

----

①　"功"是服役番上的程期单位，《唐律疏议》卷六《名例》："诸称'日'者，以百刻。计功庸者，从朝至暮。原注：役庸多者，虽不满日，皆并时率之。"（刘俊文笺解本，中华书局，1996，第515页）因此"罚二十功"即延长当值时间二十。

②　对此处文句的理解，承牟发松师提示，还有另一种可能，即"前当县官"前脱一"殴"字，此句意为"土豪因殴打前任当县官员，被判罚二十功"。不过遍查各种版本的《太平广记》，此处并无异文，因此笔者仍倾向于按原文来理解。

③　《太平广记》卷四三〇"张升"条引《闻奇录》："唐故吏部员外张升随僖宗幸蜀，以年少未举，遂就摄涪州衙推，州司差里正游章当直。"（第3494页）同书卷四三二"范端"条引《广异记》："涪陵里正范端者，为性干了，充州县佐使。"（第3506页）另参张国刚《唐代乡村基层组织及其演变》，《北京大学学报（哲学社会科学版）》2009年第5期。

④　《太平广记》卷一三三，第948页。

⑤　《朝野佥载》卷二，中华书局，2005，第49页。

也正因此，为免遭刁难，胥吏往往对州县官员有求必应，深相结托。以上所举都是唐前期的事例，但两者间的关系样态在唐后期并没有实质性改变。我们看到，包君罢任后，寓居当地，土豪与之常相往来，"每有新味及果实，必送包君"，可谓殷勤备至。这似乎是二人此前关系的延续。

关于土豪的身份信息，还有一个耐人寻味的细节，即他殴击包君的凶器——球杖。我们知道，作为一项起源西域的运动，马球（波罗球）在唐代传入中国，最初流行于以宫廷为中心的王公贵戚间。不过因其中激烈的对抗性与团体协作契合军事训练的需求，此后在各地藩镇中也颇为盛行，属于"军中常戏"。[①]唐后期，藩镇治所城市多建有毬场等设施，学者指出，这一空间塑造了节度使与军人的共同意识。[②]相对而言，地方百姓则鲜见从事这项运动，这想必是因场地与马匹等条件的限制。总之，唐代马球运动呈现出鲜明的阶层与职业特征。文中出现的这位"土豪百姓"，是地方土著，但家中备有球杖，这透露他可能曾是一名军将，或至少有行伍背景。以地主、商人、胥吏而兼军将的多重身份，是唐后期土豪的常见社会形态，这一点本书四、五两章已有论及。

不过小说的情节也有令人费解之处。例如，既然土豪此前费尽心机地结交，"每有新味及果实，必送包君"，何以无缘无故又施蛊毒害其妻？这一举动必定有其动机，但作者于此只字未提。此后，在包君登门求乞解药时，文中称土豪"唯恐其毒事露"，按理应百般抵赖，何以却"愤怒颇甚"，乃至一言不发便痛下杀手？这岂非不打自招？诸如此类，均是叙事逻辑上的缺环。尽管作者闪烁其词，但还是无意透露了一丝线索。土豪状告包君时，称其"倚恃前资，领妻至庄，罗织搅扰，以索钱物，不胜冤愤"，而观察使李逊也采信了这一控诉，认定"包君以倚恃前资，擅至百姓庄搅扰"。这一判决结果符合李逊一贯的施政风格，文中称他"性仁恤，抚育百姓，抑挫冠

---

① 封演：《封氏闻见记校注》卷六"打毬"条，赵贞信校注，中华书局，2005年，第54页。

② 参山崎觉士《唐五代都市中毬场的社会功能》，张学锋编《"都城圈"与"都城圈社会"研究文集——以六朝建康为中心》，南京大学出版社，2021。

冕"，土豪想必对此有所耳闻，因此才会孤注一掷，越过诸暨县，直接向观察使"诬告"包君。

李逊对此案的处理，多半也是基于自身长期的从政经验。如前所述，在侨居地"倚恃前资"、凌轹百姓的邑客绝不在少数，尤其围绕土地等社会资源，他们与当地居民多有纠纷。有鉴于此，土豪的"诬告"可能并非向壁虚构，士人"倚恃前资"欺压百姓本是司空见惯的社会现象。

包君案中一尸两命的悲剧，似乎不是土豪单方面的无端挑衅，更像是二人长期利益纠葛下的矛盾爆发。[1]准以当时官场惯例，包君任官时可能长期接受土豪的诸种馈赠，卸任后不改旧态，"倚恃前资……罗织搅扰，以索钱物"，这自然会引起土豪强烈的恨意。此外，时人有言：

> 盖侨寓州县者，或称前贤（资），或称衣冠。既是寄住，例无徭役，……无厌辈不惟自置庄田，抑亦广占物产。百姓惧其徭役，悉愿与人。不计货物，只希影覆。……今凡称衣冠，罔计顷亩。是奸豪之辈，辐辏其门。但许借名，便曰纳货。既托其权势，遂恣其苞囊。[2]

包君这类流寓衣冠例有蠲免赋役的特权。所谓"奸豪之辈，辐辏其门"，很像土豪"每有新味及果实，必送包君"的举动，二人之间可能也存在类似的利益交换。但一方"纳货"，一方"借名"，原本就是不受法律保护的交易，若包君有意侵吞其田产，[3]土豪必定有苦难言，这也会成为二人冲突的根源。

包君与土豪二人之间的是非曲直，我们可能永远无法获知真相，以上当

---

[1] 这一点，前人研究中已有触及，但未作深究，参松井秀一《唐代後半期の江淮について》，《史学雑誌》66（2），1957；伊藤正彦：《唐代後半期の土豪について》，《史潮》97，1966。

[2] 《全唐文》卷八六六《复宫阙后上执政书》，第9075页。

[3] 《册府元龟》卷一六〇《帝王部·革弊》："（元和）十四年二月壬申，诏：如闻诸道州府长吏等，或有本任得替后，于当处置百姓庄园舍宅，或因替代情庇，便破除正额两税，不出差科。"（第1930页）可见兼并百姓田宅与影占编户是同时并存的，两种行为的差别非常微妙。

然只是推测，不过指向的却是真实存在的历史情境。将包君案置于这一情境下，背后有关诸方的反应也引人注目，以下试做分析。

1.当事人亲属。包君妻兄"在扬州闻之，奔波过浙江，见李公，涕泣论列其妹冤死之状"。此人应该也是一名士人，寓居在扬州。准以邑客的亲故关系形态，他应该是作为家族代表被派往越州与李逊交涉。

2.邻近地区社会舆论的动向。对包君的遭遇，文中称"自淮南无不称其冤"，此后新任观察使为包君平反，"数州之人闻者，莫不庆快矣"。考虑到当时遍布江南州县的流寓士人社群，这里的"数州之人"当是指散寓其间的邑客。他们与包君同处一个休戚相关的利益共同体，对其遭遇自然感同身受，同仇敌忾。因此在包君"沉冤昭雪"，土豪"一门十余口尽毙于州"后，他们才"莫不庆快"。

3.以孟简为代表的邻州官员。文中称"时孟尚书简任常州刺史，常与越近，具熟其事"，对事件始末他是清楚的。此后孟简接替李逊任越州刺史，史书称："承李逊抑遏士族、恣纵编户之后，及（孟）简为政，一皆反之，而农、估多受其弊。"[1]在包君事件的处理上恰集中体现了这一点。值得注意的是，孟简的这一行事风格很可能与早年经历存在某种关联。孟简出身平昌孟氏，原籍汝州，祖父辈迁居洛阳，本人自幼生长在江南。[2]在处理邑客与土豪的纠纷时，作为早年江南邑客社群中的一员，他自然同情包君，主政后随即"录此土豪一门十余口"，"尽毙于州"。

4.以独孤朗为代表的浙东使府僚佐。作为观察判官，独孤朗是案件的主审，从文中叙述来看，他对包君基本抱同情立场，屡次向李逊申诉，最终未获府主采纳，遂托病辞官以示抗议。所谓包君妻托梦申冤，事属无稽，决定独孤朗立场的关键原因同样是早年经历。独孤朗是大历年间常州刺史独孤

---

[1] 《旧唐书》卷一六三《孟简传》，第4258页。

[2] 《旧唐书》卷一九一《孟诜传》："汝州梁人也。……神龙初致仕，归伊阳之山第，以药饵为事。"（第5101页）传主为孟简祖父。关于孟简本人早年行迹，李观《贻先辈孟简书》："仆长于江表，今未弱冠，……比见吴中人，谈足下美不容口。"（《全唐文》卷五三三，第5414页）另外，孟简族侄孟郊有诗《舟中喜遇从叔简别后寄上，时从叔初擢第归江南，郊不从行》《感别送从叔校书简再科东归》《送从叔校书简南归》（《全唐诗》卷三七八、卷三七九），皆可见孟简出仕前久寓江南。

及之子，自幼生长于江南，①早年生活环境与孟简无异。因此在处理土、客矛盾时的立场是趋同的。这当然也并非独孤朗个人的态度，文中称，对李逊的判决，"从事、宾客无不陈说"，可见其他使府僚佐也多站在包君一方。

由此可见，在对包君事件的态度上，当地邑客几乎一面倒地同情包君，而州县官员、使府僚佐与之关系密切，双方形成一股合力，最终促使包君案"平反昭雪"。不难想见，当邑客与土豪发生利益冲突时，上述情形应该是一种常态，社群网络的存在使得邑客在社会资源的竞争中长期处于优势地位，而土豪则处于相对劣势。

值得一提的是，李逊主政浙东期间，幕府中还出现过一场人事风波，或可作为包君案的注脚。李翱《与本使李（逊）中丞论陆巡官状》：

> 古人有言："君之视臣如犬马，则臣之视君如国人；君之视臣如土芥，则臣之视君如仇雠。"……阁下既尝罚推官直矣，又将请巡官状矣，不识阁下将欲为能吏哉，将欲为盛德哉？若欲为能吏，即故江西李尚书之在江西是也，阁下如此行之，不为过矣。若欲为盛德，亦惟不惜听九九之说，或冀少以禆万一。阁下既罚推官直，又请陆巡官状，独不虑判官辈有如穆生者，见醴酒不设，遂相顾而行乎？陆巡官处分所由，不得（疑衍）于使院责状科决，而于宅中决地界虞候，是初仕之未适中也。阁下既与之为知己矣，召而教之可也，不从，退之可也。②

李翱与独孤朗同为浙东使府僚佐。文中提到这样一件事，使府僚佐陆巡官在私宅中责罚身为"所由"的"地界虞候"，为此反遭府主处罚。李翱认为，因一介军将而惩处宾僚，有亏待士之道与宾主之礼，因此在信中直陈其非。本书第五章曾对"地界所由"做过详细研究，简单说，他们是直属使府

① 李翱《唐故福建等州都团练观察处置等使兼御史中丞赠右散骑常侍独孤公墓志铭》："公（独孤朗）生数岁而宪公（独孤及）殁，与弟郁皆伯父母所养。……（后入京应举）公以伯父母无子，即日归养于苏州。"（《全唐文》卷六三九，第6449页）是知独孤朗兄弟自幼生长在苏州。
② 《全唐文》卷六三四，第6404页。

的基层军职胥吏，充任者往往是当地土豪。因此，陆巡官事件与包君案如出一辙，本质也是土、客间的矛盾。从文中李翱的态度，以及独孤朗、穆生等相继愤而辞官等来看，因长官施政时"抑遏士族，恣纵编户"，结果反而激发了土豪百姓与士人间积蓄已久的对立情绪，使矛盾趋于表面化，由此冲突频发，府中不宁。

以上主要考察了寓居诸暨县的邑客包君与土豪百姓间的一起纠纷，以及官府的处置与相关各方的反应。虽然小说作者闪烁其词，但结合对当时社会情势的分析，还是能够清晰地看到，包君案的背后，是越州地区"官员=士人=邑客"与"军将=胥吏=土豪"两类人群间的对立关系。

在唐后期，这种土、客矛盾应该是广泛存在的，并不限于越州一地。当时地方官员大多秉持弹压土豪、优待衣冠的施政方针。如大和年间的浙西观察使崔郾有言：

> 三吴者，国用半在焉。……上田沃土，多归豪强。荀悦所谓公家之惠，优于三代，豪强之酷，甚于亡秦，今其是也。……衣冠者，民之主也。自艰难已来，军士得以气加之，商贾得以财侮之，不能自奋者多栖于吴土。

于是"立延宾馆以待之，苟有一善，必接尽礼"。[①]对待侨寓衣冠与本地豪强，崔郾的态度是区别显然的，在他看来，前者是"民之主"，自应礼敬，后者则是为害一方的兼并之家，应竭力弹压。在上述施政方针下，双方发生直接冲突的事例并不多，至唐末动乱中始呈总爆发之势。

二、地方政治资源竞争：以州县摄职为例

本书前文详细考察过邑客与土豪两类人群在地方官僚机构中的任职情况，简单来说，邑客常任的是州县正员官、州县摄职、使府文职僚佐等，土豪则以军将、低级幕职、吏职等为主。两类人群的任职类型，整体上是有所

① 《杜牧集系年校注·樊川文集》卷一四《唐故……崔公行状》，第917页。

区别的。

不过也应看到，围绕某些职位，如使府低级幕职、盐铁小职、州县摄职，两者之间也存在竞争关系。其中最为典型的是州县摄职，《册府元龟》卷六三一《铨选部·条制》：

> （开成）四年正月……诏曰："两道（岭南、黔中）选补，停罢多时，极为利便。……苟非其人，则假摄之官皆授里人。至有胥、贾用贿，求假本州令、录。……自罢选补使，今藩方差官，杼轴之叹，南人益困。"[1]

唐后期岭南地区州县官例由藩镇差摄，本书第三章的研究表明，邑客占据了其中不少名额。而胥吏、富商等"土豪百姓"则是摄职的另一大来源，这在当时是一项饱受批评的弊政。大和年间韩佽任桂州观察使时，据载：

> 吏以常所为官者数百人引谒，一吏执籍而前曰："具员请补其阙。"佽戒曰："在任有政者，不夺所理；有过者，必绳以法。缺者当俟稽诸故籍，取其可者，然后补之。"会春衣使内官至，求贿于邮吏，二豪家因厚其资以求邑宰，佽悉诺之。使去，坐以挠法，各笞其背。自是豪猾敛迹，皆得清廉吏，以活其人。[2]

在选任摄官时，胥吏引荐的"常所为官者数百人"，即后文所言"豪家"。按照以往惯例，他们只需缴纳一笔钱财便可继续担任摄职，但韩佽坚持宁缺毋滥，有意对其加以裁汰。这些"豪家"转而贿赂朝廷派来的宦官春衣使，托其关说韩佽。虽然他们最终并未如愿，但反映出这是土豪谋求州县摄职的主要途径。

除了假摄州县僚佐、县令等，岭南地区还有一类层级更高的"监州官"。如咸通七年诏书中提到："邕、容、桂、广等道，……访闻本道观察

---

① 《册府元龟》卷六三一，第7573页。

② 《旧唐书》卷一〇一《韩思复　附曾孙佽传》，第3150页。

使所奏监州官，多是本土富豪百姓，兼杂色人，例皆署为本道军职，或作试衔，便奏司马权知军州事。既不谙熟文法，又皆纵恣侵欺。"①监州官与州县摄官性质相似，不同之处在于原则上需上奏朝廷核准，其充任者不乏带军职、散试官衔的"本土富豪百姓"、胥吏。

以上是岭南地区的情况，土豪百姓充任州县摄职的现象同样见于内地。②至迟到会昌年间，文献中已提到州县普遍存在以散试官充任摄职的现象，③而散试官的身份大多是胥吏与军将，这一点已见前述。及至唐末，类似情形愈演愈烈，《乾符二年南郊赦文》：

> 守土长人，切资士族，品流混杂，必害生灵。刺史、县令，如是本州百姓及商人等，准元敕不令任当处官，不系高下，盖以事体不可。兼又十室九亲，多有憎爱，一切阻碍，公事难行。近年此色至多，各仰本道递相检察，当日勒停。④

文中的刺史、县令应该都不是朝廷选任的正员官，而是摄职，这类官职已多为"本州百姓及商人"所占据，因此诏书才会从区别流品（家世出身）的角度，强调摄职选任时的资历，并对籍贯作出限制。

州县职位总是有限的，其中一部分又是朝廷所授正员官，剩下的摄职员额自然就成了邑客与土豪竞相争夺的资源。如唐末李彦徽任湖州刺史时，辖下乌程县令空阙，"杖媒依势求代用者，檄累于几上"，⑤这些"杖媒依势"者，应该兼有土、客。

社会身份悬殊的两类人群同僚为官，免不了会产生直接冲突，这在笔记

---

① 《唐大诏令集》卷八六《咸通七年大赦》，第490页。
② 参渡辺孝《唐代藩鎮における下級幕職官について》，《中国史学》第11卷，2001。
③ 《册府元龟》卷六三二《铨选部·条制》："州县摄官，假名求食，尚怀苟且，不恤疲民。其阙少官员处，……如官员数少、力实不逮处，即于前资官中选择清谨有能者差摄，不得取散试官充。"（第7575页）
④ 《唐大诏令集》卷七二，第405页。
⑤ 《全唐文》卷八六七《乌程县修建廨宇记》，第9081页。

小说中有生动反映。《宣室志》卷九：

> 荥阳郑又玄，名家子也，居长安中。……及十年，又玄以明经上
> 第，其后调补参军于唐安郡。既至官，郡守命假尉唐兴。有同舍仇生
> 者，大贾之子，年始冠，其家资产万计，日与又玄会。又玄累受其金钱
> 赂遗，常与宴游。然仇生非士族，未尝以礼貌接之。……又玄骂曰：
> "汝，市井之民，徒知锥刀尔，何为僭居官秩耶！且吾与汝为伍，实汝
> 之幸，又何敢辞酒乎！"……明年，郑罢官，侨居濛阳郡佛寺。……宴
> 游濛阳郡久之。①

郑又玄出身荥阳郑氏，是"名家子"，本人又以科举及第，无疑属于两
京衣冠，此后又侨居濛阳郡（彭州），成为邑客。在被长官差摄为唐兴县尉
时，与之同舍的县尉仇生是商贾子弟。他"资产万计"，想必是"用贿"而
得的摄官。虽然仇生对郑又玄百般交结，并多次馈赠财物，但后者则屡加羞
辱，斥其"市井之民""僭居官秩"。不难想见，晚唐官场上，衣冠与土豪
同舍为官的情形应该不在少数，两者之间的矛盾呈激化的态势。

三、江淮"衣冠户"的历史背景

土豪之所以热衷于充任州县摄职，除了职务赋予的公共权力，直接的动
机还在于谋取现实经济利益，即通过军职、摄官身份，跻身准官僚之列，进
而享有原属士人的蠲免课役特权。与此紧密相关的是晚唐"衣冠户"问题，
学界对此不乏专门研究，但也颇存误解。

在唐代官方文献中，涉及"衣冠户"的直接史料只有两条，最早见于武
宗会昌五年（845）正月《加尊号后郊天赦文》：

> 或本州百姓，子弟才沾一官，及官满后移住邻州，兼于诸军诸使假
> 职，便称"衣冠户"。广置资产，输税全轻，便免诸色差役，其本乡家

① 《唐五代笔记小说大观》，第1056—1057页。

业，渐自典卖，以破户籍，所以正税百姓日减，州县色役渐少。从今已后，<u>江淮百姓</u>非前进士及登科有名闻者，纵因官罢职，居别州寄住，亦不称为"衣冠户"，其差科、色役，并同当处百姓流例处分。[①]

此后很长一段时期未再见诸官方文献，直至僖宗乾符二年（875）《南郊赦文》，重申了上述规定：

> 所［在］州县，除前资寄住实是衣冠之外，便各将摄官文牒，及军职赂遗，全免科差，多是豪富之家，至若（苦）贫下。准会昌中赦，家有进士及第，方免差役，其余只庇一身。就中江南富人多一武官便庇一户，致使贫者转更流亡。从今后并依百姓，一例差遣。[②]

学者注意到，"衣冠"一词虽频见于唐代文献，但作为户籍身份的"衣冠户"却是会昌五年诏书中首见。不同于门第、官品等，会昌五年以科举及第（尤其是进士科）作为认定"衣冠"身份的标准，也是首次见于明文。据此，学者将"衣冠户"视为一种新型社会身份，进而赋予其时代变革意义："中唐以后，特别是从武宗到僖宗的几十年间，衣冠户合法地拥有特权的正式确立，恰当地标志着魏晋几百年来的士族门第至此业已无可挽回地垮台了。"其后续形态则是宋代的官户。[③]

以上是学界对晚唐衣冠户的主流看法，不过结合本书对唐后期地方社会秩序的新认识，有这样几个问题值得重新审视。

（一）申禁对象与所涉地域

首先，会昌五年以科举及第来认定"衣冠户"的政策，针对的是"江淮百姓"，即那些不具有"衣冠"身份的本地居民，这在诏书中说得很明确。

---

① 《全唐文》卷七八，第820页。
② 《唐大诏令集》卷七二，第402页。
③ 张泽咸：《唐代的衣冠户和形势户——兼论唐代徭役的复除问题》，《一得集》，兰州大学出版社，2003，第290页；韩国磐也持类似观点，参韩国磐《科举制和衣冠户》，《隋唐五代史论集》，生活·读书·新知三联书店，1979。

至于那些侨居江淮的邑客，人数也不少，但会昌五年诏书中并未提及。他们作为"衣冠"的身份，是否也需科举及第来重新认定呢？对此，不妨看下面一则史料。《册府元龟》卷六四一《贡举部·条制》：

> （会昌四年）十月，中书门下奏："……臣等商量，今日以后，举人于礼部纳家状后，望依前三人自相保。其衣冠则以亲姻故旧、久同游处，其有江湖之士，则以封壤接近、素所谙知者为保。……"从之。[1]

据此，举子在应举前须缴纳家状，礼部则按家状将举子区分为"衣冠"与"江湖之士"，前者是久沾宦绪的士人子弟，后者则属先世无闻的庶民子弟。在此后"结款通保"等环节，身份不同，相应规定也不同。[2]以上是会昌四年十月的宰臣奏议，[3]这个时间点值得注意。试想，如果两个多月后果真要出台认定衣冠的"新政"，此时必定已在酝酿中，而细审以上引文，分明是在强化固有的士、庶身份界线，立意显然与之相悖。由此可见，会昌五年前后，最高决策层并无重新认定衣冠身份的意向。

要之，会昌五年诏书对"衣冠户"的规定，针对的是江淮百姓，并未触及传统衣冠之家，这是前人讨论相关问题经常忽略的前置条件。[4]实际上，终唐一代，衣冠子弟的身份都是既定的，即便未应举，或应举而落第，都不会遭褫夺。另外，在经济生活中，衣冠子弟自可凭借父祖官荫蠲免徭役，这项权利也不是科举赋予的。

其次，科举及第者享有免役特权，也并非会昌新制。据《天圣令·赋役令》所附《唐令》第15条：

---

[1] 《册府元龟》卷六四一，第7685—7686页。

[2] 关于贡举中纳家状、通保等制度环节，详参傅璇琮《唐代科举与文学》，陕西人民出版社，2007，第78—81页。

[3] 《唐会要》卷七六《贡举·进士》将此系于开成三年，按《太平御览》卷六二九引《唐书》，系年同于《册府元龟》，当以会昌四年为是。

[4] 参顾成瑞《唐代"衣冠户"再议》，《史学月刊》2018年第4期。文中从赋役制度演进的角度，对这一问题有更为全面的论证，部分见解与本书不谋而合，敬请一并参读。

诸……并免课役。其贡举人诚得第，……准此。①

据此可知，至迟在开元二十五年《赋役令》中，已有科举及第人免课役的规定，会昌五年赦文只是重申旧制而已，并不具有革新意义。②实际上，晚唐科举中，每年所放进士及第人数不过二三十人，而其中出身传统衣冠之家者又占了大多数，科举制还远未具备后世那种社会流动杠杆的功能。③因此，"江湖之士"通过科举跻身衣冠之列的机会其实并不多，即便涌现出一些"新"衣冠，人数也是微乎其微的。

最后，从地域来看，诏书对"衣冠户"的申禁特别限定在江淮地区，④而非全国范围。照理来说，两京一带的衣冠人数应该更多，何以单独点出江淮呢？个中原因在于，江淮既是流寓衣冠萃居之所，也是土豪百姓活跃的地区。前文已指出，土豪通过担任摄官的方式进入官僚体系，此即诏书所言"本州百姓，子弟才沾一官，……兼于诸军、诸使假职，便称'衣冠户'"。他们身份驳杂，很多拥有摄职、军职或散试官等身份，所谓"才沾一官"，并非指流内品官，而是指这几类准官僚。⑤在现实生活中，尤其是赋役征发时，很难将这类人群与真正的衣冠之家区别开，这一局面严重紊乱了江淮统治秩序，因此才有必要通过诏书申禁。

（二）"吴湘之狱"与会昌五年诏书

当然，会昌五年江淮"衣冠户"申禁政策的出台，很可能还有一个偶然契机——起于扬州的"吴湘之狱"。

"吴湘之狱"是晚唐"牛李党争"中的一桩公案，牵涉朝堂上牛李两

① 天一阁博物馆、中国社科院历史研究所校证《天一阁藏明钞本天圣令校证（附唐令复原研究）》下册，中华书局，2006，第392页。

② 参陈丽《析唐代"衣冠户"》，《中国经济史研究》2010年第1期。

③ 参毛汉光《唐代大士族的进士第》，《中国中古社会史论》，上海书店出版社，2002；吴宗国：《唐代科举制度研究》，北京大学出版社，2010，第238—241页。

④ 文献所见衣冠户的唯一一则实例出现在五代南唐治下，正是江淮地区。见前揭韩国磐《科举制和衣冠户》，《隋唐五代史论集》，第291页。

⑤ 参前揭顾成瑞《唐代衣冠户再议》。

党诸多要角，始末不待细述。①这里特予关注的是此案论辩双方的焦点，即江都县尉（或作县令）吴湘任内所娶妻子颜氏的身份，究竟是"百姓"抑或"衣冠"。如果是前者，按唐制："诸州县官人，在任之日不得共部下百姓交婚，违者虽会赦，仍离之。"②吴湘身为"州县官人"，确属"有逾格律"，自当入罪，而如果两家同为衣冠，则另当别论。

据记载，颜氏之父颜悦，原籍衢州，曾任青州衙推，任满后移居扬州。按，衙推是一种使府低级幕职官，非正员官，充任者大多为地方土豪③，侨寓士人虽也间有充任此职者，但终究并非主流。因此，从颜悦仕履来看，很可能并没有正式官人身份，正属于"才沾一官，及官满后移住邻州，兼于诸军诸使假职，便称'衣冠户'"。淮南节度使李绅最初认定吴湘"恃官娶百姓颜悦女为妻"，进而与赃罪并罚，将其判处死刑，大概正是基于以上考量。

会昌五年初，当李绅将死刑上奏复核时，"物议以（宰相李）德裕素憎吴氏，疑李绅织成其罪"。为平息朝野舆论，朝廷"乃差御史崔元藻为制使，覆吴湘狱"。崔元藻不敢得罪李德裕、李绅，覆验后认定吴湘赃罪属实，不过他也提出了一点异议，"称（颜）悦是前青州衙推，悦先娶王氏是衣冠女，非继室焦所生，与扬州案小有不同"。他认为青州衙推也是一种官方履历，且颜氏生母是衣冠之女，故而吴湘强取民女的罪名不成立，仅以贪赃论，罪不至死。此时正值李德裕当国秉政、权倾朝野之际，他坚持处死吴湘，并将崔元藻贬为崖州司户。以上是吴湘案的第一阶段。

宣宗大中初年，李德裕倒台，牛党诸人得势，经吴湘之兄"诣阙诉冤"，朝廷决定重审此案。崔元藻随即也被召回复覈案情，他"既恨德裕"，复受牛党利诱，坚称"颜悦实非百姓"，吴湘罪不至死。案情由此发生反转，吴湘案被定性为李德裕、李绅为打压异己而制造的一桩冤案，持续

---

① 参傅璇琮《李德裕年谱》，河北教育出版社，2001，第491—498页；李文才：《关于吴湘案的几点考释》，《扬州师院学报（社会科学版）》1995年第4期；陈磊：《吴湘案的"物议"、复推及其影响》，《史林》2011年第6期。

② 《唐会要》卷八三《婚娶》，第1529页。仁井田陞将其复原为开元二十五年《户令》条文，参《唐令拾遗》，长春出版社，1989，第162页。

③ 渡边孝：《唐代藩鎮における下級幕職官について》，《中国史学》第11卷，2001。

数十年的党争，至此以李德裕等人贬死异域而落幕。[①]

吴湘案的是非曲直这里姑置不论，抛开党争人事的因素，值得注意的是，颜悦父女之所以会成为此案争议的焦点，正在于其身份暧昧，从婚、宦二途都很难清晰判定。从婚姻看，颜悦先娶王氏，据称是"衣冠女"，此后所娶继室焦氏，则显然并非士流。就仕履言，从案发之初到审理之际（会昌二年至五年），颜悦任青州衙推的履历能否被视为"衣冠"，中央层面并无明文规定，不过在江淮等地，潜规则之下毋宁说是得到默认的。崔元藻及牛党诸人的主张，正是基于这一点。

更堪玩味的是以下事实：会昌五年正月，诏书申禁，明确了颜悦这类人"不称为衣冠户"，同年二月，吴湘旋即被论罪处死。在这个时间节点出台政策，不得不令人怀疑其中是否有政治操弄的成分，至少动机与条件，李德裕都是具备的，借皇帝名义发布诏书、平息物议，显然对其立场有利。

以上是对江淮"衣冠户"政策出台契机的一项推测，因史无明文，且牵涉波谲云诡的朝堂政争，自然很难完全坐实。但可以确定的是，此后宣宗、懿宗两朝现存各类诏令、奏议中再未提及"衣冠户"，直到三十年后的乾符二年，才重申这一规定。不难想见，在此期间，随着李德裕一党的倒台，相关政策也流于一纸空文，伪冒衣冠的现象只会愈演愈烈。

总的来看，会昌五年诏书的本意，是在不触动流寓衣冠既得利益的前提下，区隔流品，对"新衣冠"的晋升途径做出严格限制，以保障江淮赋税与徭役征发，这是基于国家地方治理的理性考量。当然，其中或许也掺杂了当政者的私人爱憎，这是历史的偶然性。无论从哪一面看，树立新型社会身份都非其题中之义，"衣冠户"的变革意义恐怕是一种夸大甚至误解。

不过，晚唐政府先后两次明令区分户籍身份是衣冠与否，也从侧面说明土豪百姓的活动，已然威胁到大批流寓衣冠的利益，更冲击了既有身份秩序与利益分配格局。

---

① 以上据《旧唐书》卷一八下《宣宗纪》"大中三年二月"条，第619—620页；同书卷一七三《吴汝纳传》，第4500—4501页。

第七章　唐宋之际的精英转型

第一节　从唐宋精英的地域形态谈起

本书花费五章的篇幅，勾勒出唐后期两类面貌迥异的精英人群——邑客与土豪，进而对中晚唐地方社会的基本结构有了不少新的认识。以此为起点，如果将视野延伸到宋代，会发现唐、宋两代精英的地域形态，乃至地方社会的基本结构均存在深刻差异。

与唐代类似，宋代社会中也活跃着一批侨寓士人，文献中称为"寄居待阙官""寄居士大夫"。《建炎以来系年要录》卷一四八"绍兴十三年四月庚申"条：

> 殿中侍御史李文会论寄居士大夫干扰州县，又监司郡守类皆亲故，莫敢谁何。望严加戒约。[1]

《宋会要辑稿·刑法五》：

> 绍熙元年十一月二十七日，臣僚言："……比年以来，士大夫寓居多以外邑为便。县官甫下车则先诏问权要声援，往往循习谄媚，互相交结。"[2]

---

[1] 《建炎以来系年要录》卷一四八，中华书局，1988，第2387页。

[2] 《宋会要辑稿》第14册，第8527页。

士人解任后多侨居他乡，待阙守选并经营地方产业。在此期间，他们依凭权势，与官员相互结交，这在南宋已经成为一项严重侵扰地方治理的蠹害，引起朝野舆论普遍关注。①乍看之下，宋代士人的活动与唐后期的邑客可谓如出一辙，士人侨寓之风似乎是唐代之遗绪。

然而历史不会简单地重复，更应该注意到表象之下的差异。据研究，宋代的士人侨寓风潮集中出现于北宋中期以降，此前则鲜有记载。因此从时间上看，很难说与唐后期类似现象存在相承关系。更为重要的是，宋代的寄居士人在出仕前大多起自乡里、宗族，在出仕乃至迁徙他乡后，他们并未切断与乡里、宗族的联系。相反，如范仲淹、苏轼等人事迹所见，寄居士人多热衷于族谱编撰、义庄建设等活动，与宗党不乏互动。②正如学者所言，寄居士人是近世宗族集团中分离出的"小家族"，是宗族、乡里关系的移植与重建。他们的社会关系并没有从原籍地完全抽离，甚至会因移植重建而被强化。③从这一点来看，他们与自称"东西南北之人"，除两京祖茔外"四海无家"的唐代邑客可谓形同而实异。

宋代地方社会中更为主流的是乡居士人。这一群体整体呈现出如下特征：他们对地方、乡里抱持强烈的认同意识，因此多积极投身地方文化事业，如方志等文献的编纂；与宗族、乡党间存有紧密的依存关系，因此多致力于兴建祠堂、义庄等"敬宗收族"活动；他们依托科举、恩荫等机制进入王朝官僚体制，但致仕后多归老乡里，仕宦只是维系家族发展的策略之一；

---

① 参赵翼《陔余丛考》卷一八"宋时士大夫多不归本籍"条，河北人民出版社，1990，第328页。今人代表性研究参竺沙雅章《北宋士大夫の徙居と買田—主に東坡尺牘を資料として—》《宋代官僚の寄居について》，均收入《宋元仏教文化史研究》，汲古書院，2000；魏峰：《宋代迁徙官僚家族研究》，上海古籍出版社，2009。

② 前揭竺沙雅章《北宋士大夫の徙居と買田—主に東坡尺牘を資料として—》；遠藤隆俊：《北宋士大夫の日常生活と宗族—范仲淹の"家書"を手がかりに—》，《東北大学東洋史論集》9，2003；遠藤隆俊：《北宋士大夫的寄居与宗族——乡里与移居者的信息交流》，平田茂树等编《宋代社会的空间与交流》（中译本），河南大学出版社，2008。

③ 井上彻：《中国的宗族与国家礼制》，钱杭译，上海书店出版社，2008，第19页。另参张聪《家庭·乡里·朝堂——北宋士人与孝道》，刘云军译，上海古籍出版社，2023，第272—278页。

此外，乡居士人家族彼此联姻，交游频繁，以此为媒介，形成了盘根错节的家族网络。[①]上述情形在南宋以后越发成为主流，学者称之为精英的"地方化"。[②]士人的乡里实践，"开启了以'礼下庶人'的方式构建下层民间社会"的新局面，[③]他们以地方精英的身份充当乡里社会"代言人"，同时也是政权地方治理的"代理人"，扮演了沟通王朝国家与地方社会的中介性角色。[④]因此，研究者多将之视为明清士绅阶层的前身。

以上是学界对宋代士人与地方社会关系的主流认知。值得注意的是，无

① 士人家族与地方社会是宋史研究中的重要课题，积淀深厚，在此难以俱列。相关学术史梳理，可以参看王锦萍《近二十年来中古社会史研究的回顾与展望》，邓小南主编《宋史研究诸层面》，北京大学出版社，2020；冈元司：《地域社会史研究》、遠藤隆俊：《家族宗族史研究》，均收入遠藤隆俊等编《日本宋代史研究の現状と課題—1980年代以降を中心に—》，汲古書院，2010。一些基本认识，本书主要参考了：（1）黄宽重对宋代地方社会结构的整体勾勒，参《宋代基层社会的权力结构与运作——以县为主的考察》，《中国史新论·基层社会分册》，台北：联经出版事业股份有限公司，2009。（2）学者对浙东等地的家族个案研究，参黄宽重《宋代的家族与社会》第二篇《四明家族群像》，国家图书馆出版社，2009；柳立言：《宋代明州士人家族的形态》，《"中研院"历史语言研究所集刊》第81本第2分，2010；伊原弘：《宋代明州における官戸の婚姻関係》，《中央大学大学院研究年報》1，1972；冈元司：《宋代沿海地域社会史研究—ネットワークと地域文化—》，尤其是第二部《エリートの活動と地域社会》中所收诸文，汲古書院，2012。柏文莉（Peter K. Bol）：《权力关系——宋代中国的家族、地位与国家》，刘云军译，尤其是第五至九章对婺州士人家族的探讨，江苏人民出版社，2015；包弼德（Peter K. Bol）：《地方史的兴起：宋元婺州的历史、地理和文化》，《历史地理》第21辑，上海人民出版社，2006。
② 郝若贝（Robert M. Hartwell）：《750—1550年间中国的人口、政治及社会转型》，伊沛霞、姚平主编《当代西方汉学研究集萃·中古史卷》，上海古籍出版社，2012；Robert Hymes（韩明士），*Statesmen and Gentlemen：The Elite of Fu-chou, Chiang-his, in Northern and Southern Sung,* Cambridge University Press, 1986.
③ 罗志田：《地方的近世史："郡县空虚"时代的礼下庶人与乡里社会》，《近代史研究》2015年第5期。关于南宋以降尤其是明清士绅阶层的形成与流变，相关研究为数甚夥，此文有较好的梳理。
④ 当然，乡居士人也并非单一面相，他们既有急公好义的"长者"一面，也有武断乡曲的"豪横"一面。但诚如梁庚尧所指出的，两种类型的并存，"都与当时政府地方统治能力不足有关"，反映出士人在地方治理中的中介性与辅助性角色。参梁庚尧《豪横与长者：南宋官户与士人居乡的两种形象》，《宋代社会经济史论集》，台北：允晨文化事业股份有限公司，1997。

论寄居士人抑或乡居士人，乡里与宗族都是其出仕前的起点，也是宦游生涯中无法割弃的羁绊，更是家族得以存续、发展的基石。可以说，除了少数世居京师的钟鸣鼎食之家，宋代士人家族的地方化特征是相对清晰的。①

反观唐代，在中央化的大潮中，作为地方共同体领袖的旧士族多已迁离乡里、著籍两京。此后长期盘踞乡里的各类地方精英，多以胥吏、军将等身份寄生官僚机构末端，他们的行为模式更多呈现自利取向，无意于乡里共同体的建构，与后世地方士绅作为"道德镇守使""官民中介"的角色相去甚远。此期地方社会中虽然也活跃着不少士人，但他们是一类"悬浮"于地方共同体的外来精英人群——寓居地方州县，却多归葬两京。除极个别地区外，我们在唐代没有看到后世那种内生于乡里世界的士绅型地方精英。②

回到本书绪论中提出的问题：唐、宋两代精英与地方的关系，为什么会呈现如此巨大的差异？这种"断裂"究竟是如何发生的呢？对此，学界主流论述主要从贵族制没落、统治阶层的"新陈代谢"来理解，认为宋代士大

---

① 针对郝若贝、韩明士等人提出的精英"地方化"命题，有不少学者提出过质疑，批评这一观点夸大了南、北宋之间士人形态上的差异，否认宋代士人存在普遍的地方化倾向。参柏文莉《权力关系——宋代中国的家族、地位与国家》；包伟民：《精英们"地方化"了吗？——试论韩明士〈政治家与绅士〉与"地方史"研究方法》，《唐研究》第11卷，北京大学出版社，2005；王锦萍：《近二十年来中古社会史研究的回顾与展望》。按，韩明士等人在史料解读环节存在的问题姑置不论，笔者特为关注的是，相比唐代定居两京的政治精英、散寓州县而归葬两京的邑客，宋代士人出仕前大多以乡里为起点，致仕后很大一部分也会回归原籍，终老故土，乡里生活可谓伴随其始终。对此，可以举出一项指标性的证据，即从两宋官员墓志的出土情况来看，作为都城的开封、杭州在数量上并不占显著优势（尚无精确数据，此据黄宽重《近五十年中国出土宋人墓志史料》一文得出的判断，载前揭《宋代的家族与社会》），这与唐代官员墓志绝大多数出土于长安、洛阳形成鲜明对照。因此，就整体观感而言，宋代士人相比唐代更为"地方化"，这一点似无可疑。

② 在唐朝直辖区域中，福建似乎是个例外。据研究，晚唐福建地区出现了一个士人社群，但他们大多出身本地名门望族，拥有深厚的乡里根基与清晰的地域意识，彼此通婚，往来密切，同时也积极读书应举，力图跻身中央官界。参陈弱水《中晚唐五代福建士人阶层兴起的几点考察》，《唐代文士与中国思想的转型》，广西师范大学出版社，2009。这其实已与宋代以后的地方士绅非常接近。然而从现有史料来看，福建地区只能视为一种特殊情况，作为一个阶层的地方士绅，在全国范围内并不存在。另外，这一群体的兴起，与侨寓士人在当地的活动也不无关系，详见下文。

夫的前身是起自地方的新兴庶民阶层，其家世谱系、文化风貌、入仕途径均有别于中古士族。[①]这一看法影响深远，自然不乏相应理据。不过在相关论说中，研究者普遍忽视了一个重要的历史面向，即唐后期"两京衣冠"多散寓地方，已展露出某种地方化的转向。作为近年探讨相关问题的一部力作，谭凯（Nicolas Tackett）的研究已关照到侨寓士人的广泛存在，不过他又指出，由于对国家权力与两京社会网络的过度依赖，导致王朝体制所卵翼的精英家族[②]始终缺乏地方根基，受黄巢之乱的毁灭性打击，最终走向群体覆灭（"肉体消亡"）。他倾向于认为，宋代士大夫的主流是晚唐河北藩镇中涌现的所谓"新兴精英"。[③]应该说，这一观点仍是基于唐宋变革论下精英阶层"新陈代谢"的解释路径。

　　绵历五六百载的中古士人阶层，仅因唐末兵燹便顷刻覆亡了吗？唐宋之际的精英转型是否只能以"断裂式"变革来解释呢？其实，如果将目光投向河北以外的地域，唐后期侨寓士人的地方化转向，已透露出这一进程可能要比"肉体消亡"导致的新陈代谢更为复杂。唐代士人家族有没有可能与本地人群融合，实现土著化，进而参与了地方秩序与乡里世界的重构呢？在本书的最后，想围绕这个假设做一项初步探讨。[④]

---

① 参孙国栋《唐宋之际社会门第之消融——唐宋之际社会转变研究之一》，收入《唐宋史论丛》，上海古籍出版社，2010年；概括性论述可参礪波護《宋代士大夫の成立》，收入《中国文化史叢書8　文化史》，大修館書店，1968；竺沙雅章：《門閥貴族から士大夫官僚へ》，村井康彦编《公家と武家—その比較文明史の考察》，思文閣，1995。另参本书第四章第二节。

② 书中原文为"京城精英"（Capital-based Elites），按作者界定，包含居住于地方州县而拥有京城背景的官僚家族。

③ *The Destruction of the Medieval Chinese Aristocracy*, Harvard University Asia Center, 2014, pp.239-242；谭凯：《晚唐河北人对宋初文化的影响——以丧葬文化、语音以及新兴精英风貌为例》，《唐研究》第19卷，北京大学出版社，2013。

④ 吴铮强：《士绅阶层前传——两宋的游民与土豪、科举与理学》（中西书局，2021；初版《科举理学化——均田制崩溃以来的君民整合》，上海辞书出版社，2008）第一章中对这个问题也有论及，部分观点与本书有所重合。笔者疏于对宋史领域相关研究的掌握，在完成本书初稿后才获读吴著，这应予检讨。考虑到本书结构的完整性，以及两书问题意识、学术脉络、论证角度不同，故而以下内容修改后仍作保留，敬请一并参读。

第二节　侨寓士人的土著化

本书第三章的研究发现表明，长期任职一地的邑客家族在唐代已显露"地方化"的取向。及至唐末五代，这一趋势更为显著，逐渐由地方化转而土著化。

这种土著化首先体现为在寓居地营构墓室，放弃归葬两京。苏州出土《唐故颍川陈夫人墓志铭并序》：

> 曾祖远，皇左千牛卫长史；祖琚，皇申州罗山县尉；考倰，皇宣州旌德县尉。五代祖以文学中策，累资为长洲令，其后子孙因家吴郡。……外祖顺阳范公询，始以孝廉入仕，多赴公侯延辟，为巡察之职，季年终于丹徒令。其外祖亲戚，世多卿相，为侯伯者不可胜纪。……夫人年廿五，大中十年二月廿一日寝疾，终于海盐县之公署。以其年十一月廿一日葬于苏州长洲县余杭乡石渎南馆墅村之原礼也。①

陈氏出身于一个官宦之家，自五代祖任长洲县令，"子孙因家吴郡"。其夫王顼，据墓志题衔，也是苏州地区的官员。再结合其"外祖姻亲"的任官情况来看，这一家族应属于颇有根基的江南邑客家族。陈氏卒后，营葬于长洲县，这应该是其家族祖茔。显然，这一家族已相当程度土著化。

近年宁波地区出土的唐代墓志也提供了重要证据。《唐故宣义郎明州司仓参军万公墓志铭并序》：

> 公讳宗儒，字归鲁，京兆都城人也。曾祖扬，祖良器，皇任梓州司马；父仕伦，皇任汀州司马。……公初调□授青州博昌县主簿，……秩满东归，负笈而至。再选授明州仓曹。家寄鄞川，亲戚欢合，荣光旧里，志惬新秋。……亦咸通九年闰十二月十日终于唐昌乡泐江里之私

---

① 《唐代墓志汇编》，第2346页。

第，享年五十有九。邻比凄恻，同僚黯然。即明年二月己丑朔十四日壬寅，归葬于新安乡白石里石潭西北原，礼也。娶金城郡申屠氏，即故常州纠曹之长女也。①

万宗儒自祖父以下仕宦不绝，其叔师贞，"三卫出身，释褐受台州乐安县尉，……再选授台州司士参军"，"嗣子二人，长曰元瑜，季曰元璪。瑜斋郎出身，……婿张仙，三卫出身，风雅儒士"，元瑜之妻王氏，家世更为显赫，"曾祖礼元，原州平高县令，赠汝州刺史。祖仙客，通州刺史、御史大夫。父自勤，奉天定难功臣，封横山郡王"。②从这些仕宦履历来看，可以判定万氏是自京城迁居明州的官僚家族。墓志称，万宗儒获得明州仓曹参军一职后，"家寄鄞川，亲戚欢合，荣光旧里，志惬新秋"，视明州为"旧里"。另外，从墓志的出土地来看，家族成员卒后也没有迁葬回京的意向。

无可否认，唐代史料中此类例证并不算多，而宋人碑志中的相关记载或可弥补这一不足。《小畜集》卷三〇《建溪处士赠大理评事柳府君墓碣铭》：

> 有唐以武勘乱，以文化人，自宰辅公卿至方伯连帅，皆用儒者为之，……于时宦游之士，率以东南为善地。每刺一郡，殿一邦，必留其宗属子孙，占籍于治所，盖以江山泉石之秀异也。至今吴越士人多唐之旧族耳。③

所谓"宦游之士……每刺一郡，殿一邦，必留其宗属子孙，占籍于治所"，自是有所夸大，但考虑到唐后期流寓江南的邑客人数之众，墓志撰者王禹偁又是宋初人，以上这番观察必有所据。宋初江南士人有不少唐代邑客

---

① 章国庆、裴燕萍编著《甬城现存历代碑碣志》，宁波出版社，2009，第13—14页。
② 《唐故台州乐安县尉万府君墓志铭并序》《唐前太庙斋郎京兆万府君亡妻太原王氏墓志铭并序》，章国庆编著《宁波历代碑碣墓志汇编》，上海古籍出版社，2012，第23、28页。
③ 王禹偁：《小畜集》卷三〇，《景印文渊阁四库全书》第1086册，（台北）商务印书馆，1986，第300页。

后裔，这一点应无疑义。

此外，北宋朱文长《吴郡图经续记》记载："东南之才美与四方之游宦者，视此邦之为乐也，稍稍卜居营葬，而子孙遂留不去者，不可以遽数也。"这既是北宋的情况，同时也涵盖了晚唐以来的侨寓衣冠。同书同卷列举出宋代苏州的几家新兴名族：

> 自广陵王元璙父子帅中吴，是时有丁、陈、范、谢四人者，同在宾幕，以长者称。丁氏之后有晋公，出入将相。范氏之后有文正公，参预大政，为世宗师。……谢氏之后有太子宾客涛，宾客有子绛，为知制诰，搢绅推之。陈氏之后有太子中允之奇者，……以行义著乡间，谓之"陈君子"者也。①

文中指出，宋代苏州丁、陈、范、谢等望族均为钱镠父子幕府僚佐之后。然而如果再往上追溯，这四人则都是唐末自北方迁徙而来的邑客。如范仲淹，据其自述："吾祖唐相履冰之后，旧有家谱，咸通十一年庚寅，一枝渡江为处州丽水县丞，讳隋。中原离乱不克归，子孙为中吴人。"②苏州范氏是否真是范履冰之后，史无明文，但家谱所记先世迁徙时间明确，当有所本。《宋史》本传称"其先邠州人也，后徙家江南"，两相比照，范氏先祖应为唐代邑客。又如谢涛家族，据范仲淹为其所撰《神道碑》："公之七世祖汾，居河南之缑氏，五世祖希图，卒于衢州刺史。时唐季丧乱，乃葬于江东嘉兴郡，子孙三世禄于吴越。"③据此，谢氏之先也是从洛阳一带迁徙而来的邑客。此外的丁、陈两姓也应该是唐末侨寓于此者，前人已有考述。④

---

① 《吴郡图经续记》卷上《人物》，《宋元方志丛刊》第1册，第650页。

② 范仲淹：《范文正集·补编》卷一《续家谱序》，《景印文渊阁四库全书》第1089册，第808页。

③ 《范文正集》卷一一《宋故太子宾客分司西京谢公（涛）神道碑铭》，《景印文渊阁四库全书》第1089册，第680页。

④ 参冻国栋《六朝至唐吴郡大姓的演变》，《中国中古经济与社会史论稿》，湖北教育出版社，2005，第49—50页。

范仲淹等人是北宋新兴士大夫阶层的典型，在外仕宦之际，他与留居苏州的族人多有互动，尤其创设义庄之举，开士人"收族聚宗"活动之先河，对近世宗族的形成，乃至乡里社会的秩序均影响深远。[①]

　　另外值得一提的是作为近世宗族组织典范的"义门"，从源头来看，似乎也与邑客不无关系。这其中最具代表性的事例是江州德安县陈氏，史称其"十三世同居，长幼七百口，不畜仆妾，上下姻睦，人无间言。……乡里率化，争讼稀少"，[②]是一种典型的近世宗族结合形态。关于江州陈氏的谱系，据南唐徐锴《陈氏书堂记》：

> 浔阳庐山之阳，有陈氏书楼。其先盖陈宜都王叔明之后曰兼，为秘书少监。生京，给事中，以从子褒为嗣，至盐官令。生瓘，至高安县丞。其孙避难于泉州之仙游，生伯宣，著史记，今行于世。昔马总尝左迁泉州，与之友善。总移南康，伯宣因来居庐山，遂占籍于德安之太平乡常乐里。合族同处，迨今千人。[③]

　　陈京，《新唐书》卷二〇〇有传，确为陈室后裔。文中于陈氏迁徙始末、累代谱系均言之凿凿，应该是基本可信的。据此，宋代的义门陈氏实为唐后期迁徙、著籍于江州的侨寓士人后代。他们因累世同居的孝行，在唐末、南唐、宋初屡次获朝廷旌表门闾，而自身也逐渐演变为江西土著。陈氏一族在唐宋之际的任官类别颇为复杂，既有进士及第，任州县正员官、藩府文职僚佐者，更有任兵马使、押衙、讨击使等军职者。[④]随着土著化的推进，江州陈氏作为衣冠的身份色彩似乎正在逐渐淡化。

---

① 参小林義広《宋代宗族研究の現状と課題—范氏義荘を中心として—》，《名古屋大学東洋史研究報告》25，2001；《宋代蘇州の地域社会と范氏義荘》，《名古屋大学東洋史研究報告》31，2007。

② 《宋史》卷四五六《孝义·陈兢传》，中华书局，1985，第13391页；相关研究参佐竹靖彦《唐宋变革の地域的研究》，同朋舍，1990，第314—322页。

③ 《全唐文》卷八八八，第9279页。

④ 见《永乐大典》引《（宋）江州图经》，《永乐大典方志辑佚》，中华书局，2004，第1512页。

　　唐后期累代定居长安的官僚家族，在唐末也出现了向外迁徙进而土著化的迹象，靖恭杨家便是其中代表。据研究，靖恭杨家源出弘农杨氏越公房，中唐以降，杨宁最先进士及第，此后其子汝士、虞卿、汉公、殷（鲁）士等四人也先后进士及第。因子孙多仕宦显贵，又累世同居于长安靖恭里，故世称"靖恭杨家"。[①]至于这一家族在唐末的动向，据杨杰《无为集》卷八《杨氏世谱序》载：

　　　　（杨）宁生汉公，字用乂，为天平军节度使检校户部尚书。其后为淮南院、蜀院、闽院。汉公生范，字宪之，楚州刺史，范生玢，字表文，吏部尚书、监察御史，其后为扬州丹阳房。玢之孙徽，字隐父，初自靖康（恭）里挈族来淮南，是为淮南府君。徽生南宅府君昺……熙宁元年，同南海监郡、尚书郎沆及其子上卿、客卿、列卿会于豫章，两院各出世牒，若合符契。[②]

　　杨汉生子孙，在唐末先后派分出淮南院、蜀院、闽院三个房支，这显然是其向南方分散迁徙的结果。根据上文所透露的信息，杨氏子孙入宋后仍代有宦绪，保持了士人的社会身份。只是除了祖上谱系之外，他们的社会面貌已从唐代两京衣冠蜕变为宋代的地方士人，如上引文作者杨杰，《宋史》本传径称其无为人，而不及先世。

　　唐代衣冠之后往往会保存先人任官告身，这是他们重要的身份凭证。《舆地碑记目》卷一《安吉州碑记》"崔祐甫铭崔植诰"条：

　　　　长兴县崔赵村在罨画溪之右，崔即唐相祐甫之后，家藏韩愈所作祐甫墓铭，又藏崔植、崔遨等诰数轴。[③]

---

① 参王静《靖恭杨家——唐中后期长安官僚家族之个案研究》，《唐研究》第11卷，北京大学出版社，2005。

② 杨杰：《无为集》卷八，《景印文渊阁四库全书》第1099册，（台北）商务印书馆，1986，第720—721页。

③ 《石刻史料新编》第1辑第24册，第18525页。

《嘉泰吴兴志》卷一八叙之稍详：

> 崔赵村在罨画溪之后。右，崔即唐相祐甫之后，家藏韩愈所作祐甫墓铭，虽蟬腐，而翰墨精采如新。又藏崔植、崔遶等诰数轴。吏部尚书颜真卿、吏部侍郎说、尚书·上柱国邕、知制诰李揆、吏部尚书林甫、平章事墠，笔迹并存，其家宝之。官为蠲其丁钱。①

崔祐甫出身博陵崔氏，与其嗣子崔植，在德宗、穆宗年间先后拜相秉政。上记长兴县崔赵村，当是其子孙在唐末迁徙、定居之所，及至宋代，博陵崔氏的这一房支已完全土著化。又，《舆地碑记目》卷四《潼川府碑记》"马元直开元中诰"条："《图经》云，元直在唐为滁州刺史，家有开元中诰。"②按《元和姓纂》卷七"西河马氏条"："隋太子洗马马隋。孙元（玄）素，太府卿；生元直，金部员外郎。"③是知马元直确有其人，任滁州刺史虽他书不载，但从告身存世来看，应该是寓居此地的子孙无疑，他们在宋代也已土著化。

类似例证散见于宋人文集所收碑志，其中尤以自关中迁徙蜀地者为众。④兹举三例，《丹渊集》卷三七《咸阳县主簿任君墓志铭》：

> 君之先，本长安万年人。十二代祖壁，自江州移阆州刺史，卒。以世乱不归，乃家新井。八代祖畹与其兄畴唐元和中继登进士。……七代祖椿徙梓州郪县木瓜庄。⑤

---

① 《宋元方志丛刊》第5册，第4848页。
② 《石刻史料新编》第1辑第24册，第18565页。
③ 《元和姓纂（附四校记）》，中华书局，1992，第1043页。
④ 刘琳：《唐宋之际北人迁蜀与四川文化的发展》一文对相关资料有集中揭示，见刘琳《中古泥鸿——刘琳史学论文自选集》，巴蜀书社，1999。
⑤ 文同：《丹渊集》卷三七，《景印文渊阁四库全书》第1096册，（台北）商务印书馆，1986，第775页。按任畹、任畴兄弟分别为元和十年、十一年进士及第，事迹参《登科记考补正》卷一八，第748、755页。

《净德集》卷二三《朝请郎新知嘉州家府君墓志铭》：

> 眉阳士人之盛甲两蜀，盖耆儒宿学能以德行道义励风俗、训子孙，使人人有所宗仰而趋于善。故其后裔、晚生循率风范，求为君子，以至承家从仕、誉望有立者众。家氏之族乃其一也。……至唐德宗时，有为职方员外郎者，从乘舆幸山南，因入蜀，游青衣，访故人，路眉，爱乐风土，遂居眉山，今十一世矣。①

同上书卷二六《著作佐郎致仕宋府君墓志铭》：

> 宋氏之先居京兆，唐僖宗时为屯田郎中，随乘舆入蜀，任彭、眉二州刺史讳挺者，乃君七世祖也。卒官，葬武阳，因家焉。其后有五宗，次昌殷，始迁卭之蒲阳，遂为卭大姓。②

福建地区也是唐末北方移民的主要集散地之一，③其中衣冠之家人数不少，今举两例。前引《小畜集》卷三〇《建溪处士赠大理评事柳府君墓碣铭》：

> 公讳崇，字子高。五代祖奥，从季父冕廉问闽川，因奏署福州司马，改建州长史，遂家焉。奥生诞，诞生琼，琼生祚，祚生瞪，于公为显考。公十岁而孤，母夫人丁氏养诲成人，既冠，属王审知据福建，以公补沙县丞。④

---

① 吕陶：《净德集》卷二三，《景印文渊阁四库全书》第1098册，（台北）商务印书馆，1986，第190页。

② 同上，第208页。

③ 参刘琳《固始迁闽考》，《中古泥鸿——刘琳史学论文自选集》；佐竹靖彦：《唐宋期福建の家族と社会—闽王朝の形成から科举体制の展开まで—》，《中国近世家族与社会学术研讨会论文集》，台北："中研院"历史语言研究所，1998。

④ 《景印文渊阁四库全书》第1086册，第300页。按柳冕为柳芳子，两《唐书》有传，贞元中为福建观察使。墓志所记当有所本。

《苏魏公集》卷六二《叔父卫尉寺丞景陵府君墓志铭》：

> 自唐许公瓛，至叔父几三徙籍，今为安州景陵人。许公之曾孙曰奕，元和中终光州刺史（按《新表》，奕，光州刺史——引者），子孙因家于固始。光州之四世孙赠隰州刺史，讳益，自固始从王潮入闽，又为泉州同安人。[①]

在研究宋代士大夫源流时，上述史料并非无人觉察，但是基于唐宋两朝统治阶层存在新旧之别的既定认知，研究者多对这类谱系存疑，或径视为伪托。不过，对到唐后期衣冠散寓四方的历史有了充分认识后，对此实有重新审视之必要。

这里想特别举出莆田翁氏的事例。翁氏是唐宋之际福建大姓，五代文士翁承赞父子均进士及第，事迹见载于《淳熙三山志》《八闽通志》等地方文献。在研究晚唐福建社会时，研究者大多将其视为福建土著，对文献中"自京兆迁莆田"[②]的记载，很长一段时间内，研究者一般不予采信，将其视为伪托的郡望。[③]

其实唐末五代福建翁氏中，除翁承赞，还活跃着翁郜一支。《闽书》卷一三三《翁郜传》：

> 翁郜字季长，长安人。唐昭宗朝官至尚书左仆射、河西节度使。朱梁僭窃，耻事二姓，以父、祖宦闽，知其地僻静，可避乱，遂携家至建阳考源。后徙居义宁莒口。

① 苏颂：《苏魏公集》卷六二，《景印文渊阁四库全书》第1092册，（台北）商务印书馆，第665页。
② 见《八闽通志》卷六六《翁承赞》。又《直斋书录解题》卷一九："《翁承赞集》一卷。唐谏议大夫京兆翁承赞文尧撰。"（上海古籍出版社，2015，第576页）
③ 如陈弱水《中晚唐五代福建士人阶层兴起的几点考察》；吴修安：《福建早期发展之研究》，第250页；《唐才子传校笺》卷一〇"翁承赞"条，中华书局，1987，第350页。

　　文中称翁郜为长安人，这一籍贯记载与翁承赞相同。翁郜在唐末历任尚书左仆射、河西节度使等要职，后因"耻事二姓"而避居福建，类似记载也见于清抄本《京兆翁氏族谱》。这样一位京中高官，生平事迹不见于唐五代文献，而只出现在晚近方志、族谱中，初看之下不免令人生疑。但是李军在近年研究中揭出，《闽书》中的翁郜，实即敦煌出土P.2863《河西都防御招抚押蕃落使等使牒》的发件人"□郜"，此人确曾任河西都防御使、节度使等职，与方志、族谱所载相合。不仅如此，清抄本福建《京兆翁氏族谱》中还保存了多件晚唐河西使府文书、朝廷授官告身，据考证，可信为翁郜举族迁闽后留存之物。[①]可以说，方志、族谱所记翁郜事迹应是渊源有自的。

　　上引《闽书》称翁郜"以父祖宦闽，知其地僻静"，这一点可与《翁氏族谱》相印证。族谱称翁郜曾祖翁轩，"仕唐德宗朝，官至朝请大夫，……后迁官于闽，因乐东南山水之胜，而遂居焉"。[②]由此可见，翁氏一族此前早已开始了在地方的经营，应该有不少族人留居闽中，如翁承赞一支可能即属于这种情况。总之，翁氏很早便开始经营闽中产业，进而又在唐末五代土著化。

　　无独有偶，与翁郜同期南迁的还有其幕府僚佐刘翱。《（乾隆）福建通志》卷五二称其"京兆人，辟山南节度幕官，……昭宗末年与弟金吾将军翔、将作监簿嚠入闽，翔僦居崇安，翱与嚠居建阳"。这一经历也在翁氏族谱中保存的河西节度使奏状中得到了印证：

　　　　河西节度使臣翁郜谨言：伏奉宣旨，以臣充河西节度使。……在内有摄节度推官、备补将仕郎、试太常协律郎刘翔（翱），年四十，本贯京兆府万年县[洪固乡]贵胄里。叔[祖]汾为户[曹]，曾祖千，祖治，父楚茨。……并乞天恩，特赐一官。……谨奏。乾宁三年正月二十三日。[③]

―――――――――

① 参李军《清抄本〈京兆翁氏族谱〉所收晚唐河西文献校注》，《敦煌学辑刊》2013年第3期；《清抄本〈京兆翁氏族谱〉与晚唐河西历史》，《历史研究》2014年第3期。
② 转引自前揭李军《清抄本〈京兆翁氏族谱〉与晚唐河西历史》，第43页。
③ 转引自李军《清抄本〈京兆翁氏族谱〉所收晚唐河西文献校注》，第36页。

经考证，这封奏状完全符合晚唐使府奏官文书的通行格式，其中人物自然也应该是可信的。刘翱家族本贯京兆，由此得到确证。

有赖学者对出土文献的抉微发隐，千载之下，族谱、方志所记翁氏、刘氏在唐末的迁徙经历终得确证。这是相当偶然的个案，南方各地现存方志、族谱中还有大量类似记载，对此自然不能全盘采信。但这一个案至少提醒我们，对各类晚近文献，应采取更为开放的态度，随着新史料的不断发现，今后或许能在更多地域与家族中找到类似例证。

第三节　土、客精英的社会融合

与邑客土著化相伴随的，是其与地方精英的社会融合。晚唐政府虽屡有诏令，重申衣冠与百姓的身份界线，但随着唐中央对地方控御力的衰退，对伪冒衣冠的现象其实已无能为力。因艳羡衣冠士子的地位与身份特权，伪冒衣冠之风直至五代仍未消歇。《册府元龟》卷六六《帝王部·发号令》：

> （长兴二年）九月，昭义县主簿张廷诩上言："应诸道州县之内，有在仕、居闲衣冠，不得与编民一例差遣。及有假称摄、试，抗礼公厅，请赐条理。"敕旨："凡曰士流，州县尽应饶假，诈称门族，长吏岂肯延容，应是户人，皆编部籍，如或为其家富，邀坐公厅，显从宾主之仪，颇辱朝廷之任。所在必无此事，其中或有如斯，须重衣冠，以敦风俗，州县官或与富百姓同坐、交通者，随处纠察。"①

后唐政权以李唐正统自居，对"在仕、居闲"的前唐衣冠多有礼遇。不过也因此，地方州县中涌现出一批"假称摄、试，抗礼公厅"的伪冒衣冠，他们实际是编在户籍的本地土豪、富户。既然能"诈称门族"，进而交结州县官员，说明这些"富豪百姓"已具备一定的文化素养，与士人社会面貌上的差异正在逐步缩小。

---

① 《册府元龟》卷六六，第736—737页。

上述趋势在唐代已显露端倪，这主要体现为不少土豪子弟习文业儒，发生了代际间文化面貌的嬗变。如晚唐润州丹徒县的伍钧一族，祖孙四代均有押衙、散试官等职衔，并先后移居历阳、巢县等地，应属于取得职衔后迁徙邻州、规避徭役的伪冒衣冠户。值得注意的是，武钧之子武康羽曾"应乡贡进士"。① 可见土豪家族有意培养子弟读书应举，进而改变家族面貌。当时的官员、士人对此也不乏奖掖之举，如唐末柳玭贬官泸州之际，"路由渝州，有牟廱秀才者，即都校牟居厚之子。文采不高，执所业谒见，亚台（柳玭）奖饰甚勤"，子侄辈对此不以为然，柳玭却认为："巴蜀多故，土豪倔起。斯乃押衙之子，独能慕善。……以吾称之，人必荣之。由此灭三五员草贼，不亦善乎。"②

土豪子弟不乏应举及第、跻身衣冠行列的成功案例，《北梦琐言》卷四"破天荒解"条：

> 唐荆州衣冠薮泽，……尔来余知古、关图、常修，皆荆之居人也，率有高文，连登上科。关即衙前将校之子。及第归乡，都押已下，为其张筵，乃指盘上酱瓯戏老校曰："要校卒为者。"其人以醋樽进之曰："此亦校卒为者也。"席人大噱。③

关图等人是荆州土著居民，出身军将家族，却以文采著称，后在科场脱颖而出，获进士第。值得注意的是，荆州在唐后期是邑客萃居之地，号称"衣冠薮泽"，这一人文环境显然对关图等本地军将子弟产生了影响。

关于邑客活动对地方文教生态的影响，还可举出晚唐福建地区的情形。如所周知，福建在宋代是文教昌明之区，进士及第总人数一度居全国之冠。学者注意到，福建地区在晚唐已出现了一个"新兴知识阶层"，且大多出

---

① 《唐故武陵郡伍府君墓志铭并序》，《唐代墓志汇编续集》，第950页。
② 《北梦琐言》卷四"柳玭大夫赏牟廱"条，第69—70页。
③ 《北梦琐言》卷四，第81页。

身本地家族。①这似乎与晚唐大批衣冠侨居于此大有关系。《宋高僧传》卷一三《梁抚州曹山本寂传》：

> 释本寂，姓黄氏，泉州蒲田人也。其邑唐季多衣冠士子侨寓，儒风振起，号"小稷下"焉。寂少染鲁风，率多强学，自尔淳粹独凝，道性天发。②

黄氏是闽中大姓，晚唐著名文士黄韬、黄璞等都是莆田籍。从上文记载来看，黄氏等土豪的文儒化转型，与唐末"衣冠士子侨寓，儒风振起"的文教氛围密切相关。当然，侨寓衣冠与福建本地士人的互动并不始于唐末，如贞元年间席相任泉州刺史时，曾在东湖亭饯送赴京应举的本地士子，据欧阳詹记载，与会者中"客有天水姜阅、河东裴参和、颍川陈诩、邑人济阳蔡沼"等。③明确点出了姜阅等人与蔡沼等人身份之异，前者为"客"，后者为"邑人"。从行文记叙来看，这两类人在日常生活中应不乏诗文唱和。此外，据陈弱水推测，闽中文士还与流寓江南的士人社群互通消息，④虽然史料并不充分，但至少说明两者之间存在某种互动。

如果将视角延伸到宋代，邑客与土豪交相影响、彼此融合的历史痕迹会看得更为清晰。我们首先注意到，部分宋代士绅家族的早期发展中，明显受到了外来精英人群的影响，试举两例。《唐故鄂州汉阳县尉刘府君墓志铭并序》：

> 府君讳彤，字旭日，彭城人也。……皇祖宝，皇考西华，皆慕明山之秀峯、鄞川之沂游，……因家四明焉。堂弟，前歙州休宁丞，前邵州邵阳尉，并以儒学入仕，孝悌承家。……前丹州牧、见任鸿胪少卿，即诸从之叔也。故处州楼公、象州徐公二太守少而相狎，长皆亲戚焉。……以咸通十一年三月九日启手足，殁于私第，享年六十有

---

① 陈弱水：《中晚唐五代福建士人阶层兴起的几点考察》，《唐代文士与中国思想的转型》，广西师范大学出版社，2009。
② 《宋高僧传》卷一三，中华书局，1987，第308页。
③ 《全唐文》卷五九六《泉州刺史席公宴邑中赴举秀才于东湖亭序》，第6026页。
④ 前揭《中晚唐五代福建士人阶层兴起的几点考察》。

三。……窆于明州鄞县孝义乡仲夏里之原，向礼也。[①]

刘彤家族原籍地不详（彭城是刘姓常见郡望），祖父辈时迁居明州鄞县。墓志称其"儒学入仕，孝悌承家"，本人曾任鄂州汉阳县尉，堂弟任歙州休宁丞、邵州邵阳尉，从叔跻身牧守、卿监一级高官。从这些迹象看，刘氏应是一个流寓衣冠家族。文中提到志主与当地人楼公的关系。楼公事迹虽不可考，但如所周知，楼氏是宋代浙东地区首屈一指的望族，名宦辈出。学者研究楼氏家族发展史，于入宋前事迹多不得其详，甚至宋人自身也含糊其辞。[②]今据《（嘉靖）宁波府志》，唐末天佑年间有楼茂郏，任明州军事押衙、兵马使，充黄檗隘将。[③]如果这一记载可信的话，楼氏在唐代应该起自土豪。而从上引墓志可进一步推测，楼氏在晚唐已有宦绪，并且与邑客刘氏"少而相狎，长皆亲戚"，存在联姻关系。

类似例证还有歙州聂氏，《宋史》卷二九四《聂冠卿传》：

> 聂冠卿字长孺，歙州新安人。五世祖师道，杨行密版奏，号问政先生，鸿胪卿。冠卿举进士，授连州军事推官。杨亿爱其文章，于是大臣交荐，召试学士院，校勘馆阁书籍。迁大理寺丞，为集贤校理、通判蕲州。……冠卿嗜学好古，手未尝释卷，尤工诗，有《蕲春集》十卷。[④]

---

① 《宁波历代碑碣墓志汇编》，第43页。

② 楼钥《攻媿集》卷六〇《长汀庵记》："虽闻吾族自婺而迁，不知所始。……自钥一行推而上之，至八世祖而止。惟曾叔祖二十五助教墓志云'六世祖自婺迁于明'，是钥之九世祖也。又不书其讳。"关于楼氏在宋代的发展历程，详参包伟民《宋代明州楼氏家族研究》，《传统国家与社会（960—1279年）》，商务印书馆，2009；前揭柳立言《宋代明州士人家族的形态》；黄宽重：《宋代的家族与社会》，第98—125页。

③ 《（嘉靖）宁波府志》卷一五："楼将军庙。县东六十里，祀唐楼茂郏。天佑中为明州军事押衙、兵马使充□（黄）檗隘将、银青光禄大夫、检校国子祭酒、御史中丞。梁开平三年钱武肃王赐以墨制。"另参《（至正）四明续志》卷九、《（光绪）奉化县志》卷二三。按，其中所记楼茂郏军职、散试官衔，符合晚唐五代军将职衔常例，非后世所能附会，必有所本。

④ 《宋史》卷二九四，第9819—9820页。

聂氏是宋代歙州望族，聂冠卿本人进士及第，仕宦显达，在朝野颇有声望。聂冠卿家族发展中的一个关键人物是五世祖聂师道。此人在唐末五代以道术知名，获吴太祖杨行密尊崇，受封"问政先生"。关于聂师道早年事迹，据《新安志》卷三：

> 问政山在县东五里。唐有于方外者，自荆南掌书记，弃妻从太白山道士学养气之术，周游五岳名山。时从弟德晦为歙州刺史，方外来访之。德晦为选胜筑室于此，号问政山房。县人聂师道少事方外，后入吴为国师，因号问政先生。①

以上叙事应本于杨吴顺义年间立石的《问政先生碑记》。②于方外事迹别无可考，至于上文所记其从弟于德晦，实为于涛之误。③《新安志》卷九《牧守》载于涛家世、生平曰："宰相琮之侄，授泗州防御使、歙州刺史，佐淮南杨行密为副使。"④由此可知，于方外出身京洛衣冠之家，唐末随其弟寓居歙州。聂师道少事于方外，从其学道，承其衣钵。此后政治上的发迹，可能也与于方外有关，因为于涛曾为杨行密副使，两人很可能很早便结识。虽然聂师道并非以文进用，但他在杨吴政权中获得的政治地位，无疑为家族在此后的发展奠定了基础。及至宋代，聂氏迅速跻身当地士人家族

① 罗愿：《〈新安志〉整理与研究》，萧建新、杨国宜校著，黄山书社，2008，第86页；另参张君房编《云笈七签》卷一一三下，中华书局，2003，第2509—2510页。

② 参赵绍祖《安徽金石略》卷二"杨吴问政先生碑记"条，收入《赵绍祖金石学三种》，黄山书社，2011，第21页。

③ 《十国春秋》卷一四《聂师道传》："唐末，于涛为州刺史，其兄方外为道士，结庐郡南山中，师道往事之。"（中华书局，2010，第179页）按于德晦任歙州刺史在大中十一年，此后转任杭州、同州，当以《十国春秋》所记为是。于德晦事迹参《唐尚书省郎官石柱题名考》卷四，中华书局，1992，第252—253页；《唐刺史考全编》，第2123页。

④ 《〈新安志〉整理与研究》，第305页。另，崔致远《桂苑笔耕集》收有《泗州于涛尚书》《请泗州于涛尚书充都指挥使》两件公文（中华书局，2007，第266、416页），正可与《新安志》所记相印证。

行列，自聂冠卿之父以降，祖孙四代人均是进士及第。①在聂氏的发展历程中，早期与唐代邑客的接触是非常关键的一环。

更具典型意义的是梓州严氏与涂氏的事例。唐元和年间，监察御史元稹上书弹奏前剑南东川节度使严砺，奏状中称：

> 严砺擅籍没管内将士、官吏、百姓及前资寄住涂山甫等八十八户，庄宅共一百二十二所，奴婢共二十七人，并在诸州项内分析。……前件人等，悉是东川将吏、百姓，及寄住衣冠，与贼党素无管属。……谨具如后：梓州刺史、检校尚书左仆射兼御史大夫严砺，元和四年三月八日身亡，擅收涂山甫庄二十九所，宅四十一所。……砺本是梓州百姓，素无才性可称，久在兵间，过蒙奖拔。……移镇东川，杖节还乡，宠光无比，固合抚绥黎庶，……内荣乡里。而乃横征暴赋，不奉典常，擅破人家，自丰私室。访闻管内产业，阡陌相连，童仆资财，动以万计。②

文中列举了东川节度使严砺擅自抄没"前资寄住"涂山甫等人家产的诸般劣迹。我们知道，严砺是梓州土著居民，与前任节度使严震同宗，"世为田家，以财雄于乡里"，③文中也称其为"梓州百姓"，"久在兵间"云云。虽然后来因缘际会，官至节度使，从社会面貌来看，严砺更接近土豪。处于其对立面的涂山甫，则是"寄住衣冠"。此人至少拥有"庄二十九所，宅四十一所"，看来也家资颇丰。从元稹状文中的统计来看，在被严砺抄没家产的诸人中，涂山甫蒙受损失最重，因此被作为其中代表单列出来。这透露出作为土豪的严氏与邑客涂氏两家之间积怨已久。

严、涂两家此后的命运如何呢？唐代文献中再未提及，不过值得庆幸的

---

① 除聂冠卿外，聂氏一门进士及第者有其父聂致尧、子世卿、孙武仲、曾孙循矩，见《〈新安志〉整理与研究》，第240页。

② 元稹：《元稹集校注》三七《弹奏剑南东川节度使状》，周相录校注，上海古籍出版社，2011，第977—982页。

③ 《旧唐书》卷一一七《严震传》《严砺传》，第3404、3407页；另参松井秀一《唐代前半期的四川——律令制支配与豪族层との关系を中心として》，《史学雑誌》71（9），1962。

是，在宋代文献中还有迹可循。据南宋初李石《涂勉仲墓志铭》：

> 按《元稹传》载，严砺节度东川，没入居民涂山甫等八百余家田产、奴婢，为稹所劾。砺与山甫皆东川人，岂有怙用其势以暴其乡之人如此？盖以素仇所私，非一日耶？今涂氏、严氏皆为梓望姓，两家阡陌相接如昔时，而诗书家法，叶叶相与通姻娅甚欢。涂出山甫，而严出砺，无疑也。……夫中江涂勉仲者，娶严氏，两家有佳子弟，多从余游，而勉仲尤厚者，勉仲之弟端卿于余为同年进士，而勉仲两郎：曰森、曰柄，亦得以藉口意爱，如通家骨肉。[1]

文中认为涂氏在唐代便已与严砺为"乡人"，这自然不确。但值得注意的是，及至宋代，涂氏确已与严氏并列为梓州"望姓"，"两家阡陌相接"，子弟积极读书应举，彼此间"相与通姻娅甚欢"，"如通家骨肉"。严、涂两家在宋代当属于典型的地方士绅家族。由此可见，历经漫长的社会变迁后，唐代籍分土客、彼此争斗不休的严氏与涂氏最终消泯恩怨，随着社会面貌的趋同，两家间的关系也主要呈现出相互扶持、协作的一面，这也符合宋代士绅家族的典型特征。[2]涂氏与严氏的发展路径应具相当典型性，代表了一部分邑客与土豪家族共同的历史归宿。

以上举证无疑是挂一漏万的，在对宋代文献尚未作全面梳理的情况下，就此展开讨论是一项冒险的尝试。但相信这里至少揭示出唐宋之际精英转型的一个重要面向：伴随着唐王朝的覆灭，两京一带化为戎区，不少侨寓士人家族在唐末五代经历了土著化的进程，在此期间，土、客精英人群发生融合，身份鸿沟也终归消弭。

---

① 李石：《方舟集》卷一五，《景印文渊阁四库全书》第1149册，（台北）商务印书馆，1986，第706页。

② 参Robert Hymes, Statesmen and Gentlemen: The Elite of Fu-chou, Chiang-his, in Northern and Southern Sung, pp.91-113；伊原弘：《宋代明州における官戸の婚姻関係》，《中央大学大学院研究年報》1，1972；黄宽重：《宋代的家族与社会》，第111—125页；邓小南：《北宋苏州的士人家族交游圈：以朱长文交游为核心的考察》《龚明之与宋代苏州的龚氏家族：兼谈南宋昆山士人家族的交游与沉浮》，《朗润学史丛稿》，中华书局，2010。

结　语

最后将本书要旨梳理、简括如下，并略作申说。

一

作为乡里社会领袖的士人阶层，在隋唐之际开启了一段"中央化"的转型历程。这是理解唐代士人生存处境的起点与前提。但"中央化"并非一蹴而就，而是有一个渐进的历史过程。本书第一章以江南地区为例，将士人与乡里社会的关系置于南朝历史脉延下，探讨了唐前期士人家族形态的变化。研究表明，在唐初盘桓乡里的江南士人绝不在少数，尤其润州等地，以婚姻、宗教等为纽带而形成的社会关系与家族网络长期存续，南朝士族后裔仍维系着作为地方社会领袖的地位。不过结构性的变化也在潜移默化中发生，至唐玄宗开元、天宝之际，江南士人大多完成了向两京的迁徙，其余盘桓乡里者，多湮灭无闻，六朝以降的旧秩序始宣告解体。

以"安史之乱"为界，此前聚居两京一带的士人家族，转而迁徙、侨居地方州县。这类侨寓士人，即唐代文献中的"邑客"，是本书二、三两章的研究对象。邑客广泛分布于地方州县，他们以既有亲故关系为依托，与地方官员形成交游—庇护关系，由此构筑起盘根错节的人际网络。这种精英网络的存在，为侨居生活提供了有力支撑，堪称一种隐性的社会机制。在侨居地，因地利之便，邑客大多出任藩镇体制下的使府幕职、州县摄官等职务。由于不经吏部铨选，在这种地方化的策略下，士人避免了迁转四方的宦游生活，得以长期定居一地，从容经营地方产业。与此同时，他们也能参与地方政治，维系"以官为业"的士人身份。

在唐前期"中央化"的大潮下，伴随着从乡里到两京的空间迁移，士人社会关系与身份认同也随之朝向"中央化"转型。从主流取向来看，唐代士人始终"情贵神州"，以两京为认同所系。唐后期，不少士人家族虽重新活跃于地方州县，甚至世代经营、保有地方产业，但即便终老侨居地，他们大多选择归葬两京祖茔。在侨居地，士人家族有自身封闭的交游、婚姻网络，与本地居民鲜有交集。即便在战争、动乱中，也鲜见士人组织、领导的地方自卫力量。这些迹象表明，侨寓士人并未真正融入地方社会，他们无意（或无力）重建共同体式的乡里关系。

整体而言，有唐一代，士人阶层呈现出疏离于地方社会的异质性与寄生色彩，唐人所言"里闾无豪族，井邑无衣冠"，确是对自身所处时代的深刻体认。

二

唐代社会是否存在近世那种士绅型地方精英？这是学界研究中一个悬而未决的问题。在前人研究基础上，本书四、五两章进一步探讨了唐代地方精英的基本形态。

唐代前期，以乡望、耆老为代表的有力人户构成了地方精英的主流。这类地方人群主要充当州县佐史、里正等流外杂职、杂任，虽然也借此获得了种种非正式的经济权益，但在律令体制下，其活动空间终究是有限的。唐后期社会中，同时并存着两类精英人群：一类是著籍两京而侨居地方的士人，与之相对的土著精英，则涵盖军将、胥吏、地主和商人等群体，史料中往往称之为"土豪"。伴随着唐后期地方治理体系的变革，地方精英普遍与藩镇体制紧密结合。

本书第五章选取军职胥吏与军职商人两类人群，考察了地方精英与藩镇体制的关系。所谓军职胥吏，指以军将身份负责基层民政事务的胥吏。在晚唐五代的基层治理体系中，藩镇多采取"因地制宜"的策略，将地方土豪吸纳进入体制，赋予其军将身份，进而以此为媒介，将国家权力有效渗透到基层社会内部。以筹措军饷为名，中唐以降，各地藩镇普遍设立回图务等机构，从事商业经营性活动。回图务任职者大多拥有军将身份，组织形态也接近于藩镇其他差遣类事务。另一方面，回图务与"行商坐贾"的民间商业经营方式并无二致，且任职者呈家族亲缘性特征。以此为契机，大批民间商人拾级而上，挂籍军府。在藩镇体制下，地方获得了相对独立的权力运作空间，各类地方精英得以寄生其间，获得各类官僚、准官僚身份，这为其产业经营活动提供了诸种便利。从这个意义上说，除作为国家统治机器，藩镇也是一种对不同阶层、职业人群起到整合作用的社会机制。

以胥吏、军将、商人等为主体的唐代地方精英，其整体面貌明显有别于同期士人阶层，在乡里社会中扮演的角色，也与宋以后的地方士绅相去甚远。可以认为，随着汉魏六朝乡里秩序的解体，唐代并未形成一个以在籍士绅为主体、内生于乡里世界的精英阶层。

三

邑客大批涌入地方州县，对地方秩序产生了怎样的影响？邑客与土豪，这两类精英人群在此后又经历了一番怎样的蜕变呢？

本书六、七两章的研究表明，围绕着诸项社会资源，邑客与土著居民间关系并不融洽。士人在地方的经营活动，不可避免地触及了土著居民的利益。而围绕州县摄职、赋役蠲免等，土、客精英更是展开激烈竞争。邑客因官僚体系以及亲故关系的荫庇，在资源分配中往往居于优势地位。这种士—民、土—客关系格局，是中晚唐社会的深层矛盾之一，唐末民变频发，而尤以南方诸州为甚，与这种土、客杂居的社会结构存在紧密关联。

因艳羡士人的身份特权，或企慕衣冠文儒之风，在晚唐江淮地区，土豪百姓往往"诈称门族"、伪冒衣冠。在唐朝官方与士人看来，这一趋势动摇了既有身份秩序，更影响了赋役征发，因此一度遭到严厉禁断，晚唐的"衣冠户"申禁政策即由此而发。不过，伪冒、仿习也伴随着自身社会面貌、身份认同向对方趋近。以此为契机，两类人群不可避免地发生了交流、融合乃至同化。另一方面，伴随着唐王朝的覆灭，两京一带沦为戎区，士人所依托的国家体制与家族网络顷刻间化为乌有，大批邑客家族不得不走上土著化的道路，以另一种形态存续下来。

将视野延伸到宋代，土、客精英人群在社会形态、文化面貌上的差异逐渐消解，身份鸿沟也最终消弭。因此，很难说唐宋之际的精英转型是一次彻底的"新陈代谢"，即便在此期间出现过某种变革，就地方层面来看，也是在断裂与延续彼此交织中发生的。如果将隋唐之际士人的"中央化"，视为一次与地方社会的"大脱嵌"（great disembedding），那么唐后期士人自两京迁徙、侨寓地方，进而在唐宋之际完成土著化，则是一次朝向乡里的回归与重生。在此，历史似乎完成了一次循环。

附录一 《大唐润州仁静观魏法师碑》录文

说明：1. 以下据《北京图书馆藏中国历代石刻拓本汇编》（中州古籍出版社，1989—1991，第16册，第63—64页）所收，以及京都大学人文科学研究所藏（http://kanji.zinbun.kyoto-u.ac.jp/db-machine/imgsrv/takuhon/type_a/html/tou0609a.html）两种拓片录文。

2. 拓片漫漶、损泐处，据《江苏通志稿·艺文志》（《石刻史料新编》第1辑第13册，台北：新文丰出版公司，1982，第9517—9524页）、《道家金石略》（文物出版社，1988，第64—67页）两家录文补入；个别疑难文字，诸家录文皆误，则据笔者实地勘察所见径改；无法辨识处以□表示；异体字回改为通行简体。

（碑阳）

　　大唐润州仁静观魏法师碑并序　　中书右史兼崇文馆学士安定胡楚宾撰　　清河张德言书　　东海徐秀昉镌」

　　原夫有物混成，分两仪而造天地；不言冲用，廓四序而运阴阳。为无为，事无事，是谓玄德，其善人之宝乎！自二皇之化不追，六辩之游罕嗣，舞利剑者矜情，逸于盗夸，乘驷马者寓心，忘于道进。遂使」苍璧在玩，昆仑之珍非重；玄珠已沉，罔象之求何获。若乃妙□悬解，深体至精，韫大白之高量，步中黄之前轨，悠然配极，邈天古以为邻，澹乎养空，清谷神而内保，得忘荃于真宰，抑有仁静魏法师欤！」法师讳降，字道崇，其先任城樊人也。稷林启构，元功迈于五臣；程树疏基，宗盟流于百代。复侯开兆，既叶车马之占；和戎受赐，且谐金石之响。信陵之名驰列国，降礼夷门；高梁之鉴极知人，延荣誓」岳。岂止据河按部，入于贤臣之传；浮江树勋，显于中兴之录。灵根所以增蔚，弈叶所以联华。曾祖允，梁安城王国侍郎。侍竹苑而影缨，照通梁月；游兰台而奉笔，声迈楚风。谈诗茂醴席之恩，摛赋轶」梦田之赏。祖迁，陈长沙王国将军。有大树之英略，司前茅之重任，维城所以式固，磐石所以载隆。考翔，隋奉信员外郎。雅量川渟，伟材山巖。许宵翔凤，既骞巢阁之仪；孔门馈鲤，终有过庭之训。法师」禀乾和之粹气，含岳镇之英精。蘅驭本良，载产滇池之曲；木难素美，重生郁浦之滨。肇自弱龄，夙称神骏。松飙激吹，入虚室以凝凉；桂魄分辉，照清襟而动色。翦羁伊始，慕道知归。栖真而会六通，克」念而捐三业。居然夷静，不杂嚣尘。甫及冠年，心迹逾厉。严君有命，将择嘉姻。法师志在不羁，情敦无想，眷言畴昔，鄙德耀之齐眉；及此恭闻，类许由之洗耳。遂拂衣高蹈，托于茅山之观焉。有徐昂法」师，道门领袖。一从投刺，爰事服膺，凡厥学徒，特推英妙。属炎精乱象，巨浸横流，蛇豕荐食，豺狼当道。昂师游方逃难，历涉名山，法师舆轿担簦，陪奉退路。虽复天台幽旷，罗浮超远，青溪阒景，紫盖凌」烟，莫不蹑蒙笼以迅驱，践莓苔而直指。霑霜沐露，极万里而忘疲，越壑逾岑，周十年而匪懈。太素上清之法，三景八会之文，咸就昂师，备皆餐受。昔紫云在瞩，关尹得其常名；玄门斯登，道陵探于秘」箓。拟伦往载，异轸同归。既而圣历权舆，率土宁晏，驾言负笈，旋迹首禾①，复与昂师同还茅岭。昂师遍游五岳，总石笥之真筌，傍察九宫，得琅函之宝契。餐霞漱日，神王中岩，业行高远，声闻」　辇毂。贞观九载，被召入京，太宗嘉而悦之，于内道场供养。每屈峒山之驾，屡宣汾水之游，亲问昂师，询求上足。师云："有魏降者，精苦绝伦，冲退守一，当今莫二。"　　先朝钦承道行，有裕宸襟。累降皇」华，征赴天邑。法师偶踪青领，叶契沧洲。确操不杖之心，固全长往之节。　　朝旨重违其愿，

---

① "禾"，原拓此字漫漶，《道家金石略》，《全唐文补编》皆录作"乐"，《缪荃孙全集·金石》作"采"。今按《淮南子·谬称训》："夫子见禾之三变也，滔滔然曰：'狐向丘而死，我其首禾乎！'"高诱注："禾穗垂而向根，君子不忘本也。""首禾"犹"首丘"之意。

乃亦优而允之。由是蒙度出家，配居谁[谯]山之仁静观。此观东瞻环海，抃鳌灵浦濧其隅；西望钟阿，蟠龙秀岳」纡其表。南则平皋极目，郊野云蒸；北则长江无际，波澜雾杳。实卜居之胜境，固棲闲之福地。但以厥初缔构，多历年所，乱离瘼矣，栋宇焚如。薬宫遗迹，久烬夷陵之火；莲座余基，永泣胥台之露。岩扉」涧牖，示（？）免风霜。法师亦既来仪，聿怀兴复，因万方之无事，恻九仞之亏功。经启全摹，范围崇阯。原陵文杏，入彫梁而迥亘，岱岷贞松，分绮櫨而间植。修廊宛转，两耀回薄于棼楣；复殿阴岑，四时隔碍」于簾幌。金颜俯映，似窥光碧之庭；珠帐傍垂，疑迳泰丹之室。非夫思通神域，将孰臻于此哉！郁彼洞天，实称宝地。列真所馆，惟帝下都。法师畴昔隐沦，是焉游憩，迄于永久，无革登临。尝以一朝诣于」方隅仙穴，于穴之际，遇猛兽焉，跪奉法师，出居于外。俄而危峰之上，数石俱倾，兽又奉师旋于本次。岂非至德冥感，神灵所扶。法师动静怡然，音容自若，孰与夫探鲠无惧，循槛不惊，可同年而语矣！」天皇纂戎当宸，执契凝图，怀柔百灵，体合三大，凡厥真仙之府，咸崇望秩之规。总章二年，诏于茅山修福，精禋茂典，并委于师。 天后又降殊恩，赐山水纳帔一缘。回绮文于星杼，绚宝饰于云衣，」悠悠往初，未之有也。方谓天心辅德，神道福谦，随大椿而不凋，比仙松以俱茂。岂意少微之象，奄属辰巳之期。粤以上元三年六月六日，忽有异香满室，佳气充庭，合观相骇，惊其所谓。师乃晨兴沐」浴，匡坐凝怀，命诸弟子而谓之曰："仙官见召，吾其往乎。"有顷之间，溘然迁化。春秋八十有二。颜色不变，屈伸如常，道俗瞻奉，哀感行路。即以其月十三日，安厝于观西南之马迹山。远近攀号，人将万」数，擗标哀送，凌蔽山原。于时朱明驭辰，赤熛驰景，灵舆将发，深虑烦歊。其日乃阴云翳天，凉风拂野，区宇澄肃，宛若高秋。固知吉人云亡，又亦幽明感应。先是，茅山高顶，每有三白鹤焉，方事之殷，鹤」乃届于坟所，敛翼来下，疑接王乔之仙，投足哀鸣，似切子安之逝。非夫精诚所达，罕或异类衔悲。时众观瞻，莫不悽叹。惟法师立身制事，惩邪屏慝，以聃、周为师范，以巢、务为宾朋，处顺安排，不扰于」俗。阴阳纬候，河洛图书，九门开闭之占，五色死生之变，常善救物，匪替于心。犹山宗之括众材，若谷王之纳群派。鼎俎弗用，恒以松桂为资；钟廪所积，务供藜藿之士。是故邦君藩后，拥彗轼闾，莫不」仰止高山，盈量而返。武陟公李厚德、范阳公卢承庆、驸马都尉乔师望等，并以懋功明德，作牧朱方，闻风致礼，披云投谒，饥渴道味，极师资之敬焉。其余鼓箧抠衣、升堂坐庑者，先进后进，千有余人。」寔所谓明白四通，含德之厚者矣！惜乎黄金难化，青石遽湮，葛陂之杖不归，叶县之棺俄远。依依宿草，洒晨露而增凄；寂寂修杨，吟寒飙而自咽。犹子道士元昶，弟子胡思简、桓文祭、萧弘楷、生文义，」门人赵志冲、徐文珞、祁行则、魏法恽、张文礼、朱玄爽、石忍等，并夙承教义，恭陪善学，把隆而得宝，循往化而凝哀。同气相求，扬言于众曰："夫惟天为大，日月有盈亏之道；谓地盖广，陵谷有迁谢之」期。不镂迹于丰碑，何著芳于神理？盍旌故实，用表德音。"丹徒魏行斌，我之自出，法师曩昔，情深宗眷，感惟永往，须余制文。诚则不材，岂忘从众，式陈无愧，乃作铭云：」

大满若冲，其用不穷。善成善贷，玄妙玄通。希微韫德，橐籥齐功。不有藏往，谁其执中。粤若倚人，承家济美。分枝程树，植根丰芭。文武叠迹，惠昭方轨。高平建侯，剧阳封子。妙年体迹，远志凌虚。祥室攸」保，灵山是居。丹房受契，紫遗探书。春园梦蝶，秋水观鱼。运属屯蒙，时婴版荡。逖矣遐逝，超然长往。建木南登，元天北上。发明六气，牢笼万象。 帝图首出，辩驭来归。复开黄冶，还临翠微。案有」新牒，门余旧扉。萝承野带，薜入岩衣。迹晦道彰，身幽誉显。服心蒋径，驰名汉辇。 严绋载流，聘车遥践。凿坏（坯）贞遁，高踪悠缅。特纡 芝检，式耀莲冠。珠宫养素，金灶还丹。疏廊烟极，架牖云」端。福基弘启，真相闲安。旷望仙台，逍遥洞府。感通殊类，祥超复古。导引三光，蠲除十苦。企景波属，钦风星聚。凤京斯远，鸿装不留。朝骖度隙，夜壑迁舟。牝谷长晦，骞林遽秋。悲深黄鹤，望断青牛。锵楚」挽于通郊，拂危旌于迥甸。陇沉沉兮出没，山苍苍兮隐见。凝云愁而拱木阴，垂露泣而平芜变。庶陵夷兮海竭，邈玄风以孤扇。」

（碑阴）

维大唐仪凤二年岁次丁丑十一月己未朔十五日癸酉树碑。谨录门人、男女弟子及舍施檀越等人名如左：

（第一列）

前扬州长史殷雅　前瀛洲清苑县令魏鸎　处士韦道惠　处士张通　前丹徒县录事韦士元　护军韦子容　上柱国魏孝孙　前江宁县博士魏瓒　江宁县助教六品子魏士贤　杭州法师张奉昭　法师武法藏　杭州法师许文旻　雍州道士麴元敬　雍州道士李琛　沂州道士王仕开处士魏法奘　上骑都尉魏仪　处士魏士亮　魏法朗　沂州道士咸明解　法师任元秀　处士魏士亮　处士魏法奘　魏难敌　魏阿耨　魏子游　张法诠　韦子嵩　上护军孙道从　轻车都尉孙道通　尼明进　尼华净因　魏法朗　上骑都尉魏仪　六品子魏令孙　六品子魏豪孙　六品子魏满孙　通真观道士石道智　弟子石惠讪　弟子冷孝彻　尼明彻　尼陈令妍

（第二列）

仁静观　道士夏文昌　道士查孝辩　道士华文荣　道士钟离智威　道士曹文藏　道士高德弘　道士何法智　道士陈元坦　道士孙元宠　道士张文礼　福堂观　道士荣智徽　道士吴智旷　道士谢法安　道士吴宝圆　道士曹智瑜　道士荣法该　道士张法灉　道士来弘彦　道士陈智珧　道士吴怀表　洞清观　道士任智颙　道士桓文发　道士马元楷　道士戴玄楷　道士彭文广　道士师文□　道士韦道恭　道士华元静　道士张公喜

（第三列）

茅山华阳观　道士徐文珞　扬州通真观　道士桓敬真　希玄观　道士祁行则　道士辛智感　道士倪玄敏　云阳观　道士桓文祭　道士贲伯仁　道士弘法隆　道士褚德冲　道士环法安　道士陈法奘　道士朱法玮　庆林观　道士魏法璀　道士徐公项　道士袁法谟　道士陈彦藻　道士葛法静　道士□法筠　道士谭德俨　道士虞法达　道士居明建　道士公孙法豪　道士王道简　精舍观　道士禹子琳　道士陈（？）法详　道士吕法达　道士张彦容

（第四列）

海陵乐真观　道士朱玄英　道士石法忍　道士孙法拟　道士杨文稜（？）道士王玄真　道士刘法顺　福基观　道士王法雅　道士周法端　道士张法建　道士夏惠才　道士司徒法彦　道士谭法珉　道士王惠頵　道士陈文靖道士伍道隆　崇玄观　天师属蜀郡繁县都乡上移里十五代孙张文礼　男绍仙　男道彦　男道颙　男道嵩　扬州海陵县习真馆　女官冷法度　女官陈法琳　女官王净贤　女官陈伯胜　女官马妙妍　女官夏法喜　女官高静真

（第五列）

广济馆　女官魏净敏　女官倪法端　女官武妙姝　女官魏法泉　女官魏法静　女官朱法顺女官魏法真　女官魏法成　女官武法宣　女官魏法俨　女官魏智修　女官魏智暹　女官夏净琭　女官魏法惠　女官徐法敬　女官朱令修　女官万法端　女官丁静修　女官朱法秀　女官陈敬谨　女官许智暹招真馆　女官谭法□　女官□玄习　女官吴真妃　女官□道胜　女官吴令瑶　女官张法登　女官吕法宠　女官孔令韶　女官俞法□　女官张明贵

（第六列）

舍真馆　女官萧法瓊　女官李法静　女官徐玉娘　女官倪法要　女官萧法瓌　女官莫法果　女官萧惠娥　女官徐令姿　女官徐令容　女官张法姬女官莫宝明　女官袁罗妃　女官何净意　女官王丽姿　女官徐镇娘　女官来静敏　女官倪法瑛　女官刘静□　崇真馆　女官生净□　女官□□□女官生净贤　女官陈道姬　习真馆　女官严净姬　女官武令端　女官□法进　女官葛道擎　扬州福习馆　女官朱法胜　女官赵志□　女官嵇宠

（第七列）

齐乡馆　女官桓法舍　女官张惠静　女官孙智辩　女官桓文傅　女官桓文俨　女官蔡惠丰　女官王净斐　女官周元禺　女官虞净真　女官许擘姬女官王惠逖　女官朱令丰　女官王令姬　女官□仲颖　女官虞□响　女官

王法言　女官王净姬　女官温明梵　女官虞妙慈　女官王净询　女官夏净颋　女官夏□□　女官□惠成　女官夏净琰　女官谢真智　女官虞净敷　女官朱法瑛　女官陈净婉　女官徐净敷　女官张净玉　女官郝法妍　女官嵇净辩

（第八列）

上善馆　女官任法真　女官唐忠　真女官高妙奇　女官皇□□　女官任伯□　女官任净□女官唐道隆　女官皇法宣　女官孙道容　女官茅知□　女官皇玄静　女官皇道本　女官谭妙贤　女官孙法伦　女官冷定婉　女官郑道端　女官谭妙容　女官丁令姿女　官董令谂　海陵建乡馆　女官张志辩　女官王善惠　女官戚净行　女官许法胜　女官杨净真　女官杨智胜　女官成令识　女官徐法爱　女官徐法伦　女官徐惠津　女官曹明姬　女官王法伦

（第九列）

前□□司户参军事魏高　前括州括苍县尉魏仕颢（？）　安定胡楚妃　越州诸暨县尉魏德文　前豪州司法参军魏锵　前苏州吴县丞杜安仁　守润州谯山戍主解建威　将仕郎魏修　文林郎魏智□　将仕郎魏德显文　林郎桂元庆　文林郎杜怀贞　上柱国魏太平　上柱国魏孝礼　骑都尉魏德礼　上柱国任雉　上轻车都尉生仕贵　护军高道胤　上骑都尉王贵郎　骑都尉任文彦　上轻车都尉皇法明　飞骑尉皇法恭　骑都尉朱孝叔　骑都尉朱法伦　上柱国冷君牙　云骑尉桑甃头　飞骑尉田伯达　武骑尉殷小妹　骑都尉殷法珉　女官周道暹　女官朱妙能　女官□法果　女官任妙玉　上骑都尉萧文强　上护军胡党子　骑都尉萧思郎　云骑尉魏孝□　前六合县令魏□越　飞骑尉贾贵儿　骑都尉贾孝俨　祭酒陈文干　骑都尉胡行德　前湖州武康县令胡智辩　上轻车都尉周仕豪　上骑都尉许殷师　骑都尉徐仕贵　文林郎魏子彦　前新兴乡博士魏长兴　文林郎徐孝敬　上骑都尉魏智攒　江宁博士魏道威　上柱国倪惠常　上柱国柳文荡　上骑都尉孙郭和　弟子查孝则　弟子生道昶　上骑都尉高贵生　骑都尉朱伯宠　骑都尉魏文旷

（第十列）

马墅村　马□□　邹文　王元畏　邹僧儿　邹通儿　萧冲　生孝恭　萧仕元　萧仕恭　萧仕达　生仕诠　生仕信　生文宠　夏侯文招　高法朗　王文强　高惠喜　龙讚公　柳树儿　何玄敞　萧泰　胡道弘　胡道开　高尚儿　萧智诠　孙孝谦　倪伯琭　萧孝进　高孝详　夏文朗

（第十一列）

唐村　朱走　妻冷五娘　来弘礼　朱□表　朱弘通　朱□秀　朱公喜　朱兴贵　朱兴将　朱兴玉朱智才　朱仕怀　朱义任　元崇　皇客僧　义门孙难　孙含　孙和　孙黄头等　里正范娘子　里正王君礼　里正王秀才　里正严仕弘　里正颜孟孙　倪文豪　夏侯郡　里正萧孝辩　檀绍基　王伯胤　王子干　高叶儿

（第十二列）

唐村　任辩　任荣略　任进郎　任开宗　任擎手　贾妙朗　胡敬娘　贾昌蒲　贾仕诠　贾仕怀　皇法达　皇孝静　皇孝则　任孝卿　皇文通　周剴　任宝　皇知礼　东武村　朱黯　朱法超　朱法真　朱法达　朱法荣　朱公养　朱子琳　朱子强　朱子荣　朱贵成　黄援子　冷要娘

（第十三列）

桑村等　张冲儿　冷干　□顺礼　□孝则　樊孝仁　樊孝怀　王喜郎　桑宝琮　桑槌头　陈绍进　桑莫道　桑贵郎　张□儿　王佛养　桑彪儿　与仕英　陈孝辩　桑婆养　桑砍儿　桑罗逻　葛村　宦定可　冷元霸　冷仕瑜　桂丰郎　葛仕侃　葛仕荣　陈政则　陈君勇　葛仕恭　贾子辩　王伯琳

（第十四列）

僧法贵　僧道璧　僧智造　僧昙椿　义宁村　殷文亮　殷成宗　田俱达

殷道现　殷侍　许郡　殷珧　殷敬　殷鸞　殷□□　殷文建　殷孝谦

卜子华　殷法珉　徐智强　殷贵　殷养　殷逻儿　殷惠仁　田俱进　钱豪

任宝立　任子超　任元凯　张镇州　冷仕彻　刘智伾　萧君业

（第十五列）

北乐村　魏子直　魏公果　魏师寄　魏元徽　魏荣　魏合孙　魏元歆　魏

树提　魏智澄　魏智训　魏孝端　魏子玚　魏运　魏孝裕　魏孝表　魏孝

宝　魏标　魏伯楷　魏孝辩　魏道暹　魏伯停　魏绍祖　武孝义　魏德贤

魏孝登　魏孝轨　魏仕干　魏仕儿　张桃公　田伯开　殷昂　皇文宠

（第十六列）

徐聪娘　魏伯媚　魏乐娘　魏净停　涧壁村　颜孝轨　唐孝弘　周乌目

徐君义　纪惠文　戴意郎　禹山村　夏孝绍　上柱国纪伯玫　华文绪　颜

孟德　夏都儿　女人高娘子　李丰　夏侯叔　柳胤宗　柳贵郎　王端娘

纪道超　上柱国纪道副　纪道成　上柱国纪道进　纪道起　纪道琛　刘喜

颜道强　周大乐　石匠满通

（第十七列）

徐公羡　倪叔儿　查孝通　查孝敬　萧弘昱　萧弘景　彭遍宗

（碑右另行补刻）

魏道成　□□□　魏玄靖　魏元颗　魏绍叔　魏绍业　青州乐安任隆

（碑左另行补刻）

上骑都尉高惠难　飞骑尉胡元凯

附录二　"清流"之外
——中晚唐长安的"非士职"官僚及其家族网络

引言：清与浊的光谱

中晚唐社会是一个急遽转型的时代，发端于政治、经济领域的诸项变革，重塑了资源分配与社会流动的基本规则，进而对人群身份秩序产生了一系列深刻影响。在此期间，都城长安作为四方辐辏、新旧交替的历史舞台，堪称观察时代变局的理想地域样本。

唐代长安研究的学术积淀堪称深厚。自清人徐松以降，学者对其间宫殿、衙署、坊市、寺观等都市景观开展了细致的考证与复原，近年来在都城社会史研究中，学者利用新出碑志也做过不少别开生面的探讨。①随着研究持续推进，新史料不断刊布，唐代长安的空间构造与社会运作的诸多细节已变得清晰起来，考察其间人群互动关系与深层社会结构逐渐成为可能。

以"安史之乱"为界，长安社会究竟经历了怎样的变化？前人研究为我们提示出一些重要线索。陆扬近年揭橥"清流文化"的概念，认为以中晚唐长安为中心，出现了一批以"文"的理念为共享价值，以进士出身、词臣履历为身份标识的政治文化精英——清流群体，他们塑造的政治文化深刻影响了晚唐五代至宋初的历史进程。②这项研究为理解中晚唐社会提供了一个新视角，成为近年颇受瞩目的学术议题。

---

① 详参荣新江、王静《隋唐长安研究文献目录稿》，《中国唐史学会会刊》第22期，2003；近年研究进展，参徐畅《对近年来唐代区域史研究的概览与思考》，《中国社会历史评论》第17卷（上），天津古籍出版社，2016。

② 陆扬：《唐代的清流文化——一个现象的概述》《论唐五代社会与政治中的词臣与词臣家族——以新出石刻资料为例》，均收入《清流文化与唐帝国》，北京大学出版社，2016。

观察中晚唐长安社会，清流士人及其家族确是个不容忽视的群体。在个案研究中，学者已注意到中晚唐部分士人家族依托科举体制，在政治、经济资源分配机制中居于优势地位，进而在京师营置宅第，世代定居。这批科举精英的确呈现出某些新的风貌，如他们往往在郡望、房支之外冠以所居京城里坊，作为新型门第标识，诸如靖恭杨家、新昌杨家、修行杨家、靖安李氏等，[①]均堪称晚唐清流文化的典型家族。

按照陆扬的界定，清流是一种"依托社会想象与政治成功双重力量"而生成的精英群体，这显然是基于政治文化视角的人群分类方式。在处理本文相关问题时，笔者更愿意将"清流"理解为光谱的一极，即人群社会面貌的一种"理想型"（ideal type）。立足社会史视角，可以进一步追问的是，清流所从属的社会阶层是怎样的构成？他们与同阶层中其他人群的边界何在？边界的外缘是哪些人？处于对立面的又是哪些人？循着这些问题思考，或可窥见唐后期身份秩序更为复杂、多元的光谱状形态。

研究表明，清流文化的代表——唐后期进士及第的高级文官，大多出身久沾宦绪的官僚家族，甚至汉魏以降蝉联冠冕的旧士族。[②]他们门第虽有高低、新旧之别，但都可以归入广义士族（士人）的行列，唐代文献中例以"衣冠""士流""仕家"等指称之，甚至过去被认为代表新型社会身份的晚唐"衣冠户"，据近年研究，主体其实仍是这一社会阶层。[③]因此，在思考唐后期清流文化的兴起这一现象时，首先应明确历史主体所属阶层的整体属性。

在唐前期的"中央化"浪潮中，为仕宦便利计，士族大多自乡里迁居两

---

① 参梁太济《中晚唐称坊望的风习》，《梁太济文集·史事探研卷》，上海古籍出版社，2018。靖恭杨家，参见王静《靖恭杨家——唐中后期长安官僚家族之个案研究》，《唐研究》第11卷，北京大学出版社，2006；新昌杨家，参见徐畅《白居易与新昌杨家——兼论唐中后期都城官僚交往中的同坊之谊》，《中华文史论丛》2021年第4期。靖安李氏，见《旧五代史》卷一〇八《李鏻传》，中华书局，1976，第1426页。对晚唐清流家族的个案研究，还可参考张蓓《唐中后期的官僚家族与科举——对孙逖家族的一种考察》，《江西社会科学》2015年第6期。

② 参毛汉光《唐代大士族的进士第》，《中国中古社会史论》，上海书店出版社，2002；吴宗国：《唐代科举制度研究》，北京大学出版社，2010，第238—241页。

③ 参顾成瑞《唐代"衣冠户"再议》，《史学月刊》2018年第4期。

京一带,长安城中的里坊成为其萃居之所,[①]这也是理解唐代社会结构变迁的一个起点。不过这一情形在"安史之乱"后发生了变化,士人阶层内部出现了显著的社会流动与分化。在仕途竞逐与经济生活的双重压力下,除上述蝉联科第的少数精英,更多士人家族已无力维系在两京(尤其是长安)的生计,不得不放弃京中产业,转而迁徙、侨居地方州县。侨寓士人分布广泛,在侨居外州的同时,与京城亲故、族属维系着盘根错节的人际网络,并且彼此间的身份流动也时有发生。[②]因此,侨寓士人是与长安清流家族联结紧密的外缘人群,甚至可以认为,前者是维系后者再生产的"蓄水池"。

唐后期士人阶层之所以出现向下流动、向外溢出的趋势,除了激烈的圈内竞争,更重要的动因还在于外部冲击与挑战。时人有言:"衣冠者,民之主也。自艰难已来,军士得以气加之,商贾得以财侮之,不能自奋者多栖于吴土。"[③]"安史之乱"后,随着内廷宦官、藩镇武人等其他精英人群在政治上的崛起,他们的生存空间遭到挤压、侵蚀。这种人群间的紧张关系,是清流文化形成的时代语境之一。就此而言,武人、宦官等或可归入身份光谱的另一极,姑且称之为"浊流"。

这其中,宦官群体主要活跃于长安政治舞台,更受瞩目,研究也最为充分,诸如南衙北司之争、禁军与内诸司使的权力构造等,都是中晚唐政治史研究的传统课题。不过,宦官并非一个处在社会真空中的纯粹政治集团,他们也呈现出鲜明的社会性格。近年来,学者利用出土碑志对此做过不少令人耳目一新的研究,如杜文玉考察了宦官的社会来源与家族形态,发现唐后期

---

① 毛汉光:《从士族籍贯迁移看唐代士族之中央化》,《中国中古社会史论》;韩昇:《南北朝隋唐士族向城市的迁徙与社会变迁》,《历史研究》2003年第4期。

② 对这一现象的初步探讨,参拙稿《"邑客"论——侨寓士人与中晚唐地方社会》,《中国史研究》2020年第4期。另参张葳《唐中晚期北方士人主动移居江南现象探析——以唐代墓志材料为中心》,《史学月刊》2010年第9期;郑雅如:《"中央化"之后——唐代范阳卢氏大房宝素系的居住形态与迁移》,《早期中国史研究》第2卷第2期,2010;Nicolas Tackett, The Destruction of the Medieval Chinese Aristocracy, pp.70–105.

③ 《杜牧集系年校注·樊川文集》卷一四《唐故银青光禄大夫检校礼部尚书御史大夫充浙江西道都团练观察处置等使……崔公行状》,第917页。

宦官的籍贯大多分布在长安周边的京畿地区；陈弱水的研究则揭示出宦官社群的内部形态，尤其是宦官与军人家庭盘根错节的收养、联姻关系。[①]这也进一步提示我们，宦官集团之所以能长期屹立长安政治舞台，除了政治、制度因素，更与其植根长安的社会网络与再生产机制密不可分。

随着对清、浊两端人群各自形态的认知深入，在唐后期的身份光谱中，一些面貌更为复杂、暧昧的中间人群逐渐进入我们视野。笔者此前曾着眼藩镇体制下的地方州县，对几类地方人群的社会形态与生存境遇做过探讨。本文将视线转向都城长安，聚焦几类与内廷宦官、武人关系紧密，可归入"浊流"行列，同时与清流士人也不乏交集、互动的群体。具体而言，他们包括：1.任职于中书门下、财政三司等中央机构的胥吏；2.服务皇家的翰林伎术待诏；3.禁军与内诸司使系统的文职僚佐、吏员。

基于制度史、艺术史与医疗社会史等视域，学者对以上三类人群不乏专门研究，本文之所以将其并置讨论，主要基于以下理由。首先，出土三类人群的墓志大多镌刻于"安史之乱"以后，且集中分布在长安周边，这是一个引人注目的现象，表明他们属于中唐以降活跃于都城的新兴人群，或许呈现出某些相似的社会性格。其次，他们通过相似的晋升机制步入仕途，且职衔类型高度趋同，这表明他们拥有相似的制度身份。最后，他们虽能步入仕途，但与宦官、武人相似，都为清途所阻，在制度与观念上与士人群体存在区隔。这也是本文以"非士职"概称之的原因。[②]

以中唐以降的制度变革为线索，将以上三类人群作为一个整体纳入都城社会史的视野，或许可以看到一幅别样的历史图景。

---

① 杜文玉：《唐代长安的宦官住宅与坟茔分布》，《中国历史地理论丛》1997年第4期；《唐代宦官婚姻及其内部结构》，《学术月刊》2000年第6期。陈弱水：《唐代长安的宦官社群——特论其与军人的关系》，《唐研究》第15卷，北京大学出版社，2009。

② 关于"非士职"的范畴及其在官员分类中的运用，参赖瑞和《唐代中层文官》，中华书局，2011，第4—14、449—457页；《唐"望秩"类官员与唐文官类型》，《唐研究》第16卷，北京大学出版社，2010。需要说明的是，在唐后期官、职分离，使职差遣盛行的背景下，本文所谓"'非士职'官僚"，强调的是其供职部门与实际职任，而非用以寄禄、迁转的职衔。

一、勒留授官:"非士职"官僚的类型与仕宦路径

中古以降的官僚制社会中,官员的入仕门径与迁转路径,承载的并非纯粹的政治属性,也是一种身份区隔与社会分层的意义符号,这方面的典型例证是南北朝时期的清浊官制。及至唐代,类似现象依然长期存续,本文讨论的三类人群,也有其独特的入仕渠道与迁转机制。本节主要从制度层面对其基本面貌做一番勾勒。

(一)中央机构中的胥吏

唐代后期,伴随着中央权力格局与政务处理模式的变迁,在原有台省文书胥吏系统之外,衍生出大批新型胥吏。其中代表,如宰相衙署中书门下有孔目等五房,设堂头、堂后官、驱使官,财政三司系统有孔目官、表奏官、勾覆官、勾押官、驱使官等吏员。他们与都事、主书、录事、主事、令史等台省原有吏员并存,共同构成了唐后期的中央胥吏系统。[①]

关于新型台省胥吏的政治面貌,最引人注目的是"勒留官"这一身份。所谓"勒留",又作"勾留",原指官员在职位迁转后,经原部门申请,获批继续留任,同时以新授官职作为迁转与寄禄的位阶。在唐后期中央官僚机构中,勒留官的主体是供职于中书门下、财政三司等机构的吏员。围绕勒留官的机构分布、履职方式、俸禄待遇等问题,李锦绣等先生已做过非常精湛的研究,[②]下面结合本文视角做几点补充。

勒留官虽是唐后期新出现的名称,但类似机制可以追溯至唐前期的直官制度。由于事务繁杂,更兼对文书处理的专业性要求,为保证胥吏履职的稳定性,三省等中央机构会以直官的身份,将本应迁转他处的入流胥吏留任。《朝野佥载》记武周时期台省胥吏入流之弊,称:"流外行署,钱多即留,

---

① 参李锦绣《唐后期的官制:行政模式与行政手段的变革》,黄正建主编《中晚唐社会与政治研究》,中国社会科学出版社,2006,第82—91页;李锦绣:《唐代财政史稿》第4册,社会科学文献出版社,2007,第230—242页。

② 参李锦绣《唐代的勒留官》,《唐代制度史略论稿》,中国政法大学出版社,1998,第183—197页;陈志坚:《唐代州郡制度研究》,上海古籍出版社,2005,第76—83页;叶炜:《南北朝隋唐官吏分途研究》,北京大学出版社,2009,第242—246页。

或帖司助曹，或员外行案。"①又同期诏书中提到："都省诸司既有主事，更不须著人帖直。"②所谓"帖司助曹""帖直"，据叶炜研究，即入流胥吏以直官身份兼职本司。③举例而言，如开元年间的胥吏韩履霜，入流后选授刑部司门主事、直吏部，继而兼直兵部，丁忧服阕后，"天官小宰征公帖吏部，遂正授吏部主事"。④天宝年间的胥吏任楚璇，入流后授将作监右校署丞，"仍直吏部主事"。⑤上述情形构成了唐后期胥吏勒留制度的源头，《册府元龟》卷六三〇《铨选部·条制》：

> （贞元）八年二月，户部侍郎卢徵奏："内外官应直京百司及禁军并因亲勒留官等，若敕出便带职事及勒留京官，即合以敕出为上日，外官以敕到为上日。……伏请起今以后，并须挟名勒留敕到任，方为上日，支给科（料）钱。其附甲官有给脚，依前勒留直诸司者，待附甲后，签符到州为上日，支给课料。"⑥

这封上奏是针对勒留官俸料支给时限的规定，文中还涉及藩镇、禁军系统的勒留官，这里姑置不论。值得注意的是，其中"内外官应直京百司"者，即后文所言"依前勒留直诸司者"。直官与勒留官，在此指向的都是带外官职衔而留任京中的胥吏，两者互见，表明在勒留官制度形成之初，应系借鉴甚至直接继承了唐前期直官制度。

关于这一点，在唐中期部分胥吏的职衔中还能看到若干痕迹。如肃宗时期的中书门下胥吏孙进，"迁拜中书掌事堂要"，入流后授官京兆府录事，

---

① 张鷟：《朝野佥载》卷一，中华书局，1979，第6页。
② 《唐会要》卷五七《尚书省》，第985页。
③ 叶炜：《南北朝隋唐官吏分途研究》，第182—183页。
④ 《唐故尚书吏部主事南阳韩府君墓志铭并序》，《河洛墓刻拾零》，第359页。
⑤ 《大唐故朝议郎行司农寺导官署令上柱国任府君墓志铭并序》，《全唐文补遗·千唐志斋新藏专辑》，第233页。
⑥ 《册府元龟》卷六三〇，第7559页。

又"敕除授尚书职方主事，仍直中书"。①虽然孙进先后获得两任流内官，但实际一直以直官身份在中书门下履职。又如杨士真，"贞元中，司计以公通明钱谷，籍其端详，署职领荣，……承优选授登仕郎、连州连山县丞、直度支。"②杨士真是一名勒留度支的新型胥吏，墓志记载中沿用了直官的结衔方式，正可见两种制度间的递承关系。

在律令制下，京中诸司直官都有员额限制，因此台省胥吏帖直本司的人数有限，只是一种辅助性机制。"安史之乱"后，伴随着中央权力机构使职化，中书门下、财政三司等机构权力日益集中，事务更形繁剧，可以想见，其吏员人数也随之激增。为保证其履职稳定性，同时给予他们一定的职务激励，原有的直官制度便不再适应新的形势，而勒留官制度便应运而生。勒留官与直官有何区别呢？简言之，它在常规渠道外为胥吏提供了更多的入流与晋升机会。

学者研究表明，胥吏的入流与迁转，在唐前期制度实践中形成了一套稳定的机制，其路径依次为：州县佐史等杂任，经流外铨进入中央机构流外行署；在流外行署内部从府、史晋升为令史；流外行署的令史入流后，担任主事等流内小吏，最终升迁至都事、主书、录事等三省大吏。③在这套相对独立、封闭的系统中，胥吏们循资历、依年考逐级递迁，其过程是漫长的，即便入流，仕途也受到诸多限制，很多流内官职并不对他们开放。

唐后期，诏书中虽然也屡次申禁，对胥吏入流的员额、授官类别作出限制，不过对中书门下、三司等机构中的新型胥吏而言，则推行了一套更具激励性的选拔、晋升机制。《大中改元南郊赦文》：

> 度支、户部、盐铁三司吏人，皆主钱谷，去留之际，切在类能。
> 若一概节以年劳，众职从何条举，必资奖诱，明示劝惩。其中如有才用

---

① 《大唐中书省主事乐安孙府君墓志铭并序》，《西安碑林博物馆新藏墓志汇编》，第521页。

② 《大唐故奉义郎行洪州南昌县丞杨府君墓志铭并序》，《唐代墓志汇编续集》，第889—890页。

③ 叶炜：《南北朝隋唐官吏分途研究》，第31—32页。

智识，昭然独见，自期展效，建立事功，或剔抉疵瑕，或纠正案牍，发明已往之咎，条理将来之规，宜委本司，便与奏论，特有迁授，仍与勾当，依前本司驱使。①

诏书对胥吏仕途迁转中"节以年劳"的传统提出批评，转而强调功绩导向，要求对才能卓著者"特有选授，仍与勾当，依前本司驱使"，即授予勒留官。这里触及到胥吏勒留授官的一个关键环节——本司长官"奏论"，即以奏荐的方式录名中书门下，而非经由常规的叙阶、待阙、铨选等流程。对此，其他史料中也有反映，如开成三年（838）诏书："应京有司有专知、别当及诸色职掌等，近日诸司奏请州县官及六品已下官，充本司职掌。"②所谓"奏论""奏请"，其实与藩镇辟召制下的僚佐奏授官并无二致，在此，与长官的私人关系发挥了至关重要的作用。

这种"府主—僚佐"式的依附关系，在唐后期胥吏勒留官墓志中有不少反映。举例而言，如中书门下胥吏氾愔墓志称，"相国颍川公（元载）闻而悦之，特表起家试恒王府参军"，后多次升迁，官至均州别驾。③又如度支胥吏傅元直，"见遇于相国裴公度，初荐授虔州赣县尉，后为户部侍郎宇文公鼎所重，特奏寿州司兵参军"。④度支胥吏史仲莒墓志称，"时相国窦公（易直）领度支务，以银台引进，□在得人。……以公掌其职焉"。⑤盐铁胥吏郭克勤，"遇相国清河路公（岩）见重，特加职焉。复后台辅河南于公（琮）玄识知人，赞其誉美，因奏授饶州余干县尉"。⑥张卓墓志称，"度

---

① 《文苑英华》卷四三〇《大中改元正月十七日赦文》，中华书局影印本，1966，第2180—2181页。

② 《册府元龟》卷六三一《铨选部·条制》，第7573页。

③ 《唐故游骑将军守左卫率府率兼蜀州别驾氾府君墓志铭并序》《唐故蜀州别驾氾府君夫人清河郡君张氏□志铭并序》，《西安碑林博物馆新藏墓志汇编》，第551、568页。

④ 《唐故通直郎行寿州都督府司兵参军上轻车都尉傅府君墓志铭并序》，李明、刘呆运、李举纲主编《长安高阳原新出土隋唐墓志》，文物出版社，2016，第257页。

⑤ 《大唐故朝散大夫夔王友上柱国杜陵史府君墓志铭并序》，《珍稀墓志百品》，第205页。

⑥ 《唐故饶州余干县尉郭公墓志铭并序》，《唐代墓志汇编续集》，第1104页。

支使、户部尚书裴公延龄器之，奏释褐衡州常宁丞，留职本司"。①正因长官的奖拔、提携在其间发挥了决定作用，志文中才会竭力凸显这层关系，甚至会强调对府主的个人忠诚，以奴仆、家人自居。②

得益于勒留授官机制，唐后期部分台省胥吏入流年限大幅缩短，如前述史仲苢，弱冠即授颍州下蔡县尉；前述傅元直，弱冠授虔州赣县尉；赵恭，"年始弱冠，贤相深知，署职集贤，奏官江外"。③以上三人都在二十岁左右获得流内正员官，这种仕途际遇是唐前期胥吏无法企及的，较一般士人也不遑多让。

（二）翰林伎术待诏

翰林待诏是唐后期长安"非士职"官僚的另一重要类型。作为一种制度身份的翰林待诏，起码可以追溯至开元年间。史称，唐玄宗置翰林院，以"文学、经术之士"与医卜、天文、书画等"伎术杂流"同待诏其间，以备顾问。及至中唐，前者演变为翰林学士，"选用益重，而礼遇益亲，至号为内相"，④成为清流之选，于是待诏便成为后者的专称。两者在仕宦路径、政治地位与社会身份上迥然有别，甚至翰林院内的办公地点上也被区隔开来。⑤

中晚唐这类服务皇家的待诏门类众多，人数庞杂，唐文宗时期曾一次停废"教坊乐官、翰林待诏伎术官并总监诸色职掌内冗员者，共一千二百七十

---

① 《唐故朝请郎行门下录事上骑都尉张公墓志铭并序》，胡戟、荣新江主编《大唐西市博物馆藏墓志》，北京大学出版社，2012，第799页。

② 相关事例参见《唐故银青光禄大夫检校太子宾客前杭州长史兼监察御史上柱国唐公墓志铭》，《唐代墓志汇编续集》，第1094页；《故邵公墓志文》，《西南大学新藏石刻拓本汇释·释文卷》，中华书局，2019，第376页。

③ 《唐故度支勾押官朝议郎守饶州长史上柱国天水赵府君墓志铭并序》，《西安碑林博物馆新藏墓志续编》，第644页。

④ 《新唐书》卷四六《百官志》，中华书局，1975，第1183—1184页。

⑤ 参毛蕾《唐代翰林学士》，社会科学文献出版社，2000，第159—162页；赖瑞和：《唐代待诏考释》，《中国文化研究所学报》2003年第43期；《唐代的翰林待诏与司天台——关于〈李素墓志〉与〈卑失氏墓志〉的再考察》，《唐研究》第9卷，北京大学出版社，2003；王溪：《唐五代翰林待诏与翰林学士职任关系探讨》，《南都学坛》2015年第5期。

人"，①虽不尽是待诏，但人数之巨足见一斑。西安周边历年出土了不少翰林待诏书丹、篆额的碑志，其自身墓志近年也间有发现，由此这一群体的面貌逐渐清晰起来。

从履职特征来看，待诏同样近似于直官。《新唐书·百官志》："翰林院者，待诏之所也。……皆直于别院，以备宴见。"②可见待诏在源头上便带有直官的色彩。唐后期，翰林伎术待诏仍可见直官的印迹，《册府元龟》卷九二二载，"宪宗末年，锐于服饵，诏天下搜访奇士，宰相皇甫镈与鄂节度李道古荐（柳）泌及僧大通等，皆待诏翰林"，后炼丹无成，二人因惧怕获罪而逃亡，"镈与道古保明其能，又诏直翰林院"。③在此，"待诏翰林"与"直翰林"内涵显然一致。此外，唐后期诏书中屡次提及"翰林待诏、供奉并诸色直"云云。所谓"诸色直"，可能是翰林院中资历、技艺较浅者，或临时充任者，用以与资历较深、长期供职的待诏相区分。这也可见晚唐翰林院仍保留了直官的建制。

待诏并非律令官职，本身并无品级。为激励其更好地履职，一如胥吏勒留制度，针对翰林待诏也形成了一套类似的授官、迁转机制，即在翰林院供职的同时，以其他职衔作为"挂职领俸"的寄禄官，并依次迁转。因此，从本质上看，"翰林待诏+散官+正员职事官"的职衔形式也可归入勒留官行列。关于翰林待诏入仕与迁转制度，前人已有充分讨论，④这里主要围绕与胥吏勒留官的异同做几点考察。

从出土碑志结衔来看，在入仕之初，翰林待诏所授官职多为州判司、县丞、尉等州县僚佐，供职一定年限后，一般能迁转至州上佐。就此而言，翰林待诏的仕宦路径与勒留胥吏有相当程度的重合。不过，胥吏勒留授官大多止步于此，能进入五品以上官或登朝官序列者并不常见。而翰林待诏授官类别、品级，以及迁转频次都要远超前者。唐人李肇《翰林志》称："待诏之

① 《旧唐书》卷一七《文宗纪》，宝历二年十二月条，第524页。
② 《新唐书》卷四六《百官志》，第1183页。
③ 《册府元龟》卷九二二《总录部·妖妄》，第10890—10891页。
④ 参前揭赖瑞和《唐代待诏考释》；《唐代的翰林待诏与司天台——关于〈李素墓志〉与〈卑失氏墓志〉的再考察》。

职，……率三岁一转官，有至四品登朝者。"①这并非虚言，据新出《唐故银青光禄大夫司天监翰林待诏……徐公墓志铭并序》：

> 时在贞元岁，公年廿一。德宗皇帝召入紫微，……遂拜翰林待诏，授池州司仓，转舒州司功，又转庐州司户，迁洪府法曹，转岳州长史。未三考，遇宪宗皇帝登宝位，……进授司天台春官正，赐绯鱼袋兼知监事。②

贞元至元和初，十余年间，志主先后历官六任，其间三考一迁，并未经历唐代官员常见的待阙守选流程，这无疑是一种仕途优遇。另外，据《宝历元年正月南郊赦》："翰林待诏、供奉并诸色直见任及前资并员外试官，三品已上赐爵一级，四品已下各加一阶。"③可知翰林待诏所带官职中不乏三品以上职事官，所谓"有至四品登朝者"也是实情。

这类官职广泛分布于九寺卿监、十六卫、东宫与亲王府等台省以外的中央机构。举例而言，如医待诏马及，官至检校太仆卿兼左武卫上将军；医待诏符虔休，官至右骁卫上将军；医待诏段琼，官至右千牛卫将军，都是三品以上武职事官；医待诏马从思，官至左赞善大夫，医待诏段璘、书待诏朱玘均官至鸿胪少卿，④加上为数更多的亲王府官（傅、友、长史、司马、谘议参军等），都是五品以上文职事官；此外如东宫官、九寺卿监丞·主簿以及诸卫文职僚属等，则属于登朝官序列。⑤

---

① 傅璇琮、施纯德编《翰学三书》，辽宁教育出版社，2003，第6页。
② 张履正：《〈唐司天监翰林待诏徐昇墓志〉考述》，《考古与文物》2021年第12期。
③ 《唐大诏令集》卷七〇《宝历元年正月南郊赦》，第395页。
④ 马及、符虔休、马从思，见贺华《〈马及墓志〉略考》，《陕西历史博物馆馆刊》2004年第11辑；段琼，段璘，见《唐故翰林供奉朝散大夫前守右千牛卫将军上柱国赐紫金鱼袋段府君墓志铭并序》，《新中国出土墓志·陕西[贰]》上册，文物出版社，2003，第321页；朱玘，见《唐代墓志汇编》，第2266页。
⑤ 相关例证为数甚夥，难以备列，王海滨《唐代翰林书待诏制度综考》（吉林大学硕士学位论文，2008，第82—88页）一文曾对碑志中书待诏群体的结衔做过辑录，请参看。另参见毛蕾《唐代翰林学士》，第159—162页；赖瑞和：《唐代待诏考释》，第80—87页；陈昊：《晚唐翰林医官家族的社会生活与知识传递——兼谈墓志对翰林世医的书写》，《中华文史论丛》2008年第3期，第368—369页。

以上官职在唐后期仕途结构中虽都称不上清要，但与士人群体所任中央官已有相当一部分重叠，这是勒留胥吏不能望其项背的。由此可见，翰林待诏虽属伎术杂流，但其任官品级与类别都已明显突破了唐前期对伎术官的授官限制。这种仕途优势的取得，自然是因为他们凭自身技艺与皇帝建立了亲密的私人关系。

（三）禁军与内诸司使僚佐

禁军与内诸司使系统是中晚唐宦官政治的制度依托，备受学者瞩目，不过对其中的文职僚佐、吏员，一般关注不多。据《唐会要》记载，晚唐左右神策军有"定额官各十员，判官三员，勾覆官、支计官、表奏官各一员，孔目官二员，驱使官二员"，[①]另外神策军京西北诸镇系统也有大批文职僚佐。如果再加上统领羽林、神武、龙武等军的左右三军辟仗使，以及内诸司使系统的僚佐、吏员，[②]应该是个人数不容小觑的群体。这类官员出身背景颇为驳杂，并不尽是阉宦，[③]投身其间者不乏底层文士、胥吏，甚至市廛商贾等。

从上述神策军文职僚佐、吏员的组织架构来看，判官以下，勾覆官、支计官、表奏官、孔目官、驱使官等，名目与三司等机构的吏员设置基本一致，他们都属于使职差遣体系下的新型胥吏。在授官制度上，他们也与胥吏勒留官相似，例由本使录名奏闻，甚至直接"行牒"中书门下，授予正员官职。[④]可以认为，这类僚佐、吏员也是一种勒留官。

从所授官职来看，禁军僚佐也与其他"非士职"官僚者相似，如元和年间王諴结衔为"神策军判官、朝议郎、行苏州司功参军"，[⑤]大和年间赵玄卿

---

① 《唐会要》卷七二《京城诸军》，第1297页。参黄楼《神策军与中晚唐宦官政治（增订本）》，中华书局，2024，第57—59页。
② 关于内诸司使僚佐、吏员设置情况，参李锦绣《唐代财政史稿》第4册，第380—439页。
③ 参王颜《唐代中后期宦官机构士宦并用现象辨析——兼与严耀中先生商榷》，《唐史论丛》第25辑，陕西师范大学出版社，2017。
④ 参《唐会要》卷七二《京城诸军》，第1297页。
⑤ 《唐故开府仪同三司……杨府君墓志铭并序》，《唐代墓志汇编续集》，第800页。

结衔为"右神策军判官、朝散大夫、行洪州都督府功曹参军"。①不过，因与宦官集团关系紧密，他们的晋升空间相比胥吏勒留官更宽广，以下试举两例。《（前阙）左神策军判官郿王府长史兼殿中□□□□□□墓志铭并序》：

> 府君讳宗武，……阅礼敦诗，寸阴是竞，……而家贫屡空，投寄无所。附太学而就业，援寡无成；托禁苑以栖身，俄从黄绶。护军中尉扶风马公首辟为掾，自试太子通事舍人，授和州司户参军。……天子嘉之，赐绯鱼袋。银章朱绶，赫焕神军。常调吏曹，授洪[州]都督府兵曹参军，……考秩成优，又任少府监丞，……敬宗升遐，武备咸叙，承优送名中书门下，授婺州司马。……再沾甄录，品正加阶，授朝散大夫。圣主龙飞，攀髯云际，仗随紫禁，官出青宫，授太子左赞善大夫。元戎渥恩，大阐宾署，遂膺宪秩，以显清资。奏兼监察御史，结课岁积优秩。又迁授通议大夫，……俄逾五考敕限，改官授郿王府长史，兼殿中侍御史。……以大和六年龙集壬子孟秋越十四日，终于神策军之官署，享年□十有四。②

陈宗武自幼习文，曾"附太学而就业"，后苦于仕进无门，遂"托禁苑以栖身"，结交左神策军中尉马存亮，被辟为判官。任职神策军期间，他首先获试太子通事舍人衔，不过这只是象征性职衔，属于散试官。不久他又获得正员官阙，先后授和州司户参军、洪州都督府兵曹参军、少府监丞。敬、文之际的帝位更迭风波中，神策军平叛有功，陈宗武获本使奏荐，"承优送名中书门下"，授婺州司马，续授太子左赞善大夫兼监察御史，由此跻身五品登朝官的行列，最后他官至从四品上的郿王府长史。作为早年"投寄无所""援寡无成"的底层文士，这番仕途际遇实属不易。

《唐故左神策军勾覆官朝议郎守昭王府咨议参军太原王公志铭并序》：

---

① 《唐故湖南监军使正议大夫行内侍省内仆局丞上柱国赐绯鱼袋王府君墓志铭并序》，《唐代墓志汇编续集》，第899页。
② 《大唐西市博物馆藏墓志》，第845页。

公讳佐文，字辅儒。……祖扈随驾而来，职于禁苑，自兹厥后，出处大宁，子孙系矣。……曾祖道业。祖惟识。考阶，左神策军判官、奉天定难功臣、游击将军、守左清道率府率员外置同正员、上柱国、赐紫金鱼袋。……公即率之少子也，公幼专坟典，长慕弓裘。……顷因大和六年春三月，友人知其谠直，遂举公于骠骑韦公。……乃署公于南曹，……荣名屡迁，朱紫可拾。后以文宗下世，武帝登朝。旋属山陵，骠骑深垂委用。寻获劳效，升在勾司。后点军库有功，奏以茂州都督府司马。时东渭桥城门隳坏，虚费极多。欲究其源，无能知者。公以设法修造，不日而成。冀免伤财，都非徇禄。中尉知其清谨。特为上闻，……乃迁袁州长史。未逾星纪，又转昭王府咨议参军。……大中十四年七月二十二日终于大宁之私第，享年四十有九。①

王佐文家族自祖父辈起供职于禁军系统，其父曾任左神策军判官。他本人似乎原本想走以文进用的道路，后在友人引荐下投入左神策军中尉韦元素门下，②被署任为左神策军勾覆官。这是一种负责簿书勾检的文书胥吏，在财政三司中普遍设置，③神策军勾覆官职能应与之相似。志文提及王佐文负责过点检军库、筹措修造东渭桥城门经费等事务，这也符合职掌琐细、冗杂的吏职特征。在任职神策军期间，他"荣名屡迁，朱紫可拾"，先后授茂州都督府司马、袁州长史，最终官至正五品上阶的昭王府咨议参军。在王佐文的仕途迁转中，宦官首领无疑扮演了主导性角色，志文称"骠骑深垂委用，寻获劳效"，"中尉知其清谨，特为上闻"云云，正可见其与宦官集团的紧密依附关系。

内诸司使系统的情况与禁军相似，同样以职事官作为寄禄、迁转的位

---

① 刘文、杜镇编著《陕西新见唐朝墓志》，三秦出版社，2022，第427页。

② 韦元素于大和七年（833）前后任左神策军中尉，见《资治通鉴》卷二四四"大和七年七月"条，中华书局，1956，第7892页。

③ 李锦绣：《唐代财政史稿》第4册，第235—239页。

阶。如赵文信,"授试右内率府长史、充军器使推官"，①此后弃职归家，如果依资历迁转，他应该有晋升正员职事官的机会。田章的事例更具代表性，据墓志记载，他"解褐授宣州宁国县尉，充教坊使判官"，属于内诸司使系统僚佐。此后他又"迁朝散郎、行左内率府长史、兼左神策军推官"。②由此可见，内诸司使与禁军同属宦官统领，两者构成了一套内部流转的任职系统。

值得一提的是，禁军与内诸司使中还有一类中下级军将，如押衙、正将、散将等，他们虽拥有军将职级，但未必统兵，实际职掌更近于吏职，有学者称之为"吏化军职"。③举例而言，如贾温，任右神策军"衙前正将、专知两市回易"，为右神策军从事商业经营活动，他"默纪群货，心计百利，俾之总双鄺贾贸，未几神军实十五万贯"。④与之类似的还有毛孟安，他自幼供职于神策军，咸通年间授神策军押衙、主回易。在此前后，他官职屡有迁转，历任申州司户参军、昭王府谘议参军、怀王府长史、右威卫将军、右骁卫将军等，军职也升迁为散兵马使、先锋兵马使，然而"职未离于繁务，纳货贿而不悆"，实际负责的还是回易务。⑤他们与文职僚佐其实遵循着相似的入仕、迁转途径，在社会关系上也多有交集（详后），下文将把他们一并纳入讨论。⑥

---

① 《唐故试右内率府长史军器使推官天水郡赵府君墓志铭并序》，《唐代墓志汇编续集》，第962—963页。

② 《大唐故朝议大夫检校国子祭酒侍御史兼王府傅琼果二州刺史赐紫金鱼袋雁门郡田府君墓志铭并叙》，《唐代墓志汇编续集》，第1016页。

③ 陈志坚：《唐代州郡制度研究》，第115—124页。

④ 《大唐故银青光禄大夫检校太子宾客上柱国阳武县开国子充右神策军衙前正将专知两市回易武威贾公墓志铭》，《唐代墓志汇编续集》，第920页。

⑤ 《唐故盩厔镇遏兵马使银青光禄大夫检校国子祭酒兼右骁卫将军御史大夫上柱国荥阳县开国子食邑五百户毛公墓志铭并序》，《陕西省考古研究院新入藏墓志》。

⑥ 需要说明的是，禁军系统吏化军职的迁转途径与文职僚佐、吏员虽有重合，但并非完全一致，其中不乏迁任统兵军职如兵马使者，他们的身份属性或许更偏向于职业军将。因此，下文讨论中将尽量剔除武职色彩明显的样本。以上意见承仇鹿鸣先生提示，特此致谢。

二、籍贯与谱系："非士职"官僚的社会来源

以上研究表明，在三类"非士职"官僚政治晋升中，勒留授官制度扮演了重要角色。这项机制一方面赋予他们官人身份，更重要的是，利用官、职分离的履职方式，可以避免同期士人家族随职迁转、居处不定的处境。唐后期史料提及，"在京诸司典吏，考满合赴选者，官成后皆作计勾留，不肯赴任"。[①]在一方勒留胥吏墓志中也提到，志主"以亲知在阙，不乐外官"，[②]勒留京中任职，显然更便于经营京中产业、维系官场人脉。其实不惟胥吏，其他两类官僚也表现出相同倾向。这些迹象透露出，"非士职"官僚是一类根植于长安的在地人群，其社群形态是理解中晚唐都城社会的重要一环。以下两节将利用西安周边历年出土的五十余方墓志，探讨"非士职"官僚群体的家族源流，并尝试复原其社会关系与家族网络。

活跃于中晚唐长安的"非士职"官僚究竟从何而来？出土墓志所记籍贯与家世信息，为解答这个问题提示了直接线索。为便讨论，首先将相关信息列为一表。

---

① 《文苑英华》卷四二九《会昌五年正月三日南郊赦文》，第2173页。
② 《大唐故朝散大夫夔王友上柱国杜陵史府君墓志铭并序》，《珍稀墓志百品》，第205页。

表附-1 三类"非士职"官僚的籍贯与居住地情况

	姓名	籍贯/祖籍	宅第所在	资料出处
中央机构胥吏	孙进	京兆	布政坊	《孙进墓志》,《碑林》,第521页
	氾慆	华州华阴→京兆	胜业坊	《氾慆墓志》,《碑林》,第557页
	卓英倩	金州		《册府元龟》卷四九〇
	邵才志	京兆万年		《邵才志墓志》,《汇编》,第2045页
	王叔宁	京兆	布政坊	《王叔宁墓志》,《碑林》,第649页
	杨峰、杨士真父子	京兆万年	永兴坊、平康坊	《杨峰墓志》,《汇编续集》,第859页;《杨士真墓志》,《汇编续集》,第890页
	傅元直	京兆长安	布政坊	《傅元直墓志》,《高阳原》,第257页
	雷讽		永兴坊	《雷讽墓志》,《汇编续集》,第958页
	王顼		安邑坊	《王十六娘墓志》,《汇编续集》,第985页
	史仲莒	京兆富平	永兴坊、胜业坊	《史仲莒墓志》,《百品》,第205页;《史仲莒妻杜氏墓志》,《陕西新见》,第435页
	边諴	京兆	道政坊	《边諴妻杨氏墓志》,《汇编续集》,第1087页;《新唐书》卷一八四《路岩传》
	郭克勤	京兆	善和坊	《郭克勤墓志》,《汇编续集》,第1104页
	郭克全	京兆	兴道坊	《郭克全墓志》,《汇编续集》,第1105页
	张元洌	虢州		《张元洌墓志》,《汇编续集》,第1107—1108页
	李楷兄弟	郑州原武→河南/孟州河阴→京兆	兴道坊	《李审规重迁祔墓记》,《汇编续集》,第1115—1116页
	张卓	京兆长安		《张卓墓志》,《西市》,第799页
	刘鉴	京兆	怀德坊	《刘鉴墓志》,《汇编》,第2156页
	王简	京兆兴平		《王简墓志》,《碑林续》,第554页
	张惟锋	商州商洛→京兆万年	永兴坊	《张惟锋墓志》,《陕西考古》,第299—300页

续表

	姓名	籍贯/祖籍	宅第所在	资料出处
中央机构胥吏	张蓥	京兆	太平坊	《张憎憎墓志》,《碑林续》,第626页
	孙师从	京兆	兴道坊	《孙师从墓志》,《西市》,第995页
	赵恭	京兆	永兴坊	《赵恭墓志》,《碑林续》,第644页
	张师儒	同州冯翊→京兆万年	崇仁坊	《张师儒墓志》,《汇编》,第2502—2503页
	唐思礼	京兆	修行坊	《唐思礼墓志》,《汇编续集》,第1094页
	郭彦琼	京兆昭应→京兆万年		《郭彦琼墓志》,《汇考》,第312—315页
翰林待诏	李素	波斯国→京兆	靖恭坊	《李素墓志》,《汇编》,第2039—2040页
	徐昇、徐绥父子	京兆	永宁坊	《徐昇墓志》,《考古与文物》2021（12）;《徐昇妻刘氏墓志》,《文艺生活》2013（12）
	刘秦	京兆长安		《刘斌墓志》,《西市》,第711页
	段文绚	京兆	开化坊、永乐坊	《段文绚墓志》《段琼墓志》,《汇编续集》,第983、1056页
	段璲、段琼兄弟	京兆	昭国坊	《段璲妻严氏墓志》《段琼墓志》,《汇编续集》,第1053、1135页
	马及	京兆	崇仁坊	《唐〈马及墓志〉略考》,《陕西历史博物馆馆刊》第11辑
	刘珂		颁政坊	《刘公妻马氏墓志》,《汇编续集》,第970页
	杨某	岐州→京兆	胜业坊	《杨公妻曹氏墓志》,《补遗》（8）,第223—224页
	穆从琛、穆从璋兄弟	京兆	胜业坊	《穆府君妻孙氏墓志》,《考古与文物》2021（1）
	萧弘愈	京兆	延政坊	《萧弘愈墓志》,《汇编续集》,第1067页
	何份	京兆	延政坊	《何遂墓志》,《汇编续集》,第1068页

续表

	姓名	籍贯/祖籍	宅第所在	资料出处
翰林待诏	陈克敬	京兆	永兴坊	《陈克敬妻杨氏墓志》,《汇编续集》,第1085页
	杨士端	京兆长安	光宅坊	《毛伯良妻杨氏墓志》,《补遗》(6),第476页;《唐会要》卷二一、卷三八
	张恭胤	京兆		《张涤妻高氏墓志》,《汇考》,第277—279页
禁军与内诸司使僚佐、吏员	李通进	河州→京兆	辅兴坊	《李通进墓志》,《汇编续集》,第763—764页
	程士南	华州华阴→京兆	永兴坊	《程士南墓志》,《陕西肆》下册,第193页
	赵晋	河中府河西→京兆	永兴坊、昌化坊	《赵晋墓志》,《百品》,第187页;《赵晋妻杜氏墓志》,《碑林续》,第515页
	陈宗武	京兆		《陈宗武墓志》,《西市》,第845页
	王阶、王佐文父子	华州华阴→京兆	大宁坊	《王佐文墓志》,《陕西新见》,第427页
	田鉷、田章兄弟	京兆	永兴坊	《田鉷墓志》《田章墓志》,《汇编续集》,第885、1016页
	李元佐	新罗国	永昌坊	《入唐求法巡礼行记》卷四
	贾温	京兆	永兴坊	《贾温墓志》,《汇编续集》,第920页
	徐某	京兆		《徐公妻王慕光墓志》,《西南大学》,第389—390页
	毛孟安	京兆咸阳→长安	安定坊	《毛孟安墓志》,《陕西考古》
	赵文信	京兆长安	永兴坊	《赵文信墓志》,《汇编续集》,第962—963页
	何楚章	京兆鄠社	永昌坊	《何楚章墓志》,《补遗》(3),第261页
	郭琼	孟州河阳→京兆		《郭琼墓志》,《洛阳2015》,第338页

续表

	姓名	籍贯/祖籍	宅第所在	资料出处
禁军与内诸司使僚佐、吏员	高宗古、高宗璠、高宗晦兄弟	京兆	醴泉坊	《高公妻陈氏墓志》，《汇编续集》，第1137—1138页
	何少直	汴州→京兆	常乐坊	《何少直墓志》，《汇编续集》，第1005页
	李遂晏	京兆泾阳	辅兴坊	《李遂晏墓志》，《碑林续》，第565页
	王季初	京兆	兴宁坊	《王季初墓志》，《补遗》（3），第284—285页

表中缩略语：《碑林》=《西安碑林博物馆新藏墓志汇编》；《汇编》=《唐代墓志汇编》；《汇编续集》=《唐代墓志汇编续集》；《高阳原》=《长安高阳原新出土隋唐墓志》；《百品》=《珍稀墓志百品》；《陕西新见》=《陕西新见唐朝墓志》；《西市》=《大唐西市博物馆藏墓志》；《碑林续》=《西安碑林博物馆新藏墓志续编》；《陕西考古》=《陕西省考古研究院新入藏墓志》；《汇考》=《五代墓志汇考》；《陕西肆》=《新中国出土墓志·陕西[肆]》；《补遗》=《全唐文补遗》，后缀数字为辑数；《西南大学》=《西南大学新藏石刻拓本汇释》；《洛阳2015》=《洛阳新获墓志 二〇一五》

关于表中籍贯/祖籍的判定，需要做几点说明：1.唐代社会各阶层受崇尚阀阅的风尚影响，形诸碑铭者，往往首称郡望，不过这类记述多属"虚引他邦，冒为己邑"，并非实际籍贯或祖籍。[1]因此，在统计籍贯时，表中首先将常见郡望剔除。[2]2.在郡望之外，凡出现"今为某地人"一类表述，尤其明确到县一级政区者，直接判定为志主实际籍贯。3.无明确记载者，以志主

---

[1] 参唐长孺《魏晋南北朝隋唐史三论》，武汉大学出版社，1992，第386—393页。

[2] 对常见郡望的判定，主要参考了池田温《唐代の郡望表—九·十世纪の敦煌写本を中心として—》（《唐史論考—氏族制と均田制—》，汲古书店，2014）一文整理的郡望表，详考不赘。

归葬地,尤其是祖茔所在作为判定籍贯/祖籍的依据,这主要是考虑唐人对归葬祖茔观念的重视。

从统计结果来看,三类人群的籍贯分布趋势高度一致,即京兆府本地出身者占绝对多数。这其中又可以细分为两种类型:其一,墓志明确记为京兆某县人,计有13例,分布长安、万年、咸阳、富平、昭应、兴平、鄠杜、泾阳等县,其中长安、万年两县又占多数。这类家族可以视为世代定居长安或附近畿县的土著居民。其二,也是为数更多数的情况,即墓志并未明言籍贯所在,但其祖茔在长安周边,本人也卒、葬于此。这一类型的家族也应以长安土著居民居多,或至少已在此定居两代以上,久已完成土著化。

表中诸人籍贯在京兆府以外者也有不少,又以同、华、岐、商、金等关辅诸州居多。在唐人观念中,这类地区往往也被视为广义京畿的范畴,与长安间人员、物资流动频繁,社会风貌也高度相似。[1]从墓志所记卒、葬地来看,他们大多已在长安定居不止一代。如中书门下胥吏氾愔,原籍华州华阴,在长安胜业坊置有宅第,与其妻张氏均葬于万年县白鹿原旧茔。[2]度支胥吏张惟锋,原籍商州商洛,"因官为京兆万年人",卒于永兴坊私第,葬于京兆府蓝田县骊山乡,"袝先茔之侧"。[3]翰林待诏杨某,在胜业坊置有私第,"高祖六代松槚在岐山",本人及其父、祖两代则葬于长安县龙首乡,[4]知其家族自岐州迁徙长安已历三代。左神策军勾覆官王佐文,原籍华州华阴,祖父"职于禁苑",定居京师,在大宁坊置有宅第,卒后葬于万年县浐城乡先茔。[5]当然,其中也可见定居长安的第一代,如御史台胥吏张

① 参徐畅《长安未远——唐代京畿的乡村社会》,生活·读书·新知三联书店,2021,第16—19页。
② 《唐故游骑将军守左卫率府率兼蜀州别驾氾府君墓志铭并序》《唐故蜀州别驾氾府君夫人清河郡君张氏□志铭并序》,《西安碑林博物馆新藏墓志汇编》,第551、568页。
③ 《唐故朝议郎行潭州都督府法曹参军充度支勾官上柱国清河张府君墓志铭》,《陕西省考古研究院新入藏墓志》,第299—300页
④ 《大唐朝议大夫守衢王傅兼翰林待诏上柱国赐紫金鱼袋杨公故夫人谯县君曹氏墓志铭并序》,《全唐文补遗》第8辑,第416—417页。
⑤ 《唐故左神策军勾覆官朝议郎守昭王府谘议参军太原王公志铭并序》,《陕西新见唐朝墓志》,第427页。

师儒，原籍同州冯翊，志文称"近载缘诸子从职多在诸方，……离乡日久，遂逐便移家于上都崇仁里"，卒后"归葬于万年县宁安乡新茔"。[①]从以上事例来看，原籍关辅诸州的"非士职"官僚家族大多已在长安营置宅第、墓茔，随着代际推移，家族成员逐渐土著化。

除了上述京畿周边的居民，也有少数"非士职"官僚的籍贯/祖籍在关中以外州县。如曾任神策军僚佐的郭琼，卒后"归葬孟州河阳县太平乡北冶城村，与前夫人清河张氏同归祔先茔"，[②]这表明他仍以孟州为本籍。不过以上情形应属特例，更为普遍的是李楷家族的做法。李楷原籍河中府河阴县，供职中书门下，任堂头通引官，由此举家定居长安。在站稳脚跟后，李楷兄弟以"涕泣所恨，祭奠无期"，将其父迁葬至"上都万年县王寨村"，[③]作为家族新茔。可以想见，他们应该不会再回归原籍地。

作为新兴人群，照常理推测，"非士职"官僚的家世背景应以庶民阶层为主。这在墓志中可以得到印证，如前述御史台胥吏张师儒，曾祖以下三代"并不仕"，是典型的庶民家庭。度支胥吏张元浉，曾祖、祖父均无官职，其父官至卫尉寺主簿，始跻身宦途。[④]中书门下胥吏唐思礼，"王父已上四三世，以爵禄为钓饵，遂放情韬重于林泉吟啸之中"，其父"入仕至和州长史"，始沾宦绪。[⑤]翰林待诏杨士端，曾祖、祖父"既不及于事主，故不言其官秩"，其父以才艺待诏翰林，官至寿州别驾。[⑥]翰林都知贾公锁，高

① 《唐故朝议郎前行宣州南陵县尉柱国张府君墓志铭并序》，《唐代墓志汇编》，第2502—2503页。

② 《唐故正议大夫使持节渠州诸军事守渠州刺史兼侍御史上柱国太原郡郭府君墓志铭并序》，《洛阳新获墓志 二○一五》，第338页。

③ 《唐故振武节度押衙陇西郡李府君重迁祔墓记》，《唐代墓志汇编续集》，第1115—1116页。

④ 《唐故中大夫前洪州都督府司马上柱国清河张府君墓志铭并序》，《唐代墓志汇编续集》，第1107—1108页。

⑤ 《唐故银青光禄大夫检校太子宾客前杭州长史兼监察御史上柱国唐公墓志铭》，《唐代墓志汇编续集》，第1094页。

⑥ 《大唐将仕郎守洪州都督府仓曹参军翰林待诏荥阳毛公故夫人弘农杨氏墓志铭并序》，《全唐文补遗》第6辑，第476页。

祖、曾祖、祖父三代"并贲于丘园，晦迹高尚"，至其父始以军职入仕。①

这类群体转型为官僚家族的时间节点大体都在"安史之乱"后，墓志中对此也有一些或明或暗的反映。如德宗、宪宗时期的中书门下堂头邵才志，墓志载其曾祖、祖父皆不仕，其父以军功入仕，任昭武校尉、守恭王府左帐内副典军。②按，邵才志本人卒于元和十四年（819），时年五十五，以年辈计，其父正应活跃于"安史之乱"前后。另有一类墓志，在记述家世时采取了更为隐晦的表达。如前举李楷家族，墓志称其出自宗室小郑王房，"宗枝相继，代袭官荣"，曾祖子筠，"天宝十四年中，守秩河内，遇幽蓟毒乱，惊动中原，……窜于河阴，落守吏途，于今三世矣"，将父、祖两代不仕的原因归咎于"安史之乱"。但是李楷家族居住的河阴县，中唐以降一直是中央直接控制的区域，其家若果真是"代袭官荣"的宗室子孙，恐怕不至于"落守吏途"。类似的表述也见于赵恭墓志，称"皇朝天宝末，逆贼猖狂，中原丧乱，而图谍不甚存焉"；③刘銮墓志称"属干戈乱动，告牒失遗，略而不言"。④谱牒、父祖官告是衣冠身份的重要凭证，在应举、铨选授官等环节都扮演着重要角色，这种欲盖弥彰的书写，恰暴露其先世寒微，起自草泽。另外，墓志中不约而同将官告遗失归咎"安史之乱"中的兵燹，这也透露其官僚化的时间应该在此后不久。

需要补充说明的是，三类人群的墓志中，完整载录曾祖以下三代官爵者也占相当比例，他们初看似乎属于累世仕宦的士人家族。这可能存在以下几种原因。其一，目前所见三类人群的墓志以晚唐至唐末者居多，因此其中所记曾祖以下三代官爵，所反映的大多是中唐以降的家族历史，能明确为唐前期官爵者非常罕见。其二，墓志所记父祖辈官爵有很大一部分可能并非

---

① 《唐故昭武校尉守朔州尚德府折冲都尉上柱国贾府君墓志铭并序》，《唐代墓志汇编续集》，第927页。

② 《唐故元从奉天定难功臣游击将军守冀王府右亲事典军上柱国勒留堂头高平郡邵公墓志铭并序》，《唐代墓志汇编》，第2045页。

③ 《唐故度支勾押官朝议郎守饶州长史上柱国天水赵府君墓志铭并序》，《西安碑林博物馆新藏墓志续编》，第644页。

④ 《唐故楚州兵曹参军刘府君墓志铭并序》，《唐代墓志汇编》，第2156页。

实授，而是子孙显达后所获赠官。研究表明，唐后期"对官员父祖先世的封赠……远远超过了以往任何朝代的范围和规模"，凡五品以上官、常参官皆有追赠父、祖的资格，即便品级不够，也可以自身所授官职回赠父、祖。[①]如翰林待诏金忠义，官至少府监，其父赠工部尚书；[②]左神策军判官陈宗武，累官从四品上阶，其父"赠邓州刺史，……以功绩殊尤，重赠洪州都督"；[③]军器使推官赵文信，"曾父凤，赠右监门卫率府率，王父元泰，赠原州别驾，烈考景阳，赠右金吾卫长史"，[④]不过更多墓志对此恐怕并未明言。其三，官职中应该混杂了大量的试、兼、检校官，这类荣誉性职衔大多授予军将、胥吏等人群，并非正式的官人身份。如果排除以上三种情形，仕宦历史能追溯至中唐以前的"非士职"官僚家族可谓微乎其微，就此而言，他们属于典型的新兴阶层。

基于籍贯与家世这两方面的考察，可以认为，长安及周边京畿地区的土著居民构成了三类"非士职"官僚的主体。在唐前期严整的律令体制下，普通京畿居民跻身仕途的制度性渠道有限。[⑤]"安史之乱"后，随着都城权力秩序的重组，京畿居民对这一变局应有敏锐感知，史称："京城坊市及畿甸百姓等，多属诸军、诸使、诸司，占补之时，都无旨敕，差科之际，顿异编氓。"[⑥]他们通过"影庇"的方式，寄名禁军、内诸司使以及财政三司等

---

① 参吴丽娱《光宗耀祖：试论唐代官员的父祖封赠》，《文史》2009年第1辑。

② 《前知桂阳监将仕郎侍御史内供奉李璆夫人京兆金氏墓志铭并序》，《唐代墓志汇编续集》，第1051页。

③ 《（前阙）左神策军判官郿王府长史兼殿中□□□□□□□墓志铭并序》，《大唐西市博物馆藏墓志》，第845页。

④ 《唐故试右内率府长史军器使推官天水郡赵府君墓志铭并序》，《唐代墓志汇编续集》，第962—963页。

⑤ 这当然只是相对而言，唐前期京畿居民通过巧妙的政治运作，由庶民而获得官人身份者也不乏其人，参徐畅《唐前期一位京畿农人的人生史——以大唐西市博物馆藏〈辅恒墓志〉为中心》，《社会科学战线》2018年第12期；同作者《长安未远——唐代京畿的乡村社会》，第1—16页。

⑥ 《文苑英华》卷四二八《大和三年十一月十八日赦文》，第2169页。

权势机构，以规避徭役。①这类"影庇"人口中，大多当然只是挂名纳课而已，不过可以想见，以此为契机进入相关机构，并实际履职、服役者也应占一定比例。以京兆府辖下栎阳县为例，据时人所见：

> 豪户、寒农之居，三分以计，而豪有二焉。其父子昆弟，皆卒名南北东西军，圜卫、杂幸之恃，或籍书从事星台、乐局、织馆、雕坊、禽儿膳者之附。②

所谓"卒名南北东西军"者，自然是指寄名禁军的当地部分豪民，而后一句"籍书从事"云云，则应指凭借书算技能，供职于相关机构，负责文书、账簿等事务。由此观之，唐后期京城诸司、诸使系统人数庞大的吏员，主体应是从京畿居民中招募而来。他们世代定居长安城中，或至少处在都城圈辐射所及的京畿州县，耳濡目染，对政治运作的环节与规则应该并不陌生，甚至颇为熟稔，这是他们能够胜任这类职务的有利条件。

三、"非士职"官僚的社会关系与家族网络

前文研究表明，三类"非士职"官僚大体遵循着相似的入仕、晋升途辙，在籍贯、家世背景等方面也高度趋同。这种同一性并非偶然，透露出三类人群具有相似的社会性格，彼此家族间可能存在着错综复杂的关系网络。考虑到三类人群大多在长安城中置有宅第（参表附-1），厘清其生活空间的分布，或可作为解析其社会关系的线索。为便观览，首先将上表统计所得宅第分布信息绘入长安里坊示意图中。

---

① 参唐长孺《唐代色役管见》，收入《山居存稿》，中华书局，2011；大泽正昭：《唐五代の「影庇」問題とその周邊》，《唐宋变革研究通讯》第1辑，2010。
② 《全唐文》卷七三六《栎阳兵法尉厅记》，第7599页。

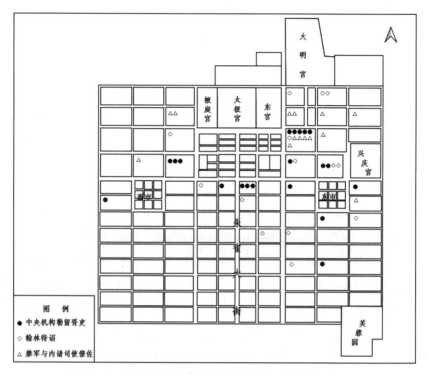

图附 -1 三类"非士职"官僚宅第分布情况（沈国光 绘图）

（一）"非士职"官僚的宅第分布与社群形态

对照上图，三类"非士职"官僚的宅第集中分布于街东毗邻宫殿区的崇仁、永兴、胜业、大宁诸坊，在皇城南侧的兴道、西侧的布政等坊也有集中分布，上述地区可以视为三类人群的主要生活空间。对官僚群体而言，以上区域因毗邻权力中心大明宫、皇城，通勤往来最为便利，不过房价也因此更为昂贵。这里可资对照的是，不少进士及第的高级文官，若无祖上产业，或皇帝恩赐，即便宦海沉浮半生，大多也无力在此置宅安家。如宪宗朝翰林学士王涯，"帝以其孤进自树立，数访逮，以私居远，或召不时至，诏假光宅里官第，诸学士莫敢望。俄拜中书侍郎、同中书门下平章事"。①即便已

————————————

① 《新唐书》卷一七九《王涯传》，第5317页。

官至翰林学士，即将拜相秉政，王涯也无力购置毗邻大明宫的近坊甲第，以至宪宗不得不特意为其在光宅坊临时安排住所。白居易在长安的居住经历也颇能说明这一点，他进士及第后辗转于长安诸坊，僦舍而居。长庆元年（821），年届半百的白居易已官至中书舍人，终于在新昌坊购置了一处私宅。据其赋诗自述，这一居所"阶庭宽窄才容足，墙壁高低粗及肩"，并自嘲"省吏嫌坊远，豪家笑地偏"。①所谓"省吏"，具体指哪类人，又何以与"豪家"并举？历来注白诗者对此似乎都未尝措意。其实此句指向的正是台省勒留胥吏群体，他们的宅第多在大明宫、皇城侧近，区位优势明显，自然瞧不上新昌这类偏远里坊，白诗所咏恰可与上图所示相印证。要之，从区位等要素看，"非士职"官僚的住宅似乎要比孤宦京师的士人更为优越。

三类人群居住地相对集中，甚至不乏里巷相接、宅第相连的情形，这种"附近性"无疑会拉近彼此关系，为社会交往创造条件。在现有史料中，我们也确实看到了能印证以上推测的诸多迹象。

首先，作为世代定居长安的土著人群，"非士职"官僚家族间存在错综复杂的婚姻关系。对此，翰林医待诏马及家族颇具代表性。据墓志记载，马及门下有弟子三人传其医术，俱待诏翰林。其中郭彦召是其亲外甥，杨鲁权、杨楚权兄弟是其表甥。另有一女，是同为宫廷医官的符虔休之妻。在马及去世后，这些亲故、弟子"每思恩遇，皆不胜情，追感吾师，泫然流涕"。②以马及为中心，可以看到晚唐翰林医待诏群体中存续着一个以婚姻、师承为纽带而形成的家族网络。③

类似情形也见于其他翰林待诏家族，如司天监、翰林待诏徐昇，娶同为待诏的刘渐之女、刘公素之妹，两家子弟长期供职司天台与翰林院，是同僚

---

① 白居易：《白居易集校注》卷一九《题新居寄元八》《新昌新居书事四十韵因寄元郎中张博士》，谢思炜校注，中华书局，2006，第1519、1543页。

② 前揭贺华《唐〈马及墓志〉略考》。

③ 参看前揭陈昊《晚唐翰林医官家族的社会生活与知识传递——兼谈墓志对翰林世医的书写》。

兼姻亲。①书待诏毛伯良，娶数术待诏杨士端之姊。墓志称毛伯贞"绮岁耽学，德行无违，昼必寻书，夜无停笔"，杨氏之父对此钦赏有加，"是以妻之"，②毛、杨两家皆为长安土著，又同供职内廷，此前可能便有相当程度的交往。勒留胥吏家族间也常相通婚，如曾任职中书门下的胥吏唐思礼，娶三司胥吏王澧之女。③在跨职业背景的家族间也可见其例，如翰林待诏董景仁，娶神策军勾覆官王佐文之女，并为其撰写墓志。④

除了通婚，三类人群的社会交往更多体现在日常交游，这在出土墓志的撰书题名中可以找到例证。如翰林待诏毛伯贞，先后为神策军僚佐郭琼、翰林都知贾公轸之父撰书墓志。翰林待诏姚汾，为任职禁军的赵晋墓志书丹，而赵晋诸子任职内诸司使与吏部。⑤部分墓志会直接透露作者与志主的关系，如翰林待诏郗从周，在为中书胥吏杨峰所撰墓志中自述"从周以谬承爱奖，述乎斯文"云云；⑥翰林待诏何赏，为左辟仗使押衙李遂晏及其叔母田氏撰写墓志，题名称"契朝议郎试右卫兵曹参军何赏"，⑦可见二人生前当为契友。

部分墓志透露了彼此交游的更多细节，如大中、咸通年间同住延政坊的

---

① 张晟：《徐灂撰彭城郡君刘氏墓志考略》，《文艺生活》2013年第12期；张履正：《唐司天监翰林待诏徐昇墓志考述》，《考古与文物》2021年第12期。

② 《大唐将仕郎守洪州都督府仓曹参军翰林待诏荥阳毛公故夫人弘农杨氏墓志铭》，《全唐文补遗》第6辑，第476页。关于杨士端家族的数术背景，参《唐会要》卷二一、卷三八所录两件奏议（第411、696页）。

③ 《亡妻太原王夫人墓志铭》，《唐代墓志汇编续集》，第1041页。

④ 《唐故左神策军勾覆官朝议郎守昭王府谘议参军太原王公志铭并序》，《陕西新见唐朝墓志》，第427页。

⑤ 《唐故正议大夫使持节渠州诸军事守渠州刺史兼侍御史上柱国太原郡郭府君墓志铭并序》，《洛阳新获墓志 二〇一五》，第338页；《唐故昭武校尉守朔州尚德府折冲都尉上柱国贾府君墓志铭并序》，《唐代墓志汇编续集》，第927页；《唐故右龙武军散将天水赵府君墓志铭并序》，《珍稀墓志百品》，第187页。

⑥ 《唐故朝议郎卫尉寺丞上柱国弘农杨府君夫人梁氏合祔墓志铭并序》，《唐代墓志汇编续集》，第859页。

⑦ 《唐故左辟仗押衙□光禄大夫检校太子宾客兼侍御史李府君墓志铭并序》，《西安碑林博物馆新藏墓志续编》，第565页；《大唐故正议大夫行夔州长史兼侍御史夫人雁门郡田夫人墓志铭并序》，《大唐西市博物馆藏墓志》，第893页。

萧弘愈、何遂、牛季璟与杜逢等人。萧弘愈出身军人家庭，却"素蕴才艺，常工隶篆，往年进献，请试翰林。圣旨允从，许俟负阙"，以工书而待诏翰林，并获试太常寺协律郎衔。何遂则出身翰林待诏家庭，本人"有辞藻，广知识，讽咏鼓琴，……札得妙於锺、张"，很可能也是一名待诏。咸通八年（867）二月，萧弘愈因病去世于延政里私第，何遂撰文慨叹："呜戏！年尽二十八，官止试协律，天命难知，得不痛恸？……乡党咸若耿涕，……（何）遂暨（牛季）璟、（杜）逢，与公为结友，痛惜如昆弟焉。"①悲恸溢于言表。此方墓志由牛季璟书丹、杜逢篆盖，堪称四人友谊的见证。萧弘愈去世次月，何遂也因病"殁于长安延政里之第"，②牛、杜又受托撰书墓志。不过旬月间，知友相继凋零，二人不胜唏嘘。以上诸人同里而居，年辈相近，更兼志趣相投，不难想见，在大中至咸通年间，延政坊内必定存在着一个以邻里乡党、朋辈交游为纽带而形成的翰林待诏社群。

这种"同坊之谊"应非个例，又如居住永兴坊的姚汝能，曾为同坊军器使推官赵文信撰写墓志，称："汝能芜浅，不足以揄扬德风，事贵熟闻，不敢牢让。"二人平日当有过从。此后，他又为度支胥吏史仲莒撰写墓志，称："汝能依公门馆余十五年，群（志主之子——引者）等相于，未常间阻，熟公行业，识公贤能。"③可知姚汝能与史氏父子是邻里兼通家之旧，过从甚密。另外，考虑到史、赵二家同住永兴坊，又都与姚汝能熟识，墓志虽为明言，但日常生活中想必也有交往。在此，同坊之内的人际网络依稀可见。

（二）与宦官、军将的关系

除了社群内部形态，住宅分布特征也为观察"非士职"官僚与其他人群的关系面向提示了线索。

妹尾达彦等学者曾对唐代长安居民生活空间做过深入研究，据此首先可以明确以下几点认识。首先，以城市中轴线朱雀大街为界，唐代长安的居民

① 《唐故朝请郎试太常寺协律郎萧公墓志铭并序》，《唐代墓志汇编续集》，第1067页。

② 《唐故朝议郎守括州司马何公墓志铭并序》，《唐代墓志汇编续集》，第1068页。

③ 《唐故试右内率府长史军器使推官天水郡赵府君墓志铭并序》，《唐代墓志汇编续集》，第962—963页；《大唐故朝散大夫夔王友上柱国杜陵史府君墓志铭并序》，《珍稀墓志百品》，第205页；

生活区大致分为东西两大区块：以西市为中心的街西诸坊，属于商业区与一般庶民聚居区；街东诸坊，居民则大多为官僚人口，见于史传的达官显宦、诗人墨客，其宅第大多分布此间。其次，中唐以降，在原有格局基础上，官僚家族萃居的街东诸坊发生分化，呈现出明显的社群特征：宦官、禁军军将家族宅第集中分布在东市以北，尤其是宫城以东、大明宫以南的永兴、安兴、永昌、来庭、翊善、大宁、兴宁诸坊，在宫城西侧的修德、辅兴等坊也有分布；与之相对，以清流为代表的科举官僚、士人家族，其宅第大多分布在东市以南的长兴、亲仁、安邑、靖恭、永宁、宣平、新昌等坊。[①]可以说，以上分布格局呈现的既是某种空间分野，更是长安城中人群结构与身份秩序的外在表征。

对照上图可知，三类"非士职"官僚的居住地与宦官、军将家族有明显的重叠，尤其是永兴坊周边，堪称几类人群的萃居之所。上述迹象透露出，"非士职"官僚与宦官、军将在日常生活中应该多有交集，这是其社群关系的一个重要面向。考虑到禁军、内诸司使僚佐是受宦官势力直接庇护的群体，彼此关系不言而喻，下面的考察主要围绕翰林待诏与胥吏群体。

翰林待诏与宦官皆供职内廷、服务皇家，履职时理应有交集。从管理体制来看，翰林院相关事务例由宦官充任的翰林院使直接负责，这也为两类人群的接触提供了正式渠道。不过仔细爬梳史料会发现，两者间的关系并不限于职务往来。

首先，有迹象表明，部分翰林待诏与宦官家族是同族亲属。对此，我们可以举出玄、肃之际的翰林书待诏刘秦，在为宦官刘奉芝书丹的墓志中，他

---

① 详细统计与整体性讨论，参妹尾達彦《唐長安城の官人居住地》，《东洋史研究》55（2），1996；张永帅：《空间及其过程：唐长安住宅的分布特征及其形成机制》，《史林》2012年第1期。针对宦官、军将等群体的研究，参杜文玉《唐代长安的宦官住宅与坟茔分布》；陈弱水：《唐代长安的宦官社群——特论其与军人的关系》。此外，也有学者对部分里坊做过个案考察，参王静《唐代长安新昌坊的变迁——长安社会史研究之一》，《唐研究》第7卷，北京大学出版社，2001；前揭徐畅《白居易与新昌杨家——兼论唐中后期都城官僚交往中的同坊之谊》。

自称从侄。①不过这层关系是否系唐人常见的同姓间攀附行辈呢？有必要对此做一点检证。按，刘奉芝家族原籍京兆泾阳，后定居长安，父、祖皆为禁军军将，属于典型的长安军人家庭出身。他本人及其兄刘奉进，都是"以良胄入侍"的第一代宦官，②在长安周边应有不少同族亲属。关于刘秦，据其家族成员墓志，籍贯为京兆长安，③与刘奉芝家族不尽相同。但是联系前节对"非士职"官僚籍贯分布、迁徙趋势的讨论，泾阳与长安不妨视为原籍与现籍的关系，并非不可调和。刘秦与刘奉芝虽未必是嫡系亲属，但很可能是同族疏支。④实际上，无论宦官抑或翰林待诏，从家族源流来看，长安周边的土著居民都占很大比例。不难想见，固有的宗族、乡里关系交织其间，使得两类人群天然呈现出社群关系上的亲近感。

除了同族亲属关系，更为常见的关系样态是彼此间的交游。学者已经注意到翰林待诏为宦官家族撰、书的大批碑志，并据此推测两类人群间应存在日常交往。⑤对此，翰林待诏毛氏一族堪称典型。根据历年出土碑志撰、书人题名，从宪宗元和至僖宗乾符年间，毛氏一族中至少有六人担任过翰林书待诏，分别为毛伯良、毛伯贞、毛伯通，以及时代稍晚的毛知微、毛知仪、毛知俦。由于缺乏明确的谱系资料，他们彼此间的行辈关系尚不清楚。作为活跃于晚唐长安的书学世家，毛氏诸人先后为宦官及其亲属撰、书过不少碑志，如毛伯良书《杨志廉妻刘氏墓志》（贞元二十年）、《杨志廉墓志》

---

① 《唐故朝议郎行内侍省内寺伯上柱国刘府君墓志铭并序》，《唐代墓志汇编》，第1747页。

② 关于刘奉芝家世、籍贯，据其弟《刘奉智墓志》："今为京兆府泾阳县人也。曾祖宝，皇右领军卫折冲都尉；祖敬，左卫果毅都尉；父柱，右武卫长上折冲左羽林军宿卫。"（《唐代墓志汇编》，第1723页）参前揭陈弱水《唐代长安的宦官社群——特论其与军人的关系》。

③ 《唐故湖州乌程县尉彭城刘公（斌）墓志铭并序》，《大唐西市博物馆藏墓志》，第711页。按，志主为刘秦侄孙。

④ 据前揭《刘斌墓志》，志主葬于长安县积德乡先茔，而据《刘奉智墓志》所记，其先茔在"长安县国城门西七里龙首原龙门乡怀道里"，因此两家血缘关系应较为疏远。

⑤ 闫章虎：《政治制度视角下的唐代书法史研究》，吉林大学博士学位论文，2019，第189—193页。

（元和元年），①毛文广篆额《李从证墓志》（大中五年），②毛伯贞篆额《第五从直碑》（开成元年）、《仇士良碑》（大中五年），篆盖《间知诚墓志》（大中十二年），③毛伯通书《彭君墓志》，④毛璧撰、毛知仪书《杨公妻曹氏墓志》（乾符三年）。⑤

　　部分碑志明确透露了翰林待诏与宦官家族的交谊。据《杨公妻曹氏墓志》撰者自述："（毛）璧非修辞者，直以仲兄于□西院常侍有忘形之契，为莫逆之交。"所谓"西院常侍"，指志主第三子杨遵谟，时任内常侍、枢密院承旨。由此可窥见毛氏与宦官权贵家族交情匪浅，这很可能是一种有意的结托。在另一方由朱知之撰、朱玘书丹的宦官墓志中，也提到"余从侄翰林待诏玘，与公分深，转托斯志"，⑥可见并非个例。另外，有迹象表明，翰林待诏与宦官家族还存在姻亲关系。毛伯良在为其族兄毛钊妻吕氏所撰墓志中，提到志主有二女，长女"适事于内养魏公"，次女"娉于东川监军都判官王公"，⑦魏、王二人都是宦官无疑。

　　胥吏勒留官大多供职于中书门下、财政三司等南衙机构。在他们的官职晋升中，发挥关键作用的是本司长官，其中大多为士大夫出身的名公巨卿。不过从社会面来看，南衙勒留胥吏与北司宦官之间的界线则并非那么泾渭分明，其关系样态可能比我们想象的更为复杂。

　　在唐后期中枢政务运作中，中书门下胥吏与宦官的关系非常引人注目，传世文献中提供了不少耐人寻味的细节。据史书记载，代宗朝权臣元载执政时期，委用中书胥吏卓英倩、李待荣等人，"势倾朝列，天下官爵，大

---

① 以上分见吴钢主编《全唐文补遗》第2辑，三秦出版社，1996，第34—35、35—37页。

② 《唐代墓志汇编》，第2288页。

③ 《宝刻丛编》卷八，《石刻史料新编》第24册，第18232、18233页；《唐代墓志汇编续集》，第1015页。

④ 《全唐文补遗》第8辑，第148页。

⑤ 《全唐文补遗》第8辑，第223—224页。

⑥ 《唐故中大夫内侍省掖庭局丞员外置同正员上柱国摄奚官局令彭城刘公墓志铭并序》，《碑林博物馆新藏墓志续编》，第558页。

⑦ 《唐故夫人吕氏墓志铭并序》，《唐代墓志汇编续集》，第991页。

者出元载，小者自倩、荣"。①为专权固宠，他又结交内侍董秀，"多与之金帛，委主书卓英倩潜通密旨。以是上有所属，载必先知之"。②在元载交结、行贿内廷宦官的过程中，中书胥吏卓英倩扮演了重要角色。此后中晚唐的历史上，类似现象时有发生。如贞元、元和之际，"堂后主书滑涣久在中书，与知枢密刘光琦相结，宰相议事有与光琦异者，令涣达意，常得所欲，杜佑、郑絪等皆低意善视之"。③滑涣是中书门下堂后勒留官，在宰相群体与宦官枢密使的关系中，他其实扮演了类似卓英倩的角色，即往来传递信息，弥缝于内廷与外朝之间，这也是唐后期中书门下体制运作的一个重要环节。④由此也可见，中书胥吏与内廷宦官间的结托，虽屡遭士大夫批判，实则是维系政务顺利运转的某种"润滑剂"。

这里值得进一步追问的是，何以这类胥吏能胜任沟通南衙与北司的角色呢？答案似当于制度逻辑外的社会面求之，《中朝故事》卷上：

> 中书政事堂后有五房，堂后官共十五人，每岁都酿醴钱十五万贯，秋间于坊曲税四区大宅，鳞次相列，取便修装，遍栽花药。至牡丹开日，请四相到其中，并家人亲戚，日迎达官，至暮娱乐。教坊声妓，无不来者。恩赐酒食，亦无虚日。中官驱高车大马而至，以取金帛优赏，花落而罢。⑤

在中书门下胥吏定期主办的盛大宴集中，宰相与宦官都是受邀而至的重要宾客。这也可见其社会关系的两个重要面向，前者是其仕途晋升的主宰者，自应竭力维系关系，而后者同样是家族发展中不容忽视的势力，因此也需倾力结交。就社会面交往而言，相比士大夫，胥吏与宦官的关系恐怕更为

---

① 《旧唐书》卷一一九《崔祐甫传》，第3440页。
② 《旧唐书》卷一一八《元载传》，第3410页。
③ 《资治通鉴》卷二三七，元和元年八月条，第7635页。
④ 参刘后滨《唐代中书门下体制研究》，齐鲁书社，2001，第188—197页；徐成：《内外防禁与内朝体制：唐枢密使沿革探赜》，未刊稿。
⑤ 尉迟偓：《中朝故事》卷上，夏婧点校，中华书局，2014，第223页。

亲近，毕竟在主流社会观念中，他们都为清流所摈斥。另外，他们多是京畿土著居民，出身背景相似，更兼日常居处相近，甚至可能同住一坊之内，这些因素无疑都能拉近彼此距离。

不难想见，中书门下胥吏与宦官群体在职务交集之外，社会面必定还存在着或直接或间接的关系，这在出土墓志中能寻得印证。我们发现不少胥吏与宦官集团的神策军将、僚佐存在亲缘关系。如会昌年间去世的三司胥吏雷讽，其堂兄雷景中时任右神策军奉天镇判官，①是一名禁军系统的文职僚佐。除了这一层身份，雷景中还曾是宦官领袖梁守谦的心腹幕僚，在为后者所撰墓志中自称"久践门阑"云云，可见关系匪浅。②晚唐诏书屡次申禁，胥吏勒留授官"止于中下州长、马，但不能登朝"。在此背景下，雷讽却能在开成三年（838）"进阶朝散大夫，任鸿胪寺丞"，又"特敕重拜寺丞，锡银章朱绂之宠"，其中缘由想必与"甘露之变"后宦官势力的膨胀不无干系。

在雷讽兄弟的事例中，亲族分别委身南衙与北司，这在晚唐长安并非特例。如三司勒留胥吏王澧，娶神右策军兵马使刘明之女；③大中年间的门下省主事王顼，其弟王玟时任右神策军兵马使，④他们都拥有与宦官相结托的社会渠道。对此，唐末张师儒家族的经历更具代表性。张师儒及其次子张汾都是御史台勒留胥吏，先后授坊州升平县主簿、宣州南陵县尉等职。与此同时，其长子张沫则获义武节度使王处存赏识，任节度都押衙，是一名藩镇军将；第四子张湜，"与义武军节度王公弟左神策军粮料使弘绍同勾当供军之务"，⑤任职禁军系统。我们知道，王处存、王处直兄弟主政的义武军是唐末藩镇中一支重要力量。据史书记载，王氏兄弟为京兆万年人，以经商

---

① 《唐故朝散大夫行鸿胪寺丞上柱国赐鱼袋雷府君墓志铭并序》，《唐代墓志汇编续集》，第958页。

② 《唐故右神策军护军中尉……梁公墓志铭并序》，《唐代墓志汇编》，第2104页。参陆扬《9世纪唐朝政治中的宦官领袖——以梁守谦和刘弘规为例》，《清流文化与唐帝国》，第89页。

③ 《亡妻太原王夫人墓志铭》，《唐代墓志汇编续集》，第1041页。

④ 《唐太原郡王氏故笄女十六娘墓志铭》，《唐代墓志汇编续集》，第985页。

⑤ 《唐故朝议郎前行宣州南陵县尉柱国张府君墓志铭并序》，《唐代墓志汇编》，第2502—2503页。

致富，"世籍神策军，家胜业里，为天下高赀"，^①其家族根基在长安，政治上的发迹，更与宦官集团的扶持密不可分。^②从张沫、张湜的仕途进路来看，他们通过结托王处存家族，进而间接攀附上宦官势力。

（三）家族网络的扩展与社会面貌的交融

关于"非士职"官僚的家族网络，前文所举事例透露出两个值得注意的动向，即跨职业背景的家族间联姻，以及同家族内部的职业分化，这其实是互为表里、一体两面的社会进程。下文以两方墓志为例，对此做进一步揭示。

其一为镌刻于咸通十二年（871）的《唐故前集州衙推狄府君夫人内黄郡骆氏墓志铭并序》，为便讨论，现节录如下：

> 夫人本家内黄郡，生□□邑，始为长安人也。曾晟，祖朝，皇并不仕。父季亮，任职度支。伏以三代相承，乃武乃文，愿处深幽，用畅平生之志。其夫人即骆府君弟长女也。……才已笄年，适妍狄氏。有子二人：长曰任右神武军引驾仗押衙、银青光禄大夫、检校太子宾客、兼监察御史乾裕，次子任门下省驱使官、宣节校尉、守陈州崇乐府折冲乾佑，……夫人有女三人：长女适陈师庆，任度支。次女适骆景权，任右神策军衙前虞候。小女适陈公信，任职右军。……春秋五十有六，咸通十二年五月十五日遇疾，奄逝于京兆府万年县崇义里私第也。……用其年六月七日葬于本县长乐乡故城村，连先夫茔，通便附焉。^③

志主骆氏为长安本地人，曾祖、祖父两代皆不仕，其父任职度支，应该是一名勾留胥吏，这一家世背景与前文勾勒的胥吏勾留官整体面貌高度吻合。其夫狄某，曾任集州衙推。这是中晚唐州级政府的一种低级僚佐，带有

---

① 《新唐书》卷一八六《王处存传》，第5418页。
② 参王静《王处存家族崛起与神策禁军》，夏炎主编《中古中国的都市与社会：南开中古社会史工作坊系列文集之一》，中西书局，2019。
③ 《唐代墓志汇编续集》，第1093页。

吏职色彩，①可见狄、骆两家背景相似，二人婚媾属于胥吏家族间的联姻。值得注意的是他们的下一辈，长子狄乾裕并未走上父、祖辈的进身之阶，转而投身禁军，任右神武军引驾仗押衙，次子乾佑则进入门下省，担任驱使官，这也是唐后期中书门下的一种新型胥吏。相比父辈，狄氏兄弟显然选择了更为有利的职业晋升道路，即供职台省、禁军等权势部门。狄氏三女的婚姻也值得留意，她们分别嫁给度支胥吏陈师庆，右神策军衙前虞候骆景权（可能是母家戚属），以及另一名右神策军将陈公信。从狄、骆两家的代际发展不难发现，通过联姻的方式，其家族网络经历了一个不断扩展的进程，以三司系统为根基，逐步延伸至中书门下、禁军等权力核心部门，在此期间，他们的家族面貌也逐渐发生融合。

及至唐末，长安"非士职"官僚家族的融合态势更形显著。这在一方五代墓志中有集中体现，后唐清泰三年（936）《唐故渤海县太君高氏墓志铭并序》：

> 夫人姓高氏，渤海人也。曾祖讳璙，皇任飞龙副使。祖讳枚，皇任贺州刺史。父讳仁裕，仕于左神策军，为打球行首，少以恭恪称，泊职左广，时承平且久，上之游宴，侍从之列，莫不慎择。至于辟广场、羁骏足、奉清尘于驰骤之际，对天颜于咫尺之间，莫不许其趋干敏速，动由礼意。僖宗朝广明中，使于淮南，征上供征赋，戎帅高骈以公之材足以为牧，奏授楚州刺史，政术有闻，以疾即世。太君姚清河崔氏。父讳怿，皇任河东节度判官。太君适清河张涤，累官州县，退居外地，后至雍京，时相见知，擢委职秩，历官至苏州别驾。昭宗自岐阳回，将议东迁，乞假先往华州，至浐水为群盗所伤，因至殂逝。时兵寇相接，道路甚艰，诸子奔赴其所，遂权厝于蓝田县。后还长安，归葬先茔。及乘舆幸洛邑，诸孤无所寄托。长子恭胤，颀年十二，除授朝议郎、蜀州司仓参军、柱国。诸弟皆幼，太君励之以孝悌，勉之以勤修。恭胤习小学，

---

① 参渡边孝《唐代藩镇における下級幕職官について》，《中国史学》11，2001；陈志坚：《唐代州郡制度研究》，第105—115页。

师楷隶之法，旋入翰林院，累膺恩渥，历职三纪，始自蓝绶，至于金章，凡一十三命。晨夕之下，就养无违，资序已崇，荣禄偕及，乞回天泽，以慰慈亲，于是特恩封渤海县太君。恭胤清泰元年迁大司农，列于通籍，光宠既孚，诚为辉映。……太君以清泰二年七月十九日终于洛京彰善坊之私第，享年六十有九，恩锡赙赠布帛粟麦。太君亲妹适故司空阎湘，有子曰光远，职居翰林，官鸿胪少卿。恭胤弟曰恭美，经任密州辅唐、金州西城二县主簿。次弟曰廷砺，守职彭门。女一人，适左领军卫上将军王陟，封清河郡君。……以清泰三年岁次丙申九月丁亥朔四日庚寅，葬于河南府河南县平乐乡朱阳村，礼也。①

志主高氏，卒于后唐清泰二年，平生历经唐、后梁、后唐三朝，而其家族历史也堪称长安"非士职"官僚在唐末五代的命运缩影。②

首先来看高氏的家世背景。据墓志记载，高氏之父高仁裕"仕于左神策军，为打球行首"，以打毬技艺获唐僖宗垂青，是一名典型的神策军将。不过如果再往前追溯的话，从其曾祖父高璆任飞龙副使一职来看，应该是一名宦官。由此也可以推测，高氏祖父高枚系宦官养子。陈弱水的研究已揭示宦官与禁军军将两类人群间广泛存在的收养、联姻关系，③高氏曾、祖两代正属这一情形。高枚官至贺州刺史，这恐怕离不开宦官势力的扶持。我们知道，晚唐神策军将领、僚佐等官至地方牧守、藩帅者不乏其人，如前文提到的王处存，"世籍神策军"，官至义武军节度使，又如曾任左神策军推官的田章，官至琼、渠二州刺史。④高枚可能也属这一情形，他早年应供职于禁军系统。

---

① 周阿根：《五代墓志汇考》，黄山书社，2012，第277—279页。

② 邱敬《合三家之力五姓之好》（收入山口智哉、李宗翰、刘祥光、柳立言编著《世变下的五代女性》，广西师范大学出版社，2022，第240—248页）一文对这方墓志也做过讨论，不过部分解读与本文意见不尽相同，请一并参看。

③ 陈弱水：《唐代长安的宦官社群——特论其与军人的关系》。

④ 《大唐故朝议大夫检校国子祭酒侍御史兼王府傅琼果二州刺史赐紫金鱼袋雁门郡田府君墓志铭并叙》，《唐代墓志汇编续集》，第1016页。

关于志主之父高仁裕，墓志还记载："僖宗朝广明中，使于淮南，征上供征赋，戎帅高骈以公之材足以为牧，奏授楚州刺史。"获淮南节度使高骈奏荐，官至楚州刺史。值得注意的是，作为唐末藩镇势力的代表，高骈同样出自神策军，史称其"家世仕禁军"，本人曾任神策军都虞候。[①]因此，高骈对高元裕的奖拔，显然不仅因其"材足以为牧"，更关键的原因恐怕在于二人同宗之谊且同出神策军的背景。要之，志主高氏出身于一个宦官—禁军家族，属于晚唐长安"非士职"官僚家族的典型。

关于高氏之夫张涤，墓志称其"累官州县，退居外地，后至雍京，时相见知，擢委职秩，历官至苏州别驾"，似乎是一名中书门下胥吏勒留官。他在唐末关中动乱中"为群盗所伤，因至殒逝"，先权葬蓝田县，"后还长安，归葬先茔"，可知也是长安土著。张涤去世后，高氏独自抚训诸子，对长子张恭胤寄望尤深。光化三年（900）前后，[②]张恭胤十二岁时，除授朝议郎、蜀州司仓参军、柱国，正式步入仕途。这当然只是用以寄禄的勒留官，墓志称其"习小学，师楷隶之法，旋入翰林院，累膺恩渥"，因此其本职为翰林待诏。此后他"历职三纪，始自蓝绶，至于金章，凡一十三命"，历唐、后梁、后唐三代，官至司农卿，"列于通籍"。

张恭胤似无家学传承，却能在十二岁时以书艺供职翰林，并获得正员官职，这一仕途际遇颇不同寻常。墓志后文透露了一个信息："太君亲妹适故司空阎湘，有子曰光远，职居翰林，官鸿胪少卿。"阎湘是唐末翰林书待诏，所存书迹颇丰，如乾宁二年（895）为内枢密使吴承泌墓志书丹，结衔为"翰林待诏、朝散大夫、检校右散骑常侍、守蜀王傅、□御史大夫、柱国、赐紫金鱼袋"；[③]光化二年（899）书《重修内侍省碑》，结衔"翰林待诏、朝散大夫、检校刑部尚书、守太子左詹事、兼御史大夫、上柱国、赐紫金鱼袋"。[④]可知阎湘是唐末翰林书待诏中的头面人物，且与宦官集团关系

① 《旧唐书》卷一八二《高骈传》，第4703页。
② 按，志文称其"历职三纪"云云，以墓志镌刻的时间点后唐清泰三年（936）逆推，则张恭胤入职翰林时间当在唐光化三年（900）前后。
③ 《唐代墓志汇编》，第2532页。
④ 吴钢主编《全唐文补遗》第1辑，三秦出版社，1994，第38页。

密切。不难想见，张恭胤能以一介少年待诏翰林院，很可能是姨父阎湘一手安排的结果。

要之，高氏出身宦官—禁军家族，曾祖为宦官，父、祖两代仕于神策军，她本人与中书门下胥吏张涤结合，其妹为翰林待诏阎湘之妻，其子亦为翰林待诏。在此，我们看到几类非士职官僚社会面貌的交融。

以上分别考察了三类"非士职"官僚的社群形态，及其与宦官、军将等群体的社会交往与融合。无可否认，我们目前掌握的资料都是碎片化的，难以呈现人际交往更完整的网络状形态。不过将碎片拼缀、勾勒，还是可以清晰看到这样一幅图景：以共同的生活空间——长安里坊为舞台，透过宗族、婚媾、师承、交游、邻里等人际纽带，包括宦官、军将在内的唐后期"非士职"官僚家族共同构筑了一个复杂的家族网络。这种人际关系为他们家族存续、发展提供了有力支撑，有迹象表明，"非士职"官僚的任职机构中，呈现出高度世袭化、家族化的倾向。[①]他们之所以能世代占据这类职务，除了知识、技能的代际传承，更与家族网络中的彼此援引、协作密不可分。

代结语：唐后期精英身份秩序中的"非士职"官僚

最后想对"非士职"官僚在政治社会秩序中所处位置，尤其是他们与士人阶层的关系做几点讨论。

从实际职守来看，本文讨论的三类"非士职"官僚，大体脱胎于唐前期的台省文书胥吏、伎术官等群体。唐后期，他们依附皇权、宦官或其他权势部门，通过使职差遣体系下的勒留授官机制，纷纷步入仕途，获得流内官职，甚至如翰林待诏群体，不乏跻身官僚体制上层序列者。在亲友为其撰写的墓志中，如翰林待诏马及，墓志称其"清职得象贤之盛，崇班归二品之荣"；[②]胥吏邵才志，墓志称其"官任清资，职司枢密"；[③]胥吏史仲莒，"自居右职，

---

① 这在翰林待诏群体中表现得最为显著，参王溪《"家传"与"师承"：唐五代翰林待诏的选任》，《唐史论丛》第19辑，三秦出版社，2014。

② 贺华：《唐〈马及墓志〉略考》。

③ 《唐故元从奉天定难功臣游击将军守冀王府右亲事典军上柱国勒留堂头高平郡邵公墓志铭并序》，《唐代墓志汇编》，第2045页。

至列清朝"；①内诸司使僚佐赵文信，墓志称其子"早登仕籍，累践清资"。②
其中反复出现的"清朝""清职""清资"等表述，虽有夸饰成分，却不尽是
谀墓之辞。对照唐前期的职官分类体系，他们担任的不少官职，如诸卫将军、
中郎将、九寺监丞、东宫官、亲王府官等，都属广义"清资官"，例由士人担
任。③从志文不厌其烦的记叙来看，他们对官职所赋予的"缙绅之荣"满怀企
慕。就此而言，部分"非士职"官僚已经突破了律令制的束缚，至少以职衔、
章服、封荫等官僚制尺度来衡量，他们与士人阶层的界线正在逐渐模糊。

　　伴随官职而来的是不菲的俸禄。"非士职"官僚所授官职多为正员官，
有别于唐后期盛行的试、兼、检校官，占阙正员官皆能获得相应俸禄、待
遇。在此有一点值得特别指出，即他们所获官阙，整体而言以州县官居多。
这固然是因制度所限（详后），但原因可能还在于，唐后期官员俸禄"外重
内轻"的分配格局下，州县官俸料相比同品级京官往往更为优渥，④仅就寄
禄功能而言，外官要优于京官。唐后期外官俸料钱例由两税中留州、留使的
份额支付，而江淮诸州大多地方财政相对富余，因此各类勒留官所占官阙集
中分布在这类地区。⑤具体而言，勒留官普遍能获得州县官俸料钱的八成，
以及足额的职田、禄米收入，⑥如果再加上从实际供职机构所获收益，总数
应相当可观。对国家财政而言，这无疑是笔不小的开支，晚唐政府曾一度明
令禁止"在京诸司典吏"勒留授官。不过从诸方博弈的结果来看，天平还是
倾向了勒留官一边，他们依然"作计勾留，不肯赴任"，"勤劳责累，移在

① 《大唐故朝散大夫夔王友上柱国杜陵史府君墓志铭并序》，《珍稀墓志百品》，第205页。
② 《唐故试右内率府长史军器使推官天水郡赵府君墓志铭并序》，《唐代墓志汇编续集》，第963页。
③ 参赖瑞和《唐"望秩"类官员与唐文官类型》。
④ 参陈寅恪《元白诗中俸料钱问题》，《金明馆丛稿二编》，生活·读书·新知三联出版社，2001。
⑤ 《册府元龟》卷五一六《宪官部·振举》："今国计所须，江淮是赖，江淮州县官俸料稍厚处，勾留倍多。"（第6170页）
⑥ 《唐会要》卷九二《内外官料钱》："（开成五年）三月，中书门下奏：'准今年二月八日赦节文，应京诸司勒留官，令本处克留手力、杂给钱与摄官者。……臣等商量，其料钱、杂给等钱，望每贯割留二百文与摄官，其职田、禄米，全还正官。'从之。"（第1668页）

他人，俸禄资考，则为己有"。①

官俸还远非"非士职"官僚经济来源的全部，更大份额可能还在于各类非正式收益。对此，任职财政三司的胥吏堪称典型。他们利用职务便利，广纳财贿，据胥吏张卓墓志记载：

> 大总职是二司（度支、盐铁——引者），人叠镪饶，珍衣鲜马，服行道路，光色惊动人者什八九，卒以黩货致祸者什六七。②

这段文字虽是为了彰显志主守职清廉，但恰透露上述情形在当时是司空见惯。至于中书门下胥吏，因供职权力核心部门，类似情形有过之无不及。前文曾提及，贞元年间，中书门下堂后主书滑涣弄权，"四方赂遗无虚日"，事发后"籍没家财凡数千万"；③文宗大和年间，中书门下勒留堂头汤铢"以机权自张，广纳财贿"。④至于翰林待诏等，虽缺乏收纳贿赂的稳定渠道，不过因直接服务于最高统治者，他们在常规俸禄外所获赏赐颇为优厚。如前文提到的翰林医待诏马及，供奉五朝，"前后恩赐黄金、鞯马、犀带、玉带、锦绘、银器、钱、绢等，不知纪极，难以胜数"。总之，通过官僚体系内或明或暗的各色收入，"非士职"官僚大多积累了丰厚的财富。正因此，在物价腾贵、居大不易的中晚唐长安，他们有能力在毗邻皇城与大明宫的近坊营置宅第。

唐代前期的律令体制下，对胥吏、伎术官等"非士职"官僚有着严格的入流与迁转限制，整体而言，其官职晋升与社会流动的空间并不大。唐后期，伴随着中央权力结构与政治秩序的重组，他们依托使职差遣下的勒留授官机制，顺势而起，成为政治、经济资源分配中的有力人群。学者指出，唐

① 《文苑英华》卷四二九《会昌五年正月三日南郊赦文》，第2173页；《册府元龟》卷五一六《宪官部·振举》，第6170页。

② 《唐故朝请郎行门下录事上骑都尉张公墓志铭并序》，《大唐西市博物馆藏墓志》，第799页。引文中文字、标点有所调整。

③ 《资治通鉴》卷二三七，元和元年八月条，第7635页。

④ 《册府元龟》卷三一七《宰辅部·正直》，第3751页。

后期以藩镇僚佐辟召为代表的人事制度变革，为地方新兴阶层提供了跻身仕途、实现向上流动的阶梯。①从三类"非士职"官僚的家族发展路径来看，京畿社会有其特殊性，但又显露出某种共时性，这是引人深思的。

不过，制度身份与经济实力并非决定现实身份秩序的唯一力量。在晚唐政治文化中存在着一个乍看颇令人费解的现象：一方面，如前所述，"非士职"官僚与衣冠士流的制度身份界线趋于模糊；与此同时，在主流观念中，两者社会身份的区隔反而日趋严格起来。对此，"甘露之变"的主角之一——郑注的经历便颇具代表性。郑注出身寒微，本姓鱼，伪冒荥阳郑氏，倚宦官王守澄，因医术而进用。当文宗与宰相商议授予其官职时，"或欲置于翰林伎术院，或欲令为左神策判官"，而他"皆不愿此职"。②原因即在于，郑注深知接受此类职位无异公开承认自己是伪冒衣冠。文宗本人也有非常浓厚的流品观念，据《因话录》载：

> 文宗赐翰林学士章服，续有待诏欲先赐本司者，以名上。上曰："赐君子小人不同日，且待别日。"③

虽皆供职翰林，都获赐章服，但在文宗眼中，学士是"君子"，待诏是"小人"，身份悬隔。

这种身份歧视对胥吏群体尤为强烈。在唐后期诏书、奏议中，常见从区隔流品的立场斥其为"杂类""僭越"的论调，而所谓"胥吏性恶说"，也是在此时进入公共舆论，并迅速固化一种主流社会观念。④此外，学者在研究唐代文、武分途问题时发现，唐后期武臣带文散阶、文职事者频见于记载，

① 礪波護：《中世貴族制の崩壊と辟召制—牛李の党争を手掛かりに—》，《唐代政治社会史研究》，同朋舎，1986；渡辺孝：《唐代藩鎮における下級幕職官について》，《中国史学》第11卷，2001。
② 《资治通鉴》卷二四四，大和七年七月条《考异》引李德裕《文武两朝献替记》，第7893—7894页。
③ 赵璘：《因话录》卷一，上海古籍出版社，1979，第72页。
④ 叶炜：《南北朝隋唐官吏分途研究》，第199—120页。

文、武臣僚职衔上的差异日渐缩小。但在社会观念中,两类人群出身、资质的差异却被凸显出来,即"外在差别有所模糊的同时,其内在差别被愈发强调"。①这些现象其实应置于同一历史脉络下理解,即诸类"非士职"官僚的崛起,冲击了官僚体系与既有身份秩序,进而与士人阶层产生尖锐对立。

这种紧张关系直观地反映为对正员官阙的争夺。开成三年(838)诏书称:"近日诸色入流人多,官途隘窄。……近日诸司奏请州县官及六品已下官充本司职掌,……色目渐多,致使勾留溢于旧额。"②新出《归仁晦墓志》载,志主于宣宗朝任给事中,"禁军外藩大校、宿吏,多兼正员官,遂使宦路壅陋,公与同列抗疏极言"。③利用勒留授官制度,"非士职"官僚挤占了大量正员官阙,由此造成"官途隘窄""宦路壅陋"的局面。

迫于朝野舆论,朝廷也出台过限制措施,如会昌五年(845)诏书针对勒留胥吏,规定"自今已后,如有改转官,宜止于中下州长、马,但不能登朝",④同期对神策军系统的僚佐、吏员也作出过同样的限制。⑤从前举诸多例证来看,胥吏勒留授官确以州上佐、州判司、县丞、尉等为主,罕有授登朝官者;但针对禁军系统僚佐、军将以及翰林待诏群体,这类限制其实并未奏效。

总之,围绕官僚体系内各项政治、经济资源,勒留授官的"非士职"官僚,与"以官为业"的士人阶层长期处在结构性对立的位置。为应对挑战,后者不得不在仕途中凸显进士及第、词臣履历等新型标识,进而强调"甄别流品",彰显清、浊之别,以维护自身身份特权。这正是晚唐清流文化兴起的时代背景。

① 叶炜:《武职与武阶:唐代官僚政治中文武分途问题的一个观察点》,《中国中古史研究》第6卷,中西书局,2018,第216页。
② 《册府元龟》卷六三一《铨选部·条制》,第7573页。
③ 《唐故光禄大夫吏部尚书长洲郡开国公食邑二千户赠左仆射归公墓志铭并序》,《珍稀墓志百品》,第213页。
④ 《册府元龟》卷六三二《铨选部·条制》,第7575页。
⑤ 《唐会要》卷七二《京城诸军》,第1297页。

主要参考文献

一、史料与工具书

（一）传世文献

陈寿：《三国志》，裴松之注，中华书局，1959。

范晔：《后汉书》，李贤等注，中华书局，1965。

沈约：《宋书》，中华书局，1974。

魏收：《魏书》，中华书局，1974。

房玄龄等：《晋书》，中华书局，1974。

姚思廉：《梁书》，中华书局，1973。

姚思廉：《陈书》，中华书局，1972。

令狐德棻：《周书》，中华书局，1971。

李百药：《北齐书》，中华书局，1972。

魏徵等：《隋书》，中华书局，1973。

刘昫等：《旧唐书》，中华书局，1975。

欧阳修、宋祁：《新唐书》，中华书局，1975。

薛居正等：《旧五代史》，中华书局，1976。

脱脱等：《宋史》，中华书局，1985。

司马光编著《资治通鉴》，胡三省音注，中华书局，1956。

李焘：《续资治通鉴长编》，中华书局，2004。

吴任臣：《十国春秋》，中华书局，2010。

长孙无忌等：《唐律疏议笺解》，刘俊文笺解，中华书局，1996。

李林甫等：《唐六典》，陈仲夫点校，中华书局，1992。

杜佑：《通典》，王文锦等点校，中华书局，1988。

王溥：《唐会要》，中华书局，1960。

王溥：《五代会要》，上海古籍出版社，1978。

王钦若等编《册府元龟》，中华书局，1960。

宋敏求编《唐大诏令集》，中华书局，2008。

徐松辑《宋会要辑稿》，刘琳等点校，上海古籍出版社，2014。

天一阁博物馆、中国社科院历史研究所校证《天一阁藏明钞本天圣令校证（附唐令复原研究）》，中华书局，2006。

张鷟：《朝野佥载》，赵守俨点校，中华书局，2005。

牛僧孺、李复言：《玄怪录·续玄怪录》，程毅中点校，中华书局，2006。

赵璘：《因话录》，上海古籍出版社，1979。

段成式：《酉阳杂俎校笺》，许逸民校笺，中华书局，2015。

李匡文：《资暇集》，苏鹗，李匡文，李涪，马缟：《苏氏演义（外三种）》，吴企明点校，中华书局，2012。

苏鹗：《杜阳杂编》，《唐五代笔记小说大观》本，上海古籍出版社，2000。

范摅：《云溪友议》，《唐五代笔记小说大观》本，上海古籍出版社，2000。

张读：《宣室志》，《唐五代笔记小说大观》本，上海古籍出版社，2000。

张彦远：《法书要录》，辽宁教育出版社，1998。

王定保：《唐摭言校证》，陶绍清校证，中华书局，2021。

严子休：《桂苑丛谈》，《唐五代笔记小说大观》本，上海古籍出版社，2000。

刘崇远：《金华子杂编》，夏婧点校，中华书局，2014。

孙光宪：《北梦琐言》，贾二强点校，中华书局，2002。

李昉等编《太平广记》，中华书局，1961。

徐铉：《稽神录》，白化文点校，中华书局，2006。

钱易：《南部新书》，黄寿成点校，中华书局，2002。

王谠：《唐语林校证》，周勋初校证，中华书局，1987。

洪迈：《容斋随笔》，上海古籍出版社，1978。

辛文房：《唐才子传校笺》，傅璇琮等校笺，中华书局，1987。

林宝：《元和姓纂（附四校记）》，岑仲勉校记，中华书局，1994。

邓名世：《古今姓氏书辩证》，王力平点校，江西人民出版社，2006。

李吉甫：《元和郡县志》，贺次君点校，中华书局，1983。

乐史：《太平寰宇记》，王文楚点校，中华书局，2007。

王象之：《舆地纪胜》，中华书局影印本，1992。

朱长文纂修《吴郡图经续记》，《宋元方志丛刊》第1册，中华书局影印本，1990。

沈作宾修，施宿等纂《嘉泰会稽志》，《宋元方志丛刊》第7册，中华书局影印本，1990。

黄𪣻、齐硕修，陈耆卿纂《嘉定赤城志》，《宋元方志丛刊》第7册，中华书局影印本，1990。

范成大纂修《吴郡志》，《宋元方志丛刊》第1册，中华书局影印本，1990。

罗愿：《〈新安志〉整理与研究》，萧建新、杨国宜校著，黄山书社，2008。

马光祖修，周应合纂《景定建康志》，《宋元方志丛刊》第2册，中华书局影印本，1990。

张铉纂修《至正金陵新志》，《宋元方志丛刊》第6册，中华书局影印本，1990。

脱因修，俞希曾纂《至顺镇江志》，《宋元方志丛刊》第3册，中华书局影印本，1990。

马蓉等点校《永乐大典方志辑佚》，中华书局，2004。

王继宗校注《〈永乐大典·常州府〉清抄本校注》，中华书局，2016。

《闽书》《八闽通志》《（康熙）常州府志》《（乾隆）福建通志》《（嘉庆）溧阳县志》《（道光）寿光县志》《（光绪）增修登州府志》（以上据北京爱如生数字化技术研究中心"中国方志库"数据库）

释慧皎：《高僧传》，汤用彤校注，中华书局，1992。

释道世：《法苑珠林校注》，周叔迦、苏晋仁校注，中华书局，2003。

赞宁：《宋高僧传》，中华书局，1987。

志磐：《佛祖统纪校注》，释道法校注，上海古籍出版社，2012。

小野勝年：《入唐求法巡礼行記の研究》，法藏館，1989。

圆珍：《行历抄校注》，白化文、李鼎霞校注，花山文艺出版社，2004。

王悬河：《三洞珠囊》，《正统道藏》第25册，文物出版社、上海书店、天津古籍出版社影印本，1988。

刘大彬编《茅山志》，上海古籍出版社，2016。

董诰等编《全唐文》，中华书局影印本，1983。

彭定求编《全唐诗》，中华书局，1960。

陈尚君辑校《全唐文补编》，中华书局，2005。

傅璇琮、陈尚君、徐俊编《唐人选唐诗新编（增订本）》，中华书局，2014。

张九龄：《张九龄集校注》，熊飞校注，中华书局，2008。

杜甫：《杜诗详注》，仇兆鳌注，中华书局，1979。

颜真卿：《颜鲁公文集》，《丛书集成续编》第123册，台北：新文丰出版公司，1989。

陆贽：《陆贽集》，王素点校，中华书局，2006。

韩愈：《韩昌黎文集校注》，马其昶校注，上海古籍出版社，1986。

刘禹锡：《刘禹锡集笺证》，瞿蜕园笺证，上海古籍出版社，1989。

刘禹锡：《刘禹锡全集编年校注》，陶敏、陶红雨校注，岳麓书社，2003。

柳宗元：《柳宗元集》，中华书局，1979。

白居易：《白居易集笺校》，朱金城笺校，上海古籍出版社，1988。

元稹：《元稹集校注》，周相录校注，上海古籍出版社，2011。

杜牧：《杜牧集系年校注》，吴在庆校注，中华书局，2008。

李商隐：《李商隐文编年校注》，刘学楷、余恕诚校注，中华书局，2002。

温庭筠：《温庭筠全集校注》，刘学楷校注，中华书局，2007。

许浑：《丁卯集笺证》，罗时进笺证，中华书局，2012。

崔致远：《桂苑笔耕集校注》，党银平校注，中华书局，2007。

王禹偁：《小畜集》，《景印文渊阁四库全书》第1086册，（台北）商务印书馆，1986。

范仲淹：《范文正集》，《景印文渊阁四库全书》第1089册，（台北）商务印书馆，1986。

苏颂：《苏魏公集》，《景印文渊阁四库全书》第1092册，（台北）商务印书馆，1986。

文同：《丹渊集》，《景印文渊阁四库全书》第1096册，（台北）商务印书馆，1986。

吕陶：《净德集》，《景印文渊阁四库全书》第1098册，（台北）商务印书馆，1986。

杨杰：《无为集》，《景印文渊阁四库全书》第1099册，（台北）商务印书馆，1986。

李石：《方舟集》，《景印文渊阁四库全书》第1149册，（台北）商务印书馆，1986。

（二）出土文献

欧阳修：《集古录跋尾》，《石刻史料新编》第1辑第24册，台北：新文丰出版公司，1982。

欧阳棐：《集古录目》，《石刻史料新编》第1辑第24册，台北：新文丰出版公司，1982。

赵明诚：《金石录校证》，金文明校证，广西师范大学出版社，2005。

陈思编《宝刻丛编》，浙江古籍出版社，2012。

陶宗仪：《古刻丛钞》，《石刻史料新编》第1辑第10册，台北：新文丰出版公司，1982。

王昶：《金石萃编》，《石刻史料新编》第1辑第1册，台北：新文丰出版公司，1982。

赵绍祖：《赵绍祖金石学三种》，牛继清、赵敏校点，黄山书社，2011。

阮元主修《广东通志·金石略》，梁中民点校，广东人民出版社，2011。

冯登府：《闽中金石志》，《石刻史料新编》第1辑第17册，台北：新文丰出版公司，1982。

沈涛：《常山贞石志》，《石刻史料新编》第1辑第18册，台北：新文丰出版公司，1982。

胡聘之：《山右石刻丛编》，《石刻史料新编》第1辑第20册，台北：新文丰出版公司，1982。

陆耀遹：《金石续编》，《石刻史料新编》第1辑第5册，台北：新文丰出版公司，1982。

端方：《匋斋藏石记》，《石刻史料新编》第1辑第11册，台北：新文丰出版公司，1982。

缪荃孙：《江苏通志稿·艺文志》，《石刻史料新编》第1辑第13册，台北：新文丰出版公司，1982。

北京图书馆金石组编《北京图书馆藏历代石刻拓本汇编》，中州古籍出版社，1989—1991。

赵超：《汉魏南北朝墓志汇编》，天津古籍出版社，2008。

罗新、叶炜：《新出魏晋南北朝墓志疏证》，中华书局，2005。

周晓薇、王其祎：《贞石可凭——新见隋代墓志铭疏证》，科学出版社，2019。

周绍良主编、赵超副主编《唐代墓志汇编》，上海古籍出版社，1992。

周绍良、赵超主编《唐代墓志汇编续集》，上海古籍出版社，2001。

吴钢主编《全唐文补遗》第8辑，三秦出版社，2005。

吴钢主编《全唐文补遗·千唐志斋新藏专辑》，三秦出版社，2006。

吴钢主编《全唐文补遗》第9辑，三秦出版社，2007。

周阿根：《五代墓志汇考》，黄山书社，2012。

洛阳市第二文物工作队，乔栋、李献奇、史家珍编著《洛阳新获墓志》，文物出版社，1996。

中国文物研究所、陕西省古籍整理办公室编《新中国出土墓志·陕西〔贰〕》，文物出版社，2003。

中国文物研究所、千唐志斋博物馆编《新中国出土墓志·河南

［叁］》，文物出版社，2008。

杨作龙、赵水森等编著《洛阳新出土墓志释录》，北京图书馆出版社，2004。

赵君平、赵文成编《河洛墓刻拾零》，北京图书馆出版社，2007。

赵君平、赵文成编《秦晋豫新出墓志蒐佚》，国家图书馆出版社，2011。

赵文成、赵君平编《秦晋豫新出墓志蒐佚续编》，国家图书馆出版社，2015。

赵力光主编《西安碑林博物馆新藏墓志汇编》，线装书局，2007。

赵力光主编《西安碑林博物馆新藏墓志续编》，陕西师范大学出版社，2014。

胡戟、荣新江主编《大唐西市博物馆藏墓志》，北京大学出版社，2012。

毛阳光、余扶危主编《洛阳流散唐代墓志汇编》，国家图书馆出版社，2013。

毛阳光主编《洛阳流散唐代墓志汇编续集》，国家图书馆出版社，2018。

齐运通、杨建锋编《洛阳新获墓志　二〇一五》，中华书局，2017。

李明、刘呆运、李举纲主编《长安高阳原新出土隋唐墓志》，文物出版社，2016。

陕西省考古研究院编《陕西省考古研究院新入藏墓志》，上海古籍出版社，2019。

胡可先、杨琼编著《唐代诗人墓志汇编·出土文献卷》，上海古籍出版社，2021。

章国庆、裘燕萍编著《甬城现存历代碑碣志》，宁波出版社，2010。

章国庆编著《宁波历代碑碣墓志汇编（唐五代宋元卷）》，上海古籍出版社，2012。

本书编委会编著《山东石刻分类全集》第5卷《历代墓志》，青岛出版社、山东文化音像出版社，2013。

厉祖浩编著《越窑瓷墓志》，上海古籍出版社，2013。

唐耕耦、陆宏基编《敦煌社会经济文献真迹释录》第3辑，全国图书馆文献缩微复制中心，1990。

郑炳林：《敦煌碑铭赞辑释》，甘肃教育出版社，1992。

谢稚柳：《敦煌艺术叙录》，上海古籍出版社，1997。

敦煌研究院编《敦煌莫高窟供养人题记》，文物出版社，1986。

陈垣编纂《道家金石略》，陈智超、曾庆瑛校补，文物出版社，1988。

（三）工具书与资料考订

徐松：《登科记考补正》，孟二冬补正，北京燕山出版社，2003。

徐松：《最新增订唐两京城坊考》，李建超增订，三秦出版社，2019。

劳格、赵钺：《唐尚书省郎官石柱题名考》，徐敏霞、王桂珍点校，中华书局，1992。

姚振宗：《隋书经籍志考证》，《二十五史补编》第4册，中华书局，1955。

赵超编著《新唐书宰相世系表集校》，中华书局，1998。

郁贤皓：《唐刺史考全编》，安徽大学出版社，2000。

戴伟华：《唐方镇文职僚佐考》，广西师范大学出版社，2007。

严耕望：《唐仆尚丞郎表》，上海古籍出版社，2007。

池田温：《唐代诏敕目录》，三秦出版社，1991。

杨殿珣：《石刻题跋索引（增订本）》，商务印书馆，1990。

氣賀澤保規：《新編唐代墓誌所在総合目録》，汲古書院，2017。

陶敏：《〈全唐诗〉人名汇考》，辽海出版社，2006。

陈尚君编《唐五代文作者索引》，中华书局，2010。

李德辉：《〈全唐文〉作者小传正补》，辽海出版社，2012。

二、今人论著（依作者姓氏拼音排序）

（一）中文文献

柏文莉：《权力关系——宋代中国的家族、地位与国家》，刘云军译，江苏人民出版社，2015。

包伟民：《精英们"地方化"了吗？——试论韩明士〈政治家与绅士〉与"地方史"研究方法》，荣新江主编《唐研究》第11卷，北京大学出版社，2005。

包伟民：《宋代明州楼氏家族研究》，《传统国家与社会：960—1279

年》，商务印书馆，2009。

包伟民：《宋代乡村"管"制再释》，《中国史研究》2016年第3期。

卜孝萱：《元稹年谱》，齐鲁书社，1980。

蔡帆：《朝廷、藩镇、土豪——唐后期江淮地域政治与社会秩序》，浙江大学出版社，2021。

岑仲勉：《金石论丛》，上海古籍出版社，1981。

岑仲勉：《唐史余渖》，中华书局，2004。

柴剑虹：《浙江图书馆藏石〈唐王炼墓志铭〉考索》，白化文等编《周绍良先生欣开九秩庆寿文集》，中华书局，1997。

陈国灿：《唐五代敦煌县乡里制的演变》，《敦煌研究》1989年第3期。

陈国符：《道藏源流考》，中华书局，2012年。

陈磊：《吴湘案的"物议"、复推及其影响》，《史林》2011年第6期。

陈丽：《析唐代"衣冠户"》，《中国经济史研究》2010年第1期。

陈鹏：《北朝碑石所见"民望""平望"考》，《文史》2021年第3期。

陈弱水：《中晚唐五代福建士人阶层兴起的几点考察》，《唐代文士与中国思想的转型》，广西师范大学出版社，2009。

陈尚君：《殷璠〈丹阳集〉辑考》，《唐代文学丛考》，中国社会科学出版社，1997。

陈爽：《世家大族与北朝政治》，中国社会科学出版社，1998。

陈翔：《唐代中央与地方关系研究——以三类地方官为对象》，《陈翔唐史研究文存》，新北：花木兰文化出版社，2013。

陈寅恪：《金明馆丛稿初编》，生活·读书·新知三联书店，2001。

陈寅恪：《金明馆丛稿二编》，生活·读书·新知三联书店，2001。

陈寅恪：《唐代政治史述论稿》，商务印书馆，2011。

陈志坚：《唐代州郡制度研究》，上海古籍出版社，2005。

程喜霖、陈习刚：《吐鲁番唐代军事文书研究·研究篇》，新疆人民出版社，2013。

程越：《从石刻史料看粟特人的汉化》，《史学月刊》1994年第1期。

池田温：《中国古代籍帐研究》，龚泽铣译，中华书局，2007。

邓小南：《祖宗之法——北宋前期政治述略》，生活·读书·新知三联书店，2006。

丁俊：《有关和田出土的几件粮帐文书》，《西域研究》2014年第1期。

丁俊：《于阗镇守军征税系统初探》，《西域研究》2016年第3期。

冻国栋：《唐代人口问题研究》，武汉大学出版社，1993。

冻国栋：《六朝至唐吴郡大姓的演变》，《中国中古经济与社会史论稿》，湖北教育出版社，2005。

费省：《论唐代的人口迁移》，《中国历史地理论丛》1989年第3期。

冯培红：《唐五代的河渠水利与水司管理机构初探》，《敦煌学辑刊》1997年第2期。

冯培红：《归义军官吏的选任与迁转：唐五代藩镇选官制度之个案》，香港：香港大学饶宗颐学术馆，2011。

傅璇琮：《李德裕年谱》，河北教育出版社，2001。

甘怀真：《唐代官人的宦游生活——以经济生活为中心》，《第二届唐代文化研讨论文集》，台北：学生书局，1995。

甘怀真：《再思考士族研究的下一步：从统治阶级观点出发》，甘怀真主编《身分、文化与权力——士族研究新探》，台北：台大出版中心，2012。

谷川道雄：《中国中世社会与共同体》，马彪译，中华书局，2004。

谷更有：《唐宋国家与乡村社会》，中国社会科学出版社，2006。

谷更有：《唐宋时期的乡村控制与基层社会》，天津古籍出版社，2013。

顾成瑞：《唐代衣冠户再议》，《史学月刊》2018年第4期。

顾成瑞：《唐后期五代宋初勋赏制度述论》，陈锋主编《中国古代军政研究》，社会科学文献出版社，2020。

顾立成：《走向南方——唐宋之际自北向南的移民及其影响》，台北：台湾大学出版中心，2004。

韩国磐：《科举制和衣冠户》，《隋唐五代史论集》，生活·读书·新知三联书店，1979。

韩昇：《南北朝隋唐士族向城市的迁徙与社会变迁》，《历史研究》2003年第4期韩昇：《中古社会史研究的数理统计与士族问题——评毛汉光先生的〈中国中古社会史论〉》，《复旦学报（社会科学版）》2003年第5期。

何灿浩：《唐末政治变化研究》，中国文联出版社，2001。

何汝泉：《唐财政三司使研究》，中华书局，2013。

河野保博：《唐代交通住宿设施——以宗教设施的供给功能为中心》，杜文玉主编《唐史论丛》第18辑，陕西师范大学出版社，2014。

侯旭东：《北朝村民的生活世界》，商务印书馆，2005。

胡阿祥：《东晋南朝侨州郡县与侨流人口研究》，江苏教育出版社，2008。

胡宝国：《从会稽到建康——江左士人与皇权》，《文史》2013年第2辑。

胡宝国：《从南京出土的东晋南朝墓志推论侨旧之别》，《魏晋南北朝隋唐史资料》第31辑，上海古籍出版社，2015。

胡可先：《唐诗发展的地域因缘和空间形态》，中国社会科学出版社，2010。

胡云薇：《千里宦游成底事，每年风景是他乡——试论唐代的宦游与家庭》，《台大历史学报》第41期，2008。

黄宽重：《宋代的家族与社会》，国家图书馆出版社，2009。

黄宽重：《沿唐之制——五代巡检的转型与特色》，《政策·对策：宋代政治史探索》，台北：联经出版事业股份有限公司，2012。

黄玫茵：《唐宋间长江中下游新兴官僚研究（755~960A.D.）》，台湾大学博士学位论文，2006。

黄清连：《圆仁与唐代巡检》，《"中研院"历史语言研究所集刊》第68本第4分，1997。

黄约瑟：《"大唐商人"李延孝与九世纪中日关系》，《历史研究》1993年第4期。

黄正建主编《中晚唐社会与政治研究》，中国社会科学出版社，2006。

贾晋华：《唐代集会总集与诗人群研究》，北京大学出版社，2001。

贾志刚：《唐代藩镇供军案例解析——以〈夏侯昇墓志〉为中心》，《中国社会经济史研究》2011年第4期。

江玮平：《唐末五代初长江流域下游的在地政治——淮、浙、江西区域的比较研究》，台湾大学硕士学位论文，2007。

蒋寅：《大历诗人研究》，北京大学出版社，2007。

金滢坤：《敦煌本〈唐大历元年河西节度观察使判牒集〉研究》，《南京师范大学学报（社会科学版）》2011年第5期。

井上彻：《中国的宗族与国家礼制》，钱杭译，上海书店出版社，2008。

赖瑞和：《唐代基层文官》，中华书局，2008。

赖瑞和：《论唐代州县"摄"官》，杜文玉主编《唐史论丛》第9辑，三秦出版社，2007。

赖瑞和：《唐后期一种典型的士人文官——李建生平官历发微》，杜文玉主编《唐史论丛》第17辑，陕西师范大学出版社，2014。

雷闻：《茅山宗师王远知的家族谱系——以新刊唐代墓志为中心》，黄正建主编《隋唐辽宋金元史论丛》第4辑，上海古籍出版社，2014。

雷闻：《隋唐的乡官与老人——从大谷文书4026〈唐西州老人、乡官名簿〉说起》，荣新江主编《唐研究》第22卷，北京大学出版社，2016。

李碧妍：《危机与重构——唐帝国及其地方诸侯》，北京师范大学出版社，2015。

李浩：《唐代园林别业考论》，西北大学出版社，1996。

李剑国：《唐五代志怪传奇叙录》，南开大学出版社，1993。

李锦绣：《唐代制度史略论稿》，中国政法大学出版社，1998。

李锦绣：《唐代财政史稿》，社会科学文献出版社，2007。

李军：《清抄本〈京兆翁氏族谱〉所收晚唐河西文献校注》，《敦煌学辑刊》2013年第3期。

李军：《清抄本〈京兆翁氏族谱〉与晚唐河西历史》，《历史研究》2014年第3期。

李文才：《关于吴湘案的几点考释》，《扬州师院学报（社会科学版）》1995年第4期。

李秀敏：《新出唐代诗人蒋洌墓志考释》，程章灿主编《古典文献研究》第22辑下卷，凤凰出版社，2020。

梁振涛：《唐代安西四镇的军镇体制与社会控制》，《中华文史论丛》2022年第3期。

林枫珏：《论圆仁笔下的中唐基层行政组织》，《早期中国史研究》第3卷第1期，2011。

林文勋、谷更有：《唐宋乡村社会力量与基层控制》，云南大学出版社，2005。

林宗阅：《裴松之家族与东晋南朝的"京口集团"》，甘怀真主编《身分、文化与权力：士族研究新探》，台北：台大出版中心，2012。

柳立言：《何谓"唐宋变革"》，《中华文史论丛》2006年第1期。

柳立言：《宋代明州士人家族的形态》，《"中研院"历史语言研究所集刊》第81本第2分，2010。

刘琴丽：《五代巡检研究》，《史学月刊》2003年第6期。

梁庚尧：《豪横与长者：南宋官户与士人居乡的两种形象》，《宋代社会经济史论集》，台北：允晨文化事业股份有限公司，1997。

卢建荣：《欠缺对话的学术社群文化——二十世纪石刻史料与中国中古史的建构，1935—1997》，《中华民国史专题论文集第四届讨论会》，台北："国史馆"，1998。

鲁西奇：《人群·聚落·地域社会——中古南方史地初探》，厦门大学出版社，2012。

鲁西奇：《唐宋城市的"厢"》，《文史》2013年第3辑。

鲁西奇：《买地券所见宋元时期的城乡区划与组织》，《中国社会经济史研究》2013年第1期。

鲁西奇：《中国古代买地券研究》，厦门大学出版社，2014。

罗凯：《何为方镇——方镇的特指、泛指与常指》，《学术月刊》2018年第8期。

罗志田：《地方的近世史："郡县空虚"时代的礼下庶人与乡里社会》，《近代史研究》2015年第5期。

吕博：《践更之卒，俱授官名——"唐天宝十载制授张无价游击将军告身"出现的历史背景》，《中国史研究》2019年第3期。

毛汉光：《中国中古社会史论》，上海书店出版社，2002。

毛汉光：《论安史乱后河北地区之社会与文化——举在籍大士族为例》，淡江大学中文系主编《晚唐的社会与文化》，台北：学生书局，1990。

孟宪实：《安史之乱后四镇管理体制问题——从〈建中四年孔目司帖〉谈起》，王振芬、荣新江主编《丝绸之路与新疆出土文献——旅顺博物馆百年纪念国际学术研讨会论文集》，中华书局，2019。

牟发松：《唐代长江中游的经济与社会》，武汉大学出版社，1989。

牟发松：《汉唐历史变迁中的社会与国家》，上海人民出版社，2011。

聂溦萌：《晋唐间的晋史编撰——由唐修〈晋书〉的回溯》，《中华文史论丛》2016年第2期。

庆昭蓉、荣新江：《唐代碛西"税粮"制度钩沉》，《西域研究》2022年第2期。

仇鹿鸣：《"攀附先世"与"伪冒士籍"——以渤海高氏为中心的研究》，《历史研究》2008年第2期。

仇鹿鸣：《长安与河北之间——中晚唐的政治与文化》，北京师范大学出版社，2018。

仇鹿鸣：《十余年来中古墓志整理与刊布情况述评》，包伟民，刘后滨主编《唐宋历史评论》第4辑，社会科学文献出版社，2018。

仇鹿鸣：《墓有重开之日：从萧遇墓志看唐代士人的权厝与迁葬》，《中华文史论丛》2019年第4期。

日野开三郎：《唐代商税考》，刘俊文主编《日本学者研究中国史论著选译》第4卷，中华书局，1992。

日野开三郎：《五代镇将考》，刘俊文主编《日本学者研究中国史论著选译》第5卷，中华书局，1992。

荣新江：《北朝隋唐粟特人之迁徙及其聚落》，《中古中国与外来文明（修订本）》，生活·读书·新知三联书店，2014。

荣新江：《新见唐代于阗地方军镇的官文书》，北京大学中国古代史研究中心编《祝总斌先生九十华诞颂寿论文集》，中华书局，2020。

山崎觉士：《唐五代都市中毬场的社会功能》，张学锋编《"都城圈"

与"都城圈社会"研究文集——以六朝健康为中心》，南京大学出版社，2021。

室山留美子：《北朝时期汉族官僚在首都的居住——以东魏北齐官僚迁葬地选择为线索》，杨振红，井上彻编《中日学者论中国古代城市社会》，三秦出版社，2007。

石晓军：《日本圆城寺（三井寺）藏唐人诗文尺牍校释》，荣新江主编《唐研究》第8卷，北京大学出版社，2002。

宋社洪：《唐代士子教育资源研究》，华东师范大学博士学位论文，2009。

孙国栋：《唐宋之际社会门第之消融——唐宋之际社会转变研究之一》，《唐宋史论丛》，上海古籍出版社，2010。

孙齐：《唐前道观研究》，山东大学博士学位论文，2014。

谭景玉：《宋代乡村组织研究》，山东大学出版社，2010。

谭凯（Nicolas Tackett）：《晚唐河北人对宋初文化的影响——以丧葬文化、语音以及新兴精英风貌为例》，荣新江主编《唐研究》第19卷，北京大学出版社，2013。

谭其骧：《晋永嘉丧乱后之民族迁徙》，《长水集》，人民出版社，2009。

唐建：《天师张陵族系及里籍考辩》，《宗教学研究》2005年第3期。

唐长孺：《魏晋南北朝隋唐史三论》，中华书局，2011。

唐长孺：《魏晋南北朝史论拾遗》，中华书局，1983。

唐长孺：《山居存稿》，中华书局，2011。

田余庆：《东晋门阀政治》，北京大学出版社，2005。

王承文：《唐代北方家族与岭南溪洞社会》，荣新江主编《唐研究》第2卷，北京大学出版社，1996。

王承文：《唐代"南选"制度相关问题新探索》，荣新江主编《唐研究》第19卷，北京大学出版社，2013。

王德权：《为士之道——中唐士人的自省风气》，台北：政大出版社，2012。

王德权：《中晚唐使府僚佐升迁之研究》，《台湾中正大学学报》5（1），1994。

王栋梁：《唐代寄居寺院习尚补说》，《北京大学学报（哲学社会科学版）》2009年第2期。

王慧、曲金良：《唐代崑嵛山无染院碑及相关问题》，《中国海洋大学学报》2007年第5期。

王静：《靖恭杨家——唐中后期长安官僚家族之个案研究》，荣新江主编《唐研究》第11卷，北京大学出版社，2005。

王永兴：《唐天宝敦煌差科簿研究——兼论唐代色役制和其他问题》，《陈门问学丛稿》，江西人民出版社，1993。

王仲荦：《〈新集天下姓望氏族谱〉考释》，《𪩘华山馆丛稿》，中华书局，1987。

魏斌：《中村圭尔〈六朝江南地域史研究〉评介》，《中国中古史研究》编委会编《中国中古史研究》第2卷，中华书局，2011。

魏斌：《"山中"的六朝史》，生活·读书·新知三联书店，2019。

魏峰：《宋代迁徙官僚家族研究》，上海古籍出版社，2009。

翁俊雄：《唐代人口与区域经济》，台北：新文丰出版公司，1995。

伍伯常：《"情贵神州"与"所业唯官"——论唐代家族的迁徙与仕宦》，《东吴历史学报》第20期，2008。

吴玲：《九世纪唐日贸易中的东亚商人群》，《西北工业大学学报（社会科学版）》2004年第3期。

吴玲：《〈高野杂笔集〉所收唐商徐公祐书简》，《文献》2012年第3期。

吴书萍：《七、八世纪唐代江南地域的士人研究：特论其政治与社会背景》，台湾大学硕士学位论文，2009。

吴松弟：《盛唐时期的人口迁移及其地域特点》，李孝聪主编《唐代地域结构与运作空间》，上海辞书出版社，2003。

吴修安：《福建早期发展研究——沿海与内陆的地域差异》，台北：稻乡出版社，2009。

吴铮强：《士绅阶层前传——两宋的游民与土豪、科举与理学》，中西书局，2021。

吴宗国：《唐代科举制度研究》，北京大学出版社，2010。

夏婧：《清编全唐文研究》，复旦大学出版社，2019。

徐畅：《对近年来唐代区域史研究的概览与思考》，常建华主编《中国社会历史评论》第十七卷（上），天津古籍出版社，2016。

徐畅：《长安未远——唐代京畿的乡村社会》，生活·读书·新知三联书店，2021。

严耕望：《严耕望史学论文集》，上海古籍出版社，2009。

严国荣：《权德舆研究》，中国社会科学出版社，2006。

杨军凯、陈昊：《新出蒋少卿夫妇墓志与唐前期的蒋氏医官家族》，荣新江主编《唐研究》第17卷，北京大学出版社，2011。

杨琼、胡可先：《新出墓志与〈丹阳集〉诗人考辨》，《陕西师范大学学报（哲学社会科学版）》2014年第2期。

杨琼：《〈丹阳集〉诗人丁仙之墓志考释》，《中华文史论丛》2020年第1期。

游自勇、冯璇：《会场法难后之寺院重建与规制——以宜兴善权寺为例》，《文史》2022年第1期。

远藤隆俊：《北宋士大夫的寄居与宗族》，平田茂树等编《宋代社会的空间与交流》，河南大学出版社，2008。

查屏球：《生存压力、家学传统与移民环境——韩愈寓居宣城修业考论》，《学术界》2016年第5期。

张国刚：《唐代乡村基层组织及其演变》，《北京大学学报（哲学社会科学版）》2009年第5期。

张国刚：《唐代藩镇研究（增订版）》，中国人民大学出版社，2010。

张天虹：《唐代藩镇研究模式的总结与再思考——以河朔藩镇为中心》，《清华大学学报（哲学社会科学版）》2011年第6期。

张天虹：《中晚唐五代的河朔藩镇与社会流动》，社会科学文献出版社，2021。

张葳：《唐中晚期北方士人主动移居江南现象探析——以唐代墓志材料为中心》，《史学月刊》2010年第9期。

张旭华：《九品中正制研究》，中华书局，2015。

张泽咸：《唐代阶级结构研究》，中州古籍出版社，1996。

张泽咸：《一得集》，兰州大学出版社，2003。

张正田：《唐代泽潞区的"从旧贯葬"与"不仕"》，《中国历史学会史学集刊》第37期，2005。

张正田：《由墓志看唐代河北"邢洺"区家族迁葬状况》，《东华人文学报》第11期，2007。

赵璐璐：《唐代县级政务运行机制研究》，社会科学文献出版社，2017。

赵满：《唐五代河北地方社会的变迁与新兴文士阶层的兴起》，华东师范大学硕士学位论文，2017。

郑雅如：《"中央化"之后——唐代范阳卢氏大房宝素系的居住形态与迁移》，《早期中国史研究》第2卷第2期，2010。

中村圭尔：《〈刘岱墓志铭〉考》，刘俊文主编《日本中青年学者论中国史（六朝隋唐卷）》，上海古籍出版社，1995。

周勋初：《唐人笔记小说考索》，江苏古籍出版社，1996。

周冶：《南岳夫人魏华存新考》，《世界宗教研究》2006年第2期。

周一良：《魏晋南北朝史论集》，北京大学出版社，1997。

周一良：《魏晋南北朝史札记》，辽宁教育出版社，1998。

周振鹤：《唐代安史之乱和北方人民的南迁》，《中华文史论丛》1987年第2、3期合刊。

朱金城：《白居易年谱》，上海古籍出版社，1982。

朱关田：《思微室颜真卿研究》，西泠印社出版社，2021。

朱玉麒：《许圉师家族的洛阳聚居与李白安陆见招——大唐西市博物馆藏〈许肃之墓志〉相关问题考论》，荣新江主编《唐研究》第17卷，北京大学出版社，2011。

（二）外文文献

愛宕元：《唐代後半における社会変質の一考察》，《東方学報》42，1971。

愛宕元：《唐代地域社会史研究》，同朋舎，1997。

愛宕元：《南嶽魏夫人信仰の変遷》，吉川忠夫編《六朝道教の研究》，春秋社，1998。

濱田耕策：《新羅王権と海上勢力―特に張保皋の清海鎮と海賊に関連して―》，唐代史研究会編《東アジア史における国家と地域》，刀水書房，1999。

長部悦弘：《隋の辟召廃止と都市》，《東洋史研究》44（3），1985。

船越泰次：《唐代兩税法研究》，汲古書院，1996。

大槻暢子：《唐僧義空についての初歩的考察：唐商徐公祐から義空への書簡》，《東アジア文化交渉研究》1，2008。

大澤正昭：《唐末五代「土豪」論》，《上智史学》37，1992。

大澤正昭：《唐末五代の在地有力者について》，《柳田節子先生古稀記念――中国の伝統社会と家族》，汲古書院，1993。

大澤正昭：《唐五代の「影庇」問題とその周辺》，《唐宋変革研究通訊》1，2010。

大澤正昭：《唐末から宋初の基層社会と在地有力者―郷土防御・復興とその後―》，《上智史学》58，2013。

道端良秀：《宿坊としての唐代寺院》，《唐代佛教史の研究》，法藏館，1957。

渡辺孝：《唐五代における衙前の称について》，《東洋史論》6，1988。

渡辺孝：《唐五代藩鎮における押衙について》（上、下），《社会文化史学》28、30，1991、1993。

渡辺孝：《唐藩鎮十将考》，《東方学》87，1994。

渡辺孝：《中晚唐における官人の幕職官入仕とその背景》，松本肇、川合康三編《中唐文学の視角》，創文社，1998。

渡辺孝：《唐後半期の藩鎮辟召制についての再検討―淮南・浙西藩鎮における幕職官の人的構成などを手がかり―》，《東洋史研究》60（1），2001。

渡辺孝：《唐代藩鎮における下級幕職官について》，《中国史学》11，2001。

渡辺孝：《唐後半期における財務領使下幕職官とその位相》，《（神

奈川大学人文学会）人文研究》157，2006。

　　福島繁次郎：《科第趙家と官僚貴族の成立》，《中国南北朝史研究》，教育書籍，1962。

　　岡元司：《宋代沿海地域社会史研究―ネットワークと地域文化―》，汲古書院，2012。

　　高井康典行：《唐後半期から遼北宋初期の幽州の「文士」》，《史滴》34，2012。

　　高瀬奈津子：《第二次大戦後の唐代藩鎮研究》，堀敏一：《唐末五代変革期の政治と経済》，汲古書院，2002。

　　高木訷元：《唐僧義空の来朝をめぐる諸問題》，《空海思想の書誌的研究》，法蔵館，1990。

　　宮川尚志：《唐五代の村落生活》，《岡山大学法文学部学術紀要》5，1956。

　　宮崎市定：《宋代州県制度の由来とその特色―特に衙前の変遷について―》，《宮崎市定全集》第10巻，岩波書店，1992。

　　吉岡真：《八世紀前半における唐朝官僚機構の人的構成》，《史学研究》153，1981。

　　葭森健介：《「地域社会の視点」・「共同体論」・「基層社会」――九八一中国史シンポジウム再論―》，《名古屋大学東洋史研究報告》25，2001。

　　近藤浩一：《登州赤山法花院の創建と平盧軍節度使・押衙張詠―張保皋の海上ネットワーク再考―》，《京都産業大学論集（人文科学系列）》44，2011。

　　菊池英夫：《节度使権力といわゆる土豪》，《歴史教育》14（5），1966。

　　堀敏一：《黄巣の叛乱》，《唐末五代変革期の政治と経済》，汲古書院，2002。

　　礪波護：《宋代士大夫の成立》，《中国文化史叢書8　文化史》，大修館書店，1968。

礪波護：《中世貴族制の崩壊と辟召制—牛李の党争を手掛かりに—》，《唐代政治社会史研究》，同朋舎，1986。

栗原益男：《唐末五代の土豪地方勢力について—四川の韋君靖の場合—》，《歴史学研究》243，1960。

妹尾達彦：《唐代後半期における江淮塩税機関の立地と機能》，《史学雑誌》91（2），1982。

妹尾達彦主編《中華の分裂と再生》，《岩波講座　世界歴史》9，岩波書店，1999。

青山定雄：《五代宋に於ける江西の新興官僚》，《和田博士還暦記念東洋史論叢》，講談社，1951。

青山定雄：《五代宋における福建の新興官僚について—特にその系譜を中心として—》，《中央大学文学部紀要（史学科）》7，1961。

青山定雄：《宋代における華北官僚の系譜について》，《聖心女子大学論叢》21，1963。

青山定雄：《宋代における華北官僚の系譜について（二）》，《聖心女子大学論叢》25，1965。

清木場東：《唐末・五代の土豪集団の解体——呉の土豪集団の場合》，《鹿大史学》28，1980。

日野開三郎：《〈続〉唐代邸店の研究》，私家自印本，1970。

日野開三郎：《唐代藩鎮の跋扈と鎮将》，《日野開三郎東洋史学論集》第1巻，三一書房，1980。

日野開三郎：《五代・後唐の回図銭について》，《日野開三郎東洋史学論集》第5巻，三一書房，1982。

日野開三郎：《唐末五代初自衛義軍考・上篇》，私家自印本，1984。

日野開三郎：《唐代先進地帯の荘園》，私家自印本，1986。

日野開三郎：《唐代埭程考》，《日野開三郎東洋史学論集》第12巻，三一書房，1989。

日野開三郎：《唐代邸店の研究》，三一書房，1992。

日野開三郎：《城廂制の発展》，《日野開三郎東洋史学論集》第20

巻，三一書房，1995。

日野開三郎：《唐末混乱史考》，《日野開三郎東洋史学論集》第19巻，三一書房，1996。

森田健太郎：《支配と救済——唐宋代嶺南における流落者の救済の背景》，《立正大学経済学季報》60（2），2011。

森正夫：《中国前近代史研究における地域社会の視点》，《名古屋大学文学部研究論集・史学》28，1982。

杉井一臣：《唐代前半期の郷望》，唐代史研究会編《中国の都市と農村》，汲古書院，1992。

山根直生：《藩鎮再考》，《七隈史学》16，2014。

山崎覚士：《九世紀における東アジア海域と海商：徐公直と徐公祐》，《中国五代国家論》，思文閣，2010。

室山留美子：《隋開皇年間における官僚の長安・洛陽居住——北人・南人墓誌記載の埋葬地分析から》，《都市文化研究》12，2010。

石野智大：《唐代玄宗期の郷望と村落社会—河北省本願寺旧蔵「金剛経碑」の復原をもとに—》，《九州大学東洋史論集》49，2022。

矢野主税：《隋唐時代の上層郷邑社会》（1、2），《第一経大論集》第7巻第3、4号合集、第8巻第4号，1978、1979。

矢野主税：《北朝に於ける民望の意義について》，《（長崎大学）社会科学論叢》6，1956。

矢野主税：《望の意義について》，《長崎大学教育学部社会科学論叢》21，1972。

松井秀一：《唐代後半期の江淮について》，《史学雑誌》66（2），1957。

松井秀一：《唐代後半期の四川—官僚支配と土豪層の出現を中心として—》，《史学雑誌》73（10），1964。

松井秀一：《北宋初期官僚の一典型——石介とその系譜を中心に》，《東洋学報》51（1），1968。

堂薗淑子：《南嶽魏夫人の家族と琅邪の王氏—王建之妻劉媚子墓誌を中心に—》，《桃の会論集（小南一郎先生退休紀念論集）》三集，2005。

田中史生：《唐人の対日交易：「高野雑筆集」下巻所収「唐人書簡」の分析から》，《国際貿易と古代日本》，吉川宏文館，2012。

新見まどか：《唐後半期における平盧節度使と海商・山地民の狩猟活動》，《東洋学報》95，2013。

小林聡：《北朝・隋唐における南朝系人士についての基礎的考察：理論的な枠組みの提示を中心に》，《埼玉大学紀要　教育学部》66，2017。

小林義広：《宋代宗族研究の現状と課題―范氏義荘を中心として―》，《名古屋大学東洋史研究報告》25，2001。

小林義広：《宋代蘇州の地域社会と范氏義荘》，《名古屋大学東洋史研究報告》31，2007。

須江隆：《日本宋代「地域」史研究が具有する「足枷」》，伊原弘等編《中国宋代の地域像―比較史からみた専制国家と地域》，岩田書院，2013。

穴澤彰子：《唐宋変革期における社会的結合に関する一試論―自衛と賑恤の「場」を手掛かりとして―》，《中国－社会と文化》14，1999。

穴澤彰子：《唐・五代における地域秩序の認識：郷望的秩序から父老的秩序への変化を中心として》，《唐代史研究》5，2002。

伊藤正彦：《唐代後半期の土豪について》，《史潮》97，1966。

伊原弘：《宋代明州における官戸の婚姻関係》，《中央大学大学院研究年報》1，1972。

遠藤隆俊：《北宋士大夫の日常生活と宗族―范仲淹の「家書」を手がかりに―》，《東北大学東洋史論集》9，2003。

遠藤隆俊、平田茂樹、浅見洋二編《日本宋代史研究の現状と課題―1980年代以降を中心に―》，汲古書院，2010。

鄭炳俊：《唐代の観察処置使について》，《史林》77（5），1994。

中村圭爾：《六朝貴族制研究》，風間書房，1987。

中村圭爾：《六朝江南地域史研究》，汲古書院，2006。

中村裕一：《唐代官文書研究》，中文出版社，1991。

中村裕一：《唐令逸文の研究》，汲古書院，2005。

周藤吉之：《宋代官僚制と大土地所有》，日本評論社，1950。

周藤吉之：《中国土地制度史研究》，東京大学出版会，1954。

周藤吉之：《宋代経済史研究》，東京大学出版会，1962。

竺沙雅章：《門閥貴族から士大夫官僚へ》，村井康彦编《公家と武家——その比較文明史的考察》，思文閣，1995。

竺沙雅章：《宋元仏教文化史研究》，汲古書院，2000。

竹田龍兒：《唐代士人の郡望について》，《史学》24（4），1951。

佐竹靖彦：《唐宋変革の地域的研究》，同朋舍，1990。

佐竹靖彦：《唐宋期福建の家族と社会—閩王朝の形成から科挙体制の展開まで—》，《中国近世家族与社会学术研讨会论文集》，台北："中研院"历史语言研究所，1998。

Joseph Esherick&Mary Rankin, *Chinese Local Elite and the Pattern of Dominance*, University Of California Press, 1990.

Nicolas Tackett, *The Destruction of the Medieval Chinese Aristocracy*, Harvard University Asia Center, 2014.

Robert Hymes, *Statesmen and Gentlemen: The Elite of Fu-chou, Chianghis, in Northern and Southern Sung*, Cambridge University Press, 1986.

后 记

　　这本小书脱胎于我的博士学位论文，初稿完成于2016年初。工作后，诸事丛脞，修改工作迁延再三。在此期间，承仇鹿鸣先生推荐，谭徐锋先生惠允纳入"新史学&多元对话系列"，有了付梓出版的机会。这促使我收敛起慵懒，抓紧修改成书。

　　相较学位论文，本书做了较大幅度的改动。其中有文字修订，有对篇章结构的改写，对新近研究与新刊史料，也尽可能做了吸收。不过随着思考的深入，我意识到书中有些问题不是文字修补所能弥缝，想利用后记做一点反思。

　　本书的最初构想萌生于2012年，当时刚步入博士阶段，正在细读中晚唐笔记小说与墓志，徜徉其间，自认为颇有心得，发现了两《唐书》《通鉴》以外的另一个世界。于是很快草拟了一份计划，打算以此为核心史料，研究唐代的地方精英，进而揭示隐没于正史叙事的民间社会。这一构想显然受到二十世纪八九十年代引介至国内的市民社会理论，以及区域研究、地域社会论等方法与取向的影响。

　　不过近年在修改书稿时，逐渐产生了一些疑虑。书中借用的不少概念、框架是在帝制时代晚期研究中形成的，对宋以前中国社会的解释效度究竟如何？是否契合历史情境？自我感觉并不理想。阅读史料所感受到的幽微而深刻的时代气质，是当初吸引自己走进这段历史的魅力所在。如果不能呈现这种特质，断代史研究的意义何在？此外，随着阅历的增长，尤其是过去三年所经历的，让我看到了社会内生秩序的脆弱。反观历史中国，摆在面前的还是那个老问题：应如何把握秩序的自发性与权力逻辑间的关系呢？东方专制主义早已饱受批判，而源自西欧历史经验的"国家—社会"二元论，用来观察中国历史，同样有其偏蔽。至少在本书研究的时段，并没有看到一个自立、自在的社会。这是我在开始这段研究时并未意识到的。

对这些问题的反思，在书稿修订中已有反映，但展开得并不充分，甚至前后不无龃龉，这令我深感不安，读者想必也不难鉴察。书中错谬在所难免，附上我的邮箱：zhoudingyz@126.com，期待来自读者的批评。

本书部分章节内容，曾以专题论文的形式发表。这些文章的刊出，首先缓解了我科研考核、职称晋升的压力，而经历一番撰写、投稿、同行评审、返修，对厘清全书思路也大有助益，不少新想法正是在这一过程中浮现出的。在此谨向接纳拙文的期刊编辑老师，以及诸位匿名审稿人表示感谢。这些论文在收入本书时做了不少修订，敬请以书中表述为准，为便读者参考，现将论文揭载信息及对应的本书章节条列如下：

1.《家族、地域与信仰：〈唐润州仁静观魏法师碑〉所见唐初江南社会》，《史林》2019年第1期。（第一章第一节）

2.《侨寓与仕宦：社会史视野下的唐代州县摄官》，《文史哲》2020年第3期。（第三章第二节）

3.《晚唐五代的商人、军将与藩镇回图务》，《中国经济史研究》2020年第3期。（第五章第三节）

4.《"邑客"论——侨寓士人与中晚唐地方社会》，《中国史研究》2020年第4期。（第二章、第六章第一节）

5.《乡里与两京之间：唐前期江南士人家族》，《唐研究》第26卷，北京大学出版社，2021。（第一章第二、三节）

6.《晚唐五代"土豪"新论——以学术史反思为中心》，《历史教学问题》2021年第6期。（第四章第二节）

7.《晚唐五代的军吏与基层治理体系转型》，《史林》2022年第4期。（第五章第二节）

8.《"清流"之外——中晚唐长安的"非士职"官僚及其家族网络》，《中国中古史研究》第10卷，中西书局，2023。（附录二）

本书从选题、撰写、修订到付梓，自始至终离不开业师牟发松先生的教诲和关怀。自2009年负笈沪上，投入老师门下，七年读书时光，自由、充实而纯粹。回顾师门问学历程，从入学之初的"汉唐史籍举要"授课、读《通鉴》《四库提要》答疑，到对相关领域经典命题的解说，乃至工具书与数据库的使用心得、写作的行文与注释规范等等，牟老师手把手教给了我做研究的基本技艺和素养。虽然我学得并不好，但这套训练终身受用。

记得硕士入学之初，曾对这套"繁琐"的规矩与章法颇为抵触，觉得高明的研究就应该是大开大合的明快论断。此后数年，读书之余，陆续写了不少文字交给牟老师。这些习作当然没什么学术价值，文字也非常稚嫩，但牟老师每篇都会仔细批阅，并字斟句酌地修改，从标点、句式、引文到论证逻辑，巨细靡遗。接着会专门找时间面谈，解释每一处修改的原因。如果我坚持己见，凡涉及观点，他从不勉强，一定会强调"这只是建议，决定权在你"。一篇习作的修改通常会有三四轮往复，可谓费时费力。但这番"切磋琢磨"的过程，让我逐渐明白规范、自律的文字表达何以重要，也对学术写作中艰辛和愉悦相伴随的状态有了切身体会。后来终于在研二下学期写出一篇现在看来也算满意的习作，经牟老师推荐，发表在《碑林集刊》。硕士论文也完成得很顺利，后来获评上海市优秀论文。这些成绩当然微不足道，但给了我走上研究道路的信心。就我所见，牟老师对他指导的每一名学生都是这样用心，无论他们以后是想进入学界，还是从事其他行业。

我素来不善交际，甚至有点"社恐"，但回顾求学历程，有幸得到很多师长、友人的无私帮助与提携。王永平、李文才先生是我本科阶段的老师，此后在升学、求职等人生节点上也给了我莫大帮助和鼓励。川本芳昭先生是我赴日留学期间的导师，身处异国他乡，承蒙他良多照拂，福冈一年的学思、见闻，于我而言是一段宝贵的人生经历。同门师兄李磊、刘啸、王玉来，师弟刘波、胡海忠、王兴振、沈国光、赵满、刘书广、陈兵，师妹武雨佳等，毕业后星散各地，但同门之谊历久弥深。张学锋、魏斌、北村一仁、仇鹿鸣、张熊、徐成、徐畅、沟口瑛、孙齐、胡耀飞、陈丽娟、陆帅、吕博、王旭、于海兵、葛洲子、杨懿、方圆、汪华龙、王磊、李猛、梁振涛、于志霖、岳思彤等师长、友人，或对书稿、文稿提出修改建议，或提供交流、切磋的平台，或惠赐研究资料，学恩每每感念，无以为报，谨志于此。本书研究过程中，曾受到国家社科基金、扬州大学人文社科精品成果培育基金资助，在此一并致谢。

感谢家人，你们的"纵容"，才有了我读书、写作的从容。师兄刘啸先生有言：

> 陪父母吃饭，陪太太逛街，陪儿子去玩具反斗城，包括买菜做饭洗衣搞家务，重要性都不会低于学术。搞学术，多我一个不多，少我一个不少，但为人子、为人夫、为人父，却是只有今生，没有来世的光辉事业。

我深以为然，愿以此自省、自勉。

2022年12月
2024年7月改定
于古邗沟畔

图书在版编目（CIP）数据

井邑无衣冠：地方视野下的唐代精英与社会 / 周鼎
著. -- 成都：四川人民出版社, 2024. 10. -- (新史学&多
元对话系列). -- ISBN 978-7-220-13789-1

Ⅰ. K242

中国国家版本馆CIP数据核字第2024S5U772号

JINGYI WU YIGUAN: DIFANG SHIYE XIA DE TANGDAI JINGYING YU SHEHUI

井邑无衣冠：地方视野下的唐代精英与社会

周鼎 著

出 版 人	黄立新
策划统筹	封 龙
责任编辑	葛 天
封面设计	王齐云
版式设计	张迪茗
责任印制	周 奇

出版发行	四川人民出版社（成都市三色路 238 号）
网 址	http://www.scpph.com
E-mail	scrmcbs@sina.com
新浪微博	@四川人民出版社
微信公众号	四川人民出版社
发行部业务电话	（028）86361653 86361656
防盗版举报电话	（028）86361661
照 排	四川最近文化传播有限公司
印 刷	成都勤德印务有限公司
成品尺寸	160mm×230mm
印 张	21.5
字 数	350 千
版 次	2024 年 10 月第 1 版
印 次	2024 年 10 月第 1 次印刷
书 号	ISBN 978-7-220-13789-1
定 价	85.00 元